中国社会文化史的理论与实践续编

A Sequel of Theories and Practice in the Socio-Cultural History of China

首都师范大学历史学院　　主办
中国近现代社会文化史研究中心

梁景和　主编

社会科学文献出版社
SOCIAL SCIENCES ACADEMIC PRESS (CHINA)

首都师范大学史学丛书

编委会（姓名以汉语拼音为序）：
顾　问：齐世荣
主　任：郝春文
委　员：金寿福　刘　城　李华瑞　梁景和　刘乐贤
　　　　　梁占军　史桂芳　宋　杰　徐　蓝　郗志群
　　　　　袁广阔　晏绍祥　张金龙　赵亚夫

目　录

炽盛与深化——中国社会文化史研究的五年历程（2010—2014）
　　（代序） ··· 梁景和 / 1

上编　理论与方法

从本土资源建树社会文化史理论 ································· 刘志琴 / 3
生活质量：社会文化史研究的新维度 ···························· 梁景和 / 14
交叉视角与史学范式
　　——中国"社会文化史"的反思与展望 ······················ 李长莉 / 32
日常生活与社会文化史
　　——"新文化史"观照下的中国社会文化史研究 ········· 常建华 / 47
走上人文学科前沿的社会文化史 ·································· 刘志琴 / 64
关于社会文化史的几对概念 ·· 梁景和 / 70
"碎片化"：新兴史学与方法论困境 ································· 李长莉 / 76
从"新史学"到社会文化史 ·· 罗检秋 / 83
着力揭示社会现象背后的文化内涵 ······························· 左玉河 / 97
社会文化史：史学研究的又一新路径 ···················· 危兆盖 等 / 101
关于社会文化史理论的几点思考 ·································· 李志毓 / 113
关于社会生活与社会文化的概念 ·································· 李慧波 / 122
也论社会史与新文化史的关系
　　——新文化史及其在中国的发展 ··························· 张俊峰 / 128
新社会文化史：寻绎意义的新尝试 ································ 朱梅光 / 143
"新文化史"给我国史学研究带来了什么？ ········· 耿　雪　曾　江 / 147

中编　书序与书评

《茶馆——成都的公共生活和微观世界，1900～1950》
　　中文版序 …………………………………………… 王　笛 / 153
《当代中国口述史——为何与何为》序 …………… 梁景和 / 167
《英雄的悲剧——李秀成心理分析》序 …………… 梁景和 / 170
《娱悦大众——民国上海女性文化解读》序 ……… 姜　进 / 178
个性社会、快乐、性伦文化
　　——《21世纪中国女性文化本土化建构研究报告集成
　　（2001—2012）》序 ……………………………… 梁景和 / 184
中国近代社会文化史的面面观
　　——评梁景和主编《中国社会文化史的理论与实践》…… 邹兆辰 / 187
一本中国社会文化史研究的入门书 ………………… 余华林 / 195
评梁其姿《从疠风到麻风：一种疾病的社会文化史》 … 杨璐玮　余新忠 / 198
近代中国女性运动的多维图景
　　——评游鉴明《超越性别身体：近代华东地区的
　　女子体育（1895～1937）》 ………………… 方艳华　刘志鹏 / 220
晚清社会文化史的新探索
　　——读《文化、社会网络与集体行动》 ……… 陈其泰 / 225
社会生活与观念意识互动的新视野
　　——评《五四时期社会文化嬗变研究》 ……… 张　弛 / 231
社会文化史研究的"瓶颈"与未来走向
　　——读梁景和等著《现代中国社会文化嬗变研究（1919—1949）
　　——以婚姻·家庭·妇女·性伦·娱乐为中心》札记 …… 李俊领 / 240
千年书院历史的立体透视
　　——读《儒学·书院·社会——社会文化史视野中的
　　书院》 ……………………………………………… 张天杰 / 267

下编　纪要与综述

首都师范大学历史学院"中国近现代社会文化史研究中心"近年来举办学
　　术会议综述 ………………………………… 吕文浩　王　胜等 / 273

2009—2011年的中国近代社会与
　　文化史研究 …………………… 李长莉　毕　苑　李俊领 / 327
2012年中国近代社会与文化史研究 ……… 李长莉　唐仕春　李俊领 / 344
社会文化史：一个有活力的研究领域 …………………… 吕文浩 / 357
构建"本土化"的社会文化史
　　——第五届"中国近代社会史国际学术研讨会"综述 …… 雷　平 / 361
新时期社会生活史研究述略
　　——以中国近代社会生活史为中心 ………………… 杨卫民 / 374

后　　记 …………………………………………………… 梁景和 / 398

炽盛与深化——中国社会文化史研究的五年历程（2010—2014）
（代序）

梁景和

中国社会文化史有广义与狭义两个范畴。广义的社会文化史与国内的历史人类学、新史学、新社会史、医疗卫生史、城市史、新文化史有着紧密的交互和关联。而狭义的社会文化史更多指向那些公开以"社会文化史"为名号的学术研究。本文的旨趣主要在狭义的社会文化史，但也会涉及一些广义的社会文化史。

2010年社会科学文献出版社出版了《中国社会文化史的理论与实践》一书。这本书对中国大陆1988年以来社会文化史的发展历程做了系统的总结和梳理。主要是对22年以来中国社会文化史的主要研究成果、理论探索、研究基地、基本特征等问题进行了概括的分析和论述。[1] 本书全面搜集和整理了22年来中国社会文化史理论方法的研究论文、主要专著的书评书序、重要会议的纪要综述和研究成果的述评等。学界认为，"社会文化史是一个新生学科，梁景和主编《中国社会文化史的理论与实践》（社会科学文献出版社2010年版）一书，记录了这一新兴学科创生及发展的历程，可以视为中国近代社会文化史学科进入成熟发展阶段的一个标志"[2]。也有学者指出，"《中国社会文化史的理论与实践》一书，汇集了二十多年来十几位学者有关社会文化史理论方法及学科发展的文章，记录了这一新兴学科从创生、奠基到探索、发展的历程，是对中国社会文化史理论方法与学科发展的总

---

[1] 梁景和主编《中国社会文化史的理论与实践·代序》，社会科学文献出版社，2010。
[2] 王建朗：《2009—2011年中国近代史研究综述》，《近代史研究》2013年第3期。

结，可以作为中国近代社会文化史学科已走过初创阶段而进入成熟发展阶段的一个标志"①。还有学者认为，"本书相当集中地展示了近年来中国社会文化史研究取得的进展以及存在的不足，有助于我们全面、深入地把握中国社会文化史的研究现状，为广大青年学者接触、了解中国社会文化史研究提供了一个入门性的工具"②。

2010年5月《中国社会文化史的理论与实践》的出版、2010年4月28日"中国近现代社会文化史回顾与走向"座谈会的召开③、2010年8月17日《社会文化史：史学研究的又一新路径》在《光明日报》的发表，2010年这一系列社会文化史重要事象的出现，标志着中国社会文化史研究已经从创生奠基阶段进入到了新的成熟发展阶段。这一阶段又走过了五年，回顾五年的学术历程，可谓是社会文化史的一个炽盛和深化的大发展时期。

一　高频度的学术活动

这一时期的一个重要特点就是学术交流密度的频繁，即社会文化史学术研讨会的频频召开。

（1）2010年9月、2012年9月、2014年9月在首都师范大学召开了首届、第二届、第三届"中国近现代社会文化史国际学术研讨会"，来自日本、韩国、美国、中国的学者共襄盛举，推动了中国近现代社会文化史研究的进展，并促进有志于社会文化史研究的学者在这一领域不断努力，辛勤耕耘，创造佳绩。首届中国近现代社会文化史国际学术研讨会重点探讨了清末民国的妇女、婚姻、家庭和家族问题；共和国的妇女、婚姻问题等。第二届中国近现代社会文化史国际学术研讨会重点探讨了社会文化史的理论、女性再认识、文化史反思、区域社会生活等问题。有关前两届的会议信息可参见会议综述，④并已经出版了前两届的会

---

① 李长莉、毕苑、李俊领：《2009—2011年的中国近代社会与文化史研究》，《河北学刊》2012年第4期。
② 余华林：《一本中国社会文化史研究的入门书》，《中华读书报》2010年8月11日第10版。
③ 毕苑：《"中国近现代社会文化史回顾与走向"座谈会综述》，载梁景和主编《社会生活探索》第二辑，首都师范大学出版社，2010，第443页。
④ 吕文浩：《〈首届中国近现代社会文化史国际学术研讨会〉综述》，《近代史研究》2011年第3期；王栋亮：《〈第二届中国近现代社会文化史国际学术研讨会〉综述》，载《第二届中国近现代社会文化史国际学术研讨会论文集》，社会科学文献出版社，2013，第294~301页。

议论文集。① 第三届中国近现代社会文化史国际学术研讨会重点探讨了社会文化史研究的新理念和新方法以及婚姻、恋爱、性别、性伦、礼俗、医疗、卫生、教育与司法等问题。② 三次会议对中国近现代社会文化史研究的发展有重要的推动作用。

（2）2011年9月在首都师范大学召开了首届"'西方新文化史与中国社会文化史的理论与实践'学术研讨会"，"来自北京、天津、上海、太原等地的30余位专家学者，围绕西方新文化史与中国社会文化史的理论与实践问题，展开了全面而深入的讨论"③。会议重点讨论了社会文化史的理论与方法、多视角下的近现代社会生活、社会文化史新领域的拓展等重要问题。④

（3）2013年8月在湖北襄阳举办了由中国社会科学院近代史所和湖北大学主办的"第五届中国近代社会史国际学术研讨会"，这个会议的主题是"社会文化与中国社会转型"问题，大会提交论文70余篇，提交的论文大部分是以社会文化作为研究视点，"本届大会不仅为中外学者提供了增进学术交流的高端平台，而且为社会文化史的学科建设拓展了更广阔的学术发展空间"⑤。

（4）2013年9月在首都师范大学召开了"首届全国青年学者社会文化史理论与方法学术研讨会"，来自全国各地的80余位青年学者参加了会议。会议就社会文化史理论与方法的深入和反思、文化史研究的再认识、女性研究的新视野等问题展开了进一步的讨论与交流。⑥

（5）2011年3月、2012年3月、2013年3月、2014年3月在首都师范大学分别召开了第一届、第二届、第三届、第四届"中国二十世纪婚姻·

---

① 梁景和主编《首届中国近现代社会文化史国际学术研讨会论文集》，社会科学文献出版社，2012；梁景和主编《第二届中国近现代社会文化史国际学术研讨会论文集》，社会科学文献出版社，2013。
② 参见武婵《第三届中国近现代社会文化史国际学术研讨会综述》，未刊稿。
③ 杜涛：《社会文化史研究的再出发——"西方新文化史与中国社会文化史的理论与实践"学术研讨会综述》，梁景和主编《社会生活探索——以婚恋文化等为中心》第四辑，首都师范大学出版社，2013，第338页。
④ 参见梁景和主编《西方新文化史与中国社会文化史的理论与实践——首届学术研讨会论文集》，社会科学文献出版社，2014。
⑤ 参见李俊领《第五届中国近代社会史国际学术研讨会隆重开幕》，《社会史研究通讯》2014年第17期。
⑥ 参见徐晨光《首届"全国青年学者社会文化史理论与方法学术研讨会"在北京召开》，《文史学刊》2014年第1辑。

家庭·性别·性伦文化学术研讨会"。会议就社会文化史的具体领域即婚姻、家庭、性别、性伦领域展开了广泛的交流和研讨，促进了这一领域的深入探索。

二 多维度的研究成果

近年的研究成果，可谓研究维度宽广多样，科研成果精湛丰厚。有一些专门文章对近年社会文化史的研究做了全方位的评介，其中的两篇文章分量较重。其一是李长莉、毕苑、李俊领撰写的《2009—2011 年的中国近代社会与文化史研究》①，这篇文章从五个方面介绍了 2009 年至 2011 年中国近代社会与文化史的研究状况，包括社会与文化史理论探索；社会阶层、社会生活与社会转型；文化制度、文化传播与文化观念；宗教与民众信仰；历史记忆与建构等。其二是李长莉、唐仕春、李俊领撰写的《2011—2012 年中国近代社会与文化史研究》②，这篇文章从五个方面介绍了 2011 年至 2012 年中国近代社会与文化史的研究状况，包括社会与文化史研究的理论探索；社会结构、社会生活与社会转型；社会生活、女性与法律；教育与宗教信仰；文化传播与文化观念等。这两篇文章对几年来出版和发表的重要著作和论文做了全面的评述，有助于读者对学术现状的把握、认识、理解和思考。下面对一部分研究成果再做进一步的介绍。

（1）梁景和著《五四时期社会文化嬗变研究》（人民出版社，2010）。该书探讨了"五四"时期的婚姻、家庭、女性、性伦问题，并专门对"五四"时期"个性主义文化观"予以重点考察，在此作者不是仅仅在做单纯的文献解读，而是把论题引向深入，既明确了"个性主义"在人类精神进化中的核心意义，又对它在近代中国的源流演变予以揭示，归纳总结了五项基本内涵：①"个性主义"的自由平等和自主之权。②"个性主义"的个人独立思想。③"个性主义"的享受幸福、满足欲望的人生观。④"个性主义"的社会责任感。⑤"个性主义"并非一些人眼中的绝对自由、自私自利、利己主义和为我主义。③ 有人撰文指出："作者采用重构历史现场的方

---

① 李长莉、毕苑、李俊领《2009—2011 年的中国近代社会与文化史研究》，《河北学刊》2012 年第 4 期。
② 李长莉、唐仕春、李俊领《2011—2012 年中国近代社会与文化史研究》，《河北学刊》2013 年第 2 期。
③ 梁景和：《五四时期社会文化嬗变研究》，人民出版社，2010，第 158～161 页。

法，引用胡适、梁启超、蒋梦麟等人的言论，提出了健全的个人主义＝个性主义＝个人命运和家国盛衰相互依存这个等式。这样就有力地驳斥了某些固有的偏见，从而还原了历史真实。最后，作者给出了自己对'个性主义'的定义：'就是主张和强调个人具有自由、平等、独立、自主、自信、自立、自强、自尊、自我、奉献、义务、奋斗、享受的权利。一方面每个人对自身要有上述权利的要求，另一方面要尊重他人所具有的上述权利'，并在此基础上辩证地指出了个性主义与社会进步的紧密关系。"①

（2）刘永华主编的《社会文化史读本》。该书"编后记"指出："社会文化史不同于社会史、文化史的地方，就在于这种方法强调在具体的研究实践中应结合社会史分析和文化史诠释。也就是说，在分析社会现象时，不能忽视相关人群对这些现象的理解或这些现象之于当事人的意义，唯有如此，社会史分析才不致死板、僵硬；在诠释文化现象时，不能忽视这些现象背后的社会关系和权力关系，唯有如此，文化史诠释才不致空泛、玄虚。本书按主题分成五编：一、认同，二、神明信仰，三、宗教仪式，四、历史记忆，五、感知、空间及其他。这些主题远远没有囊括社会文化史触及的所有课题，但应该说眼下比较重要的论题，差不多已经涵盖在这些主题之下。当然，社会文化史还应拓宽自身的'领地'，因此，对其他各种主题的探讨（详见第五编引言），亦应纳入社会文化史的研究日程。为便于读者深入、全面地了解中国社会文化史的研究领域与研究进展，编者特地编辑了'延伸阅读'论著目录，并做了简要的批注。……在选编论文过程中，编者考虑到论文触及的区域和时段，注意反映当前中国社会文化史领域触及的区域、时段和广度。不过，不难看出，就区域而言，本书所收论文，对南中国的讨论多于对华北的讨论；就时段而言，对明清时期的讨论多于对其他时段的讨论，这种不平衡并非出自编者的研究偏好，也不意味着这些区域和时段才是社会文化史分析的有效研究范围，而是大体反映了目前研究界的现状。同时，笔者也试图兼顾这一研究领域的代表人物及代表作。不过，不少从事社会史、文化史或统称为新史学研究的学者的成果，都没能选入本书。这并不是说他们的研究是不可取的——事实上若干论著在推动中国史学的进展上正在发挥重要的影响——而是说他们的研究路数与本书提出的选编标准不甚相符。要是选入他们的论著，一方面不尽符合

---

① 张弛：《社会生活与观念意识互动的新视野——评〈五四时期社会文化嬗变研究〉》，《山西师范大学学报》2011 年第 2 期。

本书的主题,另一方面,编者也担心这样多少有扭曲他们的研究意趣之嫌疑。"①

（3）王笛著《茶馆——成都的公共生活和微观世界,1900~1950》(社会科学文献出版社,2010)。王笛对于茶馆的兴趣始于20世纪80年代,他在撰写《街头文化:成都公共空间、下层民众与地方政治,1870—1930》的过程中,萌生了就茶馆写一本专著的念头。《茶馆》是以新文化史和微观史取向在中国史研究的一个实践。研究茶馆,可以引导读者进入城市的内部,它提供了研究下层民众活动的一个重要空间。把茶馆视为城市社会的一个"细胞",那么在"显微镜"下对这个细胞进行分析,无疑会使我们对城市社会的认识更加具体深入。"当我们将微观视野放在民众、日常、街头、茶馆等问题时,精英、国家、政治运动等也不可避免地会纳入我们的讨论之中",所以《茶馆》不仅仅是一般意义上的对茶馆的关注和研究,它更关注的是国家与社会的互动,其主旨是要探索国家是怎样逐步深入和干涉人们的日常生活的,正如作者所说:"我希望通过对20世纪上半叶成都茶馆的考察,揭示民众与公共空间、街头生活与公共生活的关系,探索国家（state）在公共空间的政治话语是怎样建立起来的。"《茶馆》是一部微观史,是一部叙事史,也是一部大众文化史。《茶馆》所反映的学术取向和价值,我们要给予充分的肯定。

（4）梁景和主编的"中国近现代社会文化史论丛"。这套论丛出版的宗旨就是要把热心研究中国近现代社会文化史的部分学者的研究论文发表出来,以促进中国近现代社会文化史研究的深入开展,并希望其中能有高水平的研究成果问世。这套论丛从2011年以来已经由社会科学文献出版社先后出版了4本。一是杨才林的《民国社会教育研究》(2011),该书认为,社会教育是与家庭教育、学校教育相对应的教育形式,对个体实现社会化,对促进人的全面发展和推动社会进步有重要的作用和价值。民国时期(1912—1949),80%以上的中国人是文盲,"愚、穷、弱、私"是通病,外国人耻笑为"东亚病夫""一盘散沙"。当时的新式学校教育又存在四大弊病:制度照搬西方;受教育者大多只为做官;内容不实用,毕业即失业;对乡村增益少。为了培养"新民",为了"唤起民众",为了弥补学校教育的不足,政府和社会团体推进社会教育三十多年。其间开创了哪些事业?

---

① 刘永华主编《中国社会文化史读本》,北京大学出版社,2011,第527~528页。

经历了怎样的曲折？成效如何？该书一一做了解答。二是黄东的《塑造顺民——华北日伪的"国家认同"建构》（2013），该书对抗战时期汉奸及其政权所致力的统治"正当性"建构、对治下民众的"国家认同"建构进行了探索。该书从建构的旨趣、内容、方法等方面对华北伪政权的"国家认同"建构进行了客观的分析，促使人们谨慎地重新审视现代民族国家形成过程中的"敌人的价值"。三是梁景和等的《现代中国社会文化嬗变研究（1919—1949）——以婚姻·家庭·妇女·性伦·娱乐为中心》（2013），该书选取1919年至1949年间，中国婚姻、家庭、女性、性伦、娱乐为社会生活领域的基本切入点，通过对人人平等、个性解放、生活幸福感等价值的关怀和探究，从而深入认识、理解这段历史时期的社会风貌和生活状态，也有助于今天人们从理性上感悟那个时代。四是李慧波的《北京市婚姻文化嬗变研究（1949—1966）》（2014），该书通过对共和国成立后17年间北京市不同职业群体择偶模式、婚姻确立方式、婚礼仪式等方面的分析，认为该地区婚姻文化的嬗变主要体现在四个方面：民众从服从家庭权威向服从国家权威过渡；家庭内部权力从家长向个体成员过渡；男女两性的社会权益和婚姻权益从不平等逐渐趋向平等；人们婚姻文化观念的变迁反映了人性的自我完善过程。

（5）罗检秋著《文化新潮中的人伦礼俗（1895—1923）》（中国社会科学出版社，2013）。清末民初政治鼎革，文化剧变，人伦礼俗也随之发生了深刻变化。该书系统地梳理了近代精英思想与礼俗变迁的辩证关系。一方面，从孝道、贞节观念和社会礼俗等层面，多角度地研究了五四新观念的确立、社会传播及其局限；另一方面，以此时期主要文化娱乐为个案，从社会文化史视角考察了清末民初的京剧繁荣、商业化和坤角走红现象，并分析了"剧以载道"的思想转变。该书使用了大量的历史报刊材料，关注当时的新闻报道，舆论热点和社会调查，并结合时人文集、笔记、日记、回忆录、游记等文献，多角度、多层面地研究了精英思想与大众文化的交替和互动，认为文化与文化的创造者不能完全等同，精英文化的创造者并非都属社会精英，历代下层民众直接或间接地为精英文化的形成添砖加瓦；精英文化与大众文化的内容同异互见，两者既有差异性，有些内容又不能决然两分，精英文化蕴含了大众文化，反之亦然；不同文化的转化和互缘，精英文化和大众文化在某一时期畛域分明，但经过漫长的历史演变，其属性可能发生转换；两种文化与正统、异端的关系并非固定的、一成不变的，文化一旦与政治发生关系，其地位便有正统与异端之分。该书条分缕析地揭示了人伦观念转化为社会礼俗的过程。①

（6）韩晓莉著《被改造的民间戏曲——以20世纪山西秧歌小戏为中心的社会史考察》（北京大学出版社，2012）。该书以山西乡村社会影响广泛的秧歌小戏为对象，从社会文化史的角度对百年来民间戏曲的变迁过程进行考察。秧歌小戏作为生发于民间的草根文化，从兴起之初就得到了来自民众的广泛支持，与乡村社会的良性互动成为秧歌小戏发展繁荣的动因。20世纪以来，以秧歌小戏为代表的民间戏曲经历了一次次的改造过程，从世纪初开启民智需要的戏曲改良运动，到根据地时期作为政治动员手段的新秧歌运动；从共和国成立后"推陈出新"口号下的戏曲改革，到"文革"时遭受的严厉打压。戏曲改造的背后是政权力量以文化为中介开展的社会动员。通过这样的文化改造，国家权力进一步渗透到乡村社会，乡村社会的公共文化空间表现出不断被政治化的趋势。在梳理时代变革下秧歌小戏变迁轨迹的同时，作者尤其注重揭示文化背后各种"关系"的调整，如民间戏曲与乡村社会的关系变化，政权力量以文化为中介向基层社会的渗透过程，以及在这一过程中国家与乡村社会的博弈融合等。这样的研究思路恰恰体现了社会文化史所强调的从社会的层面考察文化，从文化的角度理解社会的学术追求。突出文化的能动性，重视文化与社会的互动，不仅会为社会事象赋予文化意义和内涵，避免研究的"碎化"，也为社会史所关注的国家与社会关系的探讨提供了新的思考空间。可以说，该书正是社会文化史视角下，从文化整合出发理解国家与社会关系，进而探寻政治在地方社会发展路径的研究尝试。

（7）梁其姿著《从疠风到麻风：一种疾病的社会文化史》。梁其姿教授的新著《从疠风到麻风：一种疾病的社会文化史》向人们呈现了麻风病在中国长时段的历史进程，将麻风病在中国的历史置于全球史的背景下，用麻风病在中国的历史给一直以来为欧洲经验所左右的现代化叙事提供有益的替代，从而实现中西学术的对话。"梁著出版后，迅速引起学界的关注，凯博文（Arthur Kleeinman）、艾尔曼（Benjamin A. Elman）、班凯乐（Carol Benedict）、伯恩斯（Susan Burns）、许小丽（Elisabeth Hsu）等著名学者纷纷为其撰写书评，并刊登在不同领域的权威杂志上。一本疾病社会史著作

---

① 参见罗检秋《文化新潮中的人伦礼俗》一书的"内容简介"与"导论"。

在短时间内就有十余篇来自不同领域的书评是很罕见的，令人不禁将其与十多年前何伟亚《怀柔远人》出版时所引起的轰动相比。但与何著所引起的巨大争议不同的是，梁著却获得了评论人的一致好评，即使个别评论人在某些地方持不同看法，也都基本认同，认为其具有重要价值，是医疗疾病史研究的必读书。……这些在西方学术语境下作出的评论显示，梁著是一部值得关注的疾病医疗史和社会文化史方面的力作。""将该书置于中国的学术背景下，对其中一些内容予以重点介绍和评论，藉此彰显该书的价值、意义以及可能存在的问题，并进而就如何书写中国的疾病史问题做一探讨。"①

（8）梁景和主编的《婚姻·家庭·性别研究》。2012年以来已经由社会科学文献出版社出版了四辑。该丛书有两个突出特征：一是录用研究性学术论文的篇幅长短不限，可以发表长篇论文，比如第二辑收录的《十七年"家务劳动"话语研究》一文，大约有15万字的篇幅；二是以发表20世纪婚姻、家庭、性别问题的学术论文为主，兼及其他历史时期。在已经出版的四辑当中，共收集了20篇学术论文，其中18篇是研究1949年共和国成立以后的社会生活的，其中一篇是研究21世纪最初12年（2000年至2012年）的婚姻问题。这样的研究具有基础性与开拓性，是为未来的深入研究所做的前期铺垫。用历史学眼光、运用历史学的方法对共和国成立以来特别是改革开放以来的社会生活进行探索，无疑具有重要的学术价值。该丛书的主旨在于推进中国社会文化史研究，特别是在中国婚姻、家庭、性别研究方面做些有益的工作，也可为今天和未来的生活提供借鉴和启发，鼓励人们去创造新的生活方式，因而也具有较强的现实意义。②

（9）肖永明著《儒学·书院·社会——社会文化史视野中的书院》（商务印书馆，2012）。张天杰曾撰文指出："一百多年来，关于书院的研究层出不穷，将千年书院在历史上的重要意义加以总结研究，为书院精神在现代的传承与发展提供借鉴。肖永明教授的《儒学·书院·社会——社会文化史视野中的书院》，则是书院研究领域中的一部重要著作。……中国的书院与儒学有着密切的关系，如果说寺庙、道观是佛、道两家的文化符号，

---

① 杨璐玮、余新忠：《评梁其姿〈从疠风到麻风：一种疾病的社会文化史〉》，《历史研究》2012年第4期。
② 参见梁景和主编《婚姻·家庭·性别研究》第一辑、第二辑、第三辑、第四辑，社会科学文献出版社，2012、2012、2013、2014。

那么书院就是儒家的文化符号。研究唐宋以来儒学的发展演变，特别是研究理学绝对离不开书院。……将书院这一特殊的文化教育组织，放入社会大系统之中才能真正认识书院。了解书院制度的特色、地位、功能，不能局限于书院制度本身，而要将书院放入社会大背景之中。……能做到对千年以来书院的历史进行立体、宏观的研究，与肖教授在研究过程中广泛吸收社会学、文化学、传播学等多种相关学科的研究方法与理论长处是分不开的。……肖教授的大作将儒学、书院、社会三者结合，以社会文化史的视野来全方位、立体地透视千年书院，有助于我们在具体的历史脉络之中把握书院与当时社会、文化之间的关系，从而更好地了解书院的功能、作用与历史地位，对书院的认识得以更加完整和准确。该书是近年来书院研究中最为重要的理论创获之一，也是人们认识书院文化最佳读物之一。"①

（10）梁景和主编的《社会生活探索》。这套辑刊从 2009 年以来已经由首都师范大学出版社出版了 5 辑。这里所谓的"社会生活"是指人们在以生产为前提而形成的各种人际关系的基础上，为了维系生命和不断改善生存质量而进行的一切活动的总和。社会生活有广义和狭义之分。即便是狭义的社会生活也包括相当丰富的内容，同时亦存在其最基本的内容，诸如衣食住行、婚姻家庭、两性伦理、休闲娱乐、生老病死等。这套辑刊主要是以研究狭义的社会生活为基本内容，基本特点是从多学科的视角来探索社会生活的基本问题。诸如很多社会生活问题是伦理问题，需要从伦理学的哲学高度去诠释；社会生活的具体样法又是经济的一种反映，需要从经济学的角度去研究；社会生活又是社会学的研究对象，社会学的理论和方法可以直接进行社会生活的探索；文学作品是从文学的视阈解释社会生活的本质，从这一点看，它与历史学是相通的；社会生活又反映着社会政治，政治影响着社会生活，社会生活与教育和心理也存在着互动的关系，所以政治学、教育学和心理学的理论方法也同样可以用来探讨社会生活问题。社会生活是运用多学科的理论方法综合探讨历史与现实问题的领域。所以这套辑刊正是基于这样的理念，从多学科的角度来探索社会生活问题。②

---

① 张天杰：《千年书院历史的立体透视——读〈儒学·书院·社会——社会文化史视野中的书院〉》，《湖南大学学报》（社会科学版）2013 年第 2 期。
② 参见梁景和主编《社会生活探索》第一辑、第二辑、第三辑、第四辑、第五辑，首都师范大学出版社，2009、2010、2012、2013、2014。

(11) 姜进等著《娱悦大众——民国上海女性文化解读》（上海辞书出版社，2010）。姜进在本书的序言中指出："女性与演艺是 20 世纪上海城市文化空间中两个最为活跃和显眼的部分。上海的演艺市场是一个充满活力的场所，数以百计的大小剧场影院里，日夜上演着形形色色的人间悲喜剧，吸引着成千上万的观众，营造着大都市的文化信息。女性在其中扮演着至关重要的角色。之所以如此，却是因了女性走出家庭、走向社会这个也许是 20 世纪世界范围内最重大的历史性变化，一个改变了 20 世纪中国社会、影响了中国人生活的重大历史性变化。"

该书写作的意图在于要"深入展开对上海都市大众文化的研究，在由女性主义史学、大众文化史和文化的社会史这三种视角和方法交叉构成的总体框架下，对 20 世纪上海都市文化和现代城市公众空间的性别和阶层问题做深入的探讨，着重考察女性对上海通俗演艺市场的介入是如何影响了这一市场的形成和发展，而女性又是如何通过参与营造这一都市的公众空间而提升了自身的社会地位和身份的。……本书的研究明确揭示出上海都市文化的现代性带有浓厚的移民性、大众性和女性化特征"。通过该书的研究发现，"上海大众文化的女性化特征十分明显。从民国初的女子文明戏，到旦角和女演员先后在越、沪、淮等剧种中成为台柱，再到全女班越剧的兴盛，这些都是中国女子社会地位和角色变化的一个突出体现"。总之，上海"女子越剧与摩登女郎的出现、女子文明戏、少女歌舞团，以及抗战时期女性文化的兴盛共同昭示了 20 世纪中国女性之兴起这一普遍社会现象及其深远的文化意义"[①]。

(12) 梁景和主编的《中国现当代社会文化访谈录》。这套辑刊从 2010 年以来已经由首都师范大学出版社出版了 4 辑。这套辑刊访谈的内容主要是共和国成立后中国普通百姓与基层知识分子的日常生活。该辑刊名曰"访谈录"而不称"口述史"，反映了编者对近些年来学界对"访谈录"和"口述史"不加区分现象的一个谨慎的态度。编者曾撰文指出："访谈录和口述史不是一个概念，不能把两者混为一谈，要严格区分两者的异同。访谈录是对被访者的一个记录，它可以是围绕一个主题进行采访，也可以是围绕几个主题进行采访；它可以是围绕被访者的经历进行采访，也可以是围绕现实问题对被访者进行采访。可见访谈录不同于口述史。因为口述史是在

---

① 姜进等著《娱悦大众——民国上海女性文化解读》，上海辞书出版社，2010，第 1~7 页。

对相当数量的访谈录进行研究的基础上,对一定的历史问题给予实事求是的阐述,并给予本质上的解释和对其规律的揭示。这不是访谈录所能解决的,而要靠史学工作者的研究来完成。口述历史是历史研究过程后的成果,一般的采访而形成的访谈录是采访后的记录,它只是口述历史研究的资料而已。访谈录的确是生动的,口语特点突出,容易理解,形象感强,给人留下的印象鲜明。而口述历史虽说也可以在一定程度上具备上述特点,但并不要求必须如此,甚至相反,有时由于思辨和论证的需要和对深层问题的探究,可能会显得抽象和深长。"① 该辑刊第一辑包括三个部分,第一部分是围绕农业合作化运动在山西省保德县进行的采访;第二部分是围绕集体化时期农村医疗卫生制度在河北省深泽县进行的采访;第三部分是围绕"文革"时期家庭政治化问题进行的采访。第二辑是一本生命史访谈录,是访谈者对十名"文革"前农村大学生所做的个人生活史的访谈。第三辑是围绕1949年至1966年北京地区婚姻文化变革这一主题对各类人群(包括工人、农民、知识分子、教师、医生、军人等)进行的采访。第四辑是围绕共和国成立至改革开放前的婚姻、家庭、女性、性伦、娱乐文化变革这一主题对各类人群进行的采访。这套访谈辑刊将随着时间的推移,会越发突显它的史料价值。②

三 新层面的理论探索

五年来学者们对社会文化史的理论进行了进一步的探索,现仅就几篇重要论文做大略介绍。

近年来《近代史研究》发表了几篇重要的理论文章。《近代史研究》2014年第4期发表了刘志琴的《从本土资源建树社会文化史理论》以及梁景和的《生活质量:社会文化史研究的新维度》;《近代史研究》2012年第5期发表了李长莉的《"碎片化":新兴史学与方法论困境》。刘志琴的文章是一篇重要的理论探索论文。文章指出,社会文化本身融通物质生活、社会习俗和精神气象,从上层和下层、观念与生活的互动中,揭示社会和文化的特质。生活是人类生存的基本需求,从生活日用中提升概念,是中国

---

① 梁景和、王胜:《关于口述史的思考》,《首都师范大学学报》2007年第5期。
② 参见梁景和主编《中国现当代社会文化访谈录》第一辑、第二辑、第三辑、第四辑,首都师范大学出版社,2010、2012、2013、2014。

人思维的特征。传统中国为礼俗社会，礼俗整合的后果，使得礼中有俗，俗中有礼，礼和俗相互依存，双向地增强了精英文化与民间文化的渗透。礼俗互动是中国社会文化史的特色。这篇文章的主旨是要从本土资源中来建构社会文化史的理论。梁景和的文章作为理论的思考提出要把生活质量作为社会文化史研究的一个新维度，它既是拓展社会文化史研究的新视角，也是史学发展的一个客观要求。这篇文章对生活质量的概念以及研究生活质量的价值、内容和问题等做了全面的论述和讨论，并特别强调研究生活质量有着诸多的研究方法，这些方法之间存在着内在的辩证关系，即你中有我，我中有你，在运用上是多维交叉同步进行的。研究生活质量的旨意是要从一个新的视阈思考社会文化的综合性问题。李长莉的文章在对微观研究、"碎片化"与新兴史学的伴生关系论述之后，进一步阐述了"碎片化"症结与新兴史学方法论困境的问题。这篇文章最后重点论述了矫正"碎片化"的方法论路径："实证"与"建构"这一主题，并从四个方面阐述了实践这一主旨的学术路径，指出"我们需要不断探索适于新兴史学的研究方法，以推进社会史与社会文化史的深入发展"。

《晋阳学刊》2012年第3期发表了左玉河主持的《突破瓶颈：中国社会文化史的理论与方法》笔谈。其中包括刘志琴的《走上人文学科前沿的社会文化史》、梁景和的《关于社会文化史的几对概念》、左玉河的《着力揭示社会现象背后的文化内涵》等文章。刘志琴的文章从中国最古老、最神圣、最受尊崇的史学的发展脉络谈起，认为从中国最早的史书《尚书》到改革开放以来的史学发展经历了自身的四大转向，这个转向反映了中国史学自身功能和特征的变迁，即历史学从以神谕为纲到以资政为纲，再到以阶级斗争为纲，直至到今天的以生活为纲。刘文认为，"生活是人类的第一个历史活动，也是人类永不停息的创造业绩"，"生活处于目的性的终端，这是生产力发展的动力和目的"。而社会文化史以生活为中心，"要发掘另一个中国形形色色的民众生活，还原历史的本来面目，并以它的特色走向人文学科的前沿"。梁景和的文章是针对中国社会文化史研究进入一个新的阶段之后，社会文化史研究存在的主要问题以及在这样的一些问题意识下对社会文化史发展的一些理论思考，文章是通过对社会文化史研究的几对概念的辨析进行论述的。通过这样的论述希望社会文化史研究要有一个辩证的眼光（如对常态与动态、碎片与整合、一元与多元的辩证理解），要认识社会文化史研究的重点与主旨（如对生活与观念的研究），要了解社会文化史研究的目的和方法（如对真实与建构的研究），要抓住当今社会文化史研究的一个重要侧面（如对常态与动态的研究）等。文章通过概念辨析力图厘清一些模糊认识，以对社会文化史研究产生一些共识。左玉河的文章认为"凡是从文化史的视角来研究历史上的社会问题，用社会学的方法来研究文化问题者，都可称为社会文化史。概括就是，对社会生活的文化学提炼和抽象；对文化现象的社会学考察和探究"。社会文化史的最基本的研究方法"就是把日常生活中衣食住行、婚丧嫁娶这些社会生活变化的情况给描绘出来，呈现出来"，然而"社会文化史研究一定要从'生活'层面上升到'文化'层面，而不能仅仅局限描述社会'生活'现象的低浅层面。社会文化史研究的重点，是关注于这些生活现象背后所孕育的'文化'含义，就是既要研究社会生活，还要研究背后隐藏的社会观念，特别关注社会生活与观念之间的互动"。

李长莉在《学术月刊》2010年4月号发表《交叉视角与史学范式——中国"社会文化史"的反思与展望》一文，文章对中国社会文化史的兴起与发展、中国社会文化史与西方"社会文化史"的异同、中国社会文化史的趋向与存在的问题等进行了提炼和概括，进而做了全面深透的回顾与反思。文章最后对中国社会文化史的前景与进路做了展望，提出社会文化史的三点趋势：其一，时代的挑战，将促进社会文化史的发展；其二，史料数据化与网络化将为社会文化史学者利用大量民间史料提供便利；其三，"社会文化史"的发展，昭示了"社会文化交叉视角"新史学范式的优势。

常建华在《史学理论研究》2012年第1期发表《日常生活与社会文化史——"新文化史"观照下的中国社会文化史研究》一文，该文阐述了西方新文化史中的日常生活研究，也论述了日常生活应当成为文化史、社会史、历史人类学研究的基础，文章同时认为中国社会文化史在日常生活史方面已经取得一定成绩，但在西方新文化史观照下反思中国社会文化史研究，也应把日常生活史作为社会文化史研究的基础。

罗检秋在《史学史研究》2011年第4期发表《从"新史学"到社会文化史》一文，该文对中国社会文化史和欧美"新文化史"的研究现状和问题进行了剖析，提出20世纪初中国"新史学"的研究取向和方法对社会文化史的研究可资借鉴。该文认为社会文化史可以作为一种研究视角，但尤其要强调其特定的研究领域和论题，该文强调要在"不同群体的精神生活""社会视野中的精英文化""士庶文化的交融与歧异""精神生活的正负面关系"等方面展开深入的探索，这不但可以拓展和深化社会文化史的研究，还有待于理论的提升和思辨。

近年来，还有部分青年学者也在社会文化史的理论和方法等方面做了积极的探索。如黄东的《社会文化史研究须重视转型时代的现代性问题》，李慧波的《社会文化史研究方法之我见》，董怀良的《关于社会文化史研究视角"下移"的思考》，王栋亮的《试论人文史观在近代婚姻变革研究中的运用》，张弛的《电影如何成为社会文化史的研究素材》等。[①]

四 余论

以上从五年来的学术活动、学术著作和理论探索等几个方面进行了阐述，反映了五年来中国社会文化史研究的现状，透视出这几年社会文化史炽盛与深化的发展态势。当然在深入发展的情状下，我们清醒地意识到，目前的研究仍然存在着一些显而易见的学术局限。其一，理论研究和实践的对接不够。在实际的社会文化史研究中，怎样把理论探索与专题研究有机地结合起来，还要做进一步艰辛的努力。其二，学术研究的重镇寥寥无几。在国内应当有更多的学术团队来从事社会文化史的学术研究，现在看来，这样的学术团队数量还过少，这与社会文化史研究蓬勃快速的发展不成正比。其三，以往谈及的资料搜集整理工作以及典范的研究专著等问题还未出现根本性的改变，需要进一步下功夫而有所建树。总之，五年来，中国社会文化史研究的成绩与问题并存，我们只是希望在未来的若干时间内，中国社会文化史研究能够出现更为令人兴奋和欣慰的新气象。

---

① 参见梁景和主编《社会文化史的理论与方法——首届全国青年学者学术研讨会论文集》，社会科学文献出版社，2014年。

上编
理论与方法

从本土资源建树社会文化史理论

刘志琴

一 走上人文学科前沿的社会文化史

史学在人文学科中是历史最悠久、知识最密集的学科。它涉及人类生存、发展的广阔领域，既有物质的、制度的内容，又包括非物质的精神活动和风俗民情。改革开放后，随着文化史和社会史的复兴，史学研究突破既定的框架，表现出生气勃勃的活力，以丰富的题材和多向度的视角，刷新了史学的风貌，史学从枯燥无味的说教，变为生动具体的叙事。

文化史本是历史学和文化学交叉产生的综合性学科，它是在近代中国形成的新兴的学术领域，既有与社会史共生、共荣的特点，又各有特定的研究对象和知识系统。伴随学术的积累和开发，各个专业之间经常交叉，到一定程度发展出边缘学科乃是现代科学发展常有的现象。在法学与哲学之间兴起的法哲学，对法学的发展是具有革命意义的建构；从语言学与哲学交叉中产生的语言哲学，被认为是对思维和存在关系的一种突破。尽管这些新兴学科还很稚嫩，有的还存在学术分歧，但毫无疑义的是，它以跨学科的长处，提出新的见解，愈来愈引起学术界的重视。近年来在国外兴起"大文化史"的概念，国内有社会文化史的兴旺，不同国家有相似的学科出现，说明社会文化本身乃是人类社会共有的现象。社会文化融通物质生活、社会习俗和精神气象，从上层和下层、观念与生活的互动中，揭示社会和文化的特质，这对历史悠久、积累深厚的中国文化传统来说，更具有本土特色和发展优势。

在当前的社会文化史著述中，普遍存在叙述烦琐、细碎的现象，有的按词条堆砌材料，进行简单的描述。社会文化史研究的对象大都是具体的细节，但这不等于研究的碎化和支离，能不能对零散、割裂的资料进行统合研究，关键在于是否有理论的支点，这是建构学科大厦的重要支柱，有了理论来搭桥架屋，那些零散的砖石、瓦块才能成为有机的整体。

西方人类学、新社会史、大文化史、民俗学等最新理论和方法的引进，对正在发展的中国社会文化史研究起了重要作用。杜赞奇的《文化、权力与国家》、周锡瑞的《义和团运动的起源》、孔飞力的《叫魂：1768年中国妖术大恐慌》等著作中译本的出版，在学术界有热烈的反响，也有人尝试借鉴其研究方法，并取得丰硕的成果。一般来说，作为人文学科，有它普遍的法则，可以在不同的国家、民族中发挥作用，然而，基于西方文化背景形成的学术话语，未必完全符合中国的国情。如在西方民俗学中把渔猎民族的神职人员都叫萨满，可在中国，这一名称特指通古斯族的神职，用西方的萨满信仰来分析满族的萨满信仰，就会发生错位。中国自古以来的礼俗观念和礼治，在西方也很难找到相应的词汇。

一门学科的建构首先要有科学的概念，而概念的形成并非一蹴而就，有时通行已久的概念，也会经受新形势的挑战，当前哲学界关于中国有无哲学的争论，就源于哲学概念的不确定性。一个概念会关系一门学科的盛衰，这是新学科尤需重视的经验。

哲学史本是外来学科，"哲学"一词也是古希腊的用语，19世纪末由传教士引进，成为西学的话语之一。而对"哲学"概念做出最早解释的是王国维，说"夫哲学者，犹中国所谓理学云尔"；又说"哲学为中国固有之学"[1]，将西来的哲学等同中国的理学。这说明中国学者最初是参照中国传统思想来认识哲学的。五四新文化运动的领军人物胡适，其《中国哲学史大纲》成为中国思想史研究的开山之作，可这部著作在金岳霖看来，"难免有一种奇怪的印象，有的时候简直觉得那本书的作者是一个研究中国思想的美国人"[2]。胡适不仅把中国哲学史写成西方化的哲学史，其笔下的哲学史与思想史也难分难解，此种套用西方哲学概念和框架写就的中国哲学史，对中国学人来说，既不生疏，也不熟悉。许多哲学概念，如感性与理性，个别与一般，存在与本体，假设与实验，唯物与唯心，等等，是中国传统典籍从未应用的语词，在观感上是陌生的，在内容上却依然相识，因为阐述的对象和内容仍是四书五经、诸子百家。所以这一新型的学说对中国人来说是不生不熟，从这方面说，中国哲学史从一诞生就成了夹生饭，这也

---

[1] 佛雏校辑《王国维哲学美学论文辑佚》，华东师范大版社，1993，第1页。
[2] 金岳霖：《审查报告二》，参见冯友兰《中国哲学史》"附录"，中华书局，1981。

势必带来不良的后果。

用西方哲学的观念和方法解释中国思想家的思想，这一思路主导中国思想史研究，造成思想史与哲学史的边界长期混淆不清，直到近几年才有将这两者相区别的自觉。试看现代著名的思想史或哲学史的著作，如胡适的《中国哲学史大纲》，冯友兰的《中国哲学史新编》，侯外庐的《中国思想通史》，钱穆的《中国古代思想史》，任继愈的《中国哲学史》，杨荣国的《中国古代思想史》，等等，诸多著作是哲学史又似思想史，是思想史又似哲学史。这两者所以很难区分，是因为思想史用以分析对象的概念、阐述的体例和框架与哲学史大同小异，学术词语极其相似，所以这两者既有分别而又分别不清，这已成为当今中国哲学史的通病。

一门学科发展了一个世纪，竟然遭遇是否具有合法性的诘难，哲学面临如此重大的困境，自然也成为思想史的困惑，因此人们提出为中国哲学寻根、中国思想的根在哪里的问题。呼声最高的是贴近生活，建立中国的理论体系。汤一介提出，从中国典籍中发掘解释系统，创建不同于西方的解释学；李泽厚将生活提高到新高度，认为生活是历史的本体；黄玉顺则把传统儒学归结为生活儒学；葛兆光认为思想史应扩大到一般知识和民间信仰的范畴。① 从当代哲学的自省中，可以看到生活研究对中国思想形成的重要价值。

20世纪西方文化哲学的一个重要倾向，是将日常生活提高到理性层次来思考。胡塞尔对"生活世界"的回归，维特根斯坦对"生活形式"的剖析，海德格尔有关"日常共在"的观念等，表明一代哲人均把注意力转向日常生活的研究。从物质生活到精神生活，将人类文化的外显形式与深层的价值内核结合起来考察，体现了人文社会科学研究深化的趋势。

社会文化史既以研究生活为本，责无旁贷地要担当从生活中建构中国文化观念的系统、建立自己的学科理论的重任，这一领域的研究成果必将丰富甚至改写中国哲学史和思想史，社会文化史也因此走向人文学科的前沿。

二 从生活日用中提升中国理念

社会文化史以生活方式、社会风俗和民间文化为研究对象。其研究的

---

① 汤一介：《创建中国解释学问题》，《学术界》2001年第4期；李泽厚：《历史本体论》，三联书店，2002；黄玉顺：《复归生活重建儒学》，《人文杂志》2005年第6期；葛兆光：《什么是思想史——"中国哲学"问题再思》，《江汉论坛》2003年第7期。

内容与社会史、民俗史和文化史有交叉，不同的是它不是个别的单个研究，而是对这三者进行统合考察，对生活现象做出文化解析和社会考察；从一事一物的发展和上层与下层的互动中，引出深度的阐释和思考。似文化史，可不是精英文化史；似社会史，但并非单纯描述社会现象；有思想史内涵，却迥异于传统的观念史。简而言之，可称之为富有思想性的社会生活史。这样一种研究思路，最能展现中国传统社会、文化思想的本土特色。社会文化史在中国有丰富而深厚的历史资源，足以创生不同于西方文化的中国理论。

生活包含物质的、非物质的文化遗产，内容广泛而丰富。以生活为本，具有人类性，不分民族、国别，无论中外古今，也不论文明程度的先进和落后，凡是有人类生存的地方，都要对人类自身的来源、生存和发展做出自己的解释，这是一个族群生存发展必须具有的人生态度和对世界的认识。

首先要认识什么是中国特色的生活观念。

生活，是人类生存的基本需求。不同国家、种族和地区的人们，都需要吃饱穿暖，而对生活的理解却各有不同。生活作为研究的对象，是一个古老的命题。但生活是源于人的创造，还是神的恩赐，在中西文化中各有不同的解释。西方文化通常把生活来源追溯为上帝的恩赐，而在中国人的心目中，生活原料的创造者不是上帝和神仙，而是中华民族的祖先黄帝。古籍记载，从黄帝开始才有了衣服、房屋和播种耕作、蒸谷为饭、采药为医。传说中燧人氏取火，有巢氏筑屋，伏羲氏养牲畜，神农氏种谷，受到后代尊崇的先人们，无一不是在衣食住行中建功立业。

所以黄帝受到中国人的崇拜，不仅因为他是中华民族的祖先，还因为他教民农耕、熟食、建房、造车，是缔造中国人生活方式的始祖。由他发明的"饮食"成为儒家文化的核心思想——礼——的本源。《礼记·礼运》篇说："夫礼之初，始诸饮食，其燔黍捭豚，污尊而抔饮，蒉桴而土鼓，犹若可以致其敬于鬼神。"爆粟粒，烤小猪，挖土坑盛酒，用手掬饮，再用草槌敲地取乐，这大约就是先民视为美食美酒的盛事，用自己最得意的生活方式，祭祀鬼神，表示对祖先和神灵的崇拜和祈祷，这就开始了礼仪的行为。据王国维考证，在食器中盛放玉，是礼字的原初形态，此种食器也就成为至尊至荣的礼器。所谓礼之初始诸饮食，揭示了文化现象是从人类生存的最基本的物质生活中发生的，这是中华民族顺应自然生态的创造，也表现了日用器物与观念形态不可分解的因缘。

"生活",在中国是古老的用语,它的原义只是生命的延续。《尚书》云:"流谓徙之远方,放使生活。"《孟子》说:"自作其灾孽,不可得而生活也。"东汉应劭的《风俗通义》记载,秦始皇释放燕国的人质太子丹,使他"可得生活"。在古人眼中,把犯人流放、释放人质回国,或诅咒对手不得活命,都可谓"生活",就是让人活下去或不让人活,使生命继续存在或不存在,因此"生活"与"活命"是同一意义。

　　活着,是人类来到世界的第一需要,活着才能实现生命存在的意义。为了活着,首先要有供应身体成长的生活资料,古人对此统称为"日用器物""服食器用"或"百姓日用"。在《尚书》《诗经》中就已提出日用器物的概念,有关"服""食""器用"的用词,出现在《论语》中有111次,《孟子》中218次,两者相加高达329次。① 以如此高的频率出现在儒家的经典著作中,充分表明早在先秦,百姓日用之学就已经成为儒家的经典之教。以后的重要学者没有不对器用进行论述的。到明后期,在理学中出现泰州学派,王艮认为:"圣人经世,只是家常事。"② 李贽提出:"穿衣吃饭即是人伦物理。"③ 将日用之学提到新的高度,促使这一学说发展到极点,以芸芸众生穿衣吃饭的欲望,突破以天理克制人欲的禁锢,萌生早期启蒙思潮。

　　日用之学发生、发展的过程,也是伦理观念不断渗透到日用器物的过程。日用器物本是人类劳动的产品,按照人们的意愿,用自然界的原料加工成适合人们使用的器物,以改善和提高生活水平,这是社会文明和生产者聪明才智的表现。就这些成品本身而言,乃是无知无识的客观存在,古代思想家却给这无知无识的存在物赋以"道"的含义。"道"是什么?是伦理化的观念。"形而上者谓之道,形而下者谓之器",这句出自《易经》的名言,在该书的注疏中释为:"道是无体之名,形是有质之称。凡有从无而生,形由道而立,是先道而后形,是道在形之上,形在道之下。故自形外已上者谓之道也,自形内而下者谓之器也。形虽处道器两畔之际,形在器,不在道也。既有形质,可为器用,故云'形而下者谓之器'也。"④ 王夫之

---

① 笔者据杨伯峻《论语译注·论语词典》(中华书局,1962)和《孟子译注·孟子词典》(中华书局,1963)统计。
② (明)王艮:《王心斋全集》,江苏教育出版社,2001,第5页。
③ 李贽:《答邓石阳》,《焚书 续焚书》,中华书局,1975,第4页。
④ 王弼、韩康伯注,孔颖达疏,陆德明音义《周易注疏》第11卷,"系辞上",上海古籍出版社,1989,第263页。

对此补充说:"无其器则无其道。"① 就是说,器由道而生,无道不成器,故道在形之上,器为形之下,这上下之别,是因为道为器物之本源,但是无器也就没有道的存身之处,所以这道和器虽有形上和形下之分,两者却密不可分,道是器的内涵,器是道的外在形式,器有粗细之别,道也有深浅之分,两者相依共存。所以这"器"在常人看来是家常日用,在圣人看来却是"道"之所寓,即器即道是成圣的体验。一方面是圣人的眼光下移到家常事,另一方面是将日用事物伦理化,从这里可以理解朱熹所谓"盖衣食动作只是物,物之理乃道也。将物便唤做道,则不可。且如这个椅子有四只脚,可以坐,此椅之理也。若除去一只脚,坐不得,便失其椅之理矣。'形而上为道,形而下为器。'说这形而下之器之中,便有那形而上之道。若便将形而下之器作形而上之道,则不可。且如这个扇子,此物也,便有个扇子底道理。扇子是如此做,合当如此用,此便是形而上之理。天地中间,上是天,下是地,中间有许多日月星辰,山川草木,人物禽兽,此皆形而下之器也。然这形而下之器之中,便各自有个道理,此便是形而上之道。所谓格物,便是要就这形而下之器,穷得那形而上之道理而已,如何便将形而下之器作形而上之道理得!饥而食,渴而饮,日出而作,日入而息,其所以饮食作息者,皆道之所在也"②。从日用器物中体认天理人情的无所不在,由此得出"格物致知"的知识论。人们不仅从文本的传授和阅读中接受伦理教育,也从日常生活消费与物质用品中接受伦理教化,对不识字的"愚夫愚妇"来说,后者更是接受教诲的主要渠道,这就是百姓日用之学的价值所在。

对物的伦理化还形成中国思想史的一系列概念。从先秦儒学、汉代经学、魏晋玄学到宋明理学,历代的鸿儒硕学无不善于从日常生活中阐扬哲理,并从具体的器物层面,上升到抽象的理念。在中国思想史中覆盖面最广的两个概念是"礼"和"法"。"礼"的字形据王国维考证是"盛玉以奉神人之器"③;"法"在甲骨文中又作"彝"字,④ 此乃米、丝和豕的字形组合,是祭品也是食品,所以这"礼"和"法"的原生态,都是从生活日用中发源。至于道和器、理和欲、义和利、形上和形下等常用概念,都不是

---

① 王夫之:《用易外传》第5卷,"系辞上·传第十二章",中华书局,1977,第203页。
② 《朱子语类》第4册,第62卷,"中庸一",中华书局,1986,第1496~1497页。
③ 王国维:《观堂集林》,"释礼",中华书局,1959,第291页。
④ 参见詹鄞鑫《释甲骨文"彝"字》,《北京大学学报》1986年第2期。

脱离物质生活的独立存在，每个概念都有与之相匹配的对应物。其实质是将伦理观念寓入日用器物之中，将有形可见的器物内化为理性的东西，使之秩序化、信仰化。在这内化的过程中，器物已超越它的使用价值，成为人们沟通道体的媒介。因此形上有外在的形下表现，形下有内在的形上寓义，道器有分，而又无分，促使人们达到道器合一、即道即器的境界。对事物的认识是直接从器物一步登天，跃至形而上学，从形下到形上依凭对生活的感悟，而无须逻辑推理。概念的形成不是依靠逻辑思辨，而是基于人人可以感受的生活经验，所以生活日用在中国，是思想观念之源，从概念的发生学来考察，中国哲学的长处不在思辨的形上学，而是经验的形上学，这是中国人的思维方式。

生活与观念本是人类分别在物质生活和精神生活领域的行为和反映，生活是感官的满足和享受，观念是理性的思考和选择；在认知方面也有感性认识和理性认识的差异。这两者各有相应的范畴，并不等同。把伦理观念融入生活日用之中，使日用器物伦理化，这就可能把矛和盾置于相互冲突的境地。试想，伦理是道德精神、价值观，这是稳定的不易变动的因素；器物乃是人的享用物，它随着社会经济的发展和生活需求的增长不断更新，这是易变的不稳定的因素。这两者共生、共处引出发展中的悖论，即：一方面是生活日用承载伦理说教，扩大了教化的领域；另一方面又造成生活日用对伦理规范的冲击。明末的中国早期启蒙思潮，就是在生活欲望不断追新求异、越礼逾制的浪潮中诞生的。百姓日用之学的本意是在生活领域加强封建伦理教育，它的发展又对封建伦理起了削弱的作用，最后成为顾此失彼的双刃剑，其根源就在于对"物"的伦理化。

中国人对"物"构成世界的理解，与西方迥然不同。例如五行说，《尚书·洪范》曰："五行，一曰水，二曰火，三曰木，四曰金，五曰土。水曰润下，火曰炎上，木曰曲直，金曰从革，土爱稼穑。"这金、木、水、火、土五种物质，是中国人对世界生成的看法。若论对单个元素的看重，与古希腊相似，泰勒斯提出"水"，赫拉克利特提出"火"，等等，都是有关世界本原的看法。但中国并不像古希腊那样，从单个物质追究世界的本源，而是讲究金、木、水、火、土的关系。这五行即这五种元素相生相克，木克土，土克水，水克火，火克金，金克木；金（铁）能砍木，木能扎进土，土可堵水，水可灭火，火可熔金。一物制一物，绕行一周是个连锁的圆。相反则是，水生木，木生火，火生土，土生金，金生水；木有赖水而生，木燃烧生火，火烧成灰土，土中有矿生金，金熔化成液体生水。一物生一物，也是一个连锁的圆。如此相反相成，周而复始，都是一环套一环，环环相扣，这反映在历史观上就是循环史观，天下大势，分久必合，合久必分。虽然在漫长的历史发展中也有柳宗元的《封建论》表现出进化史观，但循环史观长期占据正统的地位。每逢改朝换代，都要改正朔，易服色，以示崇尚的不同，要的就是一物克一物，以示今朝胜前朝。从自然代谢推向人事兴亡，自然观与历史观合而为一。对天、对人、对物、对世界的认识充分伦理化，是中国思想史的重要特征。

三 礼俗互动是中国社会文化史的特色

在中国人心目中，大至天道运行，小如日用器物，深到修心养性，无不以伦理为本位，修身、齐家、治国、平天下概以伦理为出发点和归宿。伦理在中国，内化为修己之道，外化为治人之政，已超出一般意识形态的范畴，形成一系列的社会制度，即礼治秩序，这是礼俗社会的实质。

礼俗本于生活，但礼和俗并不是一回事。古人所谓礼始诸饮食，本于婚，揭示了这一文化形态是从饮食男女的生活习惯中起源的。礼的雏形，成型于氏族社会的祭祖仪式，商代人将其神化。祭祖的重点是祭君主的祖先，只有君主的祖先才能聆听上天的意旨统治人间，并按照与君主血缘的亲疏远近，界定尊卑贵贱的等级关系，使得原始的礼成为阶级统治的内容。周代形成系统的典章制度，以嫡长制为中心确立宗法制和分封制，用以维护贵族内部各阶层的特权，包括爵位、权力和衣食住行、日用器物的享用。"礼者，别尊卑，定万物，是礼之法制行矣。"（《礼记·乐记》）礼同权利、财产的分配和日用消费结合在一起，展开法制的、经济的、文化的全面联系。春秋战国经过"礼崩乐坏"的震荡和孔子、荀子的再造，建构了系统的礼教学说，强调人不学礼，无以立身处世，因此要"道之以德，齐之以礼"。设立以礼为中心的六艺之教，教育及诲人概以礼为重要内容，使得法定权利与知识教育、道德修养融为一体。

礼制是王朝钦定的器物分配制度。历代王朝都以"会典""典章""律例"或"车服制""舆服制""丧服制"等各式条文，规范和统御人们的物质生活。所以，礼在中国不仅是道德信仰和思想观念，也是日用消费品分配的准则和人际交往的规范。日用器物对消费者来说兼有物质待遇和精神待遇双重价值。早在先秦时期，荀子就为这种分配方式提供了理念："德必称位，位必称禄，禄必称用。"（《荀子·王制》）有德才有位，有位才有禄，以物可以观位，以德又可量物，道德表现、社会地位与财禄器用相应相称。权利通过日用器物的等级分配，物化为各个阶层生活方式的差异，这是社会模式，也是文化模式，正如司马迁所说，礼能"宰制万物，役使群众"[①]。管天、管物、也管人，这是意识形态与社会生活高度契合的形态。

对于"风俗"，中外文化有不同的认识和阐释。古人称之为"风俗"的，今人称之为"民俗"，这一字之差，表现了中国风俗的特色。"风"，出于《尚书·说命下》："咸仰朕德，时乃风。"后世解释为"风，教也"。"俗"，郑玄在《周礼注》中释为"土地所生，习也"。所以风俗在汉语的语义中，带有对"俗"进行教化的寓意。这才有所谓："道德仁义，非礼不成；教训正俗，非礼不备。"（《礼记·曲礼》）突出以礼治俗的统治思想，受到历代帝王的重视。为政必先究风俗，观风俗、知得失，这是历代君主恪守的祖训，帝王不仅要亲自过问风俗民情，委派官吏考察民风民俗，在制定国策时作为重要参照，并由史官载入史册，为后世的治国理政留下治理风俗的经验。

现代民俗学所谓的"民俗"，是西方在19世纪形成的一个新概念，与中国的"风俗"观不尽相同。民俗虽然在各个民族中都有漫长的历史，但在近代以前并没有成为一门独立的学问，直到18、19世纪之交，民族主义的兴起激发了人们对民族生存状态的兴趣，才引起对风俗习惯和信仰仪式的关注。1864年英国的古生物学家汤姆生创造出"民俗"（Folklore）这一由民众（Folk）和知望（lore）组成的新词语，随后才有民俗学的诞生。即使如此，仍然有人视其难登大雅之堂，被打入另册，如在日本称为"土俗学"，在美国与"赝品学"同义，这类名称在不同程度上表示这是又俗又土的学问，是专指下层的、民间的习惯。若从研究的内容来说，确实如此，但从学科来说，以土俗和赝品相称，反映了鄙视下层文化和土著文化的精英观念和殖民意识，这与中国重视风俗的传统很不相同。概念不能取代内容，但概念却能影响资料的取舍和阐述。

所以，礼与俗，无论就其社会功能还是文化属性来说，分处于国家与民间的不同层次。孔子说"礼失而求诸野"，"礼从宜，使从俗"。有生活才

[①] 《史记》第4册，第23卷，"礼书第一"，中华书局，1997，第296页。

有规范生活的礼，所以俗先于礼，礼本于俗。俗一旦形成为礼，上升为典章制度和道德准则，就具有规范化的功能和强制性的力量，要求对俗进行教化和整合。所以礼虽然起源于俗，却高居于俗之上，成为国家制度和意识形态的主流，其涵盖面之广，几乎成为中国文化的同义语，而在西方思想史中根本找不到与"礼"相似的语词，这是有别于西方，从中国社会土壤中形成的特有概念，理应成为本土社会文化史的重要概念。

柳诒徵早在20世纪40年代就指出，以礼俗治国"博言之，即以天然之秩序（即天理）为立国之根本也"。在世界上并不乏遵循天然秩序生活的民族，但在中国"礼俗之界，至难画分"[①]。这是中国特色。与此同时，社会学家费孝通经过社会调查，写成《乡土中国》一书，提出中国基层社会本于礼治秩序，乡土中国是礼俗社会的见解。值得注意的是，古代思想家经常运用礼、智、仁、义、诚、信、和、中庸等概念，其中的礼，不仅是思想观念和道德准则，也是制度的实体，更是唯一经过现代社会学家论证的，具有涵盖社会上下、贯穿精神和物质、得到全国各地最大范围认同的价值观念。这是中华文化历史悠久、覆盖面最广、传承力最顽强的重要原因。

从礼俗互动的视角考察中国人的衣食住行，有助于深入认识中国的国情和民性。例如，中国人传统的住房多以平面建筑为主，为什么很少向高层发展？地理环境、建筑材料固然有影响，更重要的原因在于社会制度的制约和社会观念的崇尚，缘于礼制以尊卑贵贱的等级限定民居的高度，即使拥有钱财，也不能随意建高层。不向高处发展，就横向发展，因此形成多进的深宅大院。

中国人崇尚金木水火土五行学说，土是承载负重的大地，木能建构空间，土和木是建筑平房的最佳材料，却不宜造高楼，所以中国的民居沿着地平线延伸，平稳舒缓、布局均衡。每所住宅由东西南北四向构成四合院，正房、偏房、厢房、穿廊，主次分明，充分体现一家之中长幼有序、上下有分、内外有别的规则。宅院中最大、最好的为正房，由一家之长居住，子女儿孙分别居于附属的厢房或耳房。居室由面积的大小、方向的阴阳，表现权威性和仆从性。一家之主，往往是一夫多妻，元配居正房，小妾住偏房，因此古人常以"正室"称呼大夫人，用"偏房"称呼小妾，以正和偏表示不同的身份，用居室标志地位的高低。这比一般性的描述多了一份

---

① 柳诒徵：《中国礼俗史发凡》，《柳诒徵说文化》，上海古籍出版社，1999，第270、261页。

居家伦理。所以中国人的衣食住行、婚丧节庆，不论形制、仪式和内容，莫不体现出礼制的主导作用。

再以饮食为例，随处可见饮食烹调与伦理政治相通的倾向，普普通通的日用器物，一旦注以伦理政治的观念，立即神圣不可侵犯。鼎就是突出的一例。

鼎，自古以来被认为是国家的重器，其实是只饭锅。它鼓腹，比其他容器能盛放更多的食物；两耳，便于提携移动；三足鼎立，方便置火烹饪。炊具和餐具合一，比当时的筵、釜、镬、豆、簋等食器具有更大的实用价值。所以古人认为是"调和五味之宝器"。用宝器供奉祖先和神灵，施行祭祀的重大礼仪，这就不同凡响，因而被尊为礼器。传说黄帝铸造了三只鼎，以此象征天地人；夏禹收罗全国的金属，铸成九个大鼎，作为传国之宝。周灭商后，移九鼎于镐京，举行隆重的定鼎仪式，自此，定鼎喻为国家政权的奠基，鼎也就成为权力的象征。鼎有了这样特殊的价值，就不能再为普通人所拥有，因此又有列鼎制度。天子可以有九鼎，诸侯七鼎，大夫五鼎，士三鼎。士、大夫、诸侯、天子，权力愈大拥有的鼎数就愈多。"调和鼎鼐"这一本来纯属烹饪的术语，在古代亦可作为宰相治理国政的代称。春秋时晏婴对齐景公谈论君臣关系时，以和羹做比喻。孙子论兵学是烹饪之学，《淮南子》论治学以烹饪为例证，老子的"治大国若烹小鲜"传诵千古。这些都是古代著名的政治家和思想家，他们不厌其详地从烹调方法论及国家大事，是治国理政高度权术化的表现，也是伦理政治对生活强力渗透的结果。诸如此类在服饰文化中更有充分的体现，这里不一一列举。

总之，在传统中国，衣食住行，百姓日用，无不具有伦理的意义，有的已成为政治伦理的符号，这种生活方式在世界上也属独一无二。从这里可以理解任继愈先生为什么强调，外国人学汉学要从认识中国人的生活方式开始。

贴近生活日用，从礼俗互动中认识中国人的生活和思想，撰写具有本土特色的社会文化史，是建设这一学科的重要使命。

生活质量：社会文化史研究的新维度

梁景和

社会文化史发展至今，希冀把生活质量作为其研究的一个新维度，这是社会文化史研究的新理念之一。为什么要从史学角度来研究生活质量，主要研究哪些内容和问题，怎样进行研究，这是本文拟探索的主旨。

一 概念与价值

欧美国家在 20 世纪 50 年代末开始把生活质量作为多学科的研究领域与研究视角。[①] 20 世纪 80 年代以后，中国的社会学、心理学、经济学、医学等学科也开始探讨生活质量问题，但至今为止历史学对此却鲜有研究。如果从史学角度来研究生活质量，可以开辟社会文化史研究的新维度。所谓生活质量是指人们客观生活的实际状况以及对生活的满意程度和幸福感受程度。[②] 这里既包涵客观生活质量，即社会生活条件的实际状况，也包涵主观生活质量，即生活满意度和主观幸福感。

研究生活质量有其重要的意义和价值。肯定和确立提高生活质量是人类社会的目的和欲求，是人类整体生活和人类个体生活的目的和欲求。生活质量既反映在社会生活条件方面，也反映在人们的主观幸福感上，幸福感是人类生活永恒美好的追求，正如休谟所说："一切人类努力的伟大目标

[①] 美国经济学家加尔布雷斯于 1958 年在其所著《富裕社会》一书中首次提出"生活质量"这一学术概念。
[②] 这个概念界定虽然与其他人文社会科学的界定没有本质的差异，但史学的研究方法和问题意识与其他人文社会科学比较则有自己的独到之处。

在于获得幸福。"① "对幸福生活之向往和追求，可以说是不同时代、不同经济和文化背景下人们的共同欲求。从这一意义上说，幸福似乎可以成为一种普遍主义的价值理想。"② 研究生活质量的意义和价值还在于要探寻生活质量在不同历史阶段的基本概念或界定；设计并确定生活质量这一崭新学术研究领域在不同时代的基本框架体系；探讨不同时代不同需求层次的人③对生活质量认识、理解和判断的合理性、差异性和谬误性及其造成此种现象的历史、文化和社会等的基本缘由；研讨客观生活质量与主观生活质量的联系与相互作用所产生各种功能的基本根据；探求不同时期人类个体主观生活质量复杂性形成的基本原因；探索不同时代生活质量的主观满意度和幸福感表现出的层次相同以及"处于相同物质生活水平的人们，对其自身生活的评价和满意度可以大相径庭；反之，生活满意度相同的人，其实际物质生活水平可以相距甚远"④ 的基本因由；研究实现人的全面自由发展目标与提高人们生活质量要求的两者间内在的基本逻辑；等等。对上述问题的探究均具有重要的意义和价值。

当我们了解了生活质量的研究概念和研究价值之后，还可以进一步认识和理解它的学术承续。从宏观史学发展脉络看，历史学早期从关注"事件的历史"出发，主要是探讨政治的历史，研究政治军事和政权更迭的所谓大的历史事件；次之开始进一步关注社会的历史，主要探讨社会经济和社会生活的历史状态；渐次又进一步关注历史主体的内在观念和心理的历史，去研讨人的内心世界和情感感受。从西方兰克以前的政治史，到年鉴学派的经济社会史，再到后来的观念心态史、新文化史以及从中国的王朝史、清末的新史学，再到后来的社会史、社会文化史，大致基本反映了这样的一个学术历程。历史科学发展的这种脉络的客观性，是历史发展到某一阶段的客观需要决定的，就如中国的王朝史它主要是在王朝时代为王朝的统治需要服务的；西方的新社会史也是为有益于民众群体和个体的生活改观服务的；中国社会史的复兴同样是为改造中国社会的实际问题服务的。而今天从社会文化史的角度研究生活质量是中国刻下社会注重群体与个体

---

① 杨适等译《人性的高贵与卑劣——休谟散文集》，上海三联书店，1988，第81页。
② 王露璐：《幸福是什么——从亚里士多德与密尔的幸福观谈起》，《光明日报》2007年11月13日。
③ 按马斯洛的理论，人的需求有五个层次，即生理需求、安全需求、友爱与归属需求、自尊需求和自我实现需求。
④ 冯立天主编《中国人口生活质量研究》，北京经济学院出版社，1992，第107页。

的生存状态,改善生活条件,提高生活满意度和增强主观幸福感的客观需要决定的。学术发展脉络承续的客观性是历史发展的客观需要决定的。

二 内容与问题

生活质量是社会文化史研究的新维度,它的研究内容,有初期起步与未来发展这一过程的前后变化,所以应当遵循先窄后宽、先易后难、先分解后综合的几个原则来进行。

首先,我们应当关注人类日常生活的第一主题。刚刚开始从生活质量的领域来研究社会文化史时,先要考虑的问题就是从广博的社会生活中先选择什么样的具体内容来着手研究,社会生活的内容太广太繁,而且随着时代的发展,又会不断的添加新的内容。然而社会生活无论怎样庞杂多样,其中贯穿人类社会过往时代的基本范畴却是几种相对恒常的具体内容,那就是衣食住行、婚姻家庭、两性伦理、休闲娱乐、生老病死等,这些基本的内容和范畴就是人类生活的第一主题。[1] 这些最为基本的生活内容贯穿于长时段的历史阶段中,它们的现状以及发展变化恰恰与人们的生活质量息息相关,所以研究生活质量首先可以从人类日常生活的第一主题做起,即从这些社会生活的基本内容和基本范畴做起。虽然日常生活的第一主题,我们仅用上面的几句话就囊括了,但它的具体内容还是相当的广博,所以我们研究的内容就不可能是单一狭隘的。比如衣食住行中的"食"就可以涵括着极其丰富的内容,包括食品原料、食品生产、饮食器具、饮食风尚、菜系品种、饮食思想、美食养生、食疗保健、茶酒饮料等;再如家庭一项就可涵盖着家庭形式、家庭规模、家庭结构、家庭文化、家庭关系、家庭功能、家庭类别、个体家庭等;再比如生老病死中的"生"也涵括着极其宽广的内容,包括人生仪礼、教育成长、强身健体、求职就业、养家糊口、日常消费、友情社交、理想追求等。以上所举,说明仅是日常生活的第一主题就有着无限丰富的研究内容,从中选取任何一项,都可以把它作为生活质量研究的一个起点。日常生活的第一主题以往有着丰厚的研究,如果转换一下视角,运用生活质量的维度再去思考这一主题,可能会发现很多有学术价值的新问题。

---

[1] 参见梁景和、王峥《中国近代早期国人眼中的欧美生活》,《首都师范大学学报》2012年第1期。

其次，我们研究的内容再向前伸展，可能会显得更为开阔和宏观，即我们也可以从政治、经济、文化、社会、环境等宏大的范畴去探索生活质量问题。诸如各个层次的政治管理、中央和地方的机构组织、军队、法律、监狱，这些政治因素的实施和运行对于不同阶层、不同类型的群体和个体的生活质量会有直接或间接的影响；诸如不同的经济制度、政策和经济措施、手段，不同的经济行政权力，生产力水平，中外贸易的发展，各类企业的发展壮大无疑对于不同阶层、不同类型的群体和个体的生活质量会有直接或间接的影响；诸如文化教育政策的发展变迁，社会信仰和社会思潮的变革，民族国家所宣扬的价值观、世界观和人生观对于不同阶层、不同类型的群体和个体的生活质量会有直接或间接的影响；诸如社会城乡的管理和调控，社会的保障和疏导，市政设施的建设和完善无疑对于不同阶层、不同类型的群体和个体的生活质量会有直接或间接的影响；诸如环境的污染和恶化及其美化和治理，对于不同阶层、不同类型的群体和个体的生活质量会有直接或间接的影响。综上所述，即便我们从宏观的政治、经济、文化、社会、环境作为视角同样可以研究人们的生活质量问题。诸如历代国家统治集团面对天灾、人祸、瘟疫、疾病所采取的一系列社会救济的荒政保障，与民众的生活现实与生活质量紧密相连；明清以来苏州的碑刻[1]中有关于赋役管理、商业管理、宗族管理、寺观管理、环境管理、市政管理的碑文，这些社会管理的功效，与民众的生活现实与生活质量紧密相连；革命家王稼祥曾给他的堂弟王柳华写信说："可怜我们受环境的压迫，婚姻不得自由，求学不得自由，择业不得自由，而且一盼前途，就觉茫茫毫无把握，不知自己的生活怎样才可解决。唉！这样的环境，难道不能或不应当把他打碎吗？不过这不是局部问题，乃是政治问题，政治改良，环境自不求自善。柳华，'人是政治的动物'，我们应当负改革中国政治的责。"[2]从这样一份家书中，我们可以看到参加革命，改革政治，同样也与民众的日常生活与生活质量紧密相连。当然，这样研究的范畴与上述第一点不同，它更显开阔性和宏观性。

最后，我们要对生活质量涉及的诸多内容进行一种综合全面的研究，这是一种复杂研究，即便如此，这样的研究同样可以对于不同阶层、不同

---

[1] 参见王国平、唐力行主编《明清以来苏州社会史碑刻集》，苏州大学出版社，1998。
[2] 中共中央文献研究室编《老一代革命家家书选》，中央文献出版社、三联书店，1990，第10~11页。

类型的群体和个体生活质量的优劣高低做出基本的梳理、判断和评价，这就是进行这种复杂研究的价值所在。

上面研究内容所设置的三个梯度，只不过是研究生活质量初始阶段的一个一般性原则，按照这样的一个梯度，有助于我们研究的起步，但这并非绝对呆板硬性的研究秩序，根据研究队伍的状况以及研究者的兴趣、积累和能力，完全可以打破这样的原则秩序，提倡研究内容的宽窄、难易、分解综合的交叉、互动和提升。

那么，我们对生活质量研究的内容有了一个基本的理解和把握之后，我们再进一步思考研究生活质量的问题意识，能否做出这样的判断，研究生活质量的主要问题意识在于：探讨特定历史时期人们对生活质量的认识和理解；研究特定历史阶段的生活方式、物质发展，以及特定时代生活质量的标准认同；探究特定历史阶段特定人群具体生活的实际状况以及客观生活质量和主观生活质量的实际状态；研讨为什么在特定的历史阶段，特定的人群会是追求那样的生活质量，会去那样的生活，会有那样的生活态度和生活向往，是什么样的"社会存在、文化传统、历史经验等因素"[①]决定的，只要对上述的问题意识有了诠释和回答，我们的研究才能彰显出它的应有价值。

三 研究的方法

研究生活质量所采用的方法随其研究具体内容的不同以及问题意识的不同而有所不同，且随着研究的展开和不断发展以及研究成果和研究经验的积累，还会不断创造新的研究方法。目前，我们首先可以关注如下一些研究方法。

（1）宏观微观的研究方法。关于生活质量，既可以宏观研究，又可以微观研究。[②] 宏观研究和微观研究主要关涉时间、空间、人群等相关概念。诸如既可以研究一个长时段的生活质量，也可以研究短时期的生活质量；既可以研究大区域的生活质量，也可以研究小区域的生活质量；既可以研究多群体的生活质量，也可以研究单一群体或个体的生活质量。关注不同

[①] 王露璐：《幸福是什么——从亚里士多德与密尔的幸福观谈起》，《光明日报》2007年11月13日。

[②] 宏观和微观都是相对概念，宏观是相对微观而言，微观是相对宏观而言，所以这里舍弃了中观的概念。

时段，不同地域，不同人群，不同个体，不同问题的研究，有助于进行宏观与微观的研究，有助于研究的理论化以及细化和具体化。这种研究有着丰富的史料能够开启我们的思考，比如在地方志中有记载浙江人订婚习俗的，反映了浙江人富贵与平常之家的不同生活："订婚之始，谓之缠红。富厚之家，聘物恒用金饰，如手镯、如意、耳环、戒指之类，加以绒线制成五色盆景，光艳夺目。满盛盘中，谓之花果缠红。平常人家，则无如是之财力，或用小纹银一锭，鋈金如意一件，取'一定如意'之义，或用鋈金八吉一对，镀金手镯一付，取有'吉祥之义'。"[1] 民国时期河南安阳的衣着习俗，可见出不同阶级之间的差异："境内习尚，认俭朴为美德，以装饰为浮夸。除资产阶级、官僚家庭以洋布为衣料，间或着绫罗锦缎外，余则均以自织之棉布加以颜色裁为服裳，一袭成就，间季浣濯，直至破烂而后已。"[2] 民国时期河北元氏县士商与农民使用着不同的交通工具，"凡出行，近时无论士商，必脚踏自行车，故自行车之销路，有一日千里之势。惟农民出门，多步行"[3]。20世纪20年代的上海"以乘汽车为豪，每至礼拜日，必有许多少年男女，同乘一车，疾驰于南京路、静安寺路、福州路"[4]。这些地方志资料从宏观视角反映了具体领域的不同人群的社会生活和生活质量。我们再看民间歌谣中的史料，如反映明末农民苦难生活的歌谣："官府征粮纵虎差，豪家索债如狼豺，草根木叶权充腹，儿女呱呱相向哭，壮者抗，弱者死，朝廷加派犹不止。"[5] 民国时期有反映农民怨苛税的歌谣："种庄田，真是难，大人小孩真可怜！慌慌忙忙一整年，这种税，那样捐，不管旱，不管淹，辛苦度日好心酸，两眼不住泪涟涟。告青天，少要钱，让俺老少活几年。"[6] 如反映官僚权贵享乐富贵的生活："三年清知府，十万雪花银"[7]"出外做官，回家享福""千里做官，为的吃穿"[8]，这些也从宏观

---

[1] 胡朴安：《中华全国风俗志》下篇卷四，《浙江·海宁风俗记》，中州古籍出版社，1990，第27页。
[2] 丁士良、赵放主编《中国地方志民俗资料汇编》（中南卷·上），北京图书馆出版社，1991，第102页。
[3] 丁士良、赵放主编《中国地方志民俗资料汇编》（华北卷），北京图书馆出版社，1991，第127页。
[4] 胡朴安：《中华全国风俗志》下篇卷三，《江苏·上海风俗琐记》，中州古籍出版社，1990，第139页。
[5] 张守常辑《中国近世谣谚》，北京出版社，1998，第74页。
[6] 张守常辑《中国近世谣谚》，北京出版社，1998，第844页。
[7] 张守常辑《中国近世谣谚》，北京出版社，1998，第855页。
[8] 张守常辑《中国近世谣谚》，北京出版社，1998，第859页。

视角反映了具体领域的不同人群的社会生活和生活质量。清末竹枝词也是如此，有许多宏观普遍性的风土民情和社会生活的记载，如富家女子从南京去上海的情景："火车当日达吴淞，女伴遨游兴致浓。今日司空都见惯，沪宁来去也从容。"① 市民流行穿西装的情景："西装旧服广搜罗，如帽如衣各式多。工厂匠人争选买，为他装束便摩挲。"② 此外，丰富的文艺作品，无论是小说、戏曲还是诗词等也能为我们提供从宏观视角研究生活质量的珍贵资料，以小说为例，陈寅恪认为，小说可以证史，小说虽"个性不真实，而通性真实"③。这通性之真实就是宏观之真实。④ 如傅桂禄编辑的三卷本小说《中国蛮婚陋俗名作选粹》就是很好的例证，三卷本《商人妇》《活鬼》和《节妇》所收集的作品反映了中国社会典妻当妻、童养婚、人鬼恋、冥婚、老夫少妻等一幕幕的人间悲剧，是"旧中国蛮陋婚俗的缩影与概括"⑤，反映了一部分人群的婚姻生活质量。通过多方史料的相互印证，小说是可以反映社会生活的"通性之真实"的。综上所述，说明运用大量的史料是能够帮助我们从宏观的视角来研究生活质量问题的。那么从微观的角度同样如此。这在日记、书信、传记、回忆录等文献中就蕴藏着大量丰富的材料，例如《历代日记丛钞》是对国家图书馆所藏五百多种宋、元、明、清以及民国年间的日记进行的影印出版，这其中不乏有对生活质量进行微观研究的珍贵资料。诸如王闿运的《湘绮楼日记》对"家常琐事，柴米油盐，无不一一记载"⑥，反映了一个家庭的物质生活水平。丰子恺在《法味》一文中提及他的老师李叔同曾经说过："我从二十岁至二十六岁之间的五六年，是平生最幸福的时候。此后就是不断的悲哀与忧愁，直到出家。"⑦ 李叔同的这段话，为我们研究他个人一生的生活质量和主观幸福感提供了一个大致的线索。共和国成立初期，毛泽东成为国家的领袖，他的

---

① 朱文炳：《海上竹枝词》，顾炳权编著《上海洋场竹枝词》，上海书店出版社，1996，第203页。
② 颐安主人：《沪江商业市景词》，顾炳权编著《上海洋场竹枝词》，上海书店出版社，1996，第167页。
③ 石泉：《先师寅恪先生治学思路与方法之追忆（补充二则）》，《陈寅恪与二十世纪中国学术》，浙江人民出版社，2000，第157页。
④ 齐世荣先生在《谈小说的史料价值》专文论述小说的史料价值，见《首都师范大学学报》2010年第5期。
⑤ 参见傅桂禄编《商人妇》《活鬼》《节妇》的内容简介，群众出版社，1994。
⑥ 王钟翰：《〈历代日记丛钞〉序》，俞冰编《历代日记丛钞提要》，学苑出版社，2006。
⑦ 丰子恺：《法味》，杨耀文选编《文化名家谈佛录——一日佛门》，京华出版社，2005，第49页。

一些亲朋故友要来京见他,并希望解决工作或生活上的问题。处理这类亲情方面的事情,有诸多难处。毛泽东在给亲属的信中,做了多方面的解释和抚慰工作,并要求亲友"不要来京",或寄钱暂时解决一下亲友的生活困难,① 从这些书信里能够感觉到毛泽东当年的心理感受。

(2)综合分解的研究方法。研究生活质量,既可以把客观生活质量与主观生活质量两者结合起来进行综合研究,也可以把客观生活质量与主观生活质量两者分开进行分解研究。综合研究既关注客观生活质量与主观生活质量两者的互动和影响,也关注影响生活质量的诸多因素如物质生活、精神生活、政治生活、社会生活、环境生活、劳动生活、公民素质等多方面的相互制约、共同作用的综合结果,比如当代社会"居民收入增加、消费水平提高,但环境污染严重,社会保障程度很低,社会秩序恶化,则不能说生活质量好。所以,生活质量不仅表现在生活的某个或某几个方面,更重要的是物质、精神生活等各方面的综合"②。比如清代具体的饮食生活,宫廷、贵族、民间的饮食生活中的风尚、饮食品种、品种质量、饮食器具以及饮食的养生思想是不同的,这种具体的饮食物质生活与饮食观念和饮食诉求的多方面综合才反映了不同人群的总体性的饮食生活质量。③ 再如民国时期的居住生活,官僚权贵们居住的高级官邸、富商们居住的豪华别墅、中产阶级居住的单元公寓、穷苦贫民居住的棚户区和茅草屋,这些物质的居住条件与居住者的宗教信仰、日常生活观念与生活目标要求的结合,构成各类人等的综合性居住生活质量。譬如中国末代的皇后和皇妃们,她们衣食住行的物质生活条件优越,但是她们的精神生活和婚姻生活很悲惨,这能说她们人生的生活质量高吗,显然不能。溥仪说:"长时期受着冷淡的婉容,她的经历也许是现代新中国的青年最不能理解的。……我后来时常想到,她如果在天津时能象文秀那样和我离了婚,很可能不会有那样的结局。"④ 这段话道出了婉容一生的悲惨生活。可见优裕的物质生活未必一定就会生活幸福。而分解研究既包括对客观生活质量的研究,也包括对主观生活质量的研究,两种研究是分别进行的。其中客观生活质量的研究,主要是研

---

① 参见毛泽东给杨开智、文南松、毛泽连、毛远悌、毛宇居的信,中共中央文献研究室编《老一代革命家家书选》,中央文献出版社、三联书店,1990。
② 王海敏、陈钰芬:《我国各地区城镇居民生活质量的综合评估》,《商业经济与管理》2004年第 8 期。
③ 参阅徐海荣主编《中国饮食史》卷五,华夏出版社,1999。
④ 长春市政协文史资料研究委员会编《末代皇后和皇妃》,吉林人民出版社,1984,第 2 页。

究社会条件发展的程度和水平,社会的政治、经济、文化、社会、环境等社会的大范畴和大背景在具体的衣着、饮食、居住、交通、教育、就业、娱乐、医疗、健康、保险、养老等诸多方面为人们的物质生活和精神生活提供了什么,它反映了社会整体的发展状态和发展水平,诸如近代国人的娱乐生活,各类人等如何看戏剧电影,如何听书阅报,如何游乐购物,如何去酒馆茶馆,如何琴棋书画,如何跳舞打牌,如何进行体育活动,如何交往游历,这都能对人们的客观生活质量做出探索和评价。再比如近代以来交通工具的变迁,从传统的轿子到人力车、畜力车、西洋马车、自行车、机动车、火车、轮船、飞机等,近代交通工具的不断变化,同样也可以观察到各类群体客观生活质量的改善或提高。从餐饮地点也可看出不同人等的饮食生活质量,近代上海,"在饭摊、露天食堂、饭店楼下就餐的多是工人、黄包车夫、苦力等"①,而"只有穿长衫的人才上楼吃"②。的确,在哪儿吃,"吃的是什么菜,我就可以说出你是什么人"③。晚清民国上海闸北棚户区居民的住宿是茅草棚,"以污泥为墙,稻草为顶。而一行一行排列的距离,又极狭窄,普通不满两公尺,所以常常有一经着火,瞬息延烧千百余户的!在他们每一家的住宅里;都只有一进门就是外房也是工房的食喝于斯生死于斯的一大间,父母子媳六七口住在一个处所,煨水烧饭也在这一个地方,有时还得划出一小块地方来养猪,而他们的大小便也就在这喂猪的桐里"④,这类人群悲惨的居住生活,一目了然。相反,梁实秋在上海和青岛做教授时的物质生活质量是很好的,"那时当教授收入较高,实秋兼职又多,所以家庭经济情况逐渐好转,俨然成为上海滩上的中产阶级了"⑤。1928 年梁实秋在上海从"爱文义路的一楼一底中迁出,移居赫德路安庆坊,是二楼二底,宽绰了一倍"。1929 年"又搬到爱多亚路 1014 弄,是一栋三层楼的房子,有了阳台、壁炉、浴室、卫生设备等等,而且处于弄堂深处,非常清静"。梁实秋很喜欢青岛,1930 年又到青岛大学任教授,他在"鱼山路 4 号租到一栋房子,楼上四间楼下四间。那里距离汇泉海滩很近,约十几

---

① 唐艳香、褚晓琦:《近代上海饭店与菜场》,上海辞书出版社,2008,第 200 页。
② 陈存仁:《银元时代生活史》,上海人民出版社,2000,第 79 页。
③ 〔法〕图珊·萨玛:《布尔乔亚饮食史》,管筱明译,花城出版社,2007,第 15 页。
④ 陈问路:《大上海的劳工生活状况之透视》,中华全国总工会中国工人运动史研究室编《中国工运史料》(第二十七期),工人出版社,1985,第 130 页。
⑤ 鲁西奇:《梁实秋传》,中央民族大学出版社,1996,第 107 页。

分钟就可以走到"①。可见梁实秋那些年优裕的居住生活条件。而主观生活质量则注重生活满意度和主观幸福感的研究，这种心灵的感受更显至关重要，无论客观生活条件如何，内心的生活价值观左右着个体的主观生活感受，诸如有人崇尚"金钱未为贵、安乐值钱多""贫穷自在，富贵多忧""生死有命，富贵在天""命里有时终须有，命里无时莫强求"的人生理念，那么不管客观生活条件如何，因为他有着知足常乐的心态，所以他的主观感受或曰他的生活满意度和主观幸福感就不与他的客观生活条件成正比了。钱钟书说："'永远快乐'这句话，不但渺茫得不能实现，并且荒谬得不能成立。"② 这与民间的"人无千日好，花无百日红"有相似的意蕴，是对主观生活感受的辩证态度。快乐幸福完全是精神层面的东西，所以它有相对的独立性。甚至面对病魔和灾难，人们都可以调整心态，坦然面对，所以钱钟书又说："于是，烧了房子，有庆贺的人；一箪食，一瓢饮，有不改其乐的人；千灾百毒，有谈笑自若的人。所以我们前面说，人生虽不快乐，而仍能乐观。"③ 而主观幸福感尤其与婚姻恋爱关系密切，由于与有真爱的恋人结婚而感到幸福，而与没有真爱的人结婚或与有真爱的恋人不能结婚就都会给人带来内心极度的痛苦。林语堂曾经热恋一位至交的妹妹 C，C 生得其美无比，因 C 的父亲在一个名望之家为 C 物色了一名金龟婿，故林语堂与 C 的婚事无望，林语堂自述，"我知道不能娶 C 小姐时，真是痛苦万分。我回家时，面带凄苦状，姐姐们都明白。夜静更深，母亲手提灯笼到我屋里，问我心里有什么事如此难过。我立刻哭得瘫软下来，哭得好可怜"④。人世间这样的婚姻悲剧数不胜数。

（3）理论命题的研究方法。这种方法主要包括两个方面，其一是理论预设方法。所谓理论预设是指已经被社会和人们基本认可的理论，它是在社会发展过程中，人们对生活实践有了切身的感受，进而对社会生活有了切实的认识和理解，并形成被人们普遍接受的理论观点。比如客观物质生活相同的人们，其中主观幸福感却有截然不同的；相反，主观幸福感相同的人，其客观物质生活条件却有截然不同的。这些理论观点都是人们在社

---

① 鲁西奇：《梁实秋传》，中央民族大学出版社，1996，第 107~109 页。
② 钱钟书：《论快乐》，《钱钟书集·写在人生边上》，三联书店，2002，第 20 页。
③ 钱钟书：《论快乐》，《钱钟书集·写在人生边上》，三联书店，2002，第 21~22 页。
④ 《林语堂自传》，河北人民出版社，1991，第 70 页。

会生活实践中观察和感受到的生活真实,进而被总结、被概括、被提升,最终被人们所认同。而理论预设的研究方法是指,我们要依据这样的一些被公认的理论观点进行历史现象的研究,用历史的事实来印证这些理论观点的客观实在性,故而用这种理论预设的方法也可以研究人们的生活质量问题。清末民初剪辫子,客观事实相同,但给一些人带来了心情的兴奋和愉悦,也给一些人带来了极大的失落和痛苦;晚清以来,婚姻自由逐渐流行于社会,同是一个婚姻自由,给多少开放的年轻人带来了情感的愉悦和幸福,也给多少传统守旧的父母们带来了精神的创痛和苦楚;民国时期丧礼的改革,多少家庭因繁文缛节的革除而感到生活压力的减轻,也有多少人因不能接受新式丧礼观而痛楚不堪。如对上述问题进行研究,就可以回答客观物质生活条件相同的人们,而主观幸福感却是不同的这样的理论预设。相反,清末留美幼童,出国时穿一身华丽的长袍马褂,头戴一顶瓜皮帽,幼童们会感到那样的喜悦和快乐,而到了美国不久,他们改穿一身休闲服、又穿上运动鞋,他们仍然感到那样的洒脱和心怡,虽然内心的感受相同,但客观的装束已完全中西两异了。革命烈士陈铁军和周文雍在刑场婚礼上的感受与很多夫妻在婚礼上的感受,应当说是有着某种共同之处的,虽然他们的境遇完全不同,陈周面临的是死亡,而很多夫妻面临的是新的生活。类似的研究同样可以证明主观幸福感相同的人,其客观物质条件和生活境遇却是截然不同的这样的理论预设。其二是命题预设方法。所谓命题预设是指古往今来人们在社会实践生活的基础上总结出来的具有一定真理性并让人耳熟能详的一些概念,这些概念真实地反映了社会生活的实际和本质,甚或成为人们能够深刻认识社会生活的路径和方法,这些概念还朗朗上口,便于传诵。我们可以根据这样的命题去研究历史上的社会生活,去研究人们的生活质量,即运用真实的历史材料再去验证既往的命题,一方面给命题以历史的解释,同时也是对特定历史时期、历史地域和历史人群生活质量的研究。"朱门酒肉臭,路有冻死骨"[①] 这一命题叙述了富贵人家门前飘出酒肉的味道,穷人们却在街头因冻饿而死,说明了一个社会财富不均,贫穷差距大,穷人缺少保障的社会历史现象,也是典型的研究社会生活质量的命题。还有"富家一席酒,贫家半年粮"[②]"欲求生富贵,需下死功夫"等类似的命题,也能够进行社会生活和生活质量的研究。还有

---

① 杜甫:《自京赴奉先县咏怀五百字》。
② 张守常辑《中国近世谣谚》,北京出版社,1998,第703页。

些命题，如"三年讨饭，不愿做官"①"有子万事足，无官一身轻"②以及民间的"老婆孩子热炕头"这样的命题反映了一部分人的生活观念和追求的生活样式，并以此为生活乐事。曾国藩就希望自己的后代以耕读为要，不谋大官，他说，"凡人都望子孙为大官，余不愿为大官，但愿为读书明理之君子"③。由于曾国藩追求这种以读书为要的生活理念，他的后人大多从事科学技术和文化教育工作而少谋官位。梁启超也认为做官不如做学问，他本人晚年也弃官从学，对其后代亦如此要求。1916年他给女儿梁思顺的信中谈及女婿周希哲做官一事，认为"作官实易损人格，易习于懒惰于巧滑，终非安身立命之所"④。1921年7月22日他给梁思顺的信中又说："希哲具有实业上之才能，若再做数年官，恐将经商机会耽搁，深为可惜。"⑤正是由于梁启超这样的人生理念和家风，他教育的子女有一代建筑宗师梁思成、有考古学家梁思永、有图书馆专家梁思庄、有经济学家梁思达、有火箭专家梁思礼。⑥但也有与之相反的生活理念和命题，以传统的"学而优则仕"为代表，百姓中有"升官发财""穷不跟富斗，富不跟官斗""有权话真语，无权语不真"这样的生活民谚，反映出人们对"官"优越性的认同。以上所谈的理论命题的研究方法在一定程度上带有演绎法的特征。

（4）史料提炼的研究方法。这是与上述的理论命题相对应的研究方法，它没有事先的理论命题的概念预设，完全是通过对原始史料的阅读和诠释，进而研究生活质量问题。清代徐珂的《清稗类钞》，是从近人文集、笔记、札记、报章中广搜博采的关于清代掌故遗闻的汇编。全书分服饰、饮食、舟车、婚姻、疾病、廉俭、赌博、奴婢、盗贼、娼妓、丧祭等近百个种类，本书内容广博，特别是关于下层社会、民情风俗、日常生活的资料非常丰富，本书自身就具有史料提炼的特点，可谓是研究生活质量的重要史料。晚清出版的《点石斋画报》以图文并茂的形式反映了晚清社会诸多的社会生活和民俗事象，是当时各阶层人群思想观念和日常生活的表述，与此相应，清末与民国时期大量的画报和摄影作品也都在一定程度上显示了各阶

---

① 张守常辑《中国近世谣谚》，北京出版社，1998，第852页。
② 张守常辑《中国近世谣谚》，北京出版社，1998，第657页。
③ 曾国藩：《字谕纪鸿儿》，张海雷等编译《曾国藩家书》（上册），中国华侨出版社，1994，第332页。
④ 丁文江、赵丰田编《梁启超年谱长编》，上海人民出版社，1983，第796页。
⑤ 丁文江、赵丰田编《梁启超年谱长编》，上海人民出版社，1983，第931页。
⑥ 参见丁宇、刘景云编著《梁启超教子满门俊秀》，中华工商联合出版社，2002。

层民众的生活状态,为我们的研究提供了可资选择的大量史料。史料提炼是最为基本的研究方法,只要我们爬梳原始资料就能进行研究。比如我们通过对不同时代家训家规的研究,可以发现一个时代的家训家规反映了那个时代人们带有普遍性的家庭观念和生活观念,也可以对某个家庭的家训家规进行研究,把握具有这个家庭特点的家庭观念和生活观念,这一切都有助于我们研究一般家庭和特定家庭的生活理念、生活感受和生活质量。清末民初出版的《香艳丛书》,内容以"涉及女性活动的篇目为选取标准,广泛搜集汉、唐、宋、元、明、清各代的野史笔记、小说辞赋、传记谱录、民俗方志和鉴赏游戏等方面的著述三百二十余种,几乎反映了社会生活的各个层次","该丛书对于我国历史、文化、人物和风土民情的研究,提供了丰富的资料"[1]。这套丛书可以为我们研究中国女性的社会生活和生活质量提供有关的历史资料。胡文楷编著的《历代妇女著作考》是一部对历代妇女史著、诗词、文集的比较全面的辑录和介绍,"凡见于正史艺文志者,各省通志府州县志者,藏书目录题跋者,诗文词总集及诗话笔记者,一一采录"[2],"自汉魏六朝,以迄近代,凡得四千余人"[3]。以本书作为线索,爬梳相关的史料,特别是对一些诗词的解读,可从女性的视角探索相关社会生活及其生活质量的问题。20世纪30年代编纂成书的《清代燕都梨园史料》,是张次溪以毕生之力,广搜博采,"对当时的戏曲演出活动、班子沿革、名优传略,以致梨园的轶闻掌故,搜罗备细"[4] 的一部清代有关戏曲的著述,书中记述了处于卑微社会地位的优伶们的身世际遇,这部书对于探讨和研究清代戏曲演员的社会生活及生活质量有重要的启示作用,并为搜寻新资料有指引的作用。中国电影家协会和电影史研究部编纂的多卷本《中国电影家列传》在20世纪80年代由中国电影出版社出版。该书全面介绍了"在中国电影发展史上做出贡献的编、导、演、摄、录、美、技术、音乐、评论家、事业家等约七百人(包括港台的著名电影艺术家)"[5]。该书"对电影家的生活经历、成长道路、艺术风格、创作特色、成就经验、失败教训等诸方面进行简略叙述和分析评价","我们可以看到他们在逆境中怎样磨炼意志,向困难搏斗,苦学技艺的顽强倔劲,最后在艺术创作中迸发

---

[1] 《〈香艳丛书〉影印说明》,《香艳丛书》,上海书店,1991。
[2] 胡文楷编著《历代妇女著作考》,"自序",上海古籍出版社,1985。
[3] 胡文楷编著《历代妇女著作考》,"凡例",上海古籍出版社,1985。
[4] 张次溪编纂《清代燕都梨园史料》,"出版前言",中国戏剧出版社,1988。
[5] 《中国电影家列传》第1集"内容说明",中国电影家协会电影史研究部编。

出耀眼的火花"①。这套书既是史料又是线索，可以帮助我们在此基础上或再开辟新的史料资源，来进一步探讨电影家们的社会生活、生活经验、生活感悟和生活质量。此外，我们还可以通过大量移民和人口迁徙的史料探寻这类人群的生活现状。以上阐述的史料提炼的研究方法就是通过对诸多史料的爬梳、查阅和提炼，去研究各个时代各类人等的日常生活及其生活质量，这种方法在一定程度上类似于归纳法。

（5）相互比较的研究方法。所谓相互比较的研究方法就是在两项或多项具有相同主题的事象中，选择在某个相同的领域进行比较，进而突显参与比较事象的各自特征，以反映某一事象的日常生活的实际状况。就一般情况而言，这种比较有不同阶层之间的比较，有相似人群之间的比较，有不同地域之间的比较，有自身纵向发展变化的比较，有不同问题意识之间的比较，有不同生活观念之间的比较，可谓能够多重的划分。具体的生活观念和生活领域就可以进行比较研究，如在为人处世的观念上，有人认同人而无信不需礼之，有人认同宽宏大量与人为善；有人认同酒大伤身，有人却认同一醉方休；有人认同财大气粗，有人却认同贫穷自在；有人认同助人为乐，有人却认同闲事不管；有人认同忠言逆耳利于行，有人却认同话不投机半句多，这些观念影响日常生活，也影响日常生活的质量，通过比较可以探讨人们的不同心态以及制约这种心态的多重因子。相似的人群与相似的生活也可以比较，如妻子与小妾的生活比较；奴隶与婢女的生活比较；优伶与娼妓的生活比较；乞丐与盗贼的生活比较；流氓与土匪的生活比较；缠足与留辫的生活比较；赌博与吸毒的生活比较；风水与迷信的生活比较；典当与租赁的生活比较；等等，不一而足。这样的比较，能够把不同人群的社会生活和生活质量反映出来。甚至可以进行个体生活细节的比较，诸如胡适为了母亲的感受与旧式包办妻子终生为伴，胡适在给胡近仁的信中说："吾之就此婚事，全为吾母起见，故从不曾挑剔为难（若不为此，吾决不就此婚。此意但可为足下道，不足为外人言也）。今既婚矣，吾力求迁就，以博吾母欢心。吾之所以极力表示闺房之爱者，亦正欲吾母欢喜耳，岂意反以此令堂上介意乎！"②而顾维钧对父母包办的旧式婚姻采取协议离婚的方式，"协议规定，我们两人各执一份，另两份送双方父母。

---

① 《中国电影家列传》第1集，"前言"。
② 耿云志、宋广波编《胡适书信选》，外语教学与研究出版社，2012，第56页。

我们以一种十分友好的方式脱离了关系"①。这里，我们对两者的婚姻选择还不能做出褒贬是非的评判，需要比较研究，这是非常有价值的比较研究课题，它涉及个体的生活感受和婚姻生活质量。说到婚姻，能够比较的太多太多，仅就重要的历史人物而言，就能随即举出一些，如康有为与梁启超的婚姻、孙中山与蒋介石的婚姻、李大钊与陈独秀的婚姻、鲁迅与郭沫若的婚姻、徐志摩与郁达夫的婚姻，等等，都可以进行比较。而且通过对官绅政要、名流贤达、文人墨客、商贾军阀、市井平民的婚姻比较，还能够对不同类型的婚姻以及婚姻生活做出深入的分析，从中引发更加深刻的思考。可见，比较的范围和内容非常之广。资产阶级革命家陈天华和杨毓麟都选择了蹈海自尽，两人均留有绝命书，那么通过对两人绝命书的比较，可以感受到两人投海前的内心世界。杨毓麟在绝命书中说自己"脑炎大发，因前患脑弱，贪服磷硫药液太多，此时狂乱炽勃，不可自耐。欲趁便船归国，昨晚离厄北淀来利物浦。今晨到车站，然脑迸乱不可制，愤而求死，将以海波为葬地"②。可见杨毓麟投海亡命是因为他无法忍受病魔的折磨，"愤不乐生，恨而死之"③，临终前的痛苦可想而知。而陈天华在日本颁布"取缔规则"，引起留日学生总罢课并欲全体回国，被日本媒体诋为"乌合之众""放纵卑劣"的情景下，对此一污蔑极为愤慨，欲以一死来唤醒留日学生忧国忧民之情怀，他在绝命书中说："鄙人心痛此言，欲我同胞时时勿忘此语，力除此四字，而做此四字之反面：'坚忍奉公，力学爱国。'恐同胞之不见听而或忘之，故以身投东海，为诸君之纪念。"④陈天华蹈海前与杨毓麟的内心感受不同，陈天华是怀着爱国救国之渴望而投海自戕的，《绝命辞》通篇政治理念的阐述都能够反映这一点。相互比较的研究方法，要有明确的比较主旨，即问题意识要显明清晰，比较的内容要具体明了，对比较的双方或多方，要依靠史料分别进行全面细致的探索，从而找出异同，并对此进行深入的原因分析。

（6）感受想象的研究方法。这是关注被研究者的主观感受并敢于大胆假设和想象的一种方法。研究生活质量问题，在关注社会生活与思想观念的基础上，进一步关注和研究群体或者个体的主观感受是至关重要的，主

---

① 天津编译中心编《顾维钧回忆录缩编》上册，中华书局，1997，第9页。
② 《致怀中叔祖书》，饶怀民编《杨毓麟集》，岳麓书社，2001，第390页。
③ 《致某某二君书》，饶怀民编《杨毓麟集》，岳麓书社，2001，第390页。
④ 《绝命辞》，《陈天华集》，湖南人民出版社，2008，第231页。

观感受的问题应当引起我们高度的重视。我们知道,感受与观念有不同之处,观念的主要特点是指人们对主客观事物的一种认识、判断、理解和评价,而感受则是客观事物作用于人的心灵之后,受其影响而产生的一种身心的反应和感觉,本文谈的感受还不是指那种一时的短暂的心灵波动,而是一种比较稳定、比较深刻的主观体验或体会,"比如,责任感、幸福感、荣誉感、骄傲感、廉耻感等,都较深刻地反映出个人意识或群体意识"①。那么,这种感受为什么会是长时段的,为什么会是稳定和深刻的,它无可避免地要影响到人们的主观生活质量,从这个意义上讲,我们所谓的感受由于与生活质量有着紧密的联系,所以它是可以成为社会文化史的研究对象的。从主观感受的视角去研究生活质量,就是从生活满意度和主观幸福感去进行研究。生活满意度和主观幸福感与客观生活质量有关,同时也与个体的世界观、人生观、价值观的趋向有关;与个体经济收入和生活状态的历史、现状和理想有关;与个体的期望值有关②,与个体的社会关系诸如婚姻关系、家庭关系、朋友关系是否和谐等有关;与个体视野的宽隘及与他人生存状态的比对有关。正如"自己优于别人,就感到幸福;低于他人,就感到不幸。许多研究发现,向上比较会降低主观幸福感,向下比较会提高主观幸福感"③,就是这个道理。可见通过研究主观感受来研究主观生活质量是有意义的。研究主观感受要敢于大胆假设和想象,这种假设和想象不是无根据的胡思乱想,是根据掌握的现有材料,根据研究者的知识结构、学识、经验和历史感悟,根据被广泛认同的理论和方法,去分析推理,去探寻被研究者内心感觉的奥秘,进而比较准确的把握被研究者的内心感受,再对其主观生活质量有一个基本的判断。将有根据的假设和想象作为一种史学方法是被认同的。胡适说:"治史者可以作大胆的假设,然而决不可作无证据的概论也。"④彼得·伯克说:"无论历史学的未来如何,都不应该回到想象力的贫乏中去。"⑤ 20 世纪 20 年代《申报》老报人雷瑾回忆报馆的

---

① 沙莲香:《社会心理学》,中国人民大学出版社,1987,第 185 页。
② 期望值理论认为,期望值与实际成就之间的差异与 SWB(主观幸福感)相关,高期望值与个人实际差距过大会使人丧失信心和勇气,期望值过低则会使人厌烦。参见吴明霞《30 年来西方关于主观幸福感的理论发展》,《心理学动态》2000 年第 4 期。
③ 苗元江、余嘉元:《幸福:生活质量研究的新视角》,《新视野》2003 年第 4 期。
④ 耿云志、宋广波编《胡适书信选》,外语教学与研究出版社,2012,第 269 页。
⑤ 〔英〕彼得·伯克:《什么是文化史》,蔡玉辉译、杨豫校,北京大学出版社,2009,第 149 页。

住宿条件:"当时申报房屋本甚敝旧。……若吾辈起居办事之室,方广不逾寻丈,光线甚暗。而寝处饮食便溺,悉在其中。冬则寒风砭骨,夏则炽热如炉。最难堪者臭虫生殖之繁,到处蠕蠕,大堪惊异,往往终夜被扰,不能睡眠。"① 在这样恶劣的住宿条件下生活,我们可以想象这些报人当时内心的屈辱感受。20世纪40年代,文学家朱自清在生活困难的情况下,还拒绝领取"美援"面粉,他在1948年6月18日的日记中写道:"我在《拒绝"美援"和"美援"面粉的宣言》上签了名,这意味着每月使家中损失六百万法币,对全家生活影响颇大;但下午认真思索的结果,坚信我的签名之举是正确的。因为我们既然反对美国扶植日本的政策,就应采取直接的行动,就不应逃避个人的责任。"② 我们按照逻辑想象一下,当时朱自清一家的生活是困难的,他的签名行动无疑对家庭生活是雪上加霜,但为了国家和民族的利益和尊严,虽然加重了自家生活的艰难,但作为一名敢于承担责任的中国学者,相信他内心的感受是欣慰和坦然的,这符合一位爱国知识分子的良知。

四 余论

生活质量作为社会文化史研究的一个新维度,是新提出来的一种研究理念和设想,还需要通过研究的实践去验证。所以上述谈的几种研究方法也只是一个最初的探索,也需要在研究实践中不断的修正、补充和发展。上述几种研究方法之间存在着内在的辩证联系,是你中有我,我中有你的关系,在运用上可能是多维交叉同步进行的。这种辩证关系不但是我们研究生活质量的一种思维方式,同样也是我们研究生活质量的一种研究方法。因为如何看待和评价生活质量的本身并不是一个平面的简单问题,它本身具有错综的复杂性,生活质量的优劣高低是会发展变化或是彼此相互生发的。比如眼下的逆境和困苦而经过人们的奋力打拼,也许会给未来带来希望和光明,这叫作苦尽甘来;相反,贪图享乐到了忘乎所以,其中必然潜藏着极大的祸患,这叫作乐极生悲。"生于忧患,死于安乐"的民间谚语,

---

① 雷瑾:《申报馆之过去状况》,申报五十周年纪念《最近之五十年》,转引自王敏《上海报人社会生活》,上海辞书出版社,2008,第238页。
② 《朱自清全集》(第10卷),江苏教育出版社,1997,第511页。

以及把病魔称赞为"教人学会休息的女教师"①，这些都反映着人们对生活质量的辩证思考。我们对生活质量的理解和认识要具有这样的辩证分析态度，因为历史与现实生活的事实本身就是如此。拙文只想表达一个粗浅的想法：希望把生活质量作为社会文化史研究的一个新维度。望能抛砖引玉，期待有同好者深入探索。

---

① 钱钟书：《论快乐》，《钱钟书集·写在人生边上》，三联书店，2002，第22页。

交叉视角与史学范式

——中国"社会文化史"的反思与展望

李长莉

历史学是以实证为基础的综合性学科,面对的是丰富纷繁的以往人类社会现象及人们的所有活动;而要予以认知,就需要一定的概括与分解。正因为如此,近代以来的史学学科体系形成了综合性通史与分领域专史两个学术路径,这也成为迄今史学研究的基本范式。主线式的通史,因史家设置的主线不同而各有重心,反映了不同时代、不同立场、从不同角度着眼的史家对历史的总体解释;而沿着分解式路径的专史,则使各专门领域的研究不断深入、精细。然而,人类社会和人的活动本身是复杂而丰富的,我们从当今课题着眼而要追究的有些问题如"社会治理"和"文化统合"等,要求历史提供的知识已经不只是简单地辨识真相、判断是非或做出评价,而是要向纵深处、多层面探究历史现象的内在源流与演变机制。如此则只限于某一专史领域、单一视角的知识是难以解答的,而如果我们从跨学科、跨领域的交叉视角进行认知,或可弥补单一视角的某些缺陷。中国"社会文化史"20年来的发展历程,就是这样一种以跨学科交叉视角进行研究的探索与尝试。这种跨学科的交叉视角,与通史和专史的史学基本范式相比有什么特色?具有哪些优势?存在哪些问题?其未来走向如何?对于史学发展具有怎样的意义?本文拟对这些问题做一反思与探讨。

一 回顾:兴起与发展

(一)社会文化史的兴起(20世纪80年代末至90年代末的前十年)

"社会文化史"是社会史与文化史相结合的交叉学科。虽然将社会与文化相结合进行历史研究的尝试早就有过，①但作为一种跨学科的交叉视角而具有学科理论方法自觉的新学科概念，是在20世纪80年代末90年代初提出来的。

在20世纪80年代，伴随着改革开放、思想解放的大潮，历史学也开始发生变革。首先是80年代初，由反省现代化而引发了文化史的复兴，形成了"文化热"。继而在80年代中期，由深入了解中国社会结构的需要而出现了社会史的复兴。到80年代末90年代初，开始有研究文化史的学者对文化史和社会史进行反省，感到文化史偏重精神层面特别是精英思想的研究，忽视大众观念及与社会生活之间的联系；而社会史又多注重社会结构和具体社会问题的描述，缺乏对"人"这一社会主体的关注以及与观念领域的联系。针对文化史和社会史各有偏重，难以反映社会文化的一些纵深领域，其间留有诸多相互重合又模糊不清的空间，开始有学者尝试打通社会史与文化史，探索将两者结合起来进行交叉研究的新思路，提出了"社会文化史"的新学科概念，并开始进行学科建设和研究工作，随之得到一些学者的共鸣与呼应，由此"社会文化史"学科开始兴起。②

20世纪80年代末至90年代末的十年间，可以说是"社会文化史"学科的兴起与初创阶段。相关学者既进行理论方法的建构与讨论，又进行基础资料的挖掘与初步研究。对于"社会文化史"学科的定义，学者们虽各自有不同的表述，但基本思路是相通的。大致而言，即从社会史与文化史相结合的交叉视角，以文化视角透视历史上的社会现象，或用社会学的方法研究历史上的文化问题。它之所以强调社会史和文化史的交叉视角，一方面表明，它并没有严格的学科定义，始终是一个开放性的学科概念；另一方面也表明，它与通史和专史不是替代关系，而是补充关系。

从研究的内容而言，"社会文化史"与专史的社会史、文化史也是有所区别的：社会史研究的主要领域是社会结构（阶级、阶层、性质等）、社会组织（家庭、家族、社团、群体等）、社会制度（法律、慈善、救灾、医疗等）、风俗史、区域史（城市史、乡村史、地方史等）。文化史研究的主要

---

① 例如，瞿同祖在1947年出版的《中国法律与中国社会》一书即为一种尝试。
② 史薇（刘志琴笔名）：《复兴社会史三议》，《天津社会科学》1988第1期；刘志琴：《社会史的复兴与史学变革——兼论社会史和文化史的共生共荣》，《史学理论》1988第3期；李长莉：《社会文化史：历史研究的新角度》，见赵清主编《社会问题的历史考察》，成都出版社，1992；李长莉：《社会文化史：一门新生学科——"社会文化史研讨会纪要"》，《社会学研究》1993第1期。

领域是思想史、思潮史、观念史、学术（知识）史、教育史、报刊出版（传播）史、宗教史、文学艺术史等。而社会文化史更注重研究那些社会与文化因素相互重合、相互渗透、相互交叉的领域，如社会生活（日常生活、生活方式）、习俗风尚、礼仪信仰、大众文化（大众传播、公共舆论）、民众意识（社会观念）、社会心理（心态）、集体记忆、社会语言（公共话语、知识）、文化建构与想象、公共领域（公共空间）、休闲（娱乐）文化、身体文化、物质文化、区域社会文化等，其研究领域也是多样而开放的。

"社会文化史"兴起后的前十年的特点是："社会文化史"学科概念提出后，一些学者开始自觉地以这一交叉学科视角展开研究，研究成果陆续出现，但数量不多；既有基础性研究，[①]也有专题研究，但论题比较分散，多带有开拓性、探索性的色彩。

（二）社会文化史的发展（2000 年迄今）

自 2000 年迄今的十年间，社会文化史研究稳步发展，逐渐深化，表现在研究领域不断扩展、研究成果成批出现，并出现了一些比较深入的专题研究论著和比较集中的研究领域。

笔者借助于《近代史研究》刊登的历年论著目录，统计出 2003—2007 年，国内出版的中国近代史论文和著作中论题明确具有社会与文化双重意涵与交叉视角，可列为较狭义的"社会文化史"趋向的论著情况以及论题内容分布情况（见表 1）。

表 1 2003~2007 年中国大陆中国近代社会文化史论著统计

	2003 年 论文(篇)	2003 年 著作(部)	2004 年 论文(篇)	2004 年 著作(部)	2005 年 论文(篇)	2005 年 著作(部)	2006 年 论文(篇)	2006 年 著作(部)	2007 年 论文(篇)	2007 年 著作(部)	合计 论文(篇)	合计 著作(部)
习俗风尚与礼仪信仰文化	11	2	13	4	5	1	7	1	14	3	50	11
社会（日常）生活	10	1	8	6	9	5	3	3	13	8	43	23
文化建构与想象	10		7		3		2		2	1	24	1
社会语言、名词、话语	8		1				1		2	1	11	1
大众文化、传播及公共舆论	7		15	1	8		15	1	8	2	53	4

[①] 刘志琴主编，李长莉、闵杰、罗检秋分别撰写的作为基础性研究成果的三卷本《近代中国社会文化变迁录》于 1998 年由浙江人民出版社出版，可以作为一个标志。

续表

	2003年		2004年		2005年		2006年		2007年		合计	
	论文（篇）	著作（部）	论文（篇）	著作（部）	论文（篇）	著作（部）	论文（篇）	著作（部）	论文（篇）	著作（部）	论文（篇）	著作（部）
社会心理、心态	6		6		8		4		7		31	
社会认同、社会角色	6	1	7	3	10		6	4	15	5	44	13
公共领域、公共空间	5	1	13	5	4		7		3		32	6
生活与伦理、社会与观念	4	2			1		2		8		14	3
休闲（娱乐）文化	2	1	2	1	5	1	1	2	4		14	5
物质文化、消费文化	2		4	1	4		1				13	1
社会记忆、集体记忆	2										2	
地域社会与文化				2		1	7	3		2	7	8
表象、象征					2				1		3	
社会与文化						2						2
身体文化							1	1			1	1
慈善救济及医疗文化									5		5	
总计	73	8	76	24	58	10	56	17	84	20	347	79

表1统计分类虽然仅限于中国近代史领域，且不免带有笔者的主观性，因而不能说十分精确，但还是可以从中看出一些大致趋向。[①]

首先，以上统计表明，社会文化史已经形成了一个稳步持续发展的分支研究领域。由表1所示，这五年每年发表的中国近代社会文化史专题论文数量在56~84篇之间，比较平衡，反映了研究的稳步发展与持续性。出版著作数量少者8部，多者24部，悬殊较大，应是研究者积累时间的交错所

---

① 在此需要说明的是，这一统计的论题选择及分类，笔者以比较狭义的社会文化史定义为标准，即论题具有明确的、自觉的社会史与文化史双重意涵与交叉视角，因而不包括一些本身原本就具有社会文化多重意涵的论题如风俗史、家庭史、新闻史、灾荒史之类，也不包括在某一主要论题文章中只是作为次要补充而稍有兼及其他视角如女性史、社会思潮史之类。例如，对战争的认识这一论题，只是一种我们以往惯用的某一主体对于某一对象认识的单一视角论题，不是社会文化交叉意义上的论题，作为具有社会文化史意义的战争的集体记忆这样一个论题，所要讨论的是如何形成了这样的战争认识，即对战争认识形成的分析，亦即战争认识的认识。在这种标准下所作的上述统计，可以说是一种比较保守的统计。此外，还要考虑到社会文化史的一些论题与其他专史有一些重合。由于对社会文化史的定义和理解不同，不同的研究者可能对于论题的理解和分类有各自的标准，因而这些统计只能视为个人之见，仅供参考。

致,有一定的偶然性,但每年都有一定数量著作出版,也标志着研究的稳定性与持续性。专题论文是最直接、快速反映研究状况的指标,论文发表的数量可在一定程度上反映研究者关注和投入的程度。社会文化史方面的专题论文每年50～80篇的数量,在每年中国近代史论文2000～3000篇的总量中似乎所占不多,但考虑到《近代史研究》统计分类把中国近代史的论文分为"总论专题、政治法律、军事、经济、社会、思想文化、中外关系、人物"等八大类别进行统计,社会文化史的论文大多分布在社会、思想文化两类中,相对集中。从统计来看,社会和思想文化两类每年发表论文300～400篇,社会文化史方面平均70篇,在其中已稳占约20%的分量。因此可以说,社会文化史作为一种介于社会史与文化史之间的交叉学科,已经具有了一定的学术生存空间和生命力,已经形成了一个具有一定特征的分支研究领域。

其次,从以上论著所涉论题内容的统计还可以看到,社会文化史研究已经形成了一些相对集中研究的论题,研究领域也在拓展,这应是这一学科走向深入、走向成熟的反映。这五年间,每年论著集中的论题虽有变化,但一些论题还是持续受到研究者的关注。下面按论题发表论文的数量多少进行排序(见表2)。

表2 2003～2007年中国大陆中国近代社会文化史论题排序

排序	论题	发表论文(篇)	出版著作(部)
1	大众文化、传播及公共舆论	53	4
2	习俗风尚与礼仪信仰文化	50	11
3	社会(日常)生活	43	23
4	社会认同、社会角色	41	13
5	公共领域、公共空间	32	6
6	社会心理、心态	31	
7	文化建构与想象	34	1
8	生活与伦理、社会与观念	14	3
9	休闲(娱乐)文化	14	5
10	物质文化、消费文化	13	1
11	社会语言、名词、话语	11	1
12	地域社会与文化	7	8
13	慈善救济及医疗文化	5	

续表

排序	论 题	发表论文（篇）	出版著作（部）
14	表象、象征	3	
15	社会记忆、集体记忆	2	
16	身体文化	1	1
17	社会与文化		2

从这些论题的排序中，我们可以看到哪些论题受到研究者的较多关注，反映了怎样的研究动向和意义。在此，笔者仅对排在前两位的论题稍作分析。

论文数量排列第一的论题是"大众文化、传播及公共舆论"。近代报刊的兴起是中国社会文化生活中的一个重要事项，对近代社会变革及文化变迁产生了极大影响，因而报刊新闻史早就是近代文化史的一个重要领域，也已经有不少研究成果，但多为平面化的描述。从社会史与文化史交叉的视角来审视近代大众文化及大众传播，就要探究近代大众文化诸种形态的状况与作用如何？近代大众传播形成的社会生态如何？其社会影响力如何？公共舆论何以形成，其作用如何？大众文化与传播对于民众社会生活、社会交往、行为方式、社会心理、社会秩序及文化观念等发生了怎样的影响？等等。近代大众文化与大众传播的兴起引发的"传播革命"大大改变了人们的社会文化生活，如今席卷世界及中国的信息化浪潮是又一次"传播革命"，因而深入探究中国近代历史上"传播革命"的社会文化效应这一论题，自然成为人们关注的一个焦点。相关论题的论文如：《晚清社会传闻的宏观态势》《晚清社会传闻盛行的信息环境因素》《晚清画报中的帝京想象》《抗战文学中的风景描写与民族认同》《群体活动与社会舆论之互动》《媒体、瘟疫与清末的健康卫生观念》《抗战时期国共关系与〈新华日报〉中的工农女性形象》《声音传播的社会生活：1927—1937年上海广播演变》《20世纪上半叶月份牌广告画中的女性形象及其消费文化》《20世纪30—40年代中国电影与受众辨析》《抗日根据地的大众传播媒介及其政治社会化功能》《晚清〈申报〉市场在上海的初步形成》《从〈苏报〉看清季公众舆论的生成与表达》《〈时务报〉与中国近代公共舆论空间的建构》等。

排序第二的论题"习俗风尚与礼仪信仰文化"，是影响人们行为规范、道德准则及社会秩序的"软制度"。社会文化史交叉视角不是停留在对风俗史、宗教信仰史的平面描述上，而是要追究近代以来习俗、风尚、礼仪、民间信仰等变化的机制。其蕴含的社会文化信息与意义，如何规范和影响人们的社会生活、观念及社会秩序，其成效和结果如何，等等，反映了在社会转型时期，随着社会制度、社会流动、经济活动方式的变动，习俗风尚与礼仪信仰等"软制度"也在发生着相应变化，而且其变化更为复杂、隐蔽而多样。它是最贴近人们的日常生活，对于人们的道德规范和行为方式发生直接和普遍影响的因素。这也是我们今天处于社会转型时期，应当对于社会习尚、民间信仰的演变及蕴含进行深入研究和把握的反观。相关论题的论文如：《国货年，运动与社会观念》《清末民初名片及其社会功能》《民初民间日常生活禁忌》《近代江浙农村人口流动与习俗变革》《晚清关中农业灾害与民间信仰风俗》《民国时期集团结婚与国家在场》《祭祀消费：仪式传承与文化传播（晚清广州）》《（民国四川）新生活运动与妇女奇装异服》《民国时期华北农村迷信风俗》《清末民初广东社会民俗中用糖的文化理念》等。

排列第三、第四位的"社会（日常）生活""社会认同、社会角色"两个论题，虽其论文绝对数量为40余篇，稍逊于前两位，但实则也应是研究者所集中关注的论题。2008年召开的第12届中国社会史学会年会，就是以"日常生活"为会议主题。除此之外的其他顺序论题，也都可以从它们的脉络中把握到沿着"社会文化"这一交叉路径向纵深的探究，以及这些史学研究者对现实生活的课题与挑战做出的回应。

二 比较：独立发展及与西方"社会文化史"的呼应

在中国史学界"社会文化史"兴起发展的同时，欧美国家的史学界也出现了"社会文化史"（或称"新文化史""新社会史"）兴起的趋向。据这一趋向的代表人物、英国剑桥大学社会文化史教授彼得·伯克（Peter Burke）在2000年发表的一篇专文介绍，自20世纪七八十年代以来，"新文化史"或"社会文化史"在欧美史学界兴起，历史学家发生了"文化转向"，即打通社会史与文化史，将文化分析引入社会史研究，目光向下，面向民众，"社会文化史的'发明'是为了解决社会史与日常经验相脱节这一问题的"。这场新运动肇始于法国（与年鉴学派"第三代"相联系），20世纪八九十年代波及欧洲和北美。伯克认为，欧美"社会文化史"的已有研究成果主要论题有七类，即物质文化史、身体史、表象史、社会记忆史、政治文化史、语言社会史、行为社会史。其研究方法及撰述模式有五个值得注意的特征,即文化建构、语言学转向、历史人类学、微观史学及叙述史的回归。①

从欧美"新社会文化史"也强调社会史与文化史相结合的交叉视角,特别是将文化分析引入社会史研究即所谓的"文化转向",强调对社会事象进行文化透视与分析的取向来看,与中国在20世纪80年代末兴起的"社会文化史"取向是一致和相近的。虽然欧美的"新社会文化史"肇始与兴起时间比中国略早十年左右,但中国的"社会文化史"并非是受其直接影响而引入的"舶来品",而是以中国学者为主体,在改革开放和思想解放的语境下,在社会转型的时代课题挑战下,由中国史学内部发展要求(文化史和社会史相继复兴及存在缺陷)而自发产生的,当时及此后参与这一趋向的主要学者也多是在本土成长的;而且,欧美"新社会文化史"著作是在20世纪90年代后才开始陆续介绍到中国并引起人们注意的。因此可以说,中国的"社会文化史"是一种以本土学者为主体、在本土语境下、由本土问题而催生的本土性的新史学趋向。当然,在中国"社会文化史"兴起的思想资源中,自然也有陆续汇入中国社会科学内部的西方史学(包括法国年鉴学派)及其他社会科学理论方法的因子;特别是到了20世纪90年代以后,随着西方"新社会文化史"论著陆续被介绍引进,也开始对中国的研究者产生影响,外来与本土的这一学术趋向日见汇合而难分疆界,反映了无论中国还是欧美国家,史学内部发展及时代要求具有一些普遍趋向。

虽然中国与欧美学界的"社会文化史"有一定的趋同性,但中国"社会文化史"的研究趋向还是有一些自身特点。

首先,由于两者产生与发展的社会背景不同,文化传统有别,面对的时代课题不同,问题意识不同,因而关注的重心也各有侧重。中国是处于向社会主义市场经济转型中的、经济开始快速发展的正在急剧变化的社会,而欧美国家则处于成熟发达、平稳停滞的后工业化阶段,由此形成中国学者与欧美学者所关注的问题点有所不同。例如,欧美"社会文化史"学者更强调关注"个人的自由"和"个人对历史的主体作用",他们认为,"个人,即使是普通的个人,是历史的主体而非目的,他们至少在日常生活中有自由的余地,从长时段来看,他们的行为对那些影响历史进程的趋势也

---

① 〔英〕彼得·伯克:《西方新社会文化史》,刘华译,《历史教学问题》2000年第4期。

会起作用"，因而出现个人史及微观史盛行的趋向，由此也导致出现研究"碎片化"的缺陷。① 而中国的"社会文化史"学者虽然也出现了关注下层民众和普通人的"向下看"及"微观研究"趋向，但所注重的是作为群体的民众，即使研究对象是某个个体，着眼点也在于其所具有的群体代表性和普遍意义，而并不刻意强调个体的特殊性；同时，更注重个人行为与社会变动之间的相互关系，注重个人与群体和社会之间的关联性。中国学者和欧美学者的这种差异反映在研究论题上，虽然都有"向下看"的共同趋向，但前者更注重"个体研究"，而后者更注重"群体研究"。

其次，从学术范式的开拓及理论创新路径而言，欧美"社会文化史"学者的理论创新意识更强调对旧范式的"反叛"与"替代"，中国的"社会文化史"学者更强调对原有范式的补充、并存和交融，强调交叉学科视角的普遍意义。例如，欧美学者由"文化的转向"，突出强调文化的作用，甚至将这种作用强调到极端，"力主是文化影响甚至决定了政治和经济行为"②。而中国学者主张文化因素只是在经济基础之上影响社会变动的诸因素之一，只不过是原有的专史模式对文化与社会的互动关系有所忽略，"社会文化史"视角旨在从文化与社会诸因素的相互关系中透视不同因素之间的纠结和互动，考察文化在哪些方面、哪些层面上起了何种作用。因而，中国的"社会文化史"学者主张，社会与文化交叉的视角，会对更全面、更深入地理解和解释历史现象起到补充作用。

最后，欧美的"新社会文化史"属于西方"后现代"的文化流派，而中国的"社会文化史"则属于"现代化"的文化潮流。欧美的"新社会文化史"由于其产生于成熟发达、平稳停滞的后工业化社会背景中，缺少社会变革的动力，使得这些学者淡化了社会关怀，转而关注个人价值，以求在挖掘和彰显个人价值中寻找对抗社会、改变社会的方向和力量，由此导致寻求"史学革命"的"新社会文化史"的探索者追求"个人化抒写"、追求对传统史学范式的"反叛"，刻意背离及消解主流价值，出现了解构"宏大叙事"、突出特殊个性、关注边缘领域的趋向，甚至出现猎奇求异、专搜特例的倾向。西方后现代思潮的领军人物福柯对于疯癫史的研究，即

---

① 对于欧美"社会文化史"微观研究盛行的情况，以及由此导致将历史"碎片化"的偏颇，有欧美学者对此给予了批评。参见〔法〕弗朗索瓦·多斯《碎片化的历史学——从〈年鉴〉杂志到"新史学"》，马胜利译，北京大学出版社，2008。

② 〔英〕彼得·伯克：《西方新社会文化史》，刘华译，《历史教学问题》2000 第 4 期。

是这一倾向的一个例证。① 因此，欧美的"新社会文化史"带有较多反叛和"解构"现代性的色彩，因而常被归入"后现代"的文化潮流之中，虽然这一归类往往不为研究者本人所认同。而中国的"社会文化史"则是适应中国社会现代化转型的需要而兴起，并伴随社会转型的进展而发展的，研究者一般都具有深切的社会关怀，认同"现代性"的主流价值，具有较强的社会问题意识，自觉地顺应社会改革的需要而选择研究论题，站在民族民众的立场立论，内容注重个人与群体和社会之间的关联，因而具有鲜明的"现代性"特征。其间虽然也有个别研究者时而出现消解"现代性"价值、猎奇、片面价值论等倾向，但都影响甚微，成不了气候，影响不了主流。中国"社会文化史"是改革开放以来史学伴随时代变革而发展前行的自然产物，是中国当今现代化社会转型所催生的史学新路径，是中国社会现代化文化思潮的一支流脉。这一点是与欧美学派明显不同的。

当然，中国与欧美的"社会文化史"学者，在跨越社会史与文化史的学科交叉视角这一学术趋向上还是具有相同性的，因而两者的一些研究论题也相近。20世纪80年代以后，欧美研究中国近代史的学者也开始受到"社会文化史"趋向的影响，出现了一些从"社会文化史"视角研究中国近代史的论著成果。例如，美国学者艾尔曼（Benjamin A. Elman）致力于打通思想史与社会史的著作《从理学到朴学——中华帝国晚期思想与社会变化面面观》（1984）、《经学、政治与宗族——中华帝国晚期常州今文学派研究》（1990），德国学者罗梅君（Meehthild Leutner）从民间文化与上层文化的关联中讨论北京民俗所反映的中国社会现代化变迁的著作《北京的生育婚姻和丧葬：十九世纪至当代的民间文化和上层文化》（2001）等。② 这些欧美学者的成果被介绍到中国后，形成了与国内"社会文化史"研究的呼应。20世纪90年代以来，欧美研究中国社会文化史的论著一直占有相当的分量。下面根据《近代史研究》所列论著目录，将2003—2007年五年间中国大陆、台港澳地区与海外发表的论题明显为社会与文化双重意涵及交叉

---

① 〔法〕米歇尔·福柯：《疯癫与文明：理性时代的疯癫史》，刘北成、杨远婴译，三联书店，2003。
② 〔美〕艾尔曼（Benjamin A. Elman）：《从理学到朴学——中华帝国晚期思想与社会变化面面观》（*From Philosophy to Philology*，1984），江苏人民出版社，1995；《经学、政治与宗族——中华帝国晚期常州今文学派研究》（*Classicism, politics, and kinship: the Chang-chou school of new text Confucianism in late imperial China*，1990），江苏人民出版社，1998；〔德〕罗梅君（Mechthild Leutner）：《北京的生育婚姻和丧葬：十九世纪至当代的民间文化和上层文化》，中华书局，2001。

视角的中国近代史论著数量作表对比（见表3）。

表3 2003~2007年大陆、港澳地区与海外中国近代社会文化史论著对照

	2003年		2004年		2005年		2006年		2007年	
	论文（篇）	著作（部）	论文（篇）	著作（部）	论文（篇）	著作（部）	论文（篇）	著作（部）	论文（篇）	著作（部）
中国大陆中文	73	8	75	24	58	10	56	16	84	20
国外西文	14	8	21	24	11	18	14	17	21	12
日文	3	0	8	5	6	1	4	0	1	0
中国台港澳地区	15	1	23	0	13	2	11	2	12	2

如表3所示，从著作来看，以欧美学者为主的国外西文有关中国近代社会文化史的研究相对较多；从论文来看，虽然西文的绝对数量与中国大陆的论文数量相比要少得多，但如果考虑到欧美每年发表中国近代史论文的总数只有200篇左右，而中文论文有2000~3000篇，是其十多倍，就可推算出西文有关中国近代社会文化史的论文在其总量中所占比重是相当大的。例如，2004年，全部中国近代史的西文论文共168篇，在《近代史研究》统计分类中分属总论、政治、军事、经济、社会、思想文化、中外关系和人物。其中，社会类22篇，思想文化类29篇，而属于中国近代社会文化史类的论文就有21篇，与全部社会史论文数量几乎相当。这些社会文化史论文主要分布在社会、思想文化里面，在总论里也有少量，占全部论文总数的12%，可见其分量之重。著作就更可观了，虽然中国近代史的西文著作出版总数与中文出版总数相差悬殊，但是从上述统计可以看到，这五年间中国近代社会文化史论题的西文著作出版数量与中文著作相差不多，有的年份数量持平，甚至2005年西文著作18部，超过了中文著作的10部。虽然上述统计标准因笔者主观偏差而不能说十分精确，但即使从模糊统计的角度来看，连续五年的统计数据所反映的趋向一致，还是能够说明问题的，即"社会文化史"的新视角在欧美研究中国近代史学者中具有相当大的影响力和吸引力，即使从论著的绝对数量而言也已经与国内的研究形成了有力的呼应。

三　反思：趋向与问题

中国社会文化史经过20余年的发展，已经形成了一个以社会与文化交

叉视角为特点，有较为集中的研究领域，稳定发展、不断深入拓展的分支学科方向，从研究路径和撰述形式上也形成了一些趋向。第一，微观史与深度描述的趋向。由于社会文化事象丰富而复杂，具体而琐细，史学以记述为主的表现形式使研究对象的选择受到一定限制，因而一些论题选择趋于微观和具体。为了弥补微观的不足，微观史和深度描述形成一种趋向。在联系观点的观照下，就某一微观事象从多维联系中去深入分析其各种因素的关联性与互动关系，以求揭示此一事象的社会文化多层意涵，成为不少研究者采取的研究路径。

第二，建构理论与概念等分析工具的趋向。社会文化史研究的对象虽然大多具体而琐细，但跨学科的交叉视角强调一事物与他事物之间的联系，强调多维联系的观点，强调多层意义分析方法。这种多维联系与多层意义分析的方法，使原有的一些比较单一和平面化的史学概念不足以贴切地表达，因而研究者越来越多地采用一些表达复合意义或新生意义的新概念作为分析工具。例如，公共空间，公共领域，建构，想象，社会记忆，话语，失语，合法性，正当性，权力，语境，场景，回归现场，叙事－宏大叙事，个案，微观研究，深描，地方性知识－普遍性知识，大传统－小传统，民间社会，范式－典范，等等。这些概念词语大多来自西方社会科学理论，首先被国内社会学、政治学、经济学等学科所采用，随之作为借鉴社会科学方法而引入史学，研究社会文化史的学者运用最为广泛。其中，有的新概念已经被广泛采用，如"语境""建构"等。这些新概念为社会文化史研究提供了有效的分析工具。

第三，以记述叙事为主要表现形式的趋向。社会文化史研究的对象以人的活动为重心，因而要对人的活动进行具体、生动的描述，故主要采用叙事形式。文化分析的视角又要求有意义阐释，因而在叙事中有理论分析及意义阐释隐含或穿插其间，使得生动的叙事中有一定的意义内涵。由此，社会文化史的论著一般内容比较生动、形象，有趣味，可读性强。

此趋向使得社会文化史形成了一些学科优势，积聚了较强的生命力，有利于其进一步发展。与此同时，社会文化史研究还存在着一些缺陷和仍有待探讨的问题。

一是碎片化。具体而微的研究取向，在形成微观史和深度描述趋向的同时，也使得一些论题选择过于细小琐碎，同时又缺乏多维联系观点及深层意义阐释，由此造成论题成为缺乏联系、意义微弱的零星碎片，从而失去了史学研究的意义与价值。

二是平面化。一些研究在采用具体描述的叙事形式时，只停留在人的活动平面化的记述，而缺乏理论分析和深层意义的阐释，成为浅薄、表面化的单纯叙事，使史学研究失去了深度和灵魂。

三是理论与内容相脱节。社会文化史因研究对象的综合性与丰富性以及注重文化分析，故需借鉴一些社会科学理论和概念工具，但其选择借鉴是出于研究内容的需要与适用，并需对外来理论与本土经验的隔阂、不同学科之间的差异性抱有足够的警惕，应根据研究内容来进行选择、改造、活用、伸展，使之融会贯通，最终目的还是要由研究内容而生成自己的理论解释，借鉴的理论只能作为辅助性的分析工具。但有的研究对一些理论和概念只是简单地移植，生搬硬套，使理论与研究内容缺乏有机结合，因而不能得出令人信服的研究结论。

四是片面价值论。传统史学研究范式是价值一元论，只承认主流价值的合理性，不承认少数人或其他立场所持价值的合理性。社会文化史则眼睛向下，从多维度、多层面的视角，在主流价值之外看到了其他价值的相对合理性，因而倾向于既承认主流价值的主导地位也承认其他价值相对合理性，即承认主流价值主导下的价值多元立场。由社会文化史的观点看，正是由于多元价值的存在，才导致了社会不同利益集团之间的矛盾与博弈，也因而保持着社会变革的内在张力。但是，也有一些研究者由此滑向"价值相对主义"或"去价值论"的立场，或认为一切价值意义均等，或认为无需做任何价值判断；有的走向"片面价值论"，对一些只是代表少数边缘人群的边缘性、片面性的价值取向加以抬高或夸大，甚至用以替代主流价值，以偏概全；还有的采取猎奇式的选题方式，专门从负面价值着眼，挖掘正面精英人物的个人生活小节或个人性格缺陷，并将这种负面因素放大，据此而对其进行根本性的否定，为人物评价"翻案"。这种片面价值论是对历史的歪曲。

四　展望：前景与进路

中国"社会文化史"由兴起到持续发展，在 20 余年中已经形成了一个初具规模的史学分支领域，在当今文化生态和时代挑战下，其跨学科的交叉视角将有更广阔、更光明的发展空间。展望其今后的发展前景，将会出现三方面的趋势。

其一，时代的挑战，将促进社会文化史的发展。当今中国社会转型时期面临的"社会治理"与"文化统合"两大课题，正是社会文化史研究的中心问题；特别是当今中国的社会转型，实则是近代一百多年来社会现代化转型的延续。许多社会文化问题是相通的，这使得社会文化史的研究会对社会转型时期的一些社会问题提供更多的本土经验与启迪。而这种时代课题的挑战与相关性，也会促进社会文化史研究的扩展与深化，特别是与这两大时代课题相关的论题会受到更多学者的关注。从社会文化史学科的发展逻辑而言，今后的目标是通过大量深入的研究，对中国社会转型如何进行有效的"社会治理"和"文化统合"两大课题提出一些基于本土经验而得出的理论，从而参与时代理论创新与推动社会进步。同时，社会文化史贴近时代、贴近民众、贴近社会、贴近生活的内容特点，具体生动叙事的书写表达方式，将使社会文化史的读物更受知识大众的欢迎，因而会有较好的阅读市场前景。

其二，史料数据化与网络化将为社会文化史学者利用大量民间史料提供便利。社会文化史的研究对象主要在社会、民间、下层、民众，因而所需要的历史资料不再只限于官方记载这一传统史料，而更多地要利用报刊、私人笔记、日记、家谱、社会档案、民间遗存以及各种民间记载。近代以后，由于出版业的进步，邮寄流通的便利，民间记载存留数量宏富。除了文字史料之外，还有大量图画、照片、影像等图像资料是更为直观、生动、全息化的新史料。近代留存下来的民间历史资料十分丰富，可以说是海量。这种丰富的史料资源，也是导致何以"社会文化史"率先在中国近代史领域而非古代史领域兴起与发展的一个重要原因。对于如此海量而分散的史料，如果仍然如十几年前那样完全靠手工翻检查阅，作为个体的研究者利用起来无疑十分困难。以前选择研究论题出现微观史乃至细碎化倾向，即有这种史料利用困难的限制因素。但近年来，已有海内外多处学术机构开始对近代史料（包括官方史料和民间史料、文字史料和图像史料）进行数据化处理，而且其规模还在扩展、步伐还在加快。史料的数据化，并通过网络传输，无疑为社会文化史研究者利用海量分散史料提供了便利条件。而 20 世纪 90 年代中期以后研究者普遍完成电脑换笔，并伴随着电脑技术的快速发展而不断更新换代，加之网络化的快速发展，数码相机、复印机、扫描机、光盘传输等先进技术的普及应用，都使得利用和处理史料的效率无限量地提高，这对于以海量分散的新史料为主要史料资源的社会文化史研究创造了更为有利的条件。史料是史学研究的粮食，预计社会文化史研究将伴随着史料数据化的发展而有更大的拓展，如近年海内外竞相出版图像社会文化史书籍和电子读物就是这样一种趋势的印证。

其三，"社会文化史"的发展，昭示了"社会文化交叉视角"新史学范式的优势。经过20余年的发展，"社会文化史"跨社会史与文化史的交叉视角已经显示了其特有的优势。虽然具体研究还存在一些不足与缺陷，需要不断反省与克服，但研究实践已经表明，这种新的学科交叉视角使研究者对所研究的问题能够从多层面、多维度审视，因而对之认识更加深入与全面，其研究成果使得我们对历史的认识走向了更纵深、更全面、更精细的领域。同时，社会和文化覆盖与渗透于人类活动的所有领域，历史学作为一种综合性学科，无论研究主题是政治、经济哪一专门领域，如果借助社会或文化的交叉视角进行多面审视的话，相信都会看到一些只从单一专史视角所未见的面相，会使得研究对象更为丰富饱满，对其的认知更为深入、全面。因而，"社会文化交叉视角"不只适用于"社会文化史"的专属研究领域，也可以作为一种新史学范式对于以往通史、专史单一视角的史学范式提供有益的补充。事实上，近年来不少研究专史的学者已经在自己的研究中引入、穿插了社会或文化的视角或是社会与文化的交叉视角，使得其研究更富新意，显示出了有效的补充作用。因此，相信这种"社会文化交叉视角"的新范式，将不仅对社会文化史的发展，也会对其他史学领域的深入发展发挥有益的推动作用。

日常生活与社会文化史

——"新文化史"观照下的中国社会文化史研究

常建华

改革开放以来,国内有关文化史社会史以及社会文化史的讨论持续不断,近年来受西方新文化史①的影响,有关社会文化史的讨论趋向热络。然而社会文化史的论述中,对于日常生活史与社会文化史关系的讨论尚不充分,也比较缺乏"新文化史"的视角。因此笔者想结合对相关学术史的观察,试就日常生活史与社会文化史的关系谈点感想。

一 西方新文化史中的日常生活

根据彼得·伯克的梳理,文化史的研究历程可以分为四个阶段:"经典阶段"、始于20世纪30年代的"艺术的社会史"阶段、20世纪60年代的大众文化史的发现阶段以及"新文化史"阶段。

自1800年至1950年这一时期属于文化史的"经典"时代,此时的文化史家们关注的是经典作品——也就是艺术、文学、哲学、科学等学科中杰出作品的"典范"——的历史。文化史学家特别关注不同艺术类别之间的关联。布克哈特在《意大利文艺复兴时期的文化》中,描述了他所说的意大利文艺复兴时期艺术、文学、哲学乃至政治生活中的个人主义、竞争意识、自我意识和现代性。赫伊津哈在《中世纪之秋》讨论了诸如骑士风度那样的生活理想,也讨论了衰落感之类的主题,还有象征主义在中世纪晚期的艺术和思想中的地位,以及诸如对死亡的恐惧等这样一些情绪。该

---

① 李霞、杨豫:《走向开放的综合——新文化史学探析》,《国外社会科学》2001年第5期;周兵:《西方新文化史的兴起与走向》,《河北学刊》2004年第6期。

书把形式或行为规范放在中心位置上。不过,赫伊津哈曾经写道:"如果我们看不到生活在其中的人,怎么能形成对那个时代的想法呢?假如只能给出一些概括的描述,我们只不过造就了一片荒漠并把它叫做历史而已。"①他在这里强调了人的生活对于文化的重要性。

在"艺术的社会史"阶段,经历了从社会学到艺术史的演进。德国社会学家马克斯·韦伯的名著《新教伦理与资本主义精神》(1904)为经济变化做出文化的解释。其后,另一位德国社会学家诺贝特·埃里亚斯的《文明的进程》(1936)研究了餐桌礼仪的历史,以便揭示西欧宫廷内自我控制或情绪控制的渐次发展过程。在德国式的文化史研究中,阿比·瓦尔堡关注古典传统及其漫长的转变过程,探讨了文化的或概念的图式或公式,如表达特定感情的手势。德国的上述研究影响了美国、英国的文化史研究。

"大众文化"的概念来源于18世纪后期的德国,当时中产阶级知识分子开始发现民谣、民间故事、舞蹈礼仪、艺术品和手制工艺品。古典学者、民俗学者、人类学者一直关注大众文化的历史,到了20世纪60年代,一批职业历史学家转向对大众文化史的研究。对于大众文化的研究,诞生了爱德华·汤普森的《英国工人阶级的形成》(1963)这部影响深远的著作,该书探讨了大众文化对阶级形成的地位。"大众文化"的概念也引起争议,焦点是是否包含精英文化,如何统合二者对于文化史研究十分必要。倒是人类学的文化概念具有更大包容性与伸缩性。"人类学关注日常生活,关注劳动分工相对不发达的社会,从而推动了'文化'一词的广义用法。"② 正是这种人类学的"文化"概念,使得文化史学家以两个孪生式的运动"历史人类学""新文化史"开创了属于自己的时代。

"从20世纪60年代到90年代,文化史的实践出现了一个最明显的特征,那就是朝人类学研究方法转向。"③ 在人类学家看来,"一种文化离我们越远,我们就越容易将它的日常生活当作研究对象来对待"④。借鉴人类学的历史学家因而也就会将目光投向"日常生活",借鉴人类学家广义的文化概念,探索日常生活的社会史家也会关注艺术和文学的符号学研究。历史人类学者特别关注人类学家的一些著作,如马塞尔·莫斯的礼物研究、爱

---

① 〔英〕彼得·伯克:《什么是文化史》,蔡王辉译,北京大学出版社,2009,第10页。
② 〔英〕彼得·伯克:《什么是文化史》,第33页。
③ 〔英〕彼得·伯克:《什么是文化史》,第34页。
④ 〔英〕彼得·伯克:《什么是文化史》,第41页。

德华·埃文斯－普里查得的巫术研究、玛丽·道格拉斯的纯洁研究、克利福德·吉尔兹的巴厘岛斗鸡研究、克劳德·列维－斯特劳斯的结构主义研究。把社会生活作为戏剧化表演分析，在具有历史人类学色彩的文化史研究中占据重要地位。历史学与人类学的碰撞，也促成了"微观史学"的兴起，在意大利尤为突出。20世纪70年代诞生了两部微观史学的代表作，埃曼纽尔·勒华·拉杜里的《蒙塔尤》（1975）、卡洛·金兹堡的《奶酪与虫子》（1976）。

"新文化史"一词的使用开始于20世纪80年代，新文化史之"新"在于其为了将"文化""区别于思想史，亦即主张把研究重点放在心态、预设或情感上，而不是放在观念或者思想体系上"①。同时，也用来区别于社会史。语言史、宗教实践、旅游史、收藏史都是实践历史学的领域，而科学史朝着日常生活实践方向的转变更加明显，最受欢迎的实践史学则是阅读史。"表象"是新文化史的核心概念之一，认为图像和文本就是对社会现实的反映或摹仿，与此相关的记忆史盛行。一些文化史家在20世纪80年代和90年代转向物质文化研究，探讨食衣住的符号性而不仅仅是消费的历史。新文化史日益繁荣的是身体史，它是从医疗社会史中发展出来的，但文学艺术与社会学人类学家的加入又为其拓宽了视野。

借助彼得·伯克《什么是文化史》的研究，我们概述了包括"新文化史"在内的西方文化史的发展脉络。我们会发现文化史与社会史交织在一起，特别是当大众文化研究兴起后，作为大众的社会与文化合流，而历史人类学、新文化史都是以作为社会构成的人为依托的，所以"新文化史"包括社会与文化，相当大的程度上也可用社会文化史代替。早在1999年彼得·伯克访问我国华东师范大学历史系，演讲题目是《西方新社会文化史》，指出"新文化史"或"社会文化史"的兴起，它常被视为更广义的"文化转向"的一部分，即将"新文化史"与"社会文化史"等同，② 或者干脆称之为"新社会文化史"③。

---

① 〔英〕彼得·伯克：《什么是文化史》，第57~58页。
② 〔英〕彼得·伯克：《西方新社会文化史》，刘华译、李宏图校，《历史教学问题》2000年第4期。彼得·伯克还在南京大学历史系就欧洲新文化史学的发展作了专题讲座。讲座结束后，进行了讨论，涉及的内容主要集中于新史学运动之后欧洲新文化史发展的新趋势，讨论的内容可参见杨豫、李霞、舒小昀《新文化史学的兴起——与剑桥大学彼得·伯克教授座谈侧记》，《史学理论研究》2000年第1期。
③ 李宏图：《当代西方新社会文化史述论》，《世界历史》2004年第1期。

不仅如此，日常生活也贯穿于文化史的学术关怀之中。早在文化史的"经典"时代，赫伊津哈就提醒人们对于文化要关注"生活在其中的人"。"在德国和荷兰，新文化史被嫁接在布克哈特和赫伊津哈的传统之上，更为重视所谓的'日常生活史'。"[①] 特别是大众文化的研究深受人类学的影响，新文化史是从历史人类学中发展起来的，至于新文化史的"实践理论"很大程度上是指日常生活的实践。新文化史在向更多的领域扩大，在战争等政治与军事史的传统主题方面，"却是从普通民众日常生活的角度来加以研究"[②] 的。因此，日常生活史始终是文化史展示理论与实践的舞台，日常生活史与新文化史、社会文化史有着千丝万缕的关系，甚至可以说日常生活史是新文化史、社会文化史的组成部分。

另一位著名文化史家罗伯特·达恩顿提出类似看法："最令人激动、最有创意的历史研究应该挖掘出事件背后我们的前人所经历和体验的人类生存的状况。这类研究有过不同的名字：心态史、社会思想史、历史人类学，或文化史（这是我的偏好）。不管什么标签，目的是一个，即理解生活的意义：不是去徒劳地寻找对这一伟大哲学之谜的终极答案，而是从前人的日常生活和思想观念中去探求和了解对此问题的回答。"[③] 姜进认为：新文化史注重于细致描述具体人群的具体生活，"无论是貌似平静的日常生活，还是轰动一时的重大事件，新文化史研究的焦点都是当地参与其中的人群对自己诉求的特殊方式，相信生活在过去的男男女女正是以自己特殊的生存战略和对自由解放的向往开辟了人类生活方式的无限可能性"[④]。日常生活之于新文化史的重要性，显而易见。

新文化史、社会文化史研究离不开日常生活史的探讨，反之，日常生活史需要借鉴新文化史、社会文化史的理论方法。

二 中国文化史与社会史的对接

文化史与社会史都是20世纪出现于中国现代史学的，大致经历了民国

---

① 〔英〕彼得·伯克：《什么是文化史》，第36页。
② 〔英〕彼得·伯克：《什么是文化史》，第125页。
③ 〔美〕罗伯特·达恩顿：《拉莫莱特之吻：有关文化史的思考》，萧知纬译，华东师范大学出版社，2011，第6~7页。
④ 姜进主编《新文化史经典译丛·理论经典》"总序"，载林·亨特《新文化史》，华东师范大学出版社，2011，第6页。

年间兴起新中国成立的最初30年停滞与后30年复兴三个时期，各时期有各自阶段性的变化。清末民初，受海外人文与社会科学特别是史学研究的影响，在梁启超、李大钊等学者的推动下，20世纪二三十年代，文化史、社会史兴起，从历史上的社会、文化思考中国的特性与发展前途，出版了一批学术著作。从抗日战争到解放战争，中国文化史、社会史的学术研究陷入了10余年困难境地，学术论著出版数量锐减，但也有个别水平较高的专著问世。

新中国成立初期，文化史研究作为与政治、经济鼎足而立的领域而存在。从20世纪50年代后期起，综合性的文化史研究淡出学术界，罕见从整体上探究中国文化发展过程或全局问题的论文。社会史则继承"中国社会史大论战"的传统，以社会经济史为标志社会形态研究保留下来，"五朵金花"的探讨中依稀可见社会史的身影。然而，反映民众生活的研究难见踪迹。

"文革"结束后，伴随着思想解放，中国文化史、社会史得以复兴，其特色是作为学科建设出现。1978年冬、1979年春，复旦大学历史系、中国社会科学院近代史研究所相继设立中国思想文化史研究室、近代文化史研究室，标志着改革开放新时期中国文化史研究的重建。此后，有关中国文化史研究的会议与文章不断出现，至1984年达到高潮，有关中国文化的讨论成为学术热点，时称"文化热"。受到"文化"讨论的启发，"社会"也引起关注。1986年10月，南开大学历史系、《历史研究》编辑部与天津人民出版社联合举办了"首届中国社会史研讨会"，成为新时期中国社会史研究复兴的标志。此后，则出现了文化史与社会史的对接乃至合流的现象，导致了所谓的"社会文化史"的出现。

尽管文化史是一个难以确定的界域，但一般认为"文化是一个整体，一个烙上人类实践活动的特殊印记的整体。因此，所谓文化史，便是综合考察这个整体的发展过程的历史。……我们把文化定义为观念形态，在承认当作观念形态的文化是一定社会的政治和经济的反映的同时，又承认它给予影响和作用于一定社会的政治和经济"[①]。同样，社会也是人类实践活动的一个整体，作为观念形态的文化也是属于一定社会的。文化与社会亲缘与共生的状态，彼此难以割舍。

1985年李侃、田居俭先生向第十六届国际历史大会提交的《近五年（1980—1984）中国历史学概述》中写道："文化史研究的兴起，是中国史

---

① 朱维铮：《中国文化史的过去和现在》，《复旦学报》1985年第5期。

学界近几年出现的又一个新气象。1949 年以后,中国史学界的兴趣从过去的考订个别史实和叙述王朝兴亡以及政治事件转向社会经济的研究,这在对历史作唯物主义的理解方面取得了可喜的成绩。但是相对而言,历史学中的文化领域却没有受到应有的注意,这种现象,近年来开始有了变化。首先是一些古代区域性的文化受到了史学界的重视,……而另一些长期致力于断代史和社会史研究的学者们,也开始注意研究各个历史时期的文化生活和文化成就。"① 也就是说,文化史研究的出现,一定程度上要为社会经济的研究寻求突破,社会史研究的学者开始注意历史上的文化生活和文化成就,而"文化生活和文化成就"是文化史研究的重心。事实上,"文化成就"的研究一直未断,而"文化生活"则是新事物。进入生活领域,文化史与社会史相遇了。

　　刘志琴指出,社会史的复兴,是以文化史为前导,或者说文化史的发展必须要在社会史领域内深入。② 她认为社会史和文化史是共生共荣的关系,社会史肩负重要的文化使命:"社会史从一诞生,就与社会学民俗学同根相连,互有补充。可以说回溯社会生活和民俗的历史,也就是进入社会史的领域。……文化史热的发展必将召唤社会史的复兴,从社会史领域探索民族文化心理的形成、发展和改造,这是观念变革最能动的深层结构,也是文化史研究进一步深化的总趋势。"③ 在她看来,揭示伦理价值、民族性,需要文化史与社会史研究联手才能完成:"伦理价值通过物质生活和精神生活的双重作用积淀到民族文化心理的最深层,成为群体无意识的自发意识,这样的文化才真正具有在各种波澜曲折中得到稳定传承的内在机制。这就是中国文化的个性。"④ 文化史与社会史的对接,有赖于日常生活这一领域,刘志琴认为:"精英文化的价值观念渗入世俗生活,从而使世俗生活理性化,这就是世俗理性。……世俗理性造成中国社会文化的显著特点是,伦理观念和文化意识渗入日常生活的各个领域。"⑤ 日常生活研究的重要性

---

① 中国史学会编《第十六届国际历史科学大会中国学者论文集》,中华书局,1985,第 415 页。
② 史薇(刘志琴笔名):《复兴社会史三议》,《天津社会科学》1988 年第 1 期。
③ 刘志琴:《社会史的复兴与史学变革——兼论社会史和文化史的共生共荣》,《史学理论》1988 年第 3 期。
④ 刘志琴:《从社会史领域考察中国文化的历史个性》,《传统文化与现代化》1993 年第 5 期。
⑤ 刘志琴:《社会文化史的视野》,周积明、宋德金主编《中国社会史论》,湖北教育出版社,2000,第 104 页。

显而易见。她还强调生活包括衣食住行和休闲在内,是人类赖以生存与发展的基本形式,呼吁学术界"发现生活"①。

李长莉认为,社会文化史是人与人之间、人与社会之间的生活方式及其观念的历史;从探讨人类社会生活来说,它与社会史的研究对象是重合的,均探讨社会组织、制度、教育、法律、风俗习惯、文化传播方式、娱乐消闲方式等内容。社会史与社会文化史也有区别,前者更注重社会结构和运动的客观性,而后者则主要研究历史上人们的社会生活方式与思想观念之间的相互关系,关注的是隐蔽在人们社会行为后面的精神因素。② 她还补充说,关注社会与观念的互动、民众生活与观念的互动是社会文化史的重要取径。③ 近代文化史研究室联合《社会学研究》编辑部于1992年举行"社会文化史研讨会",推进社会文化史的研究。④

从刘志琴、李长莉的社会文化史研究来看,生活史占据了重要位置。近代文化史研究室集体编写了《近代中国社会文化变迁录》,刘志琴在该书序言《青史有待垦天荒——试论社会文化史研究的崛起》中指出:"社会文化史是以大众文化、生活方式和社会风尚的变迁为研究对象"⑤,该书论述的正是这些内容。刘志琴的主要研究领域是晚明社会文化,探讨了商业资本对晚明社会的影响、城市风尚、城市民变与士大夫、公私观念、百姓日用之学、饮食思想与文化思潮等重要问题。⑥ 李长莉的代表性研究成果《晚清上海社会的变迁——生活与伦理的近代化》(天津人民出版社,2002)一书,认为中国社会近代化的主要标志是民众生活方式和伦理观念的近代化。该书从近代上海民众生活的微观层面探讨近代化的宏观社会变迁,在伦理观念的层面将社会与文化紧密结合。刘志琴为该书作序,名为《观念源于生活》,概括了她们研究社会文化史的意蕴。李长莉的另一部著作《中国人的生活方式:从传统到近代》(四川人民出版社,2008),则探讨了清末民初中国人生活方式演变的历史轨迹。由上可知,社会文化史研究者,将生

---

① 刘志琴:《发现生活》,薛君度、刘志琴主编《近代中国社会生活与观念变迁》"序",中国社会科学出版社,2001。
② 李长莉:《社会文化史:历史研究新角度》,赵清主编《社会问题的历史考察》,成都出版社,1992。
③ 李长莉:《社会文化史的兴起》,《天津师范大学学报》2003年第4期。
④ 李长莉:《社会文化史:一门新生学科》,《社会学研究》1993年第1期。
⑤ 刘志琴主编《近代中国社会文化变迁录》"序",浙江人民出版社,1998。
⑥ 刘志琴:《晚明史论——重新认识末世衰变》,江西高校出版社,2004。

活史作为重要学术领域，对于生活的表达用语固然不统一，有"社会生活""生活方式""日常生活"等，内容则是相通的。近年来倡导社会文化史研究的梁景和，把"社会生活"作为这一领域的重要概念。①

其实，改革开放新时期的中国社会史研究，将生活史作为关注点。冯尔康指出："社会史研究历史上社会结构与日常社会生活的运动体系，它以社会群体、社会组织、社会等级、阶级、社区、人口的社会构成，以及上述成分所形成的社会结构及其变动，构成社会结构的人群的日常生活行为及其观念为研究范畴，揭示其在历史上的发展变化及在历史进程中的作用和地位。"② 社会结构和日常生活被作为社会史研究的基本内容。关于当代中国社会史研究的特征，笔者认为体现在三方面。社会生活研究：还历史以血肉。社会文化研究：揭示社会精神面貌。区域社会研究：置社会史于地理空间。③ 其中社会生活研究偏重于社会，社会文化研究则重于文化，这两方面是相通的，基础是对生活方式的认识。即使我国的社会史学界关注到社会生活、社会文化，然而新文化史的主张还是有价值的，如同欧美一样，"社会史也不再满足于描述下层人民生活的客观状况，而是要了解文化体系是如何塑造了民众的身份认同、情感和日常生活的"④。中国的社会生活史研究应当把握生活的意义。⑤

应当指出，思想文化在文化史研究中占有重要地位。思想与社会的互动，是文化史与社会史学者关心的问题。著名历史学家侯外庐、钱穆早就强调思想史与社会史的互动关系，余英时的实践尤为突出，他们的理论背景与研究手法有很大不同。新时期在思想史与社会史结合问题上，一些学者借用"话语分析""知识论"等方法，进行了突破性的尝试，如杨念群的《儒学地域化的近代形态——三大知识群体互动的比较研究》（三联书店，1997）、葛兆光的《七世纪前中国的知识、思想与信仰世界——中国思想史》（第一卷）（复旦大学出版社，1998）、赵园的《明清之际士大夫研究》（北京大学出版社，1999）等。南开大学中国社会史研究中心于2001年举行了主题是"思想与社会"的学术年会，有刘泽华、庞朴、萧延中、杨念

---

① 梁景和：《社会生活：社会文化史研究中的一个重要概念》，《河北学刊》2009年第3期。
② 冯尔康：《中国社会史概论》，高等教育出版社，2004，第10页。
③ 常建华：《中国社会史研究十年》，《历史研究》1997年第1期。
④ 姜进主编《新文化史经典译丛·理论经典》"总序"，载林·亨特《新文化史》，第8页。
⑤ 常建华：《中国社会生活史上生活的意义》，《历史教学》（大学版）2011年第1期。

群专门的理论文章强调打通思想史与社会史的重要性和提倡新的研究方法。① 在刘志琴看来，处理思想与社会的关系，需要从生活领域拓展中国思想史的新资源。② 也有学者强调文化史的独特性，将文化史与社会史加以区分。③ 有的学者则强调对于中国社会文化史应当全面把握。④

三　中国社会史与历史人类学

社会学是改革开放以后最先恢复的社会科学，社会学的研究对象与社会史接近，重建的社会学也是促使社会史研究复兴的一个因素。中国社会史的倡导者都注意到社会学对于社会史的借鉴意义，甚至不少人认为社会史就是社会学在历史学的运用，把社会史等同于历史社会学。也有一些学者主张社会史慎重全面接受社会学，或认为"社会史研究不在于套用社会学的理论模式，而在于从中国社会历史事实和过程中总结出与理论的契合点，以建立起中国社会史理论体系"⑤。或指出："除了社会学的概念和方法之外，社会史拒绝接受其它，于是社会史成了社会学建构其理论体系的资料库及其概念、方法的实验场。这样的前景，想起来就让人不寒而栗。"⑥

新时期中国社会史研究以社会生活为主，人类学对于社会史研究的意义不断彰显。由于社会学理论只是一般原理，而社会历史复杂多变，新时期的社会史又重在探讨民众日常生活，揭示其文化特点，这样社会学就显得有些力不从心。而最适合该类研究的方法，则是社会或文化人类学，以之诠释人们生活及行为中的仪式和符号。

新时期揭示社会精神面貌、认识社会特质的社会文化研究，也必然要以集体现象的无意识本质为研究课题，探讨人类社会生活中形成的静态文

---

① 刘泽华：《开展思想与社会互动和整体研究》，庞朴：《思想与社会的互动》，均载《历史教学》2001年第8期；萧延中：《贯通"思想史"与"社会史"的意义》，杨念群：《从"资治"到"反思"：中国社会史研究的新转向》，均载《天津社会科学》2001年第4期；张分田、王利华：《"思想与社会"研讨会综述》，《历史研究》2001年第5期。
② 刘志琴：《思想与社会：从生活领域拓展中国思想史的新资源》，《江海学刊》2003年第2期。
③ 黄兴涛：《文化史研究的省思》，《史学史研究》2007年第3期。
④ 李长莉：《交叉视角与史学范式——中国社会文化史的反思与展望》，《学术月刊》2010年第4期；梁景和：《关于社会文化史的几个问题》，《山西师范大学学报》2010年第1期。
⑤ 常建华：《中国社会史研究十年》，《历史研究》1997年第1期。
⑥ 赵世瑜：《再论社会史的概念问题》，《历史研究》1999年第2期。

化结构，涉及文化人类学。关于历史学与人类学的关系，著名人类学家列维-斯特劳斯指出："二者均以社会生活为研究的主题，以对人类更深刻的了解为共同的目标，在方法上除了各种研究技巧比率有所差异外，大致上也是相同的。"① 因此，社会生活是历史特别是社会史与人类学共同关心的研究主题，历史学与人类学可以合作，形成历史人类学。庄孔韶从国际学术界的研究趋向介绍历史人类学："人类学和历史学之间曾有不可逾越的界限，至少到本世纪中叶仍如此。但实际上，这两个学科在理论、方法论，或研究主题上并非各自截然独立。……现在，'人类学转向'成了新叙述史的形式之一。其主要特点是促使历史研究关注人类学意义上的文化事项。这是指历史研究从传统上关注特定政治人物的思想和行动之政治史，转而关心那些普通人的态度与信仰。"②

社会文化研究的兴起，若从中国历史学研究重心的角度考察，也可以视为从社会经济史向社会文化史的转移。即由过分重视经济变为经济、文化并重，而在新时期，社会文化史在一定程度上代表着学术潮流。这种转移在我国社会经济史研究的重镇厦门大学、中山大学表现得比较明显，从社会经济史的研究，逐渐转向社会。文化史的研究。这些学校有人类学研究的传统，一些学者借鉴人类学研究华南社会史，形成了历史人类学的学术风格。③

2001 年 7 月，成立不久的中山大学历史人类学研究中心举办了"历史人类学的理论与实践学术研讨会"，倡导开展历史人类学研究，与会的国内学者首次就历史人类学发表见解。人类学者张小军指出：20 世纪 80 年代以来，当时在香港中文大学的科大卫（David Farre）、陈其南，美国耶鲁大学的肖凤霞（Helen Sia）以及中山大学的刘志伟、陈春声，厦门大学的郑振满和香港科技大学的蔡志祥等一批历史学家和人类学家合作，通过对珠江三角洲、香港、潮汕地区和闽南的历史人类学研究，对明清地方历史进行了批评性的反思，并且在研究方法上形成了"华南学派"的"文化过程"，它兼顾了对平民史、日常生活史和当地人想法的关注，对过往的精英史、事件史和国家的历史权力话语进行批评，形成了中国历史人类学的开端。④

---

① 〔法〕李维·史陀（即列维-斯特劳斯）：《史学与人类学》，《食货》（复刊）第 12 卷第 12 期。
② 庄孔韶：《历史人类学的原则》，《中国都市人类学通讯》2000 年第 3 期。
③ 常建华：《社会生活的历史学——中国社会史研究新探》，北京师范大学出版社，2004，第 108~111 页。
④ 张小军：《历史的人类学化和人类学的历史化——兼论被史学抢注的历史人类学》，《历史人类学学刊》（香港）第 1 卷第 1 期，2003 年 4 月。

在他眼里，华南研究中的历史人类学兼顾了平民史、日常生活史

陈春声结合自己在韩江流域的梅州和潮州地区的研究实践，以《走向历史现场》为题，阐明历史人类学对社会史研究的价值：

（1）在历史现场中发现理解历史文献的能力。置身于历史人物活动和历史事件发生的具体的自然和人文场景之中，切身感受地方的风俗民情，了解传统社会生活中种种复杂的关系，自然而然地加深了对历史记载的理解。

（2）过去如何被现在创造出来：理解百姓的"历史记忆"。在提倡"眼光向下"、强调重视普通人日常生活经验的时候，研究者必须保持一种自觉，即他们在口述资料中发现的历史不会比官修的史书更接近事实真相，百姓的历史记忆表达的常常是他们对现实生活的历史背景的解释，而不是历史事实本身。

（3）过去的建构如何用于解释现在：关于"地方性知识"的解释。结合实地调查，从不同地区移民、拓殖、身份与族群关系等方面重新审视具体地域中"地方性知识"与"区域文化"被创造与传播的机制，就会发现，许多所谓"地方性知识"都是在用对过去的建构来解释现在的地域政治与社会文化关系。

（4）有关地域社会建构的理论思考。在"国家"与"民间"的长期互动中形成的国家的或精英的"话语"背后，百姓日常活动所反映出来的空间观念和地域认同意识，是在实际历史过程中不断变化的，从不局限于行政区划的、网络状的"区域"视角出发，我们有可能重视解释中国的区域社会历史。[①]

在这意蕴丰富的归纳中，我们感受到"传统社会生活""普通人日常生活经验""百姓日常活动"对于历史人类学研究的重要性。华南的历史人类学实践也是种概括，刘志伟根据自己与人类学者合作过程中的学科对话经验，强调人类学家注意到社会和文化结构的形成本身是一个历史过程，我们历史学家就不得不重新反省对"过程"的结构做历史阐释的角度和方法。[②]

---

① 徐桂兰：《历史学与人类学的互动——历史人类学的理论与实践学术研讨会综述》，《广西民族学院学报》2001年第6期。
② 刘志伟：《地域社会与文化的结构过程——珠江三角洲研究的历史学与人类学对话》，《历史研究》2003年第1期。

厦门大学是实践历史人类学的另一个学术单位。历史学者郑振满是开展历史人类学的先行者，人类学者黄向春就历史人类学的有关问题访问他，郑振满认为："由于学术旨趣的不同，历史学家和人类学家对历史人类学可以有不同的理解。就历史学而言，历史人类学的特征应该是'从民俗研究历史'。这就是说，我们研究历史首先要从民俗入手，考察不同时期、不同地区的民众的思维习惯和行为习惯，然后把各种民俗现象和宏观历史进程联系起来，揭示民俗所具有的历史意义。在方法论方面，历史人类学应该同时运用历史学和人类学的理论和方法。这是因为，历史学擅长对于历史文献的解读和对于历史过程的分析，而人类学擅长对于民俗现象的考察和对于社会文化的分析，只有把二者结合起来，才有可能做到'从民俗研究历史'。从人类学的角度看，也许可以把历史人类学理解为'从历史研究民俗'，这似乎是一种相反的研究取向，但在方法论层面，二者又是相通的，也就是说二者都必须同时面对历史和民俗现象，都必须同时运用历史学和人类学的理论和方法。"① 黄向春更从人类学的角度谈民俗与历史学的人类学化，指出其对于史学转型的深刻意义。② 笔者理解，所谓"从民俗研究历史"，很大程度上就是从日常生活入手研究历史。

历史人类学重视民间文献的利用。郑振满主张要从文献的生产过程、流传过程、使用过程去看文化的传承。他认为："民间文献的形成过程，实际上也是民间文化和精英文化互动的过程。因为民间文献的作者主要是下层知识分子，他们也就成为民间文化和精英文化互动的桥梁。问题是他们的知识结构究竟包含哪些因素？他们如何理解精英文化和国家制度？这些就是我们感兴趣的问题。我们要通过解读民间文献，探讨儒教、佛教、道教等正统意识形态对民间文化的影响，探讨特定时代、特定地区、特定人群的文化传承机制。"③ 关于民间文献的社会属性，郑振满指出："每一种民间文献可能都和特定的人群和特定的生活方式有关。如果不把民间文献放在具体的社会环境中，不了解各种民间文献的作者和使用范围，就不能真正理解民间文献的历史意义。要做到这一点，就必须做田野，就需要历史

---

① 郑振满、黄向春：《文化历史与国家》，《中国社会历史评论》第五卷，商务印书馆，2007，第 488~489 页。
② 黄向春：《民俗与历史学的人类学化》，《民俗研究》2002 年第 1 期。
③ 刘平、刘颖、〔越〕张玄芝整理《区域研究·地方文献·学术路径——"地方文献与历史人类学研究论坛"纪要》，《中国社会历史评论》第十卷，天津古籍出版社，2009，第 358 页。

人类学了。"① 换言之，历史人类学通过田野调查与解读民间文献理解"人群"和"生活方式"。同时，他主张地域社会文化史研究与大历史联系起来："我们做生活史、文化史、心态史，如果不能跟主流的历史命题联系起来，如果不能跟历史学所关注的那些重大问题挂上钩的话，那就变得可有可无，别人可以不理睬你。"②

厦门大学历史学与人类学的对话是多方面的，对于闽南文化的研究成绩显著。③ 历史人类学也以社会文化史表现出来，厦门大学的刘永华在其主编的《中国社会文化史读本》（北京大学出版社，2011）的内容提要中解释社会文化史时说道，社会文化史强调的是，在具体的研究实践中将社会史分析和文化史诠释结合在一起，在分析社会现象时，不能忽视相关人群对这些现象的理解或这些现象之于当事人的意义，唯有如此，社会史分析才不致死板、僵硬；在诠释文化现象时，不能忽视这些现象背后的社会关系和权力关系，唯有如此，文化史诠释才不致空泛、玄虚。

人类学者王铭铭也为中国历史人类学的开展做了有益的探索。他从社区、家族、乡村、城市、民族等角度，尝试了历史人类学。④ 他说：

> 我早期的研究，主要在东南沿海进行，研究内容与"华南学派"颇相通，晚近涉及西部，王明珂先生的著作，就成了必读书。对于这两派中国历史人类学，我都不全然赞同。比如，我以为，"华南学派"的经济史味道太浓，有前辈遗留下来的决定论嫌疑；而王明珂的研究，除了也有"资源竞争"这一说显示出来的物质主义趋向之外，其对于古民族史与口述史的对照研究，实在缺乏美国汉学家们所谓的"帝制晚期"这个重要环节。另外，我以为，汉人社区研究与少数民族研究若能得到更好的结合，对于我们的历史观之形成，将起到关键作用，而上述两派在这方面的努力不多。于是，我的历史人类学研究，越来

---

① 刘平、刘颖、〔越〕张玄芝整理《区域研究·地方文献·学术路径——"地方文献与历史人类学研究论坛"纪要》，《中国社会历史评论》第十卷，天津古籍出版社，2009，第358页。
② 郑振满、黄向春：《文化历史与国家》，《中国社会历史评论》第五卷，第489页。
③ 蓝达居：《闽南文化的人类学研究》，《闽都文化研究》2004年第1期。
④ 王铭铭：《社区的历程——溪村汉人家族的个案研究》，天津人民出版社，1997；王铭铭：《村落视野中的文化与权力》，三联书店，1998；王铭铭：《逝去的繁荣：一座老城的历史人类学考察》，浙江人民出版社，1999；王铭铭：《走在乡土上——历史人类学札记》，中国人民大学出版社，2006。

越与我在硕士研究生阶段学习的民族史联系在一起。为了拓展社区研究的视野，我想到"天下"概念，接着特别关注民族史的研究成果。我有信心说，正是在民族史这个领域，中国学术有了一个基于中国历史的独到经验创建理论的机会。①

王铭铭不仅关注民族史，也关注现实，他说："与其他学问一样，历史人类学须寻找趋近现实的路径，而同时考察被研究者生活方式观念形态及其遭到的挑战（既可能来自内部，也可能来自外部），是趋近现实的好路径。"② 研究人的生活被作为历史人类学面向现实的途径。

中国历史人类学，在如何对待地方社会文化上，或许存在着科大卫模式与丁荷生模式。香港中文大学历史系讲座教授科大卫认为地方社会主动且积极地参与王朝国家的建构，研究中国的地区历史，就是研究地方如何整合成为王朝国家的一部分。最近加拿大麦吉尔大学东亚研究中心讲座教授丁荷生与郑振满教授合著《莆田平原的仪式联盟》第一卷（莱顿，2010）出版，胡川安对丁荷生执笔的部分"神的回归"做了评论，丁荷生从仪式、宗教与民间宗教开始，作为理解地方文化的视角。胡川安认为，科大卫的思考方式虽然是自下而上的，但仍然将地方置于王朝国家的一部分来思考，仍以当代民族国家的思考投射至研究的对象，地方的主体性无法彰显。而丁荷生"从文化和经济各种不同的生活面向理解在不同的历史时期，不同地方的人群如何理解、认识与选择自身的生活方式，这样的历史更能够认识人类生活的轨迹。上述所说的生活轨迹往往不会透过文献本身透露出来，除了一般的传统文献、地方志和档案外，地方史的研究者还必须透过田野调查和搜集资料的过程，进一步理解实际的生活空间，透过当代的 GIS 科技，研究者从文化地理学的研究方法，理解人群在地方当中如何活动，将生活的不同面向放进研究资料与方法当中，更加丰富地理解历史"③。这样的讨论应当引起注意。

以人类学路径探讨地域文化，朱小田的体会值得分享。他认为人类学的独特思路可以走向地域文化研究的纵深发展：一是地域文化史应加强动

---

① 王铭铭：《我所了解的历史人类学》，《西北民族研究》2007 年第 2 期。
② 王铭铭：《我所了解的历史人类学》，《西北民族研究》2007 年第 2 期。
③ 胡川安：Rituad Alliances of the Putian plain, VolumeOne: Historical Introduction to the Return of the Gods, KENNETH DEAN and ZHENG ZHENMAN, Leiden: Brill, 2010, xvi, p. 320,《历史人类学学刊》第 9 卷第 1 期（2011 年 4 月），第 108 页。

态生活的呈现，毅然告别传统的脱离生活结构的习俗史，迈向生活领域；二是人类学的整体视野提醒人们特别关注地域社会内部各种不同类型的社群世界，向笼统的"中国社会"或"地域社会"概念提出挑战；三是人类学赋予社会结构中的任何劳动者以一席之地，要求地域文化观察重视作为民间文化持有者的普通百姓；四是人类学中习见的口头艺术形式，常常以文献与口头两种形态存留下来，成为地域文化研究的独特素材。①

十年前，笔者提出社会史研究异军突起，注重日常生活，挖掘社会生活的文化意义立足地域考察历史，构成新社会史的特征。新社会史的兴起与历史人类学产生不解之缘，一些历史学者和人类学者努力实践历史人类学。由于探讨早期历史与考古学、神话学、民族学有密切的关系，也由于近世历史资料丰富、历史遗存众多、便于田野调查，中国的历史人类学研究具有先秦两汉与明清时期两头热的特点。先秦两汉历史人类学的实践偏重于心态史和社会组织与形态，明清时期则立足于社区与田野实践历史人类学，信仰研究受到重视。华南地域社会史学者倡导历史人类学研究，无论在理论还是实践方面对历史人类学的创建贡献良多。② 现在华南历史人类学研究成果以《历史·田野丛书》已出书12种，展示了社会史文献研究与田野调查结合的魅力。如今的历史人类学也面对新文化史提出的要求，罗伯特·达恩顿说得好："历史学与人类学的结合使两个领域都获益匪浅，因为它们的共同目标都是要对某种文化做出解释。"③

四 日常生活应是社会文化史的基础

综上所述，文化史、社会史、历史人类学均关心生活史，生活史在相当大的程度上也是以社会文化史的面目出现的。对于生活史的理解，学者各有侧重，使用的概念不一，有日常生活、社会生活、生活方式等，我国学者以使用"社会生活"一词最为普遍。

关于生活史的理论。马克思主义的"社会经济形态演进"理论，用生产方式发展史模式构建宏观社会历史。马克思指出："物质生活的生产方式

---

① 朱小田：《地域文化史研究的人类学路径——倾向于江南的案例》，《清华大学学报》2010年第1期。
② 常建华：《历史人类学的理论与在中国的实践》，冯天瑜主编《人文论丛》2002年卷，武汉出版社，2003。
③ 〔美〕罗伯特·达恩顿：《拉莫莱特之吻：有关文化史的思考》，第192页。

制约着整个社会生活、政治生活和精神生活的过程。"① 对于这一论断有广义与狭义的理解,同时产生了"生活方式"与"社会生活"两种提法:人的生活可以指包括物质生活、社会生活、政治生活、精神生活的广义的社会生活,也可以指与物质生活、政治生活、精神生活并列的狭义的社会生活;与生产方式并存的应该还有生活方式。生产方式制约着生活方式。然而马克思主义理论中,并没有对具体"社会生活"和生活方式的系统论述。虽然恩格斯晚年概括出"两种生产"理论,认为历史中的决定因素是"直接生活的生产与再生产",生产包括"生活资料即食物、衣服、住房以及为此所必需的工具的生产"与"人类自身的生产,即种的繁衍"。② "人类自身的生产"是非常接近"日常生活"的概念,但并未建构起理论范式。

后来的匈牙利哲学家格奥尔格·卢卡奇、法国学者昂利·列菲伏尔等学者发展出"日常生活"较为清晰的概念,至阿格妮丝·赫勒的《日常生活》更加完善,把"日常生活"界定为"那些同时使社会再生产成为可能的个体再生产要素的集合"③。衣俊卿尝试建立了日常生活的理论范式,他为日常生活下了一个较为完整的定义:"日常生活是以个人的家庭、天然共同体等直接环境为基本寓所,旨在维持个体生存和再生产的日常消费活动、日常交往活动和日常观念活动的总称,它是一个以重复性思维和重复性实践为基本存在方式,凭借传统、习惯、经验以及血缘和天然情感等文化因素而加以维系的自在的类本质对象化领域。"④ 衣俊卿认为日常消费、交往、观念活动构成日常生活世界,属于经济基础与上层建筑构成的人类发达形态的社会结构的"潜基础结构",对日常生活的研究有助于形成关于人类社会的总体图样。

因此,我认为我国生活史的研究应当从"社会生活"向"日常生活"转变,研究方法上则应注意建立日常生活与历史变动的联系,挖掘日常生活领域的非日常生活因素,把握传统农业文明中的商业文明因素。⑤ 也有学

---

① 马克思:《〈政治经济学批判〉序言》,《马克思恩格斯选集》第 2 卷,人民出版社,1972,第 82~83 页。
② 恩格斯:《家庭私有制和国家的起源》,《马克思恩格斯选集》第 4 卷,人民出版社,1972,第 2 页。
③ 〔匈牙利〕阿格妮丝·赫勒:《日常生活》,衣俊卿译,重庆出版社,1990,第 3 页。
④ 衣俊卿:《现代化与日常生活批判——人自身现代化的文化透视》,黑龙江教育出版社,1994,第 32~33 页。
⑤ 常建华:《从社会生活到日常生活——中国社会史研究再出发》,《人民日报》2011 年 3 月 31 日理论版。

者将日常生活史作为一个新的研究领域,指出日常生活史的若干研究特色:研究对象微观化,"目光向下",研究内容包罗万象,重建全面史,"他者"立场。①

日常生活史也应当借鉴"新文化史"与历史人类学。西方文化史研究的进程中产生了两个孪生式的运动"历史人类学""新文化史",为文化史研究注入活力,其学术影响至今。英国历史学家劳伦斯·斯通早在1987年注意到西方历史学最惊人的改变之一,就是对于感觉、情绪、行为模式、价值以及心理状态突然增大的兴趣。叙述重新受到重视的首要原因就是人类学取代社会学及经济学,成为社会科学中最具影响力的学科。② 中国社会文化史借鉴人类学的理论与方法,在生活与文化的研究层面并未有效展开,心态史研究没有太多的进展,社会文化史研究在这些方面未能充分彰显价值,其原因与"新文化"理论吸收不足、学术理念转换迟钝有关。"新文化史"的学术性格,主要在于下探民隐的尝试与由下而上的历史。与社会史学相同的是都注目于下层社会,但不同的是,社会史侧重人的行动,是具体可见事物,新文化史则强调人的行动背后的文化逻辑或文化密码。③ 因此,现在的中国社会文化史或许到了需要突破自身的时候,即引入"新文化史"的理念,进一步调整研究策略,将文化作为能动的因素,把个人作为历史的主体,探讨他们在日常生活或长时段里对历史进程的影响。

社会文化史应当把日常生活史作为研究的基础。日常生活在文化史、社会史、历史人类学得到的重视程度不同,表述的方法不一,然而日常生活的研究都是这一领域不可或缺的部分,"一般生活以日常生活为基础,并且至少部分地反映于日常生活之中"④。日常生活应当成为文化史、社会史、历史人类学研究的基础,也就是日常生活应当成为社会文化史研究的基础。中国社会文化史研究在日常生活史方面已经取得一定成绩,但在西方新文化史观照下反思中国社会文化史研究,应把日常生活史作为社会文化史研究的基础,这是笔者得到的一点粗浅体会。

---

① 刘新成:《日常生活史:一个新的研究领域》,《光明日报》2006年2月24日。
② 〔英〕劳伦斯·斯通:《历史叙述的复兴:对一种新的老历史的反省》,蒋竹山主编《新史学第四辑新文化史》,大象出版社,2005。
③ 卢建荣:《新文化史的学术性格及其在台湾的发展》,蒋竹山主编《新史学》第四辑《新文化史》。
④ 〔匈牙利〕阿格妮丝·赫勒:《日常生活》,衣俊卿译,第287页。

走上人文学科前沿的社会文化史

刘志琴

中国史学在传统文化中是一门包罗万象的学问,天文地理、文治武功、文采风流、生产经济、物性事理、修身节操,无不罗列其间。如果说古代西方学术以哲学为代表,中国就以史学最辉煌,因为史学在中国是最古老、最神圣、最受尊宠的学问。史官往往是宰相级的人物或最有威望的大学者。古希腊、罗马可以随时随地讨论学问,站在路边讲演,有众人围观,有的干脆就称为"广场哲学",而在中国论史讲道则要焚香、叩头、行大礼,主讲者端坐上方,聆听者毕恭毕敬,讲坛犹如神坛。

如今的中国,辉煌一时的史学已经光辉不在,面临的是被解构,所谓解构是史学的主题、宗旨和功能的全变化,由此相应的是写作者和阅读者的身份也相应地有所改变,其变化波及面之大,来势之迅猛,足以颠覆传统史学,这种解构在中国不是第一次,却是规模最大、影响最深远的一次。

最早的史书《尚书》,大都为训诰誓命之词,这是史官用来沟通上帝与天子的对话,史与巫不分,写史的被奉为神人,史书有神谕的性质。尚者,上也,是上帝之书,阅史者主要是天子,只有天子才有资格向臣民宣示,其威权之重,凛然不可冒犯。

春秋时期中国出现第一部编年史《春秋》,这是孔子记录的鲁国兴亡史,史书从此以记神事走向记述人事,《史记》《汉书》都承继这一传统,由于纪传体、本末体的问世,与编年体合称为中国传统史学的三大体裁。这三大体裁使古人对事件和人物的记述更为完整和准确。《资治通鉴》阐明史书的价值在于"穷探治乱之迹,上助圣明之鉴"。一语道破,**史书是为帝王提供统治的经验,为一姓王朝服务**,史书成为君主、官员、士大夫治国理政的教科书。

20世纪初由梁启超而起的新史学，提出要努力"使国民察知现代之生活与过去、未来之生活息息相关"。倡导史学的内容要从帝王为中心，转向国民社会生活史的研究。史书中心内容的转移，将平民百姓的生活推向历史的前台，史学得以摆脱君主意志和政治意识的干预，这是中国史学前所未有的大转型。由于中国革命形势的急剧发展，社会进程的加速运转，这一愿望并未真正付诸实现。新中国成立后确立以阶级斗争为纲，政治挂帅，强劲的意识形态切入人文学科，史学是一马当先，再次成为政治的附庸。20世纪在史学界叫得最响的口号是："为无产阶级政治服务，"而政治又是多变的，1950年代初对苏联持一边倒的政策，中苏关系的研究就要发扬中苏友好，到1960年代一变而为反对修正主义，中苏关系又着重揭露俄国侵华史，为政治服务，实际上是为政策服务。史学本以求真为第一要义，政策免不了有变动，这两者如果不一致，必然使学术扭曲，所以为政策服务成为史学建设中的大患。

改革开放后，思想解放运动推动了文化史、社会史的复兴，史学研究突破既定的框架，表现出生气勃勃的活力，以丰富的题材和多向度的视角，刷新了史学的风貌，史书从枯燥无味的说教，变为生动具体的叙事。史学走向民众，促使史学著作从少数人阅读变为大众读物，这是方向性的大转移。

这个大转移，随着21世纪的到来而愈发突出，早在20世纪末，人们就预言，21世纪是高扬人文精神的世纪，国内从20世纪的以阶级斗争为纲，到改革开放后以经济建设为中心，再到21世纪的以人为本，这是史学得以转向的大背景。

应该说的是，有两种理念为社会文化史提供了理论基础，这就是李泽厚在《历史本体论》中提出的，生活是历史本体论的命题，与本人在《礼俗文化再研究》中提出的，百姓日用是儒学的经典之教。社会文化史是以生活为中心，对生活方式、大众文化和社会风尚进行统合研究，当前思想史和文化史都向社会生活靠拢，从生活领域中发掘新资源的动向，再次证明社会文化史已跻身人文学科的前沿。

生活，包括衣食住行和休闲在内，是人类赖以生存和发展的基本方式。人因为要生活才形成社会，有生活才有阶级的划分和社会的构成。生产方式的变化，社会的进步，归根结底表现为生活方式的变化，在社会生产和流通的一系列链条上，生活处于目的性的终端，这是生产力发展的动力和目的。说人是社会的本体，无异说生活是社会的本体。所以生活是人类的第一个历史活动，也是人类永不停息的创造业绩。人的解放离不开生活方式的变革，文明的进化与差异往往表现在吃穿用，以及吃什么、穿什么、用什么，怎样吃、怎样穿、怎样用等方方面面表现出种种差别，从而发展自己的智慧，创造出不同特质的文化形态和民族传统。所以以人为本，实际上是以生活为本，这对史学来说，意味着重新回到梁启超提出的，要使国民知道生活的过去和未来。百年来史学发展中的风风雨雨，又回到20世纪初新史学的起点，可这不是简单的回归，而是螺旋式的上升，上升到新台阶。

新台阶使研究者更上一层楼。生活有广阔的视野，它涵盖先人的物质生活、精神生活及其社会制度等丰富多彩的内容，这标志着中国史学进入第四个转向：即从神谕为纲、资政为纲、阶级斗争为纲，到以生活为纲。纲举目张，目随纲移，纲变则全变，这是具有颠覆性的大转向，转向即解构。因为建构传统史学大厦的支柱在变化。历史主体从高高在上的权贵、精英，下到平民百姓，从注视政治、军事、经济大事变，到关注日常生活。不论是对作者抑或读者都是前所未有的大转移。

这一大转移形成对史学的解构也是必然的，必然性在于，史学功能在历史发展的长河中已经发生变化，史学被推崇为神谕，是在神权时代；被认为是政治教科书，是在皇权时代。代代相承的小农业生产，世代相传的生活方式，前人经验就是后人的轨迹，人们匍匐在祖先的足下，亦步亦趋，事事按祖制办事，间有革新也要打着法祖的旗号，即使至尊至贵的君主发号施令，也得标榜来自祖先的训示。在这种社会形态中，记载前人业绩的史书自然奉为经典，遇有重大决策无不要从史书中找依据，史官是皇帝的高参，史家在学界有举足轻重的影响。而这一切都被现代化浪潮所冲击。

历史是民族的记忆，不能忘却，但它的真正价值是在现在和未来。现在流行一句话："让历史告诉未来！"言简意赅地道明了史学的价值所在。要知道史学是经验性的知识，因为是经验性的，自不乏有一定的规则可参照，但由于人、时、地等环境条件的变化，任何经验又都有局限性，对后人有参照的，不一定能起到指导作用。现代高科技的发展，瞬息万变的世态，各种信息如排山倒海般汹涌而来，人们对事物的判断和决策，不再仰仗史书的教诲，而是考察四海风云，潮起潮落。在全方位的信息储存中，人的认识能力的提高主要是提升对信息的把握度和思辨力,而不在于信息量,有时还要对信息做减法,学会淘汰,才能做到精选精用,历史经验的参照系也就降到最低点。

由此相应的是,史学的发展愈来愈要仰仗对历史的解释做出新的贡献。这是现代人的解读,是现实的、鲜活的人的认识,历史本身只是缘由,讲史的不能不反映现代人的需求,这也可视为现代史向过去的延伸。阅读者主要从史书中汲取知识和智慧。智慧是一种对经验的感悟、体认和敏感,对提高文化素质永远不会过时,而且常用常新。

史学从笔录帝王行事到记述百姓生活,从为帝王统治服务,到为民众长智慧,是史学主题和功能的大变化。史学由此失去神圣光环,却大踏步地走上社会化。

这对研究者未必不是幸事!因为随着研究对象的下移,会带来新气象,新问题和新思考。例如对鸦片的社会文化研究,别有一种视角。鸦片是舶来品,在世界各地都有生产和销售,为什么唯有中国酿成社会公害?由于中国近代史是以鸦片战争为开端,种族主义的义愤,爱国主义的声讨,都指向外国侵略者,几乎成为毋容他议的定论。然而从社会文化研究,却发现自害更甚于他害的现象,这有两个论点剖解了这一问题。一是鸦片在中国经历从药品、食品到毒品的变化,促使中国人吸毒成瘾的是烟枪的发明,使苦涩的鸦片转化为香甜烟气,引人上瘾,这不是外人而是国人的创造。促使吸毒成为国害的是国产烟的种植。中国本不产鸦片,进口价格高昂,只能在少数富豪中传播,可当朝的李鸿章等人认为肥水不流外人田,有钱国人自己赚,提倡在本土种植,这一主张甚至得到一些禁烟派的认同,到清末国产烟的产量已是进口烟的四倍,因为鸦片对土壤要求不高易于种植,有好收成,能卖个好价钱,在西北和西南贫困地区成为农民脱贫的方式,由于土产烟是自产、自销、自吸,吸毒者普及到农民,造成民族的大灾难,这是在貌似爱国名义下的祸国行为,是民族的自残,揭示这一现象,是深入认识近代中国沉沦的重要因素。

由于视角不一样可以发现新资料,如在清史笔记中发现有妇女告丈夫婚内强奸的案例,这是现代意识,发生在三百年前的清代,太稀罕了。但这是孤证,笔者请教清史专家,回答是清人笔记不可信,这资料不能用。但再一想,即使查不实,身处三百年前的人能臆造出这一事例,不也是一种思想的反映吗?这虽是个案,但只要是当时人的言说,就代表一种思潮,即使是微弱的萌动,也是一种趋向。社会文化史就要发掘这类不为人注意的日常行为,窥视当时人的思想状态。

再如明清时代徽州一地所立的节妇烈女的牌坊就有六千多座,根据歙县地方志所记,这一地区的节妇烈女多达 6.5 万人,然而就在这些禁锢最深的地区,从明清流行歌曲吴歌中却暴露另一种景象。在明代文人冯梦龙所收集的时调中有一首《偷》说的是:"结识私情弗要慌,捉着子奸情奴自去当,拼得到官双膝馒头跪子从实说,咬钉嚼铁我偷郎。"还有首《小尼姑》云:"小尼姑猛想起把偏衫撇下。正青春,年纪小,出什么家。守空门便是活地狱,难禁难架,不如蓄好了青丝发,去嫁个俏冤家。念什么经文也,佛,守什么的寡。"还有《八十婆婆要嫁人》,等等。

这些在正史中绝对见不到的呼声,却活跃在民间社会。那种女性要求自主择偶,不畏众议,不为利诱,敢于走出家门,与情人私奔,坚贞不屈,出了事自己承当的勇气,就令人惊叹。只要看看,深锁寺院的尼姑在思春,高龄的老妇要再嫁,这些被禁锢最深的人群,都敢于冒人言之大不韪,为争取爱情,亡命献身。被封建礼教长期压抑的人性,喷薄而出,化为琅琅歌声,传播到乡间里巷,为妇孺童叟津津乐道,这与正史宣扬的节烈观形成强烈的反差。这说明民间社会并不都受统治阶级意识的控制,理学家们灭人欲的思想在这里遭受了前所未有的挑战。

这些问题并不局限于生活的表象,有的触及传统的伦理价值观。20 世纪 60 年代出土的明代话本《花关索出身传》,说的是刘关张三结义时,关羽、张飞表示为了跟随刘备成其大事,决心互相杀掉对方的老小,以消除后顾之虑。于是关羽杀了张飞的全家,张飞杀了关羽一家十八口后,不忍心再杀关羽已经怀孕的妻子胡金定,就放了她,后来生下儿子叫花关索,从小练就一身好武艺,长大后到荆州寻父,岂知关羽不认,花关索一怒,破口大骂,表示投奔曹操,捉拿关羽。儿子做到这分上,当是不孝之至。这样一个有悖纲常伦理的故事,竟然编成剧本,有说有唱,在民间流传,还成为墓穴中的殉葬品,这在以纲常立国的明代,几乎是令人不可思议的事,但出土文物雄辩地证明它的存在,这不能不使人耳目一新。

这种景象是不入正史的,可又是活生生的存在,是与官方意识形态相悖的另一种存在,正如郑振铎在《中国俗文学史》中所说:"他们表现着另一个社会,另一种人生,另一方面的中国,和正统文学,贵族文学,为帝王所养活着的许多文人学士们所写作的东西里所表现的不同。只有在这里,才能看出真正的中国人民的发展，生活和情绪。中国妇女们的心情，也只有在这里才能大胆、称心不伪饰的倾吐着。"

所以，传统史学的解构，并不是史学的终结，而是面临转向的新机遇，从开拓新领域中获得新的发展。社会文化史就是要发掘另一个中国形形色色的民众生活，还愿历史的本来面目，并以它的特色走向人文学科的前沿。

关于社会文化史的几对概念

梁景和

中国社会文化史的研究已经迈进了一个新阶段,在进一步发展的时期内,深入思考和探索有关社会文化史的理论方法问题更显得十分重要,也是学术发展的内在要求。根据以往的学习体会,我觉得对下面的几对概念做一些研讨,有助于开展社会文化史的深入研究和探索。

常态与动态

这里所谓的常态与动态是指历史发展一定的长时段内,历史事象的不变部分和变化部分的总和。不变部分即为常态,变化部分即为动态。这里的长时段是个相对概念,它可能是几年,十几年,也可能是几十年上百年或更长的时间,这要根据研究的具体事象和研究的特定问题意识而定。常态的历史事象指在一定的长时段内基本处于不变的历史事象,比如一直到清末中国有着两千多年的王朝统治;比如清代很多男人穿长袍马褂,很多女人穿旗袍;比如新中国30年我国基本上是"以阶级斗争为纲"作为国人政治生活的指导方针;比如在20世纪90年代,很多人以"大哥大"作为通讯工具;等等。可见在几千年里、几百年里、几十年里、几年里都存在着相对常态的历史事象。动态的历史事象指在某个历史时期新出现的历史事象,比如春秋战国时代出现的诸子百家;比如辛亥革命后出现的共和制度;比如20世纪60年代爆发的"无产阶级文化大革命";比如21世纪以来的"闪婚""裸婚""滚婚"现象;等等。有些常态的历史事象和动态的历史事象是相对而言的,是属于常态还是动态,这要看我们的问题意识而定。比如若以新中国成立后为何会产生"文革"为问题意识,"文革"就是个动态的历史事象；若以"文革"时期中国人有着怎样的政治生活、文化生活为问题意识，"文革"就是个常态的历史事象。

还有，一个具体的历史事象在一定的时期内，也会存在着常态和动态等不同的存在方式，这是历史发展变化错综复杂的原因决定的。比如20世纪90年代的餐饮生活，从动态上看，一些人吃起了麦当劳和肯德基，但从常态上看，很多人并不吃这些食品；比如改革开放后，一部分人炒起股票、买了汽车、住上楼房，但也有人不炒股票、未买汽车、未住楼房；等等。历史是错综复杂的，由于不同的问题意识，所以历史研究的侧重点是不同的。由于我们的问题意识需要研究有车族的时候，就不应当以相当一部分人没有家庭汽车而否定前者的研究；由于我们的问题意识需要研究国民劣根性的时候，也不应当以相当一部分人的优良品格而否定前者的研究，如此等等。

相比之下，社会文化史更要注重动态历史事象的研究。历史总是在发展变化的，所以注重动态历史事象的研究本来就是历史研究中的应有之意。历史研究就是让人们去了解和认识历史，去了解和认识不同历史时期的不同历史特点。而研究动态历史事象是我们了解和认识不同历史时期特征的基本路径。当然动态历史事象和常态历史事象的分类是相对的，只要我们的问题意识明确，我们的研究就具有针对性和目的性，进而消解作者和读者的模糊性或曰含糊性。

碎片与整合

前些年有人对社会史研究有些微词，认为社会史研究存在碎片化倾向，研究的历史现象似乎是些鸡零狗碎、残羹剩饭般的一些微不足道的东西，所以进行这样的研究意义不大。这样的说法可能有其一定的道理。

问题在于，什么是碎片？以往的研究似乎没有给出明确的界定和回答，这就让人有些丈二的和尚摸不到头脑。琢磨一下，所谓"碎片"，其一好像就是些摆不到历史台面上的无足轻重的"小玩意儿"，诸如洪秀全有没有胡子、张家媳妇多高、李家媳妇多胖之类。其二好像是那些按照以往历史研究的观念，似乎有些猎奇或看不出有什么所谓的重大意义的历史现象，诸如研究妓女、乞丐之类。

如果说"碎片"研究是相对于"宏大"研究的话，那么"碎片"研究和"宏大"研究孰有意义呢,其实这是不能回答的伪问题。"宏大"研究可能有意义,也可能没意义;"碎片"研究可能有意义,也可能没意义。这要看你研究什么,怎么研究。比如就一般地讲中国改革开放以来,国家富强了,人民富裕了,并用一些数字说明之,这样的"宏大"研究其实意义不大。如果深入下去,国家在哪些具体的领域富强了,又有哪些充分的表现,是哪些重要的原因促成富强的,在发展过程中,遇到过哪些问题和阻力,是通过什么独特的路径克服和解决这些问题的,留下了哪些发人深省的历史经验和教训,这样的"宏大"研究就显得有意义了。再比如"文革"期间,谁谁被揪斗了,某个文物被砸毁了,某个"走资派"自杀了,如果只是孤立地研究这些"碎片"问题就意义不大,如果把这样的"碎片"研究与更深层的政党政治、法律制度、社会矛盾、领袖崇拜等结合起来,也可能会揭示出更为深刻的历史面目,这样研究的意义就显得大些。

社会文化史要研究社会生活,而社会生活千姿百态,巨细相应,所以社会文化史并不回避"碎片"研究,但"碎片"研究正如上文所说,关键是你研究什么和如何研究。除此之外,社会文化史的研究还要处理好"碎片"与"整合"的关系,即多种"碎片"研究之后可连缀成一体,这是社会文化史尤其看重的一点,也是社会文化史研究的价值所在。这有些像孩童们的拼图游戏,好多的拼图材料犹如"碎片",把这些"碎片"材料拼合起来,让人豁然开朗,展现出来的是一幅崭新的并具有实际意义的图面,这是拼图的意义。而社会文化史把社会生活的"碎片"整合之后就有了历史研究的真正意义。比如近三十年服饰的"碎片"研究,喇叭裤、西装、夹克衫、牛仔服、色彩斑斓款式多样的女装,等等,如果把这些"碎片"研究整合起来,就会发现人们服装生活的变迁,物质生活的改善,中外文化的交流,审美情趣的改变,精神自由的提升,等等,这不正是社会文化史研究的旨趣所在吗?

生活与观念

在中国大陆,有部分学者认为社会文化史是研究社会生活与观念形态之间互动关系的历史,笔者到目前为止也主张这样的看法。这里的基本含义就是指社会文化史主要研究的是社会生活和观念形态,而且重在研究两者的互动关系。也就是说,人们的现实社会生活怎样影响了人们的观念形态，使人们的观念形态发生了变化，这种变化反过来又对社会生活产生了哪些影响，使社会生活发生了什么变化，这就是两者的互动。比如改革开放以来地方人大代表是通过普选而产生的，这种政治生活对民众的民主意识的提高和推进发生了积极的作用，促使了民众民主政治观念的变化。反过来，民众提高了的民主意识又会对民主政治有更新的要求，也必然会促使民主政治生活的进一步改善和变革。再如计划生育国策改变了当代中国的家庭结构，这种家庭结构变化同时改变了家庭的教育观，在这种教育观念的影响下，中国当代的独生子女教育出现了中国历史上前所未有的一种新状态。

但是问题还不这么简单。社会生活不是简单地就促使了观念形态的变化，观念形态也不是简单地就改变了人们的社会生活，这里的错综复杂是需要多层面和多角度去不断深入地探讨的。我们之所以倡导社会文化史是研究社会生活与观念形态之间互动关系的历史，其实就是要给研究社会文化史找一个切入点和突破口，目的是使社会文化史的研究能够有一个起点，好让研究者首先迈开步子，使研究能够开展起来，以促进历史研究的丰富和发展，让一些社会文化史的研究者也为史学研究做点贡献。

当然，我们还是要特别关注和强调生活与观念两者的关系和研究它们的重要意义。人都要生活，人都有观念意识。不同时代的人在怎样生活，有怎样的生活观念，自然需要进行研究。人应当怎样生活，应当有怎样的生活观念，也需要有历史的镜鉴。这是人生命存在的意义所在，那么社会文化史对生活和观念进行研究和探讨，也就有了实际意义。

一元与多元

社会文化史研究社会生活要有一元与多元的辩证眼光。一元与多元都是社会文化史研究探讨的范围，从这个维度讲，社会文化史研究所面向的领域是宏阔和博大的。

首先，社会生活有广义和狭义之分。广义的社会生活包括政治生活、经济生活、文化生活、日常生活。而狭义的社会生活是指一般性的日常生活。这里看得很清楚，广义的社会生活是多元，狭义的社会生活是一元。社会文化史可以从一元的社会生活入手对日常生活进行探索，再渐次扩展，向广义的社会生活推进，逐步扩大社会文化史的研究领地。

其次，狭义的社会生活即我们所谓的日常生活也有广义和狭义之分。狭义的日常生活是指人们最基本的日常生活，主要包括衣食住行、婚丧嫁娶、两性伦理、生老病死，等等。广义的日常生活指在最基本的日常生活的基础上扩展开来的日常生活，比如当代社会的旅游观光、流行时尚、网络信息、心理卫生、消费娱乐、装饰美容、求职就业，等等。狭义的日常生活是一元，广义的日常生活是多元。社会文化史研究要注意一元与多元的关系，首先关注具体问题，然后逐步探索具体问题与其他问题的诸多联系。

再次，就狭义的日常生活而言，也存在一元与多元的关系问题。最基本的日常生活中仍然存在若干事象，其中任何一个事象与其他事象之间都属于一元与多元的关系问题。看来，我们这样的划分可以无限地进行下去，这样做的意义就在于，可以使我们的社会文化史研究出现繁博丰厚的景象。虽然层次可以无限地划分，每个层次也都可以寻求一元和多元的多重关系，但是历史事象的中心层次和重要层次以及重要的一元与多元的关系，我们还是可以判定的，这样的判定有助于我们遴选历史的重要问题，对历史重要问题的把握也有助于我们从事具有实际意义的社会文化史研究工作。

最后，我们要强调的是，若具有一元和多元的辩证眼光，有益于我们对社会文化史的研究领域进行多层面和多维度的分类；有益于我们识别社会文化史研究的重要问题和研究价值；有益于我们循序渐进地开展社会文化史的研究工作。

真实与建构

研究历史是要求真，要还历史的本来面貌，真实是历史研究的本质，这是无可争议的。同时，历史研究还需要建构。所谓建构是历史工作者通过对史料的把握，站在特定的立场，运用相关的理论方法，对历史实象（包括历史呈现的形式及其本质规律）进行阐释的一般性模式（或曰模型）。建构需要最基本的条件，这就是上文所谓的一定要掌握大量的第一手素材，这是我们建构的基本材料，是最原始的资料依靠。研究者要站在特定的立场上，不同的立场研究问题的视角是不同的，所以得出的历史结论会有差异。研究历史问题要运用理论方法的指导和规范，理论和方法可以是研究者自己的创建和发现。历史的呈现形式是指历史的外象，是可见的。本质规律是指历史的内在感知，是看不见的，是可以认识和理解的。而一般性模式是指通过文本、图像和声音等多种形式表现出的历史实象。

历史的建构需要关注几个问题：其一，语言、概念与结构。语言要直朴、准确、流畅、精练、优美，不主张语言的佶屈聱牙，读起来费解。要根据研究，提炼出必要的新概念，新概念要界定明确。结构不要八股化，根据研究的需要和研究的意义进行合理设置。其二，想象求真。历史是研究过去，建构历史的一个重要方法就是通过想象以求历史的真实。这种想象是有条件的，是在多种证据基础上的想象推理和逻辑论证，想象是形象的推理和论证过程，史学研究的想象力是还原历史真实的重要途径。其三，建构包括理论方法的建树，历史研究有不同的领域、不同的层面、不同的目的和不同的价值，其中对理论方法的创建就是其中的一种意义。理论的建构有助于我们分析历史，有助于我们认识历史的本质与规律。而方法的创建同样有益于我们研究历史和建构历史。其四，历史学是艺术。历史学是科学，历史学是人文科学，同时历史学也是艺术。说它是艺术不仅仅是说它可以通过艺术形式来展现历史，为艺术形式提供素材，更在于研究者提供的历史研究成果能给接受者以艺术的感染和享受。这对历史研究的艺术性要求是高层次的，也是很难的，也就需要去建构。当然这要求研究者和接受者两者的统一。我们不要求所有的历史研究都要呈现艺术的魅力，这既不现实也不可能，但对历史研究应当有这样的认识并要试着践行。

社会文化史繁盛庞杂，研究的困难很大，凭借"建构"的思维方式有益于社会文化史研究路径的拓展。

"碎片化"：新兴史学与方法论困境

李长莉

史学研究的"碎片化"现象，是近年来引起史学界许多人诟病的一大病症，其意指研究问题细小琐碎，且缺乏整体关联性与普遍意义内涵，因而缺乏意义与价值。这种"碎片化"倾向尤其在近20年来新兴的社会史和社会文化史（新文化史）领域表现最为突出。随着越来越多的学人进入这些新兴领域，尤其是刚刚跨入学术门槛的硕士、博士研究生们，纷纷选择具体而微的专题作为初入学术的门径，群相跟进，势成风气，使得这种"碎片化"倾向有愈演愈烈之势。这一现象引起一些学者的忧虑，感到史学研究的学术价值和社会功能将被这种"碎片化"渐行消解，甚至会导致史学学科空洞化、边缘化的危险。看来这种"碎片化"趋势已经成为关系史学命运的一种现象，不能不引起我们的警觉。由于"碎片化"与社会史和社会文化史等新兴史学有较大的关联，我们由此需要反省的是：新兴史学为何易于走向"碎片化"？其症结何在？如何矫正？下面试做探讨。

一　微观研究、"碎片化"与新兴史学的伴生关系

"碎片化"由微观研究衍生而来，而微观研究的盛行始于20世纪80年代的史学转向。当时随着改革开放，社会重心由政治运动转向现代化建设，史学界也开始由此前聚焦于革命与政治等宏大主题及"宏大叙事"，转向探究中国社会演变的实态及其根源，由此出现了微观研究的趋向。特别是一些研究者致力于探究中国社会的内部结构、文化形态及其演变机制，以求清理中国社会内部走向现代化的社会基础与文化资源，由此社会史、社会文化史相继兴起，成为新兴史学领域。其主要特征是研究重心"下移"，由以往偏重上层

的政治事件与人物,转向下层的社会、民众及民间文化。由于这些研究对象都是具体而弥散式地存在,要予以把握与分析,需要具体、客观、实证、细致地观察和研究,因而偏向小论题、个案化、深度描述的微观研究盛行,这是研究对象转换引起研究方法的自然转变,因而微观研究与社会史、社会文化史等新兴史学有一定的伴生关系。同时,社会史、社会文化史等分支领域的兴起及相伴而生的微观研究盛行,也是史学研究分工细化、趋向深入的学术内部发展的自然要求。西方史学界在此稍前的20世纪六七十年代也出现了社会史和新文化史兴起及微观研究盛行的趋向,虽然其产生与中国的社会情境有所不同,但也反映了这种史学学术内部深化的自然流脉。[①] 因而,微观研究的兴起具有一定的合理性与推进学术深入的功能。

中国的新兴史学是因时代需求而兴起,即回答中国社会的内在结构与文化形态等深层次问题,其微观研究的方法也是为了更有效地承担这一功能。因而所谓微观研究,本应是在这种历史关怀和宏观视野下进行具体化、精细化的探究,求得由具体而见一般的效果。但这种理论上的宏微相济,在研究实践中却不易把握。这是因为社会如汪洋大海,文化又千差万别,民众更是个个不同,社会文化事象都是具体而分散地个别存在,欲对其了解与把握,也必须具体而细微地观察与分析。这种微观研究发展开来,导致研究问题趋于细小,研究方法偏重深描,走向极端便出现脱离整体关联的"碎片化"偏向,研究题目零星琐碎,七零八落,缺乏内在与外在的关联,成为游离于历史意义之外的碎片、尘埃,因而失去了历史价值。特别是中国近代距今较近,印刷及报刊发达,社会与文化的遗留史料浩如烟海,为研究者从中寻找小题目提供了广阔空间,因而在近代社会与文化史领域"碎片化"倾向更为突出。需要指出的是,西方在新史学及微观研究流行之下,也出现了"碎片化"趋向,引起学界批评,可见这是新兴史学的一种内生偏向。[②] 那么,导致"碎片化"的症结何在呢?

二 "碎片化"症结与新兴史学方法论困境

新兴史学的"碎片化"主要表现为三种症状。

[①] 笔者曾对中西社会文化史形成发展的异同做过比较,参看李长莉《交叉视角与史学范式——中国"社会文化史"的反思与展望》,《学术月刊》2010年4月号。

[②] 参见弗朗索瓦·多斯《碎片化的历史学——从〈年鉴〉到"新史学"》,北京大学出版社,2008,第252页。

1. 论题小而微，缺乏大关怀与大问题

历史学是钩沉、积淀历史记忆的学科，历史研究的价值在于对以往历史经过一定的科学研究，提供具有一定历史价值并给人们以启迪的历史知识与智慧，而并非事无巨细地全盘复原。对于以往浩瀚纷繁的历史现象，需要进行一定的选择、梳理、分析、概括与解释，以说明历史发展主流及时代重要问题。特别是社会与文化的表现形态是具体事象，大多与历史主题的直接关联度低，而且内容包罗万象，情况千差万别，加之近代遗存史料的海量，这就需要治史者在选择研究题目时，须有历史关怀、时代眼光、整体观念与问题意识，如此才能选择具有历史价值的论题。有的研究者仅仅出于"填空补漏"或猎奇而一味选择边缘细小的研究题目，使论题只是特殊、个别、具体、边缘的个案，而缺乏普遍性与一般性意义，成为脱离社会变迁与时代主题、游离历史主体与主流的边角碎屑，因而缺乏历史价值。

2. 论题细碎而零散，缺乏大联系与大序列

历史学以记述并阐释以往社会演变的过程、因缘及其机制为己任，因而治史者的研究论题皆应与这一主题有一定的关联。社会与文化作为历史变迁的重要方面，虽然是弥散式存在，表面上是大量分散的具体事象，但实际上有一定的内在有机联系，具有一定的整体性与序列性。一些社会文化事象虽然具体而微，但如果置于这种整体性与序列性的关联中，即具有整体之单元或链条之环节的意义，因而具有历史价值。这就需要研究者在选择论题时，需注意与历史主题及普遍性问题的关联性，或与其他相关元素的横向关联，或与相类事象的纵向序列关联，在这种联系之中的小论题才具有意义。有的研究者缺乏这种联系观点与整体思维，选择的论题只是某种零散、孤立的社会现象，成为游离于历史逻辑之外的孤立零散的碎屑，因而缺乏普遍意义，丧失了历史价值。

3. 论题小而平面化，缺乏大理论与大阐释

社会史、社会文化史旨在通过一些普遍而具体的社会文化事象，探究社会的内在结构与文化形态等深层问题。这些深层问题是无形的隐性存在，一些普遍性、典型性的社会文化事象是这些隐性问题的载体和符号。那些看似本身意义微弱的社会文化事象，可能蕴藏着深层结构的密码。因此，社会与文化史研究需要从分析具体事象入手，深入探究这些事象背后的内在逻辑与普遍意义，进而揭示其所反映的深层社会结构与文化形态内涵，这就需要进行一定的逻辑分析、理论概括与阐释。如果所作论题仅止于对某种具体事象的实态描述，一味追求平面化的"深描"与"细述"，即使十分清晰地还原了事物的原貌，其意义仍然微弱。如果没有宏观意义的阐释，揭示其"何以如此"的深层根源及逻辑关系，则只是缺乏意义关联的历史碎片。

上述缺乏问题意识、缺乏联系观点、缺乏理论阐释等症状，导致这类社会与文化论题的内容细微琐碎、平面干瘪，缺乏普遍性、意义内涵与历史价值，造成"碎片化"现象。综观这些症状，反映出研究对象的弥散性与研究方法的不适应所造成的方法论困境。而上述症状皆指向一种传统"微观实证"的研究方法，沿用这一方法作为研究社会与文化史主要的、终极的研究方法，就会导致研究论题意义微弱甚至缺乏意义，这正是造成"碎片化"的根本症结所在。

"微观实证"研究是历史学中一种传统研究方法，特别是以往以政治事件与精英人物为中心的历史研究，即使是一些看似微小的细节，由于其在政治主题的链条中具有某种关键或环节意义，通过"微观实证"研究对其真相的考证与"还原"，就具有历史价值。但是新兴史学的研究对象转向弥散式存在的社会与民众，任何单一、具体而表象的社会文化事象所包含的"单位意义"，与政治事件和精英人物对于社会影响力的"单位意义"相比都要微弱得多，因此如果只是对这些单一而具体的社会文化事象进行具体而细微的实证描述，单纯地"还原真相"，其意义相当微弱。可见，在政治史等"显性历史"领域里作为主要研究方法的"微观实证"研究法，转而用于以探索社会结构、文化形态等内在而深层的"隐性历史"为目标的新兴史学领域，其效用便有很大局限。在这些领域，通过微观实证研究而"还原真相"只是研究的起始与基础，而不是全部，更不是终结，因而它不能单独作为新兴史学的主要研究方法。要突破新兴史学沿袭传统"微观实证"研究法所形成的困境，须探索适用于这些领域的新方法。这是将新兴史学引向健康发展，矫正"碎片化"偏向的根本途径。

三 矫正"碎片化"的方法论路径："实证"与"建构"

如前所述，社会史与社会文化史等新兴史学的研究对象，不同于以往传统史学所面对的具体显性的事件与人物，而是具体事象背后的隐性、无形、抽象的社会结构与文化形态，这种研究对象的区别，决定了二者的研究方法也应有所不同。适用于前者的主要为"实证"方法，而后者则需要在具体实证研究的基础上，还要加以一定的抽象"建构"，才能描述和展现这些隐性历史领域。所谓"建构"，就是在实证研究基础上的理论提升和逻辑概括，它应当是新兴史学的一个重要方法论特征，只有具体实证而无"建构"，不是完整意义上的社会与文化史研究。所以，新兴史学必须引入"建构"方法，以"实证"与"建构"结合、基于实证的"建构"为主要方法，才能趋近研究的对象与目标，因而从方法论上矫正"碎片化"的弊病。具体而言，这种"实证"与"建构"结合可有以下几种路径。

1. "微观实证"与"宏观联系"相结合

社会与文化史研究需从具体的社会文化事象入手，因而需要一定的微观研究。但不能满足于只是沿用"微观实证"，止步于对细微现象的简单还原，而必须与"宏观联系"这一"建构性"维度相结合。首先，选择研究题目需要从具有历史意义的大问题出发，选择与历史主题相关，并具有一定普遍性、典型性的社会文化事象，题目虽小，但与历史大问题有一定的关联性或同构性，这样的微观研究才有大的价值。其次，在进行研究时，需要有宏观联系的观点，注意考察此一事象与上下、左右、前后、内外、纵横等各种因素的联系，特别是与大问题的联系，注意考察此一事象在这些联系当中的机能与作用。最后，在描述具体事象之时，注意从大问题着眼而对其内涵意义进行深入剖析，以揭示小问题的内在、深层、背后的大意义。如此才能使微观研究以小见大，见微知著，成为阐释大问题的关节点，从而使得微观研究具有宏观意义。

2. 强化联系观点，多做综合性研究

任何社会文化事象都不是孤立存在的，都是处于多维的联系之中，具体而分散的社会文化事象，就因这种联系而具有意义，而这种联系需要以"建构思维"来加以把握和展现。一些具有普遍性、典型性的事象，大多与当时的时代主题相联系，甚至自身就是时代主题的内在或深层因素。研究这些社会文化事象时，应注意从其与时代主题的联系之中去把握与分析，进行综合性研究。如国家与社会的关系、政府与民间的关系、上层与下层的关系、政治变动与民间社会的关系等。综合性可以是多方面的，或以一个主要问题为中心，综合多角度、多样化的社会文化事象进行研究，或对某一事象从社会、文化、政治、经济诸多层面进行综合研究。综合研究就是把一种事象放在多种联系之中，进行网状研究、辐射性研究或序列性研究，从而使得小问题形成一定的"意义群""意义丛"或"意义链"，因而具有大的意义。

3. 强化问题意识，多做中观研究

所谓"中观"，是指介乎于宏观与微观之间，既具有比较清晰的独立意义边界，又具有相对完整的制度或符号体系，能够构成基本社会意义的单元，这也是一种"建构性"界定。类如：一些具体的社会制度及其运作，如家庭制度、家族制度、婚姻制度、养老制度、村社制度、慈善救济制度等；民间社会的基本元素如民间组织、会馆制度、互助体制、等级秩序等；民间社会的一些普遍状态如生活方式、风俗习惯、信仰系统等；一些隐性无形的中观领域如市民社会、公共领域、共同体、社会网络、话语体系、权力结构、文化建构、社会舆论、民众组织机制、社会动员机制、信息传播机制等。这些中观问题往往是以多种事象组成有形或无形的相对独立的意义群，代表一种具有相对独立意义的社会意象。这些"中观领域"是构成社会和文化的基本单元，是连接社会与民众、国家与社会、个人与社会的纽结及中介，是民间社会的基石，是构成社会肌体的细胞，蕴藏着社会肌体的生存密码。古往今来，许多社会变动的关键问题及症结所在，往往就在于这些中观问题，尤其是作为中国现代化起步的近代史时段，是亟须加强研究的领域。

4. 加强"建构性"思维，力求理论概括与提升

社会与文化史研究涵盖两个领域：一是具体社会文化事象所体现的表象世界，可用"实证"方法进行展现；二是深层结构与形态所体现的隐性世界，需要"建构"方法进行展现。二者互为表里，前者是后者的表现形式，后者是前者的本质内涵。只对表象世界的单纯描述，没有对隐性世界的"建构"思维、理论分析与意义阐释，不能称为完整或深入的社会与文化史研究。所谓理论分析与意义阐释，首先需要对历史现象进行逻辑梳理与提炼概括，形成一定的概念与意义体系。由于新兴史学的研究对象与社会学、文化人类学等学科有较多的重合，因而需要借鉴这些学科的一些理论方法，加以综合运用。事实上，这些学科中有些概念工具和理论模型就来源于历史研究。如德国学者哈贝马斯通过对18世纪法国、英国和德国等国社会生活的考察，提出解释欧洲近代民主化演变的"公共领域"理论，成为超越学科而具有广泛影响力的经典社会理论。虽然中国社会及其近代化道路与西方有所不同，这些理论直接用来解释中国情形有所隔膜，但仍不乏有一定的理论启发意义。我们要在汲取中西已有理论的基础上，提出有效解释本土社会演变的理论，形成具有一定普遍意义的地方性知识。中国社会与文化史学的任务，就在于提出深刻阐释中国社会文化本质及其演变机制的理论，尤其是要形成对分析中国社会与文化具有解释力的概念工具与中层理论，这是现在最为欠缺的。这就需要我们在研究中增强"建构"思维和理论分析，增强多学科理论素养，致力于理论概括与意义建构，如此才能做出超越学科而具有普遍知识价值的理论创新成果。

上述适应新兴史学并矫正"碎片化"的研究路径和方法，其实已经有不少业内学者沿着这些路径进行探索和实践，也取得了一些颇有建树的研究成果。但还有相当多的研究者尚陷于"实证"方法论困境，而缺乏"建构"思维及方法论创新的自觉，"碎片化"的广泛存在即是明证。因而我们需要不断探索适于新兴史学的研究方法，以推进社会史与社会文化史的深入发展。当今中国社会转型进入深层结构性转换阶段，导致社会问题丛生，社会矛盾日趋尖锐，呼唤着解决这些社会问题的本土理论。历史学具有在长时段历史变迁中，综合观察和把握本土社会演变机制的学科特性，以社会与文化历史演变为研究对象的新兴史学，应当是产生中国本土社会理论的一个重要温床，有志于此的研究者应当肩负起这一时代责任。

从"新史学"到社会文化史

罗检秋

近年来，作为文化史研究的新起点，社会文化史渐受学术界注意，成果增多。但研究现状仍不尽人意，甚至陷入了无形的困境。这在一定程度上缘于研究者理论视野的局限性。论者一般认为，社会文化史"以大众文化、生活方式和社会风尚的变迁为研究对象"[①]。人们对此可能看法不一，而以大众文化为其研究重心则成为学术界的共识。它相对于以往史学界的政治史偏向和精英重心，可谓另辟蹊径。正因此，社会文化史的理论资源不像政治史、思想史那样积累厚重。在理论探索中，一些人青睐西方"新文化史"，援引其理论和方法，将成果纳入这一框架。但事实上，社会文化史与西方"新文化史"虽有相同或相似，而价值取向、理论和方法仍多差异。中国文化具有生命力，文化史研究源远流长，不乏可资借鉴的优良传统。20世纪初年，针对传统史学而产生的"新史学"思想曾孕育了众多文化史论著，其主要见解对于社会文化史仍有借鉴意义，值得重新阐发。

一 "新文化史"简析

20世纪80年代以来，欧美"新文化史"方兴未艾，文化史研究由宏观转向微观，由分析转向叙事，由精英转向大众，对传统史学领域和方法进行了较大调整。近年国内已有论著译介，一些人跟风影从，打出"新文化史"旗号，将或新或旧的研究成果纳入这一框架。有些成果虽不免粗糙、

---

① 刘志琴：《青史有待垦天荒（代序）》。见刘志琴主编《近代中国社会文化变迁录》第一卷，浙江人民出版社，1998，第2页。

肤浅，但文化史论题因此更新，研究视野随之扩大，写作方法变得生动多彩，其积极意义无疑是值得肯定的。

"新文化史"摒弃宏观分析，转向微观叙事。美国文化史家林·亨特（Lynn Hunt）云：新文化史探讨方向的焦点是人类的心智。"文化史研究者的任务就是往法律、文学、科学、艺术的底下挖掘，以寻找人们借以传达自己的价值和真理的密码、线索、暗示、手势、姿态。最重要的是，研究者开始明白，文化会使意义具体化，因为文化象征始终不断地在日常的社会接触中被重新塑造。"① 新文化史偏重大众文化，激励人们写作"自下而上"的历史，关注下层社会和弱势群体，契合了20世纪以来的史学潮流和社会需要；新文化史扩大了研究领域，广涉大众物质生活、社会记忆、身体语言、自我或他者的形象、社会行为（如旅行）等，甚至人类历史上的疯癫、气味、幽默、疾病、欲望、情绪、遗忘、痛苦等都成为研究对象，这不失为文化史研究的一个重要转折和发展；再则，一些优秀的文化史论著既求学术水准而又兼顾通俗性和大众化，借助"深度描述"而把书写得生动有趣，受众范围更加广泛。如戴维斯（Natalie Davis）的《马丹·盖赫还乡记》文史结合，众口交誉，有人称其比同类题材的电影更好。这些长处无疑值得借鉴，与发扬中国史学的优良传统本质相同。

文艺复兴是西方文化史的持续论题，19世纪的布克哈特（Jacob Burckhardt）与20世纪末年英国"新文化史"家彼得·伯克（Peter Burke）明显不同。布克哈特以四分之一的篇幅叙述文艺复兴时期意大利的政治制度，凸显出政治对于文化的作用。他阐发了文艺复兴的思想内涵如文学、艺术中的个人主义、自我意识、竞争意识和人文主义倾向，主题包括意大利的道德、宗教以及科学。而彼得·伯克聚焦于意大利近代初期的身体语言、幽默和搞笑表演、英国人在米兰的旅行、热那亚的公共与私人领域、学者文化与大众文化的关系等。总之，后者彰显了文化史的多样性，强调文化反映不同群体的声音和观点，包括胜利者和被征服者，男人和女人，局内和局外人，当时人和后来人。②

"新文化史"彰显文化传统的多样性和个性，注意认知不同民族文化，与近代学者偏重文化的趋同性，从西化或现代化背景研究民族文化史显然有别。这些学术特色对中国文化史研究仍有借鉴意义，但有些倾向仍值得

---

① 参见周兵《西方新文化史的兴起与走向》，《河北学刊》2004年第6期。
② Peter Burke, *Varieties of Cultural History*, Ithaca, Cornell University Press, 1997.

谨慎对待。

首先，"新文化史"的泛文化观念值得怀疑。彼得·伯克指出：文化史学家的共同基础是"他们关注符号（the symbolic）以及对符号内涵的解释。符号，无论是有意识还是无意识的，从艺术到日常生活，处处可见"[①]。"符号"随处可见，文化随处皆是，见之于万事万物。故"新文化史"强调把全部历史当作文化史加以考察，或者对一切现象进行文化史认知，陷入了"一切历史都是文化史"的偏颇。彼得·伯克注意到："在这些年，几乎所有的事情似乎都已经写成了文化史"。2000年以来出版的一些著作标题或副标题就有"历法文化史，因果文化史，气候文化史，咖啡馆文化史，内衣文化史，考试文化史，美发文化史，恐惧文化史，疲软文化史，失眠文化史，神幻蘑菇文化史，自慰文化史，民族主义文化史，怀孕文化史，烟草文化史，等等"[②]。一切研究对象都被贴上"文化史"的标签，或者一切研究对象局限于文化史视角，这似乎未必恰当。

文化史的价值和特色在于较之政治史、经济史而偏重于人类社会的精神生活。"文化"本质上是精神传统，是不依靠行政命令而形成的自然习惯。物质生活、政治事件和人物固然需要文化史视角和诠释，但如果将社会生活泛化、标签化，则可能导致文化史趋于平庸低俗。有的"某某文化史"，实际上只是"某某史"，既无文化史视角，又缺少对其文化内涵的阐释和分析，本可去掉"文化"二字，名副其实。进而言之，泛文化观念导致"文化"一词成为掩盖庸俗趣味的学术外衣，给对文化一知半解者以可乘之机，甚至给怀疑、贬损文化史者提供口实；另一方面，漫无边际地将所有历史纳入文化史，则文化史与历史学的区别变得模糊不清。不能体现学科特色的研究，客观上可能导致该学科的淡化、甚至消亡。

其次，"新文化史"侧重叙事的碎片化倾向也值得注意。历史学不能停留于"宏大叙事"，文化史研究也不能长期集中于精英思想，而应重视下层社会及不同群体。"新文化史"推崇"深度描述"，20世纪70年代以来，已出版微观史学论著数百种，涉及村庄与个人、家庭与习俗、骚动、凶杀与自杀等内容，丰富了历史题材，拓展了研究领域，但一些描述局限于某人、某地的生活细节，而缺少必要的分析和洞见，不免流于猎奇求异。"新文化史"家也认识到："如果是描述一件耸听但本质上不相干的暴乱或强暴

---

① 〔英〕彼得·伯克：《什么是文化史》，北京大学出版社，2009，第3页。
② 〔英〕彼得·伯克：《什么是文化史》，第151页。

的故事,或是怪人、恶棍或是神秘人物并没有意义。描述对象应该选择那些能使我们对过去的文化有新的启发的人或事。"① 但从微观叙述入手而展现人或事的新启发并不容易。就现当代人的历史常识和兴趣而言,人们一般还难以辨别、分析细小事件的描述,从而获得正确的历史认知。故史学著作既不能全无价值判断,也不能完全排斥有意义、有启发的"宏大叙事"。就发挥史学的社会功能来看,这比有趣、猎奇的"深度描述"或许能达到事半功倍的效果。

最后,"新文化史"的某些论题未必切合中国文化史的实际。中国与西方的文化传统不同,近世中国与欧洲文艺复兴虽多相似,但两者内容和特质仍有差异。近代一些人将两者比附,大多言过其实,体现了对中国文化的期望。中西文化内容出入甚大,论题不必等齐划一,简单照搬。比如,社会记忆和身体语言不失为史学研究的新领域,但近代中国的历史记忆不是自然形成,政府和党派在其建构过程中发挥了重要作用。撇开这些背景,只谈民间社会的历史记忆就可能见小遗大,似是而非。同样,"新文化史"看重的感观史、情绪史在中国或许不如欧美重要,诸如疯癫、气味、搞笑之类的论题也未必契合中国实际。

例如,"新文化史"系列著作中,柯尔班(Alain Corbin)的《大地的钟声:19世纪法国乡村的音响状况和感官文化》深入描述乡民对钟声的感觉,从而考察其乡村组织和地方认同,而中国的乡村组织和社会认同显然更依赖于宗族。如果研究者对中国宗族社会不甚清楚,而着迷于乡村钟声这类论题,岂非避重就轻,盲人摸象?又如,英国史家罗伊·波特(Roy Porter)的《心灵铸就的镣铐》研究不同时期的"疯癫文化",不同时期对异常人、对傻子的不同看法,自有其价值。而在中国,类似的精神疾病可能会掩盖在五光十色的宗教信仰中,忽视民间信仰的特色和复杂性,可能根本无法洞悉传统中国人的精神世界。至于有人研究的哭泣、排气、内衣等身体史,或者专注于垃圾、厕所等论题,如果缺少文化史的诠释和分析,则近乎猎奇求异、低级趣味了。

一些"新文化史"学者不乏自知之明,20世纪90年代以后亦有所反思,以至于彼得·伯克怀疑"是否会看到新文化史在形式上更加接近传统的历史学?"他认为可能性之一是,出现"布克哈特的回归","即重新对高

---

① 〔英〕劳伦斯·斯通:《历史叙述的复兴:对一种新的老历史的反省》,陈恒、耿相新主编《新史学》第四辑,大象出版社,2005,第25页。

雅文化的历史给予重视"。① 但在中国，一些论者仍亦步亦趋，对其理论和方法缺少省思。笔者以为，"新文化史"的一些经验（如大众文化取向、深度描述方法）不妨作为社会文化史研究的借鉴。但另一方面，社会文化史仍需要发掘中国史学的理论资源。

二 "新史学"的取向

在中国，"文化"一词源远流长，文化史也不失为古学。《庄子》"天下篇"综论先秦思想学术流派，可视为最初的文化史论。在晚清中西融合中，"文化"一词增添了近代意义和西学色彩。众所周知，近代广义的"文化"包括人类社会生活的全部内容，狭义则指精神生活，如知识、信仰、科学、艺术、道德、法律、风俗、习惯，等等。20 世纪早期，中国学者尝试对文化进行诠释、定义，运用其概念著书立说，文化史著作随之出现了。

近代带有民族主义色彩的文化史观，如国粹派、东方文化派凸显了文化传统的多样性和个性，重视精英文化尤其是儒家思想。这与重视大众文化的"新文化史"反差明显，与之更为接近的史学源头是清末出现的"新史学"。需要指出的是，20 世纪初年，美国史家鲁滨孙（James Harvey Robinson）也提出建设"新史学"，力图扩大史学研究范围，由政治史转重文化史，运用人类学、语言学、心理学等相关学科的方法。其某些倾向（如重视微观研究）与当代西方"新文化史"基本相同，故一些论者强调西方"新史学"到"新文化史"的学术传承性，甚者混而为一，统称为"新史学"。两者是否属于同一史学流派，有多少异同之处，这里姑置勿论，而西方"新史学"对中国史学的影响是在五四以后。鲁滨孙的"新史学"与清末"新史学"不无相同或相似，如扩大研究范围、进化史观等，但两者没有直接关联，且差异尚多。

1902 年，梁启超发表了《新史学》等文，汲取了日本学者浮田和民《史学原论》的思想，又直接针对中国史学而论，成为中国史学变革的标志。唯其蕴含丰富的民族性和文化内涵，其学术意义非翻译日人著作所能比拟。中国史学素称发达，较之东西各国而独占鳌头。中国"新史学"产生于民族文化和史学传统之中，本质上带有民族史学的深厚遗传。

---

① 〔英〕彼得·伯克：《什么是文化史》，第 118~120 页。

"新史学"倡导历史研究由社会上层转向下层。所谓"叙人群进化之现象而求得公理公例者也"①。所谓"人群"的重心不是上层社会,尤其不是帝王将相,而是广大民众。其创新性直接针对传统"正史",即所谓"知有朝廷而不知有国家""知有个人而不知有群体""知有陈迹而不知有今务"和"知有事实而不知有理想"四大弊端。这种批评今天看来或许不免偏激,但当时并非无的放矢。针对以朝廷为核心的帝王家谱,梁启超凸显了研究民族、民众历史的重要性;针对传统史学的"好古"取向和陈述方法,梁启超重视经世致用的"今务"、赋予历史著作更丰富的思想蕴涵。

"新史学"的另一新境界是由政治史转重文化史。历史上的金戈铁马,都市繁华,霸主英雄,皆如烟消逝,留下的只有不断积淀的文化。文化为人类活动的成绩,梁启超给文化的定义是:"文化者,人类心能所开积出来之有价值的共业也。"它"是包含人类物质、精神两方面的业种业果而言"。"物质的文化"是指"衣食住及其他工具等之进步";而"精神的文化"则指"言语、伦理、政治、学术、美感、宗教等"。他借用佛语,称"文化"为"有价值的共业",人的"创造心、模仿心及其表现出来的活动便是业种",其结晶便是"业果"。此时,梁启超心中的文化相当宽泛,包括物质文化的成绩。②

1927年,梁启超构想了编撰《中国文化史》的宏大计划,但对于工作繁忙而健康每况愈下的他,这只能成为未竟之业,仅写出不到10万字的"社会组织篇"。该篇结构恢宏,征引繁博,共分八章,包括"母系与父系""婚姻""家族及宗法""姓氏""阶级""乡治"和"都市"七个专题。其中阶级一题分上下两章,叙说历代等级和阶层,与后来的阶级概念有所不同。③ 该书运用近代观念,勾勒、分析了古代氏族社会、婚姻形态和宗法、等级制度。这些观念和方法在当时较为新颖且带西学色彩,体现了"新史学"注重民众、研究民族的取向。

《中国文化史·社会组织篇》内容宽泛,材料丰富,既不完全排斥"正史"资料,又没有集中于精英思想。该篇取材于历代典籍、正史,而有些叙述,如关于传统"姓"与"氏"的分析、以新会茶坑村为例来说明"乡治"的情况,等等,均独具价值。此篇之作,仍取广义的文化。按梁启超

---

① 梁启超:《新史学》,《饮冰室合集》文集之九,中华书局,1989,第10页。
② 梁启超:《什么是文化》,《饮冰室合集》文集之三十九,第97~104页。
③ 梁启超:《中国文化史·社会组织篇》,《饮冰室合集》文集之八十六,第1~100页。

的说法，人类有了"社交的要求心及活动力""业种"，于是就有了言语、习惯、伦理等"业果"；有了"智识"的、爱美的、超越的要求心及活动力"业种"，于是就有了著述、文艺、美术、宗教等"业果"；同样，有了"组织的要求心及活动力"的"业种"，就有了"关于政治、经济等诸法律""业果"。[①] 他把人类社会组织看作精神生活的直接产物，体现了注重精神和制度文化的特色。梁氏重视民间社会，所谓社会组织，显然是古代城乡的下层社会组织，而非政府结构。从倡导"新史学"到撰写文化史，其中学术逻辑一脉相承。

三 "新史学""新文化史"之异趣

中国"新史学"强调书写社会民众的历史，与西方"新文化史"关注市井小民的日常生活、感情和行为大致相同。但由进化论孕育而生的"新史学"是融合中西、衔接今古的近代史学，与西方后现代语境中产生的"新文化史"差异甚多，值得注意。

"新史学"受进化论滋润，体现了近代史学的科学化色彩，所谓"叙人群进化之现象，而求得公理公例者也"。故在梁启超看来，史学应重视对历史规律的认识和总结，是主观和客观的统一，历史哲学不可或缺。同时，历史研究也是一门科学，不排斥科学方法，比如整理史料运用归纳法，叙述社会运动而究其因果。唯其如此，"新史学"揭示民众生活的细枝末节，却不排斥"宏大叙事"。梁启超提出："故善为史者，必无暇断断焉褒贬一二人，亦决不肯断断焉褒贬一二人。"[②] 梁氏晚年的许多论题均趋于实证而深入，但多属"宏大叙事"。20 世纪以来，中国史学一度因政治化、工具化偏向而误入歧途，"以论代史"的空虚学风，千篇一律的宏观叙述积弊成习，无怪乎成为近年史学反思潮流的众矢之的。但是，矫枉不必过正，相对主义、感觉主义则很难成为历史学的思想主流。

再则，"新史学"蕴含鲜明的价值评判。梁启超将文化看作"有价值的共业"，强调史学的目的在于将过去的真事实予以新意义和新价值，以供人资鉴。其研究对象的选择和论述均有鲜明的价值取向。故梁著"文化史"基本不涉及历史上负面的、落后的事物和现象。这与"新文化史"囿于后

---

① 梁启超：《什么是文化》，《饮冰室合集》文集之三十九，第 104 页。
② 梁启超：《新史学》，《饮冰室合集》文集之九，第 27 页。

现代语境,淡化价值评判和规律性探索是显然不同的。

尤其值得注意的是,"新史学"没有忽视和排斥精英文化,与"新文化史"大异其趣。精英文化、大众文化之分的讨论已历半个世纪,见仁见智。两者虽非泾渭分明,但仍不失为研究文化类型与交融的有益途径。梁启超晚年对"文化"再加辨析,认为它有广义、狭义之分,"广义的包括政治、经济,狭义的仅指语言、文字、宗教、文学、美术、科学、史学、哲学而言"。梁启超重视精神生活,认为"狭义的文化尤其是人生活动的要领"。"人所以能组织社会,所以能自别于禽兽",就是因为有精神生活或狭义的文化。[①] 梁著文化史以精神生活为重心,涉及各社会群体的学术、观念和精神世界。

作为古代精英思想结晶的传统学术一直是梁启超史学的重心。在他看来,"学术思想之在一国,犹人之有精神也;而政事、法律、风俗及历史上种种之现象,则其形质也"[②]。他重视分门别类地整理人类文化成果,列举的文化专史包括语言史、文字史、神话史、宗教史、学术思想史(其中又分道术史、史学史、自然科学史、社会科学史)、文学史、美术史等。这些专史以精英文化甚至是精英思想为焦点。当然,文化史不是专史的简单相加,而需要对文化现象和成就做整体、综合性的研究和阐述。尽管如此,专史仍然是深化文化史研究的必要台阶。

在精英思想的形成、建构、扩散和衰退过程中,在精英文化与政治运作、经济增长的相互作用中,大众文化是不可缺少的媒介和平台。反之,大众文化研究也不可能忽视精英思想。近年一些文化史研究者追趋"新文化史",排斥精英思想,一定程度上是为了使文化史区别于哲学史、思想史。其实,它们虽然均涉及思想、观念,而差异是相当明显的:文化史重视一般民众零散的、不自觉的、缺乏理论色彩的观念和信仰,而思想史、哲学史聚焦于思想家、哲学家具有理论色彩、成系统的思想和观念,追求更严肃、准确的分析和论证。文化史虽然也涉及精英思想,但兼重一般个体或群体的情感和心态,研究思想产生、流播、变异和消亡的语境,这些均在一般哲学史、思想史范畴之外。

一个世纪过去了,文化专史不断产生,基于专史的综合性文化史亦不罕见,但不少是雷同、因袭之作,而所谓综合性研究又多流于专史的简单

[①] 梁启超:《中国历史研究法(补编)》,《饮冰室合集》文集之九十九,第124页。
[②] 梁启超:《论中国学术思想变迁之大势》,《饮冰室合集》文集之七,第1页。

相加或改头换面。这些文化史偏重于精英文化，有些很难与现今的哲学史、思想史区别开来。一些文化史论著除了对政治、经济背景的概述之外，精英文化似乎与社会无关。这或许是有的文化史研究者排斥精英文化的另一缘由。

四 "新史学"：社会文化史的借鉴

20世纪90年代以来，文化史研究步履艰难，一些学者提出了"社会文化史"取径，相关专论也随之出现了。其中有些注重资料，为进一步研究奠定了基础；有的尝试理论探索，为深化研究提供资鉴。有关社会文化史的理论探索中，西方"新文化史"仍然可资借鉴，但如何发扬中国史学的优良传统？"新史学"思想仍有意义。

社会文化史"贴近社会下层看历史"，取重大众文化。近年海内外的大众文化史方兴未艾，研究大众生活、风俗习惯、民间信仰的论著接踵产生。这种转变弥补了以往偏重精英文化史的局限，也与"新史学"取向一脉相承。但是，社会文化史不能走向排斥精英文化的另一极端。其倡导者也提出注意精英文化和大众文化的相互影响和制约，关注"精英文化社会化"问题。[①] 近年有的研究者明确提出：社会文化史"既不能脱离大众文化，亦不能忽视精英文化"[②]。社会文化史不排斥精英思想，只是对其认识、论述的角度与哲学史、思想史论著不同。

这种学术包容性恰恰是缘于大众文化本身。大众文化与经济环境、政局变化相关，但直接受精英文化的引导。古人说"上行下效"，民风随士风而变。清中叶经世学者梁章钜曾云："昔人言变民风易，变士风难。变士风易，变仕风难。仕风变则天下自治。然仕风与士风却是一贯。士习果正，则仕风未有不清者，此正本清源之说也。"[③] 在缺乏制度建设而依赖道德修身的传统社会，士绅的社会角色无疑是重要而特殊的，士风对官风、民风的引导作用确实不可小觑。清末梁启超也指出："自古移风易俗之事，其目的虽在多数人，其主动恒在少数人。若缺于彼而有以补于此，则虽弊而犹

---

① 刘志琴：《青史有待垦天荒（代序）》，见刘志琴主编《近代中国社会文化变迁录》第一卷，浙江人民出版社，1998，第14页。
② 梁景和：《关于社会文化史的几个问题》，梁景和主编《中国社会文化史的理论与实践》，社会科学文献出版社，2010，第31页。
③ 梁章钜：《官常一》，《退庵随笔》卷四，上海文明书局，民国元年刊本，第1页。

未至其极也。"① 他有感于晚清社会风气，推崇宋明士人的礼义廉耻之论，强调士人对移风易俗的意义。

  风俗变迁很大程度上取决于精英思想与社会生活的交融和互动。晚清知识界改良风俗的主张既以近代生活方式为参照，而又有传统思想渊源，与清代士人观念、礼学主张不无关系。另一方面，近代改良思想又以不同形式渗透于民间，从不同渠道引导、塑造了社会风尚。两者对社会生活和风俗均有重要意义。因此，社会文化史的研究对象既有大众文化，又有士人文化；既关注社会风尚，又涵盖精英思想。这与"新史学"的广泛包容性完全一致。当然，与哲学史、思想史不同，社会文化史的重心不在精英思想本身，而是其社会运行，以新视角、新方法来研究精英文化的社会化。比如，思想史、哲学史家研究经典文本的内容，而社会文化史则考察该文本在不同社会群体中的流播、变异和影响等。

  就写作方法而言，历史著作既是生动有趣的故事，又不排斥科学化分析。"新文化史"的微观叙事和深度描述固然可为社会文化史借鉴，但并不是唯一途径。宏观的理论探讨，综合、贯通的研究，深入的分析和论辩，仍然是社会文化史不可或缺的。这方面，"新史学"的理论和实践仍有价值。梁启超晚年认为，"真想治中国史，应该大刀阔斧，跟着从前大史家的作法，用心做出大部的整个的历史来，才可使中国史学有光明、发展的希望"②。梁氏心目中的"大历史"不是传统的纪传体通史，而是研究各社会群体的综合研究。这类著作理当建立在扎实研究的基础上，而不是简单拼凑，重编成果。同时，做"大历史"者需有成熟的理论创新和研究思路。他的《中国文化史》或许就是该主张的尝试，唯因精力、时间所限，仅撰写了"社会组织篇"。因种种局限，当代不易出现古代那样的大史家，但汲取中国史学的优良传统，避免史学研究的碎片化还是可能的。

  同样，社会文化史仍然需要寻求意义和价值，不能排斥对历史规律的探讨。梁启超认为，"历史所以值得研究，就是因为要不断地予以新意义及新价值以供吾人活动的资鉴"③。中国史学有载道、表道的传统，明义不详事的《春秋》便是其宗师。梁启超的主张并无新奇之处，但对于史学非价值化偏向仍然是药石箴言，对社会文化史研究也有启示。

---

 ① 梁启超：《新民说·论私德》，《饮冰室合集》文集之四，第125页。
 ② 梁启超：《中国历史研究法（补编）》，《饮冰室合集》文集之九十九，第168页。
 ③ 梁启超：《中国历史研究法（补编）》，《饮冰室合集》文集之九十九，第1页。

五 社会文化史的新视野

社会文化史当然可以作为一种研究视角。历史上的政治事件、经济现象、英雄传奇都不是孤立地存在的，必然与文化环境、社会状况密切相关，从社会语境、人际网络、文化蕴含对其进行阐释和分析，都可看作社会文化史的研究范畴。但社会文化史的使命不限于研究视角，而有其特定的领域、论题。笔者以为，关于深化、拓展社会文化史研究的问题，不必过多地讨论定义，不妨具体地思考一下有待深化、加强的论题，故以下四个方面尤需注意。

（1）不同群体的精神生活。社会文化史关注社会生活，其研究对象无疑可以涉及物质生活的成果和轨迹，而重点是人类社会的精神生活或者说心智。多年来，涉及精神成果、精神生活的文化专史洋洋大观，但偏重于精英阶层或著名人物。对大众文化的研究则集中于物质生活、风俗习惯，国外的中国大众文化史也密集于民间宗教和地方戏曲，研究大众精神生活的论题略显狭窄而浮浅。文化和文化创造者不能完全等同。精英文化的创造者并非都是社会精英，下层民众也直接或间接地为精英文化的形成添砖加瓦。《诗经》为儒家经典，长期作为精英文化而存在，但《诗经》中的"国风"则无论是古代的创造者，还是后来的传播者，皆有大众参与，而其文学形式也有民间文化色彩。反之，社会精英也可能是创造大众文化的积极参与者、引导者。民间宗教迷信一般被视为大众文化，但崇信者不限于乡民或城市平民，许多文人学者、官绅也是虔诚信徒。有的文人学者还参与了民间宗教仪轨和理论创造过程，成为神灵的代言人。直到清末民初，因种种需要，官绅祭祀鬼神的仪式也较之民间更为隆重。

如果将研究视野稍加扩展，则精英和大众的精神生活均较以往的论题更为丰富。传统士人的精神生活不限于"孔门四科"（义理、经济、考据和文章）或者琴、棋、书、画等高雅休闲。有些仕宦之家的儒学不是信仰，而是生存之道。士、商的联姻网络、迷信观念、戏曲嗜好、游乐休闲，等等，皆足以展现不同时代、地域的士人心态和精神境界。这些看似平淡的精神生活是深入剖析其思想、学术，乃至某些文化现象的重要途径，甚者有益于认知一时一地的政局和风气，显然值得多加关注。

另一方面，下层社会和边缘群体的社会生活也不总是那些婚丧嫁娶和多神迷信等所谓世俗文化。他们的观念、信仰和精神世界原本丰富多彩，见诸日常生活的方方面面。比如，民谣、民谚虽由口头相传，却具有鲜明的时代性和社会意识。其中有些带有明显的政治色彩，反映了民众所思所想，隐含对政局和统治者的不满；有些则蕴含民众的生活信念和家教传统。

五四以后，一些学者面向大众文化，整理民间歌谣、民俗和民间故事等。其后，"整理"工作已卓有成效，但多为民俗学或人类学课题，史学家参与较少。于是，这些"整理""研究"偏重于描述，而忽略历史的、文化的阐释，而大众文化的丰富蕴涵也难以体现。严格地说，目前许多涉及大众文化的论著实为"文化研究"，而非"文化史研究"。

（2）社会视野中的精英文化。如同"新文化史"一样，社会文化史关注社会边缘群体和弱者，揭示他们的日常生活和精神世界，但并不排斥、忽视精英文化。精英人物生活于社会之中，精英思想孕育于复杂的社会环境。对于精英思想的研究不能囿于政治解说，或者说政治关联，而需要广阔的社会视野。社会文化史的长处在于揭示孕育精英思想的社会蕴涵，对精英人物的个人经历、家族环境、社会心态和地域文化等予以充分注意和阐释；另一方面，社会文化史也当重视精英思想的社会化过程，梳理精英思想在不同群体间的流播、对大众观念和风习的影响及局限。

艾尔曼（Benjamin A. Elman）的《经学、政治和宗族——中华帝国晚期常州今文学派研究》一书，考察了常州庄氏与乾隆朝政、今文学派复兴的关系，被视为打通思想史和社会史的力作，无疑可资借鉴。但除常州庄氏之外，清代汉学群体尚多，皆各具学术特色；除朝政之外，影响汉学兴衰、衍变的因素非常复杂。目前人们对清代汉学的家学传衍、师承和地域性等方面研究仍相当薄弱。宗族环境不仅与朝政相关，而且对士人的学术认同具有广泛意义。如果说书院教育孕育一方学风，那么，家学对汉学趋于精深更显价值。同时，师承是汉学传播、衍变的重要途径，汉学家的学术交游、学术认同也带有地域性。总之，解析乾嘉汉学的社会、文化语境，或者说考察其社会运行，是认识汉学家的学术理念，包括"实事求是"旗帜的重要途径。

从社会视野中研究精英文化，论题超越了政治变局或经济兴衰，境界势必豁然开朗。比如，清代以来的官风、士风和民风的关系仍然是荆棘丛生的处女地。嘉道年间的士风变化引人注目，成果不少，而当时士风与民风的关系究竟如何？鸦片战争时期所谓"百姓怕官，官怕洋人，洋人怕百姓"的社会心理是如何形成的？这些目前仍缺少研究。① 民国知识界的思想变动是近年研究的热点，论著集中于精英思想与五四运动、北伐、抗日战争等政治运动之间的政治解说。而对个人经历的偶然性、家族文化和地域文化等因素注意不够。在近代一些"没有意义"的年代，精英思想多少发生着静水深流般的变化，考察当时的多重语境和社会心理，无疑可加深对精英思想的认知。

（3）士庶文化的交融与歧异。精英文化与大众文化并非绝然两分，却不失为分析文化类型的有益途径。近年文化史的热门论题，诸如社会风俗、休闲娱乐、戏曲观赏、大众阅读等都不乏论著，形成对以往精英文化重心的调整，既契合了"新史学"传统，又接近于"新文化史"取向。但现有大众文化研究少有士人群体的影子，对精英文化与大众文化的复杂关系也缺少实证研究。所谓大众与精英间并不是泾渭分明，而是水乳交融，两者的异同离合、相互作用仍待进一步梳理。

值得注意的，首先是两者同异互见的情形。传统士人所谓"子不语"议题，多是儒家的冠冕之词，实际上却为士人深信不疑，这在清代士人的文集、笔记中有丰富记载。其次，近代不同文化传统的相互转化表现得相当鲜明。19世纪七八十年代的早期维新思想，开始只是一些商人、市民对传统经济体制、文化束缚的不满情绪和异议。这些思想最初与正统文化格格不入，但经过数十年的自强、维新，早期维新思想逐渐得到清末政府的承认，得以在"清末新政"中推行。同样，五四精英对三纲五伦的批判和改造，契合了晚清以来的民间社会心理，反映了民间已有的部分事实，但又成为近代道德变迁的引擎。

精英文化与大众文化本来边际模糊，互相渗透，如何阐述两者的复杂关系虽是见仁见智，文章不少，但至今仍缺少力作。笔者认为，选择其中一些能体现两者复杂关联的论题进行实证研究，不失为有益尝试。比如，晚清以来的京剧最初属于大众文化，但在光绪年间"供奉内廷"后，京剧接受了士大夫的伦理观念，音乐、服装和表演艺术不断完善，忠孝节义的内涵更为凸显，一些剧目在宫内演出时改换了思想主题。如民间《桑园会》包含对秋胡夫权思想的嘲笑和揶揄，宫中演出的秋胡戏妻却渲染了男尊女

---

① 鸦片战争前后士大夫内部的思想变动，仍可参阅 James M. Polachek, The Inner Opium War. Cambridge (Mass.) and London: The Council on East Asian Studies, Harvard University Press, 1992。

卑的意识；民间《连环套》《骆马湖》《恶虎村》等戏包含对黄天霸无义行为的揭露和谴责，宫中演出却渲染了黄天霸的忠于朝廷和大义灭亲。后者已经充斥了正统观念，宫中京剧体现了不同文化传统的融合。而京剧艺术趋于成熟的五四时期，新思潮对旧剧的冲击前所未有，剧界则不认同新文化人的激进主张。清末民初一度出现的中西戏剧融合之局，到"五四"时期则随着京剧与话剧渐趋成熟而明显分流。它反映了新思潮冲击下，精英思想与大众文化的明显歧异。[①] 总之，社会文化史既涵盖大众文化，又牵涉精英文化，且应研究两者的复杂关系。

（4）精神生活的正负面关系。文化史首先是研究"有价值的共业"，包括物质文化的进步，精神文化的成果。但伴随着历史进步，人类社会滋生了许多精神阴影和负面现象。如自杀、吸毒、奢侈、淫乐等现象皆不是某一社会群体的人性弱点，而是植根于辽阔的社会土壤。这些负面因素是认识、评判正面精神文化的参照。现有著述对这些负面现象不乏描述，有些近乎"黑幕小说"，但如果对其缺乏必要的分析和评判，则不是社会文化史追求的目标。

值得注意的是，负面现象与正面思想、观念并非毫不相干，两者往往是相反相成，甚至不乏种瓜得豆、求仁成恶的现象，如风行近代的文明风尚。"文明"，这个看起来全民信仰的价值理念，在近代中国实际上并非至善至美，而明显地带有工具化色彩。晚清许多人将来自外洋的日用器物、婚丧礼仪、饮食消费以及休闲娱乐都贴上了"文明"标签。至清末民初，"文明"引领着都市社会的生活时尚，也成为思想领域的价值尺度。但近代文明风尚一开始就与奢侈消费结下了不解之缘。许多人对其真实内涵一知半解，却借以附庸风雅，甚至为私利、私欲寻找依据。即使某些文明礼仪也不例外。受人推崇的"文明结婚"实际多奢侈铺张，较之旧式婚礼的繁文缛节并不逊色。当然，近代中国人的文明观念并非等齐划一，一些学者、思想家对西方文明观多所辨析，对蕴含复杂的文明风尚也进行了剖析和反思。[②] 如何广泛而深入地探讨正面思想、观念与负面社会现象之间的复杂关联，仍然是亟待加强的学术课题。

以上所述，仅仅是拓展和深化社会文化史研究的一孔之见，类似论题当不止此。总之，社会文化史不能长期停留于对风俗、风尚的描述，既需拓展原有的研究领域，又有待于理论提升与思辨。

---

① 罗检秋：《士庶文化的貌合神离——五四新潮中的京剧舞台》，《人文杂志》2009年第5期。
② 罗检秋：《清末民初知识界关于"文明"的认知与思辨》，《河北学刊》2009年第6期。

着力揭示社会现象背后的文化内涵

左玉河

什么是社会文化史？如何研究社会文化史？这是 10 年前召开相关会议时大家讨论的热点和争论的焦点问题。在 10 年后的今天仍然提出并讨论这样的问题，一方面说明社会文化史已经引起了国内学术界的广泛注意，特别是引起中青年研究者的浓厚兴趣；另一方面说明在研究理论和方法上有深入探讨的需求。因为社会文化史是新兴学科，又是交叉学科，所以大家都在摸索中，都在慢慢地积累经验。刘志琴先生给社会文化史所划定的范围是大众生活、生活方式、社会时尚三个部分。这个研究范围，显然与过去研究的文化史不一样。过去研究的文化史比较关注知识精英的文化观念、文化思想。而社会文化史关注的是社会民众的文化观念和文化意识。它关注的是大众的日常生活方式、社会生活和社会时尚。过去那些上不了台面的东西，逐渐进入研究者的视野。社会文化史关注的对象，是衣食住行、婚丧嫁娶、娱乐休闲、宗教信仰、节日节庆，等等，生活方式和社会时尚的变化都体现在里边。可见，社会文化史的研究对象是非常丰富的，有着广阔的研究空间，用刘志琴先生的话说就是"青史有待垦天荒"。

笔者个人倾向于这样的认识：凡是从文化史的视角来研究历史上的社会问题，用社会学的方法来研究文化问题者，都可称为社会文化史。概括就是，对社会生活的文化学提炼和抽象；对文化现象的社会学考察和探究。

社会文化研究的对象明确下来后，应该怎么进行研究呢？当然有很多种研究方法，其中最基本的研究方法，就是把日常生活中衣食住行、婚丧嫁娶这些社会生活变化的情况给描绘出来，呈现出来。如民众的服装，从清代长袍马褂到民国时期中山装、旗袍的流行，包括日常生活中各种军服、礼服、制服的形成，可以看出服饰的变化。吃、住、交通等，也是如此。

目前的社会文化史研究，很大程度上处于这种社会生活描述的层面上，呈现出人们生活的方方面面，这在过去是没有的，是应该给予充分肯定的，但这还远远不够，恐怕还不能称为社会文化史，恐怕还不是理想中的社会文化史研究。因为这最多给大家增加一些常识性的社会生活知识，仅仅属于表层的社会现象描述，充其量也是浅层的表象研究。

笔者认为，社会文化史研究一定要从"生活"层面上升到"文化"层面，而不能仅仅局限描述社会"生活"现象的低浅层面。社会文化史研究的重点，是关注于这些生活现象背后所孕育的"文化"含义，就是既要研究社会生活，还要研究背后隐藏的社会观念，特别关注社会生活与观念之间的互动。

以服装变迁为例，服装最原始的含义是保暖，再后来赋予社会文明的含义，体现出社会的等级，我们称之为"衣冠文明"。服装成为一种文化符号，而文化符号所赋予的内涵是非常大的，它首先体现出的是一种礼制，是一种尊贵卑贱的等级制度，与儒家文化强调的等级秩序观念有关。近代以来，服装从长袍马褂到礼服西服时装的变化，首先体现出来的是传统等级制度的隐退及自由平等观念的呈现，其次体现出服装逐步趋于便捷化、多元化、休闲化。当然，并不是说人们不再赋予服装以政治性的内涵，只是其内涵有所变化。以中山装为例，孙中山在设计这套服装时是否赋予其政治含义姑且不论，但当其流行之时，国民党人赋予它一些所谓的政治符号，如三民主义、五权宪法等。南京国民政府制定的《服装条例》规定中山装为一种正常礼服，教师和公务员参加正式社会活动时要穿。可见，服装本身包含有政治或文化的含义，服装本身的变化体现出人们思想观念的变化。如果不从文化或政治的角度审视服装的变化，不揭示服装变化背后隐含的政治和文化内涵，是难以深刻领悟社会生活变化的深层问题的。而对这种生活现象背后文化内涵的揭示，正是社会文化史研究所要追寻和重点关注的，也是与一般意义上的社会史和文化史研究的区别所在。

社会文化史的价值，就是通过对下层民众衣食住行等社会表象的分析，揭示出一般民众的思想观念和意识。我认为，从具体社会生活面相上所呈现出来的观念变化，或许更具有说服力。在此，不妨以"头发"所体现出来的文化观念的变化，来说明社会文化史研究的特点和长处。传统中国男人的头发都挽成发髻的，没有剃头之说，因为"身体发肤，受之父母"，是不能损伤的，这是孝道的表现。但清兵入关后，要求剃掉前面部分，后边要扎成辫子。中原汉族文化跟满族习俗差异很大，在汉人看来，挽起发髻才是文明的表征，而剃头则是野蛮的表现，头发也是中原文明优于满族的标志。剃头不仅意味着汉人对满族的屈服，而且暗示着文明对野蛮的屈服。所以，上至士大夫下至老百姓，对满族的剃发之举都加以抵制，以致出现了"留头不留发，留发不留头"，很多人因不愿剃发而被砍了头。清末西洋文明进来之后，男人留辫子被认为是一种野蛮、不文明的表现，因此留学在外的学生们觉得留辫子是一种耻辱，于是纷纷剪发。同时，由于清初汉人围绕着剃发问题而做过流血牺牲，剪掉发辫便隐含着反清之意。故在清末之时，留发被认为是忠于清政府的表现，而剪发代表着反清、叛逆，故革命志士纷纷剪发。民初一律剪发，一是要与西方文明接轨，趋于文明，二是不再效忠于清政府。因此，在剪发成为大趋势下，拒绝剪发而留辫子，便被视为效忠前清之举，留辫者多是忠于前清的遗老遗少，被视为落后、保守的象征。民初之后，头发花样就多了，其包含的政治内涵仍然存在，它仍然作为政治符号的表征而演变着。五四运动和随后掀起的国民革命中，女青年剪掉辫子改成短发，成为倾向革命、与旧观念决裂的象征，成为追求进步的时髦之举。也正因为如此，大革命失败后，国民党反动派在江浙、两湖地区镇压共产党人和革命群众时，对留短发的女青年格外关注，将其视为"赤化"的青年而捕去，有些女青年就因为追时髦剪短发而被抓，有些甚至被杀掉。

可见，头发在近代革命风潮中曾被赋予丰富的政治内涵。举这样的例子，是想说明：社会文化研究第一个层面是要把社会生活的表象呈现出来，第二个层面是要揭示这些社会生活现象背后隐藏的"文化"内涵；既要关注社会生活，更要揭示生活背后隐含的文化观念。

对近代中国社会文化的具体面相研究可以用具体的方法进行研究，并有一定的适用性，也可以揭示其较为丰富的内涵，但从总体上说，社会文化史研究要形成一套区别于社会史和文化史，并形成相当有效性的研究方法，还是很困难的。况且，我们在研究中发现，越往深处研究，就越觉得会导致碎片化问题，会出现这样的困惑：到底近代以来整体上的社会生活变化是什么？到底民众的社会观念是怎样的变化？你或许会陷入"只见树木不见森林"的困境中。这或许就是我的困惑所在。

尽管社会文化史研究已经尝试了20年，呈现出方兴未艾之势，但不可否认的事实是：目前的社会文化史研究缺乏必要的研究理论和方法，缺乏深入专精的高水平著作（典范之作），面临着发展的"瓶颈"问题。从提倡到现在20年间，我们确实进行了很多探索，也涌现出一些有影响力的成果，如梁景和关于陋俗的研究，李长莉关于上海伦理观念变化的研究等。但是总觉得还不完全是按社会文化史的路子、理论、方法来研究，缺乏众人认可的体现着社会文化史独特理论与方法的典范之作，缺乏中国自己的文本解释体系。什么是典范之作？就是这个题目从选题到运用资料，到采用的方法，再到得出的结论，都能得到大家的认可。如何尽快产生中国社会文化史的典范之作？首先需要在理论方法上进行创新，大胆地运用西方新文化史的理论方法进行尝试，做出几篇成熟的论文，推出能够体现出中国社会文化史方法的系统著作。

中国社会文化史是一个既非常广阔、需要有人艰辛耕耘的研究领域，也是一个富于挑战、需要付出艰苦劳动的研究领域。入其门不易，而一旦入门，要想从中取得丰硕成果"潇洒"地走出来，更不是一件容易的事情。

社会文化史：史学研究的又一新路径

主持人
危兆盖：《光明日报》史学版主编
特邀嘉宾
刘志琴：中国社科院近代史所研究员
梁景和：首都师范大学历史学院教授
李长莉：中国社科院近代史所研究员

主持人：社会文化史是什么？它与通史、专史、文化史、社会史是什么关系？它是要开辟一个新的研究领域，还是要发展成一个学科，抑或只是增加了一种解读历史的方法？

梁景和：美国史学家林·亨特于1989年主编的《新文化史》一书，首次举起"新文化史"的大旗，标志着新文化史的崛起。亨特曾经指出，新文化史"探讨方向的焦点是人类的心智，把它看作是社会传统的贮藏地，是认同形成的地方，是以语言处理事实的地方。文化就驻在心智之中，而文化被定义为解释机制与价值系统的社会贮藏地。文化史研究者的任务就是往法律、文学、科学、艺术的底下挖掘，以寻找人们借以传达自己的价值和真理的密码、线索、暗示、手势、姿态。最重要的是，研究者开始明白，文化会使意义具体化，因为文化象征始终不断地在日常的社会接触中被重新塑造"。新文化史又被称作"社会文化史"，它是当代西方史学理论和历史编纂中一个最主要的史学流派。

社会文化史是研究社会生活与其内在观念形态之间相互关系的历史。社会文化史是观察和诠释历史的一个重要视角和层面。平时一些常用的概念，诸如研究历史的新领域、新方法、新层面、新角度、新范式甚至新学科，等等，这些概念各自具有独特的意义，但有人在含糊地使用着这些概念,甚至在这些概念相互取代之时,并未察觉已经错用。当我们在新领域、新层面、新角度、新范式的视阈下研究历史的时候,其不断成长、丰富、深入和成熟,都有发展为新学科的趋向。社会文化史可以补充通史和专史的内容,社会文化史与文化史、社会史具有交叉关系,亦可发展为并列关系。社会文化是客观存在,运用社会文化史的视角和层面会发现更为丰富多彩的历史现象和内容,史学有开展社会文化史研究的实际价值和意义。

李长莉:历史学是以实证为基础的综合性学科,面对的是丰富纷繁的以往人类社会现象及人们的所有活动,要予以认知,就需要一定的概括与分解。因此近代以来的史学学科体系形成了综合性通史与分领域专史两个学术路径,这也成为迄今史学研究的基本范式。然而,随着人类面临日益复杂而多样的时代问题,要求历史提供的知识已不只是复原历史真相与判断是非,而要向历史现象的纵深处,多层面地探究其内在根源与演变机制。如此则只限于某一专史领域、单一视角的知识难以解答,而如果从跨学科、跨领域的交叉视角进行认知,则可弥补单一视角的某些缺陷。"社会文化史"二十年来的发展历程,就是这样一种以跨学科交叉视角研究历史的探索与尝试。

"社会文化史"在我国兴起于20世纪80年代末,针对当时相继兴起的文化史和社会史各有偏重,难以反映社会文化的一些纵深领域,留有诸多相互重合又模糊不清的空间,开始有学者尝试打通社会史与文化史,探索将两者结合起来进行交叉研究的新思路,提出了"社会文化史"的新概念。这并不是一种严格的学科范畴,而主要是指一种交叉学科的研究视角和研究方法。大致而言,即以文化理论分析历史上的社会现象,或用社会学方法研究历史上的文化问题。它与通史和专史不是替代关系,而是予以补充。

刘志琴:发表于《历史研究》1962年第3期的《〈急就篇〉研究》在学术界引起轰动。《急就篇》是汉代儿童的启蒙读物,引起轰动的是这篇论文所展现的汉代社会生活、宗族乡党、村邑闾里、社会风尚的形形色色,具体、翔实地再现了汉代人的衣食日用、物态人情、雅好时尚。周予同、黎澍等老一辈学者对此赞誉有加,中国科学院院长郭沫若感慨地说:"这样的文章我也写不出!"

这是史学大家的自谦吗?不是,老一代学者并非没有学富五车的知识和才情,而是在"阶级斗争为纲"的年代,人们耳熟能详的是阶级压迫、农民起义、王朝盛衰,在众口一词的学术氛围中,突然冒出一个另类眼光,从社会和文化的视角,对两千年前的启蒙读物展开全新的解读,从一句"奴婢私隶枕床杠",对照敦煌文本、居延汉简、宗族家谱,得出汉代奴婢不入户籍,而入财产籍,类似床杠等生活用具,这与古罗马把奴隶视为生产工是不同的社会结构。从沈元的遗著《汉书批注》来看,他写这篇文章时精读了《汉书》,文章中还运用音韵学、版本学、地理学等多种学科知识,进行综合考察,厚积薄发,尺幅千里,小问题做出大文章。

这样的研究对象和方法,为史学界打开一个新视野,即社会文化史的视野。当时不可能由此提升到学科意义,共和国成立后社会学和文化学都被取消,由此相应的是社会史的研究缩小到有限的一隅,文化研究则被思想史取代,全国没有一个院校开设社会史和文化史的课程,更没有一个专业的研究机构。要说这篇文章在半个世纪以前踏入社会文化史的领域,那也只是个别的自发趋向,这一成果获得学术界的高度赞扬,不仅是作者令人信服的才识,也是史学研究迫切要求扩大眼界的期盼。

20世纪80年代初,文化研究如狂飙突起,推动了社会学和社会史的复兴。文化史本是历史学和文化学交叉的综合性学科,它是在近代中国形成的新兴的学术领域,兼有与社会史共生、共荣的特点。他们各有专业的研究对象和知识系统,伴随现代学术的积累和开发,各门专业之间经常交叉,到一定程度发展出边缘学科乃是现代科学发展常有的现象。在法学与哲学之间兴起的法哲学,对法学是有革命意义的建构;从语言学与哲学交叉中产生的语言哲学,被认为是对思维和存在关系的突破性建树。尽管这些新兴学科还很稚嫩,有的也存在学术分歧,毫无疑义的是,它以跨学科的长处,焕然出新的见解,愈来愈得到学术界的重视。近年来在国外兴起大文化史的概念,国内有社会文化史的兴旺,不同国别有相似的学科出现,说明社会文化本身乃是人类社会共有的现象。它融通物质生活、社会习俗和精神气象,从上层和下层、观念与生活的互动中,揭示社会和文化的特质,这对历史悠久、积累深厚的中国文化传统来说,更具有本土特色和发展的优势。

主持人:社会文化史的理论依据及理论建树是什么?

梁景和:社会文化史的理论与方法主要包括三个方面:一为传统的史学理论与方法;二为借鉴其他学科的理论与方法;三为创新的理论与方法。

李长莉:要自觉创新和建构社会文化史的理论与概念等分析工具。社会文化史交叉视角强调多维联系的观点,强调多层意义分析方法,使得原有一些比较单一和平面化的史学概念不足以准确地表达其丰富意义，因而研究者越来越多地采用一些表达复合意义或新生意义的新概念作为分析工具。例如：公共空间、公共领域、建构、想象、社会记忆、话语、失语、合法性、正当性、权力、语境、场景、宏大叙事、个案、微观研究、深描、地方性知识－普遍性知识、大传统－小传统、民间社会等。这些概念词语大多为借鉴社会科学方法而引入史学，研究社会文化史的学者运用最为广泛，为社会文化史研究提供了有效的分析工具。

刘志琴： 中国有丰富而深厚的历史资源，足以创生不同于西方文化的中国社会文化史理论。中国传统社会是礼俗社会，社会学家费孝通经过社会调查，提出中国基层社会本于礼治秩序，乡土中国是礼俗社会的见解。

"礼"在中国有礼制、礼治和礼教之称谓，礼制是王朝钦定的器物享用制度。历代王朝都以"会典""典章""律例"或"车服制""舆服制"等各式条文，管制人们的物质生活。礼在中国，实际上是日用消费品分配的准则和教化民众的规范。所以礼不仅是思想观念、道德准则，也是制度的实体，这样一种涵盖物质、精神和制度的概念，在西方古典哲学中从未出现，因此找不到对应的词汇来翻译"礼"，这是中国古代思想史特有的理念形态。

中国古代史中的"俗"，也与西方有所差别，西方民俗学在日本直译为"土俗学"，是指下层自然生成的习惯势力，而在中国略有不同，虽然俗在中国也指民间习俗，但自古以来就受到统治者的重视。最高统治者不仅要亲自过问风俗民情，委派官吏考察民风，作为制定国策时重要参照。《尚书大传》记载："见诸侯，问百年，命太师陈诗，以观民风俗。"一部《诗经》荟萃先秦五百年间不同地区的民间歌谣，贵族咏颂，祭祀乐舞，具体生动地展现了先人的衣食住行和社会风尚，它是诗歌总集，也是考察民俗的采风记录。从商周的天子、诸侯，到明清的君主、士大夫，都把以礼化俗作为治理天下的大事，主导习俗的发展，致使礼中有俗，俗中有礼，两者的价值走向愈益趋同，致使礼俗之界难以划分。

日用器物是礼制的物质载体，对消费者来说兼有物质和精神待遇的双重价值。早在先秦荀子就为这种分配方式提供了理念："德必称位，位必称禄，禄必称用。"道德表现、社会地位与财禄器用相应相称。权力通过日用器物的等级分配，物化为各个阶层生活方式的差异，从而具有等级序列、伦理道德和生活方式三位一体化的内容，这种模式正如《史记·礼书》所言，礼能"宰制万物，役使群众"。管天、管人，也管日用器物，意识形态与生活方式高度契合，形成百姓日用之学。

百姓日用之学在中国渊源甚久，有关"服""食""器用"的用词，出现在《论语》中有111次，《孟子》有218次，两者相加高达329次。以如此高的频率出现在儒家的经典著作中，充分表明早在先秦，百姓日用之学就已成为儒家的经典之教。尔后的诸子百家没有不对器用进行论述的，到明后期泰州学派将日用之学普及到民众，促使这一学说发展到高峰，王艮成为这一学说的杰出代言人。

日用之学的发生、发展进程，是伦理观念不断渗透到日用器物的过程。日用器物本是人类劳动的生产品，按照人们的意愿，用自然界的原料加工做成适合人们使用的器物，以改善和提高生活水平，就这些成品本身而言，乃是无知无识的客观存在，中国古代的思想家却给这些无知无识的存在赋以道的含义，道是什么？是伦理化的观念，"形而上者谓之道，形而下者谓之器"。这句出自《易经》的名言，在该书的注疏中释为："道是无体之名，形是有质之称。凡有从无而生，形由道而立，是先道而后形，是道在形之上，形在道之下。故自形外已上者谓之道也，自形内而下者谓之器也。"这就是说器是由道而生，无道不成器，故道在形之上，器为形之下，这上下之别，是因为道为器物之本源，但是无器也就没有道的存身之处，所以这道和器虽有形上和形下之别，两者却密不可分。道是器的内涵，器是道的外在形式，两者相依共存。所以这"器"在常人看来是家常日用，在圣人看来却是"道"的载体，这就将日用事物伦理化，正如王艮所言："圣人经世，只是家常事。"李贽更为直白："穿衣吃饭即是人伦物理"从这里可以理解朱熹提出"格物致知"的意义在于，从日用器物中体认天理人情。人们不仅从文本阅读中接受伦理教育，也要从消费生活与物质器用中接受伦理教化。

对器物的伦理化形成中国思想史的一系列概念。历代的鸿儒硕学无不精于从日常生活中阐扬哲理，并从具体的器物层面，上升到抽象的理念。在中国思想史中覆盖面最广的两个概念是"礼"和"法"。"礼"的字形据王国维考证，是"盛玉以奉神人之器"；"法"在甲骨文中又作"彝"字，此乃米、丝和豕的字形组合，是祭品也是食品，所以这"礼"和"法"的原生态，是从生活日用中发源。至于道和器、理和欲、义和利、形上形下等常用概念，都不是脱离物质生活的独立存在，每个概念都有与之相匹配的对应物。其实质是将伦理观念寓入日用器物之中，将有形可见的器物内化为理性的东西，使之秩序化、信仰化。在这内化的过程中，器物已超越它的使用价值，成为人们沟通道体的媒介。人们对事物的认识是，直接从器物一跃而上升为形上学，从形下到形上无需逻辑推理，凭借的是生活感悟。所以概念的形成不是依靠逻辑思辨，而是基于生活经验。精英文化通过以礼化俗的过程把观念形态推向下层民众，从而使世俗生活意识形态化，所以生活日用在中国，不仅是器物，也是观念感悟之渠道。即道即器，礼俗胶连，这是传统中国独特的生活方式和思维方式。

在中国人心目中，大至天道运行，小如日用器物，深到修心养性，无不以教化为先，孔子的"移风易俗"，管子的"教训正俗"，荀子的"习俗移志"，吕不韦的"观其俗而知其政"，等等，各家各派都具有把国运盛衰，名教兴亡的审视点下移到社会生活考察的传统，有力地推动了伦理观念渗入生活方式、社会风尚和民间文化的各个领域。中国一部社会文化史实际上也是一部物化的社会思潮史，这是思想史和社会史不能取代的内容。如此厚重的生活方式和文化模式，在世界上独一无二，最能创生中国的社会文化史理论。当今中国社会文化史研究处于全球化的浪潮中，不能不受外来文化的启迪，但是鉴于中国文化的特质，与其说受外来文化的影响，倒不如说本土资源的再发现，充分认识中国文化模式，就足以使这一领域活色生香，甚至改写中国思想史的风貌，这就是社会文化史的价值和贡献。

主持人：国内社会文化史研究开展已20年了，成绩何在？代表作是什么？

刘志琴：往往要问能不能有一部样本来示范？姑且不论一门学科从发生到成熟要有几代人的努力，记得30年前文化史刚刚复兴时，人们也有这一提问，周谷城的回答是："草鞋没样，边打边像。"今天已无人再提出这样的疑问，社会文化史的前景也一样，不同的是，它比文化史和社会史更年轻，更有特色。

李长莉：20年来，越来越多的研究者运用社会文化史视角进行历史研究，论题和领域不断扩展，研究论著逐年增多，"社会文化史"已经形成了一个以社会与文化交叉视角为特点，有较为集中的研究领域，稳步发展、不断深入开拓的史学分支领域，从研究路径和撰述形式上也形成了诸多趋向。

梁景和：20年来，关于社会文化史的研究还很难说已经出现典范之作，但还是取得了一些重要成果，发表了很多学术论文，也出版了一批学术专著，诸如刘志琴主编的三卷本《近代中国社会文化变迁录》，梁景和的《近代中国陋俗文化嬗变研究》，李长莉的《晚清上海社会的变迁——生活与伦理的近代化》和《中国人的生活方式：从传统到现代》，严昌洪的《20世纪中国社会生活变迁史》，乐正的《近代上海人社会心态（1860—1910）》，忻平的《从上海发现历史——现代化进程中的上海人及其社会生活1927—1937》，孙燕京的《晚清社会风尚研究》，王笛的《街头文化：成都公共空间、下层民众与地方政治（1870—1930）》，余华林的《女性的重塑——民国城市妇女婚姻问题研究》等。杨念群、孙江等主编的《新史学论丛》，孙江、黄东兰、王笛等主编的《新社会史论丛》，也有其独特的研究意旨。

主持人：现时代信息传播的速度非常快，国内的社会史研究发展20年了，是独立地发展还是受了国外的影响或是先国外再传到国内的？如果是先国外后国内，那么国外的研究状况如何？理论支撑是什么？代表作是什么？

梁景和：国内的社会文化史基本上是20世纪80年代末独立发展起来的，到20世纪末也受到了国外新文化史的影响。

西方新文化史是史学界20世纪七八十年代兴起于法国和美国的一场重大的史学理论运动，或曰它是西方史学理论和历史编撰中一个最主要的发展趋势和潮流，这股潮流取代了经济-社会史，是对旧的体制和旧的"新史学"的一种有意识的反拨和发展，是一次"语言转向"或"文化转向"，是继20世纪50年代中叶西方史学"路标转换"后的又一次重要转折。这股热流70年代初传入意大利、英国，80~90年代开始波及德国、西班牙、匈牙利、荷兰、瑞典等欧洲国家。新文化史的称谓比较复杂，表现出多样性。英国学者彼得·伯克愿意把新文化史称为社会文化史，他在1997年出版的《文化史的多样性》中，还有意把新文化史称作人类学史学，法国年鉴学派的第三、四代传人愿意称新文化史为心态史，法国学者卡布瑞更愿意称新文化史为后社会史，还有把新文化史称作新社会文化史和历史人类学的。新文化史的理论和方法主要来源于四个方面，即后现代主义的文化批评、文化人类学、英国马克思主义史学和法国年鉴学派史学。这四个方面直接影响了新文化史的历史编撰和叙事风格。

新社会文化史的学者早先一般是研究社会史的，后来对社会史产生了疑问，并逐渐开始对社会史理论框架展开批判和修正。被奉为新文化史思想先驱的英国劳工史家汤普森1963年在其代表作《英国工人阶级的形成》中就体现了"向文化的转向"的趋势，他主动超越了社会史并把研究转向文化史方向。20世纪60年代末，年鉴学派的代表人物勒高夫把社会-经济史转向社会-文化史，将研究领域由经济转向心态这一更为深层的结构。美国加利福尼亚大学教授海登·怀特于1973年出版了《元史学：19世纪欧洲历史学的想象》，由于怀特强调情节和语言这些新的历史研究方法的运用，所以他被视为文化转向的"创始人"。新文化史这股潮流，还影响了其他领域的学者，克里福德·吉尔次、马歇尔·萨林斯、理查德·普莱斯等人类学家，爱德华·萨义德、斯蒂芬·格林布拉特等文学批评家也都卷入到新文化史运动之中。

新文化史的研究领域非常广泛，研究的内容异常丰富。诸如爱情生活、婚姻家庭、夫妻生活、妇女儿童、性别性伦、喜怒哀乐、感官情绪、阅读书籍、身体发肤、衣食住行、生老病死、宗教巫术、时间空间、人口犯罪、上帝大众、自然命运，等等。新文化史的著述可谓广泛繁盛，汗牛充栋，不胜枚举。诸如美国历史学家罗伯特·达恩顿的《启蒙运动的生意》和《屠猫记——法国文化史钩沉》，美国历史学家林·亨特的《法国大革命中的政治、文化和阶级》，美国历史学家娜塔莉·戴维斯的《马丹·盖赫返乡记》，法国历史学家勒华·拉杜里1975年出版的《蒙塔尤：1294—1324年奥克西坦尼的一个山村》，法国历史学家阿兰·科尔班的《大地的钟声》和《污秽与芳香：气味与法国的社会想象》，英国历史学家彼得·伯克的《欧洲近代早期的大众文化》，英国历史学家西蒙·沙玛的《财富的窘境：黄金时代荷兰文明的一种解释》，意大利历史学家卡洛·金斯堡的《夜间的战斗：16、17世纪的巫术和农业崇拜》，等等。此外，还有很多有趣味的新文化史著作。

主持人：兴起20年来，社会文化史是否已形成自己的特色？表现在哪里？

李长莉：特色主要表现在两个方面：第一，微观史与深度描述的趋向。在联系观点的观照下，就某一微观事象从多维联系中深入分析其各种因素的关联性、互动关系及多层意涵，以求见微知著，揭示此一事象所反映的社会文化丰富意涵。第二，以记述叙事为主要表现形式的趋向。社会文化史研究的对象以人的活动为重心，因而要对人的活动进行具体、生动的描述，故主要采用叙事形式。文化分析的视角又要求意义的阐释，因而在叙事中有理论分析及意义阐释隐含或穿插其间，使得生动的叙事中有一定的意义内涵。这两个趋向使得社会文化史形成了一些学科优势，积聚了较强的生命力，有利于其进一步发展。

梁景和：主要特点是：其一，社会文化史萌发的本土性特征。中国社会文化史是中国史学自身发展逻辑的产物，是中国文化史、社会史、社会文化史发展链条上的一环。改革开放的大势，催发了文化史的复兴，改革开放的深入，迎来了社会史的兴盛。文化史研究偏重于精神层面，即关注思想观念、社会意识等问题的研究。社会史研究偏重于社会层面，即关注社会结构、社会生活等问题的研究。而社会文化史研究则关注两者的共生共荣。很多文化观念问题反映在社会生活等社会问题的层面上，很多社会问题与文化观念问题有着千丝万缕的联系，那么把两者结合起来进行研究的社会文化史就应运而生了。20世纪80年代末，中国社会文化史的萌发是中国史学自身发展逻辑的产物，主要研究者是顺着文化史、社会史的研究而走向社会文化史领域的，体现了中国史学自身发展逻辑的本土性特征。其二，理论探索的自觉。中国学者先后撰文探讨了社会文化史的理论问题，20世纪90年代初就有很多学者积极参加了社会文化史的理论探讨，诸如对建立社会文化史学科的意义，社会文化史研究的对象和内容，社会文化史的研究方法等问题的讨论。21世纪初，仍然有一批学者关注并参与了社会文化史的理论探索，分别就社会文化史研究是价值判断还是事实陈述，如何从社会日常生活中折射出观念的变化，社会文化史是一种独特的研究视角还是一门独立的交叉学科，社会文化史研究的重心在哪里，社会文化史研究能否起到改进思想史的作用，中国学者能否建立自己的解释系统，社会文化史研究的问题和方向何在等理论问题和一些实际问题进行了深入探索和研究。这些讨论虽然还只是一般学术观念的陈述和探讨，还不具备完整的理论体系，但这些自觉的理论思考所呈现出来的学术见解对打开社会文化史的视野和规范社会文化史的研究无疑意义重大。

主持人：目前社会文化史研究还存在哪些主要缺陷或问题？

李长莉：社会文化史研究还存在着一些缺陷和有待改进的问题。一是"碎片化"。在具体而微的研究取向中，一些论题过于细小琐碎，同时又缺乏多维联系观点及深层意义阐释，由此造成论题成为缺乏联系、意义微弱的零星碎片，因而缺乏史学研究的意义与价值。

二是平面化。一些研究在采用具体描述的叙事形式时,只停留在平面化记述,而缺乏理论分析和深层意义的阐释,成为浅薄、表面化的单纯叙事,使史学研究失去了深度和灵魂。

三是理论与内容"两张皮"现象。一些研究在借鉴社会科学理论和概念工具时,对外来理论与本土经验的隔阂、不同学科之间的差异性缺乏足够的自觉与警惕,未能根据研究内容进行选择、改造、活用、伸展,使之融会贯通而生成自己的理论解释,而只是停留在简单地移植、套用,理论与内容相脱节,因而不能得出令人信服的结论。

四是片面价值论。传统史学研究范式是价值一元论,只承认主流价值的合理性,不承认少数人或其他立场所持价值的相对合理性。社会文化史则眼睛向下,从多维度、多层面的视角,在主流价值之外注意其他价值的相对合理性,因而倾向于承认主流价值主导下的价值多元立场。由社会文化史的观点看,正是由于多元价值的存在,才导致了社会不同利益集团之间的矛盾与博弈,也因而保持着社会变革的内在张力。但是,也有一些研究者由此滑向"价值相对主义"或"去价值论"的立场,或认为一切价值意义均等,或认为无需作任何价值判断;有的走向"片面价值论",对一些只是代表少数边缘人群的边缘性、片面性的价值取向加以抬高或夸大,甚至用以替代主流价值,以偏概全。

主持人:作为一个社会文化史的研究者,是否能预瞻社会文化史研究的近期趋向或远景目标?有什么具体的期望?

李长莉:展望社会文化史未来的发展,会有以下一些研究趋势与进路:第一,时代课题促进社会文化史研究领域的扩展、深化与多样化。当今中国社会转型面临"社会治理"与"文化重建"两大课题,正是社会文化史研究的中心问题,社会文化史研究应当为此提供更多的本土经验与历史启迪。这种时代课题的挑战与相关性,会促进社会文化史研究的扩展与深化,特别是与这两大课题相关的论题会受到更多学者的关注。同时,史料数据化与网络化将为社会文化史学者利用海量史料,特别是民间史料、图文史料等提供便利。社会文化史贴近时代、贴近民众、贴近社会、贴近生活的内容特点,生动叙事、多样化的表达方式,将使其成果读物更受知识大众欢迎。因而,社会文化史研究会有更大的发展空间。第二,社会文化史研究的目标,是基于本土经验建构社会文化发展的本土理论。社会文化史的研究重心在民间社会,关注民间社会与上层建筑的互动关系,由于立足于本土深厚的民间社会文化历史土壤之中，因而更有条件深入探索本土经验，建立适于研究本土社会文化的理论概念与学术谱系，以寻求本土历史的理论阐释，进而提出针对本土社会文化发展的一般理论，参与时代的知识进步与理论创新。第三，社会文化交叉视角与综合研究的趋向。社会文化史20余年的研究实践表明，这种新的学科交叉视角使我们对所研究的问题能够从多层面、多维度审视，其研究成果使得我们对历史的认识推向了一些更纵深、更多面、更精细的领域，这一趋向还会进一步扩展。同时，研究者还会更加注重用总体性、联系性、多层面、网络化的观点进行研究，以避免"碎片化"的偏颇。此外，社会和文化覆盖渗透于人类活动的各个领域，历史学作为一种综合性学科，无论研究主题是政治、经济哪一专门领域，如果借助社会文化的交叉视角进行审视的话，都会看到一些只从单一专史视角所未见的面相，使得研究对象更为丰富饱满，对其的认知更为深入、全面。因而，"社会文化交叉视角"不只适用于"社会文化史"的专属研究领域，也可以推展至其他各史学领域，成为推动史学创新发展的生长点。

梁景和：我想谈一下与此相关的问题。第一，建立社会文化史研究的学术重镇。有条件的学术单位或学术团体可以明确把社会文化史作为自己学术研究的主要领域和主攻方向，集中从事社会文化史的研究工作。第二，抓基本社会生活内容和独特社会生活内容的研究。社会生活的内容极其广泛，既包括基本的社会生活内容，也包括独特的社会生活内容，还包括更多的处于中间地带的社会生活内容。虽然这几类社会生活内容之间有着千丝万缕的联系，彼此不能截然分开，但各自的特点是显而易见的。基本的社会生活内容主要包括人类所共有的衣食住行、婚丧嫁娶、两性伦理、生老病死等基本的生活。这是维持生命和延续生命最基本的条件，也是最基本的生命历程，是任何时代，任何人都很难回避的生活内容，所以我们说它是基本的社会生活内容。研究一个时代或一个时期，一个地域或一个群体的基本社会生活内容的变化，我们会理解和认识社会政治经济、思想观念、风土人情的缓慢或急速变迁，这有助于我们认识和理解那个时代和那段历史，并从中获得历史的启迪和生活的智慧。独特的社会生活内容主要指一个时期或一个地域，某些群体或一个群体独特的生活及其生活的变化。独特的社会生活内容是那个时代所独有的，而其他时代所没有的。研究这样的社会生活，无疑也能帮助我们认识和理解那个时代和那段历史，并从中获得历史的启迪和生活的智慧。所以我们强调在社会文化史研究中要注重研究基本社会生活内容和独特社会生活内容。第三,运用多学科的视角研究社会文化史。学科的划分是人为的,学科的划分使知识更加系统和深化。以学科为本位进行学术研究无疑是一条最基本的路径。但学科的划分不是目的,学科之间不应当存在彼此隔绝的壁垒。只要能够研究问题和解决问题,学科之间的互动和交融是必要的,是一条新的路径。研究社会文化史可以把多学科的研究成果视为史料,可以借鉴多学科的理论和方法,可以体悟历史学与多学科共同的思维方式和思考的共同问题,这是多学科对话的基础,我们将从这种互融的对话中深刻、全面的认识和理解社会文化问题。第四,注重改革开放时代的社会文化史研究。搞历史,一般有惯常想法,觉得研究的问题应当远一点,这样尘埃落定后,可以看得更清楚,这话有道理。搞政治史、经济史、外交史、军事史都有这样的问题,若档案不能公开,搞起来有困难。社会文化史稍有不同,它研究的是社会生活,是大众文化,是生活观念。这些问题存在于社会的各个领域,各个方面,它的史料来源极为宽广。时间离得近,感受得真切,更易有自身的体悟,自身的把握。有些问题可以直接观察、调查和交流,这种直观的感受带来的感性认识是理性认识的基础,上升后的理性认识更科学、实际和靠近真实。改革开放30年社会生活、社会观念的变迁比上下五千年任何一段时期都更快速和显著。研究改革开放时代的社会文化史将会浮现出更多社会与人生的真谛,意义重大。

关于社会文化史理论的几点思考

李志毓

"社会文化史"研究是当今国际史学界一股方兴未艾的潮流,在中国史学界也受到了相当的重视。英国剑桥大学的文化史教授彼得·伯克曾从两个方面讨论过社会文化史的概念:首先,从关注的领域来说,社会文化史研究的对象相对于以往历史研究来说,是广阔而新鲜的。它在文化的概念里囊括了政治、饮食、服装、日常语言、身体等许多新的主题,既研究物质文化的历史,也研究身体、性别和记忆、语言的历史。社会文化史也关心政治,但是它所关注的"政治",不是制度或政治事件,而是非正式的"规则",例如人们对政治的态度、组织政治的方式,等等。从方法论的角度来说,社会文化史又是置于社会与历史背景之下的一种社会学或文化人类学反思。[①] 由此可以看出,社会文化史的兴起,不仅意味着史学领域的拓展,同时也伴随着历史理论和研究方法的反思和创新。除此之外我们还应该继续追问:作为一种对既有史学理论和研究状况的自觉反思与突破的社会文化史,它体现了怎样的学术传统?秉持怎样的研究立场?它以怎样的视角关照历史?当代中国的"社会文化史"对于以往的"社会史""文化史"有哪些继承和扬弃?对于我们面对和反思中国的历史、社会和文化中的重大问题可以提供哪些帮助?本文将尝试对以上问题进行一些初步的探讨。

一

"社会文化史"作为当代西方的一种史学思潮,代表着一种迥异于传统

---

① 〔英〕彼得·伯克:《历史学与社会理论》,上海人民出版社,2001,第7~8页。

"社会史"的历史视野与解释思路。但是,它的出现并非偶然,而是内在于整个西方现代史学的发展脉络,从传统社会史的成果与局限中生长起来的,是对传统社会史方法的扬弃与发展。因此,为了分析社会文化史在哪些方面对传统的社会史有所继承和突破,我们必须先对传统社会史研究的基本特点、优势与局限有所清理。

就西方历史学的知识传统而言,传统的社会史是一种概念化历史学,是一种"深度科学化"的历史学。自从兰克学派建立起的一整套历史科学的技术系统与孔德倡导的实证主义史学思潮合流后,按照自然科学的模式建设历史学,以历史学消化和整合其他社会科学,探求和掌握人类社会发展演进的普遍历史规律,就成了19世纪以来众多历史学家共同追求的目标。19世纪40年代,马克思隐居巴黎和布鲁塞尔,借助唯物史观将历史视野深入到社会化的经济运动中,并以此为基点,构造了一整套社会演进的因果模式,为在社会历史领域探求"规律"提供了依据。马克思认为,历史的真正主体是人们正在进行的物质性生产和生活,以及在此之上建构的社会结构。精神并非绝对自由的,而是深陷于"结构"当中的一环。精神抓不住真理,它只是"社会关系"的一种曲折的反映,生产力的变革才是历史的终极动因。这套社会结构模式的核心是阶级结构。马克思认为,社会中不同的阶级利益,将导致社会不同的思维、行动方式。历史就是阶级冲突的历史。马克思强调从辩证的角度考察变革的机制,认为悖论和矛盾是唯一的真实,因此生活需要不断地行动、不断地"革命"以摆脱秩序的僵化,但正确的行动必须是在认识和掌握了历史发展的必然规律之后,必须依循历史法则的边界和框架进行思想和斗争。因此马克思主义史学从一开始就是对欧洲实证主义史学的深化。它试图在历史中找到不以人的意志为转移的客观规律,他让史家把视野深入到经济生产和社会结构中,将研究方向指向那些长期起作用的结构性因素。他从历史的长时段出发,构建了社会结构的概念,有力地推动了历史学的科学化。

20世纪以后,特别是二战以后,现代西方马克思主义和年鉴学派在对欧洲传统实证主义史学进行科学批判的基础上,携手重建了西方新史学。年鉴学派仍然把研究重点放在深层社会结构上,以跨学科的研究方法和总体史的观念,建立起历史学的解释模式。他们强调解释、分析,强调史学的"概念化",认为史学家的才智一半是为了发明概念,历史学的进步就表现在对非事件性的东西进行解释并使之"概念化"之上。① 他们推崇一种科学的历史学,试图通过历史学揭示在历史的长时段中真实存在的那些强大的非人格化的力量,揭示那些在历史的长期发展中必然的和经常发生的联系。这种探索结构的工作希望能把左右历史发展的那些重要因素发掘出来,并使之"概念化",由此来确定被人类生活经验证明为有效和有益的规范和准则,并把它们当作"信息"来传播,从而使人类的生活秩序化、组织化,使其更容易被理解和掌握。

传统社会史的科学化特征还体现在它试图用空间的长时段演进和各种量化研究来探讨深层结构的工作上。以布罗代尔为代表的年鉴学派的第二代史学家将这一主张进一步理论化,并建立了成熟的方法论模式。其主要特征是以计量史和系列史为代表的定量研究风格。其方法可以简单地概括为:针对一种历史现象,区分出不同系列的定量因素和数量系列,这些系列会呈现出一些趋势和波动,把这些数量系列加以比较,可以得出它们之间相互关联和作用的模式。例如,以时间为线索的谷物价格变化,初婚妇女的平均年龄,等等。这种定量研究事实上有很大的局限,因为众多沉默的历史领域是无法被量化的。在年鉴学派第三代那里,探讨在一定文化环境下形成的集体意识或者说特定的文化心理状态的心态史研究成为主流。可以说,心态史研究的对象,是积淀在人们心中的社会结构,是人们在没有觉察的情况下埋藏在他们的心理和意识之中的认知方式和表达方式。无论是系列史学还是心态史学都属于科学历史学的研究传统,也都对我们今天的历史研究产生过很大影响,心态史学的思路和研究方法至今在我们的社会和文化史研究中占有很重要的位置。

总之,传统的社会史是一种"科学化"的历史学。它要求在历史中发现规律,并提出具有解释意义的概念或比较模型,用以探究那些阻碍着历史因而也支配着历史进程的结构性因素——无论是地理环境还是人类的生理或心理的局限,或是某种生产力和生产关系的制约。它的弊端在于过于强调了制约人类活动的那些客观性的力量,而忽略了人本身的主观能动性。社会文化史的兴起,首先要突破的,就是传统社会史中与"科学"观念相联系的种种"决定论"。正如美国历史学家周锡瑞所说:"社会史在其更接近社会科学形态上的一个特点是关注塑造和限制人类行为的社会制度,无

---

① 〔法〕保罗·韦纳:《概念化史学》,〔法〕J. 勒高夫、P. 诺拉、R. 夏蒂埃等:《新史学》,上海译文出版社,1989,第 85~87 页。

论是马克思主义者还是韦伯学说的信奉者,按照这种模式取得的最好成果,都提出了有力的比较模型,其中社会经济和政治结构都被用来解释社会实践和集体行为。但这些模型倾向于否定行动者的力量,而我相信新的文化史的引人之处在于它给予了历史行动者以声音和主体性(尽管主要是那些能够留下文字记录的人),因此帮助他们成为历史过程的动因,不光是历史过程的人质。"①

二

就历史视野而言,传统的社会史主张"总体史"研究。"总体"的涵义除了表明试图提出对某一时期、某一社会进行解释的总体性假设外,还意味着对各种一元论历史观的摒弃。它代表了一种力图探究各种历史现象之间复杂关系的综合的、整体的眼光,不会孤立地分析某一侧面,也不会孤立地强调个别侧面的决定作用,而是把注意力集中于揭示特定历史社会内部各要素、各组成部分的复杂互动关系。落实在中国史的研究中,这一综合性、整体性的眼光的突出意义,在于摆脱以往阶级斗争的单一化历史解释思路,多角度地进入历史,把握多层面、多样化的社会结构关系,揭示历史变化背后复杂的动力机制。同时,为了达到"总体史"的研究目的,势必还要倡导跨学科研究,不但要突破历史学内部的学科分类,形成整体性的解释视角,甚至还要打破历史学与其他社会科学的边界,积极引入社会学、人类学等社会科学的视角、问题和理论,以形成历史研究的多元化解释模式。例如布罗代尔的《菲利普二世时代的地中海和地中海世界》,就将西班牙政治的大致图景纳入到历史和自然地理的背景中去,首先研究了那些使人们的意志不知不觉受其影响和左右的经常性力量,分析了它们对历史所起的推动、引导和阻碍的作用;接着分析了菲利普二世在位期间的各种特殊但稳定存在的集体性力量;最后说明那些杂乱的事件和变动的事实偶然也在发挥的作用。②

这部著作运用各种学科的知识探索、分析和解释了历史内部深层结构中的运动,透视历史的演化,开掘历史演进的深层动力,是一部典型的

---

① 周锡瑞:《把社会、经济、政治放回二十世纪中国史》,载刘东《中国学术》(第一辑),商务印书馆,2000,第204页。
② 〔法〕费尔南·布罗代尔:《菲利普二世时代的地中海和地中海世界》,商务印书馆,2009。

"总体史"的研究。再如美国学者孔飞力的《叫魂——1768年的中国巫术恐慌》一书，以"叫魂"这一巫术事件作为切入点，试图揭示整个中国传统政治系统的运作规律和模式。① 这一研究把对清朝政治系统和官僚结构的考察与对人口、资源、巫术、谣言、社会氛围等社会文化心理因素的分析结合起来，生动的展现了一个高度紧张和缺乏安全感的社会环境和独裁政治在其中的运行模式，展现了深刻的社会政治内涵。

就史家的立场而言，社会史特别强调"眼光向下""自下而上"看历史。马克思主义史学和年鉴学派都强调将视线从历史中的突出事件和杰出人物身上移开，关注"人民群众"的历史作用，认为在世世代代普通人的经济生产、社会生活和心态结构中蕴涵着历史运动沉默的潜流。而在中国，梁启超等人在民国初年所倡导的"新史学"从一开始就将其意义定位在对普通人民进行"国家意识"的启蒙与塑造上。与此相应，"新史学"要求考证中国疆域的沿革，民族的流变，阐明进化的道理，研究中国人整体的历史。因此，中国的社会史研究从一开始就要求史家"眼光向下"，投入民众、基层社会和百姓的日常生活，"从民众的角度和立场来重新审视国家与权力，审视政治、经济和社会体制，审视帝王将相，审视重大的历史事件与现象"②。今天的社会文化史研究全面继承了社会史"总体史"的视野、跨学科的方法和"眼光向下"的研究传统。

三

社会文化史是在传统的社会史中引入文化史视角和研究方法之后形成的一种新兴的研究方法。它继承与发展了传统社会史"总体史"的和"眼光向下"的视角，反对传统社会史过于强调客观结构的倾向，要求历史学家在承认"结构"的限制的同时，寻找人类的主体性，呼唤人性在历史中的回归，最大限度地追求人类的自由。它不仅带来了史学领域的拓展，而且也导致了史学方法论意义上的革新。

首先，社会文化史利用文化人类学、民俗学的理论和田野调查方法，倡导"发现生活"，将人民群众的日常生活形式和社会风尚的变迁作为人类文明发展过程和进步的表现之一加以研究。在年鉴学派的创始人那里，对

---

① 〔美〕孔飞力：《叫魂：1768年的中国巫术恐慌》，上海三联书店，1999。
② 赵世瑜、邓庆平：《二十世纪中国社会史研究的回顾与思考》，《历史研究》2001年第6期。

于日常生活的研究只是探索经济和社会的一种途径,然而在当今的社会文化史家看来,生活方式的变迁本身就体现着社会意识和民族文化心理的发展历程。衣食住行、婚丧嫁娶、娱乐休闲,无不体现着一个时代的特征和一种文化的风貌。① 值得强调的是,关注生活,并不能仅仅停留在简单的提供一种关于过去的居住、服饰、饮食等现象的描述上,而是要以"生活形式"作为切入点,寻求"文化"与社会变迁和历史运动之间的联系。他们认为,"一个社会中争论的最少的态度行为,如对身体的照料、穿着方式,劳动的组织和日常活动的日程安排等,都反映着这个世界的表象系统,这一系统在深层上使上述这些态度行为与法律、宗教概念,哲学或科学思想等最精心构建的知识框架都相联结"②。正如社会文化史所相信并展示的,对"生活"的理解和说明,很有可能成为我们认识一个社会的变迁及其深层原因的突破点。法国著名历史学家谢和耐在他的名著《蒙元入侵前夜的中国日常生活》一书中,就以细致传神的笔触描述了南宋临安城的日常生活场景,展现了一幅从城市管理、百姓生活,到四时节令、天地万象的立体画卷,精妙地再现了中华文明鼎盛时期的灿烂文化。但是,该书并没有停留在对于单纯描述现象的层面上。我们从书名不难看出,作者的真正用心乃在于探询中国日常生活艺术背后的马背民族"黑云压境"的暗淡布景。作者从容地描绘着南宋那些花花公子们的精美生活,对秣马厉兵的蒙古人不置一词,但我们却时时刻刻感受着马背文明的压力,并会焦虑地追问,为什么一个社会共同体偏安在危急存亡之秋,却还有心思如此精心打造其艺术生活?谢和耐说"中国人很有一套处世哲学",这套处世哲学的底蕴到底是什么?有什么样的理想?为什么它对如此严重的危机视而不见呢?③ 这部著作形象地告诉我们,社会文化史有其关注重大问题的独特而有效的方式,这是传统的政治史和"科学化"的社会史研究所不能具备的。

其次,在社会文化史的视野中,文化并不仅仅是受某种"基础"决定的"上层建筑",而是历史中真实存在的一种稳定的力量,它型塑并制约着这种文化浸润当中的人们的语言、行为和对生活的全部想象力。例如在 L. 斯纳德(Laurence Schneider)的《楚狂屈原——忠诚和叛逆之秘》一书,作

---

① 刘志琴:《发现生活》,载薛君度、刘志琴《近代中国社会生活与观念变迁》,中国社会科学出版社,2001,第 1~8 页。
② 〔法〕安德烈·比尔吉埃尔:《历史人类学》,〔法〕J. 勒高夫、P. 诺拉、R. 夏蒂埃等:《新史学》,上海译文出版社,1989,第 257 页。
③ 〔法〕谢和耐:《蒙元入侵前夜的中国日常生活》,北京大学出版社,2008,第 4 页。

者运用历史学、文学和人类学综合手段揭示了传说和象征在历史中的力量。该书关注的焦点并非屈原这个历史人物本身的"真实"面目,而是屈原作为一个集中了"忠诚"与"不屈"的历史内涵的文化符号,对于历史的影响,以及人们对他的诠释。作者告诉我们,不同的时代有不同的屈原。人们对屈原的敬重并不取决于他的成败,而取决于他曾以生命和心灵来证明了他的精神境界和忠诚品格。在清末,屈原被视为是一个道德上的超人和自我解放的人,以强烈的道德力量感召着当时的知识分子。最具代表性的例子便是陈天华的自杀。陈天华来自与屈原有着特殊关系的湖南,人们不难找到跳进奔腾的汨罗江的屈原和扑向汹涌的日本海的陈天华在文化乃至心理上的继承性,特别是他们忧国忧民的共同点。①

社会文化史的研究还受到后现代文化研究的影响。后现代文化研究的基本思路之一即是讨论文化与权力之间的关系。他们认为,文化作为一种象征系统和符号,在思想意识和价值观念本质上都是政治性的,或是统治机器的组成部分,或是反叛者们的工具,或者二者兼具。这些象征系统和符号作为一种凝聚着情感和信仰的仪式,曾有效参与了国家权力在基层社会中的运作,并在众多的社会运动中占据过举足轻重的位置。杜赞齐的《文化、权力与国家》一书中,利用"权力的文化网络"这个概念,有效的揭示了民间宗教信仰和组织在中国传统国家对基层社会的整和中所发生的重要作用。杜赞奇指出:"直至19世纪末,不仅地方政权,而且中央政府都严重依赖文化网络,从而在华北乡村建立自己的权威。而20世纪国家政权抛开、甚至毁坏文化网络以深入乡村的企图注定是要遭到失败的。"② 这为我们重新认识"传统"与"现代"之间的关系是很有启发意义的。"传统"不一定就是现代化的障碍,而"现代"也不可能依靠简单地毁弃"传统"而获得,对它们之间关系恐怕还应该有更复杂的思考和更审慎的分析。

而在周锡瑞的名著《义和团运动的起源》中,民间文化视野的引入,则有效建立了社会结构因素与偶然事件之间的联系。作者在书中系统而细致地研究了义和团兴起地区的地理环境、农业生产力、商业化、自然灾害、社会结构、社会阶层的构成、贫富悬殊、保守士绅的势力和盗匪的活动程度、当地的尚武习俗等多种结构性因素。这些因素直接影响了运动的兴起,甚至在某种程度上规定了它所可能采取的形式。但是,结构性因素本身和

---

① 王笛:《大众文化研究与近代中国社会》,《历史研究》1999年第5期。
② 〔美〕杜赞奇:《文化、权力与国家》,江苏人民出版社,1994,第5页。

帝国主义入侵进入了新的阶段的历史时机都不足以解释：义和团的这种新的、扩散性强的信仰和仪式是如何在华北平原的农民中获得大批追随者的呢？①"神拳"作为鲁西北农民的创造，是如何在华北农村站住脚并迅速动员农民的呢？作者运用文化人类学的方法对鲁西北的民间文化例如社戏、话本、宗教民谣进行了细致的研究，敏锐地注意到中国民间宗教和戏曲之间的紧密联系，戏剧中不但充满了许多被神化了的历史人物，而且为集体性宗教活动提供了机会。看戏演戏是一种象征村社团结的重要仪式，戏剧性的宗教形式本身即具有潜在的革命性。义和团运动的旋起旋灭及其戏剧性的特点，皆源于中国古老的民间文化和社会生活的孕育。正是鲁西北的社会结构、中西文化冲突和当地独特的社会文化心理之间的互动，最终导致了义和团运动的兴起。而作者正是以文化研究与结构研究相结合的方法，将义和团运动起源问题的研究推到了新的高度。

四

从上述分析不难看出，社会文化史将"文化"这一研究视角引入到传统的社会史研究之中，在确认"科学"历史学的前提下，更多地强调了"文化"的主动意义和它在历史中的真实力量。它告诉我们，一种独特的"文化"的核心哲学观念及其指引下的生活形式，在历史中必将有它的独特境遇，有它在历史中持续、延伸、自我创造、自我更新的种种可能性，绝非是任何普遍的规律所能涵盖，也绝非任何物质的因素所能决定的。这也是当代中国社会文化史研究最主要的问题意识和工作方向。

社会文化史继承了社会史"眼光向下"的视野，将民众的日常生活引入了历史学研究领域。但是，仅仅关注到这些领域，并没有真正解决问题，因为研究者的立场很可能因为缺乏主体的自觉而依然是高高在上的。他们可能会不自觉地带着某种优越感，自上而下地审视芸芸众生及其命运，以至于或者"所进行的研究带有某种猎奇猎艳的色彩"，或者"对重大历史问题进行反思和解释的忽略"，只关注鸡毛蒜皮的琐事，而被讥讽为"剩余的历史"②。因此，"自上而下"并不意味着仅仅将研究局限在下层的历史，也不意味着不去关注"重大事件"与"宏大叙事"，而是意味着一种史家立场

---

① 〔美〕周锡瑞：《义和团运动的起源》，江苏人民出版社，1998，第367页。
② 赵世瑜、邓庆平：《二十世纪中国社会史研究的回顾与思考》，《历史研究》2001年第6期。

的自觉转换。认识到在历史中不但有国家的历史，还有社区的历史，村庄的历史，社会各阶层的历史以及个人的历史。历史学家不再是国家意识形态的代言人，而是能够从各种不同的立场"述往事，思来者"的人。而历史学的任务将是挖掘被遗忘的生活，发现逝去的生命之活力所在，理解历史中种种分歧和差异的因素如何整合为一种统一的文化，并从中探询人类命运走向的种种可能性。

正如历史学家乔志强、陈亚平先生曾指出的，半个世纪以来的中国社会史，把中国古代社会的历史放在了世界历史的广阔背景上进行研究，从纵向上揭示了历史的本质和发展规律，从经济、政治、文化三个方面有机结合出发，揭示了中国历史与世界历史发展规律的共同性和一致性。下一步中国社会史的研究任务，将是认识和了解中国社会自身的发展、变迁的基本特性和独特规律，立足于从中国社会内部研究和发现其自身特有的变迁机制、联系形式，达到对中国具体历史的完整的科学的认识。[①] 也就是说，一方面要探讨"规律性"；另一方面要寻求"独特性"、释放"差异性"。社会文化史研究无疑将在这一方向上推动中国历史学的发展。在中国今天的社会文化史研究中，我们不难看到这种努力：不但重视统一的"中国文化"的内涵与底蕴，也关注不同地区的地域性特征。既研究精英思想，也研究大众宗教。社会文化史注重从"百姓日用而不知"的日常生活中发掘沉淀的历史和传统的活力，为的就是击破"普遍规律"套在历史意识之上的枷锁，展现历史发展的多元线索和多种可能性，从而更深刻地理解我们所经历的变迁，理解中国历史的动力机制与独特道路。唯有如此，我们才能真正以主体的姿态加入世界历史。

[①] 乔志强、陈亚平：《社会史的研究对象、知识体系及其学科地位》，载周积明、宋德金《中国社会史论》，湖北教育出版社，2000，第33页。

关于社会生活与社会文化的概念

李慧波

社会生活与社会文化似乎是极其简单的两个概念,在日常生活中常常伴随我们的左右,然而当我们真正想把它们厘清时,却又显得无能为力。社会生活与社会文化究竟如何定义,学界给出了不同的解释,其观点可谓是异彩纷呈。在讨论这两个概念之前,有必要对其共同的修饰语"社会"一词做出解释。中外学者对"社会"下过多种定义,到目前为止,学界已基本形成了较为一致的看法:即社会是以共同的生产活动为基础而相互联系的人们的总体,是"人们交互作用的产物","在生产交换和消费发展的一定阶段上,就会有一定的社会制度、一定的家庭、等级或阶级组织"。[1] 有学者认为:"社会是人类生活的共同体,是人们相互交往的产物,是各种社会关系的总和,特别是以共同的物质生产活动为基础而相互联系的人们组成的有机系统"[2];"它(社会)是通过人们的实践活动的合力形成的,并要通过人们的实践活动生产和再生产出来"[3]。可见,社会是在生产和消费的基础上形成的一种多元的、复杂的、具有共同维系力的有机组织。这种组织非常类似于佛教华严宗里所描述的一多互摄、重重无尽的"因陀罗网"[4]。

对于"社会史"这一概念,克拉克曾说:"社会史是一个多义词,因为

---

[1] 《马克思恩格斯全集》第 27 卷,人民出版社,1972,第 477 页。
[2] 龚书铎、曹文柱、朱汉国:《中国社会通史》,山西教育出版社,1997,第 5 页。
[3] 袁吉富:《对"社会生活在本质上是实践的"命题的再认识》,《学术界》2002 年第 2 期。
[4] "因陀罗网"又叫天帝网、帝网,是帝释天的宝网,此网的每一结都缠有宝珠,其数无量。每一宝珠都映现其他宝珠,所有宝珠因此无限交错相映,重重无尽。《华严经》以因陀罗网为喻,说明世界上的一切事物也是这种重重无尽、相互涵摄的关系。一事物中拥有万法,所有的事物相互拥有。

'社会'行为过于广泛以至于不可能把它定义为一个学术范畴。"① 的确，社会史是一个内涵丰富、外延宽广的多维概念。因为它涉及太多的领域和学科。在这种多要素、多成分体系之下，很难用几个词来阐明它的概念。目前学界主要探讨的是"社会史"范围的具体问题，也就是说研究者在各自所理解的实践中不断架构社会史的研究体系。至于其研究对象究竟包括哪些，直到现在仍然是众说纷纭、莫衷一是。② 其实，我们不妨把思路转换一下，即从社会史的角度去研究传统的"分支"学科，如政治史、经济史、法制史等。因为即便是政治史、法制史这类专史，它不仅与社会上层有关，而且还在一定程度上与不同范围内的群体有关。当然社会史作为一种运用方法在每个领域所占的比重有可能不同，如在研究政治史或法制史时，社会史可能仅仅是一种辅助手段，所占的比重也比较小。而在研究文化史领域的时候，社会史所占的比重可能会大一些。所以，社会史首先是一种研究方法，更注重其他各个领域的社会内涵。研究它的重要意义在于"如何把所设计的理论框架与史实相结合，将其容纳到通史和断代史著作中，使社会史这一概念得到完整的体现"③。

一　对"社会生活"的理解

在对"社会"这个范畴做出界定的基础之上，才能再来谈"社会生活"的概念。社会生活是人的活动，但这里的"人"已不是一个个单独的个体，而是在一定的生产关系之下，"相互联系"的个体或群体。在这个大前提下，我们再来考虑"生活"的目的和意义是什么？狭义的人类社会生活首先是为了生存，包括最基本的物质需求、生理需求和心理需求，也正如马克思所说："我们首先应当确定一切人类生存的第一个前提，也就是一切历史的第一个前提，这个前提是：人们为了能够创造历史，必须能够生活。"④ 广义的社会生活可以立足于整个人类社会之上进行考量，即人类为了维护

---

① 〔英〕J. 布雷维里：《何谓社会史》，《国外社会科学》1986 年第 5 期。
② C. M. 屈维廉认为社会史研究的是社区、婚姻、监狱等方面的历史和各种社会集团的生活状况、特征，将历史与政治史、文化史区别开来。邵雍则从社会结构、社会生活、社会问题等方面来研究，强调"因此完全可以将社会学研究的理论与方法应用于历史学研究，开拓社会史的新领域"。张静如认为"社会是一门综合性的学科，是历史学中层次最高的部分，是立于各类专史之上的学科"，"是研究社会全部的历史"。
③ 郭松义：《中国社会史研究五十年》，《中国史研究》1999 年第 4 期。
④ 马克思、恩格斯：《德意志意识形态》，人民出版社，1961。

"社会"这个有机体的正常运转所进行的各种活动。因为生活的和谐是社会和谐的必要条件,高质量的社会生活能够影响政治、经济的进程,并在思想领域里引起一系列的连锁反应,推动社会不断向前发展。所以,本研究所界定的"社会生活"是:人类为了维护"社会"这个有机体的正常运转,在与自然界和人类自身的互动实践[1]过程中,不断调整和适应,从而创造出的种种模式(方式)。[2] 这种模式是社会成员在一定条件下,由价值观所导致的满足其生存和发展的稳定形式,它是构成社会具体而又重要的元素,它的演变"综合地体现着生产力、生产关系以及各种社会关系的变化"[3]。所以,我们"不仅必须分析社会生活的经济方面而且必须分析社会生活的各个方面"[4]。这对我们如何认识影响人类社会生活的主要因素;如何了解不同群体、不同个体甚至同一个体微观生活观念[5]的差异;如何解决物质条件和价值观念之间的差别;面对丰富多彩的社会生活,如何提高生活质量等都有着重要意义。

在一个时期内社会生活与个人生活可能不同步。社会生活的提高,并不能完全消除一部分人的贫困和贫富差距。在探讨和研究社会生活时,不仅要讨论社会生活的总体提高,而且应把着眼点放在社会生活总体提高反而使贫富差距不断扩大这个问题上。因为社会建设的目标不仅是提高社会的总体水平和质量,增加社会财富,更要把总体生活的提高落实到个人生活的建设和发展上,使全体人民能够共享社会发展的成果。[6] 在以对物的依赖关系为基础的社会历史时期,考察个人生活差别的时候,不仅要注意财富方面的差距,更应该注意人的能力的差别,因为社会更注重的是人的全面发展。

二 对社会文化的理解

人类留下的种种生活轨迹,几乎都可以称为文化。什么是"文化"?什么是"社会文化"?它们之间又有何联系?笔者以为,文化与社会文化没有

---

[1] 不能把马克思指出的"全部社会生活在本质上是实践的"与"社会生活的本质是实践"等同,即实践是社会生活的基础而不是全部。
[2] 孙显元:《论社会生活》,《江淮论坛》2006年第2期;袁方:《社会生活领域中的社会建设理论初探》,《渭南师范学院学报》2008年第1期。
[3] 常建华:《社会生活的历史学》,北京师范大学出版社,2004,第5页。
[4] 王先明:《论社会史研究的对象》,《河北学刊》1990年第2期。
[5] 梁景和:《社会生活:社会文化史研究中的一个重要概念》,《河北学刊》2009年第3期。
[6] 孙显元:《论社会生活》,《江淮论坛》2006年第2期。

什么质的区别，因为它们都是人创造的文化，而人始终是处于社会这个客体之中，是社会关系中的人，所以文化即是社会中的人所创造的文化。如果非要说出它们之间的区别不可，笔者认为只能从研究角度来说，即与"文化"相比，"社会文化"更强调在社会结构和运动这个客观前提下，来进行的整体和综合的研究。所以本研究所指的文化等同于社会文化。

  古今中外学者对"文化"一词下过多种定义，有统计表明，从1871年至1951年间，中外文献所提出的文化定义约164种。[①] 1950年代后，文化探讨在各国展开，文化定义已不可粗略统计了。[②] 梁景和通过对往昔若干文化定义考察，把文化概括为十大类型：即结构文化说、模式文化说、工具文化说、符号文化说等。[③] 的确，文化一词包罗万象，很难用只言片语来清楚地阐述。笔者所理解的文化，是人类生活方式的定格，是维系社会这个有机体的一条强有力的纽带。定格本来是电影镜头运用的技巧手法，乃银幕上映的活动影像骤然停止而成为静止画面（呆照）。定格是动作的刹那间"凝结"，宛若雕塑的静态美，即短暂的静态。那么这种定格特征与文化又有何联系呢？文化是人类"生活方式"经过筛选后而形成的，在某种程度上（时间上和空间上）它会表现为一定的静态。当然这种静态形式上在漫漫人类历史长河中，可能会延续几十年，也可能是几百年甚至上千年。然而本质上这种静态却是短暂的，人类的生活方式在不断向前继续，文化也会随之不断发生变化，文化不断会在原有的基础上被重新解读、改造、吸纳，从而转型为新的文化。可见社会文化是既具有传承性又具有时尚性，既具有交融性又具有变异性的一个概念。图1使用数学中集合的方法来说明这个过程。[④]

  图1 C、C_1、C_2……C_{n+1}既是前代社会生活方式下文化的继续，又是在新

[①] 梁启超认为文化是"人类心能所开释出来之有价值之共业也"。泰勒认为"所谓文化或文明，就其广泛的民族学意义来说，乃是包括知识、信仰、艺术、道德、法律、习俗和作为一名社会成员的任何人所获得的能力和习惯在内的一种复合整体"。龚书铎认为文化是作为群体的人的社会活动方式，以及由这种活动所创造的一切物质与非物质产品。林岷认为"文化是人类对精神产品、物质产品创造的一个综合性精神产品的结晶"。克利福德·吉尔茨认为文化是一种通过符号在历史上代代相传的意义模式，它将传承的观念表现于象征形式之中。

[②] 薛君度、刘志琴：《近代中国社会生活与观念变迁》，中国社会科学出版社，2001，第8页。

[③] 梁景和：《近代中国陋俗文化嬗变研究》，首都师范大学出版社，1998，第3～10页。

[④] （1）B、B_1、B_2……B_n代表随着生活方式的不断变化，不断出现的新文化因子。（2）C、C_1、C_2……C_{n+1}代表经过B、B_1、B_2……B_n等诸因素（如社会人文变迁、经济发展等）冲击与影响后，所导致的社会文化变革与创新。（3）1、2、3……n、n+1代表社会文化在人类历史长河中不断地流淌。

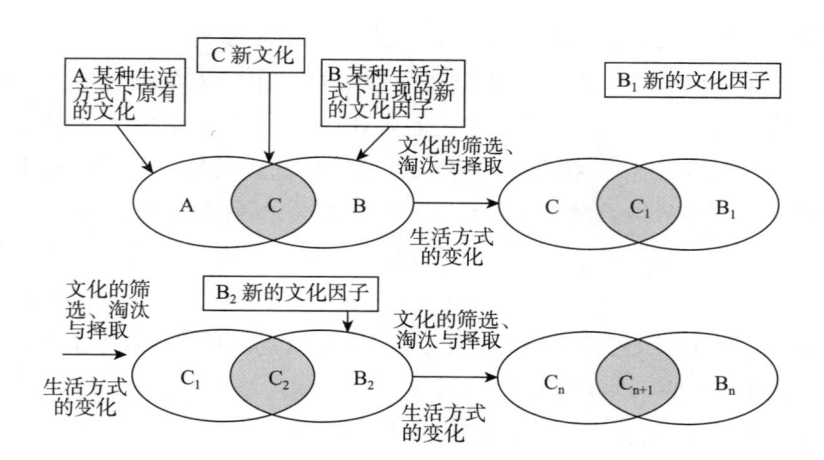

图 1　社会文化的渐进原理

的文化因子冲击和碰撞下而形成的产物。它既包括积极的因素又含有消极的内容。那么这些新的因子（B、B_1、B_2……B_n）从何而来呢？它是人们在社会生活中不断总结生活的经验和教训，自觉地为社会注入的一种文化动力。

　　文化离不开人，但是可以划分为各种群体如阶级、年龄、性别、职业、爱好等。但由于地缘、业缘、社会制度、阅历等多种因素的限制，文化在同一地域、同一阶层、同一年龄段的群体中被刷新的程度也可能不同。有学者称之为文化的特异性。[1] 由此而形成了研究文化的两种方法即"文化主位研究"和"文化客位研究"。[2] 但究竟如何使用，需要我们在研究中注重与实践相结合并根据实践有所侧重。

　　社会文化更新与社会生活方式的变化不一定同步。一定时期内，物质生活取得进步后，文化可能滞后，甚至会出现倒退。如封建社会里，对祭祀、居住、服饰等方面严格的等级限制；今天出现的拜金主义、青少年犯罪等道德品质的种种弊端；随着工业化、现代化的发展，生活方式的进步，而永不消退的宗教；等等。所以我们不仅要研究社会文化中已经出现的新成分（如图中的 C、C_1、C_2……C_{n+1}），而且还要注意研究不变的和被抛弃的那一部分（如 C∩B 和 C∩A），不变的那一部分指的是历史传承过程中保留下来的生活方式和价值观念，它在一定时期内还能得到多数人的认同，能使人际关系及人与自然关系在一种和谐融洽的氛围中相处。被抛弃的那

---

[1] 《社会文化史三百题》，上海古籍出版社，1987。
[2] 《社会文化史三百题》，上海古籍出版社，1987。

一部分姑且可以认为是文化的糟粕,"是指不能使社会形态朝着进步趋向变革的功能性模式"①,对文化糟粕的判断是有条件的、相对的。它和文化的精华之间既有相对的独立性,又可以相互包含、相互转化。因为它们不仅塑造着人的外形,也影响着人的心灵,它们的曾经存在或继续存在就证明有其存在的价值和意义。深入研究上述现象不仅有助于我们了解那个时代的社会文化特征,而且对我们挖掘其内部的深层结构、剖析人们的文化心理也有着非常重要的意义。

三 社会生活与社会文化之间的关系

社会文化是社会生活的一个体现,是影响社会生活的一个重要因素,因为作为主体的人类是在既定的文化条件下开展社会活动的。"文化作为一种人的主体精神世界的表征,其对人的社会生活提供着一种恒久性支持。"②而社会生活从根本上说也必然以各种具体的文化形式予以体现,所以说,"社会生活又是研究社会文化的一个切入点"③。正如有学者所说:"生活是一个窗口,它所展现的时代风云、社会变迁、思潮起伏为研究者提供了取之不竭的资源。"④

总之,社会是一切关系同时存在而又互相依存的有机体,在这个有机体内,社会生活是其重要的构成要素之一,它的"演变"体现着生产力、生产关系及各种社会关系的变化。而社会文化又是社会生活的一个重要组成部分。它们之间相互影响、相互渗透。社会的发展与进步归根到底是人的发展与进步,而这一切都要通过社会生活与社会文化的创新来体现。所以,社会生活的提高,社会文化的进步,必然会推动着人类社会的健康发展。

"概念",不可能是完美无缺、无可厚非的,但它决不会束缚人类的研究进程,事实上,根本不存在一个包涵绝对真理和绝对科学的概念,它会随着学科研究的进步、方法论的更新而不断向前发展。对一种概念每一次较科学的界定,都是对人类认识能力的肯定和促进。⑤

---

① 薛君度、刘志琴:《近代中国社会生活与观念变迁》,中国社会科学出版社,2001,第8页。
② 邹广文:《论社会生活的文化创新》,《天津社会科学》1999年第3期。
③ 梁景和:《社会生活:社会文化史研究中的一个重要概念》,《河北学刊》2009年第3期。
④ 《社会文化史三百题》,上海古籍出版社,1987。
⑤ 梁景和:《近代中国陋俗文化嬗变研究》,首都师范大学出版社,1998,第10~11页。

也论社会史与新文化史的关系
——新文化史及其在中国的发展

张俊峰

> 不一定仅仅因为新史学是新的，它便必定是值得仰慕的；不一定因为旧史学仅仅是旧的，它便必定是应被鄙弃的
> ——G. Himmelfarb, *The New History and the Old*, Cambridge, Mass, 1987

开始讨论这个题目时，我首先想到的是新与旧的问题！我们知道新旧总是相对的，新旧转换、新旧交替很是常见。对于社会史与新文化史的关系，本文开头援引的这句话基本上可以代表我个人的态度。不管我们愿不愿意，接不接受，新文化史以及大量冠以新文化史名义的论著、译著现在已是纷至沓来，令人眼花缭乱，真有一种"乱花渐欲迷人眼"的感觉。十余年前，也就是1999年，我刚刚接触到"社会史"的时候，我的老师告诉我说社会史是一门新学科，20世纪80年代初期刚刚复兴，当时学术界还在就社会史的学科性质发生激烈的争论，后来诞生了专史说、范式说、通史说等几大代表性的观点。在那个时候，我知道社会史是一门新史学，是一个新事物，是对以往专注于革命史范式下"政治史"的一种反拨。中国的社会史研究受到法国年鉴学派的深刻影响，它的兴起大大拓宽了史学研究的领域和范围，选题呈现多样化，总体史的追求、自下而上的视角和多学科的研究方法，是社会史的基本特征。

30年来社会史之所以日益从边缘走向中心，似乎得益于社会史本身还是一门问题史学，即从当今社会存在的诸多现实问题出发，回到历史情境中去寻求解决问题的良方和启示！因为在所谓"现代化"的旗帜下，中国社会何去何从，是亦步亦趋地学习西方，还是尊重自身的传统和文化，寻

求一种具有中国特色的社会发展道路？我始终认为，现在的中国和历史的中国，只有时代的不同，所面对的和需要处理的问题则有很多相似、相关的地方。我们当然可以借鉴西方经验，但也不能忽略自身的传统和文化！现在的问题是，我们老认为西方人传过来的东西都是好的，都是先进的，是方向，是潮流，而对老祖宗几千年流传下来的东西熟视无睹，不以为然，自轻自贱，这是不可取的。时下，无论是在历史人类学还是在区域社会史名义下深入开展的社会史研究，依然散发着诱人的魅力。至今我依然笃信，中国社会史研究有自己独特的学术路径，也相信中国社会史研究依然还很年轻，也很有生命力，应该还有很长的路要走。在刚刚结束的第14届中国社会史学术年会上，面对一些善意的指责和批评，与会者大多数在"社会史是改革开放30年来历史学领域成就最为显著的"这一点上存在共识。

但是最近以来，当我们翻阅与新文化史有关的著作时，却陡然发现，自己做了十来年的社会史，本以为是"新史学"的社会史，现在却早已成为新文化史反拨的对象！社会史是对政治史的反拨，这其中的原因我们当然都很清楚不过。新文化史对社会史的反拨，这令我有些意外，社会史究竟怎么了，为什么会走向如此境地？我们还要不要和怎样从事社会史的研究呢？必须搞清楚的是，新文化史与社会史相比，究竟存在哪些方面的差异？在哪些方面超越了社会史，社会史是不是需要彻底放弃呢？

近年来国内介绍、评论和翻译西方新文化史的论著为数不少。其中，大陆学界主要是上海的一批中青年学者如陈恒、周兵、张仲民等人为代表，台湾学者则以卢建荣、李孝悌、蒋竹山等人为表率，通过大量的译介、评论和亲身实践，共同推动着西方新文化史学术思潮在中国学界的流播与发展。通过这些知识群体的力荐，我们知道欧美史学界的新文化史研究已风行将近30年，目前也正处于重新省思的关键时刻。[①] 而这30年，在中国恰恰又是社会史复兴的30年。那么，是否可以将此视为是中国史学与国际史学之间的发展差距呢？中国的社会史研究究竟是一个必须要经历的学术发展阶段还是可以跨越现阶段、直接接轨国际史学发展大趋势的呢？新文化史是否是中国社会史发展的必由之路呢？这些问题值得我们深思。

---

① 蒋竹山：《"文化转向"的转向或超越？——介绍四本论欧美新文化史的著作》，《新史学》第4辑，大象出版社，2005，第241~252页。

一 从追随到挣脱：欧美新文化史的
学术源流与发展脉络

　　为便于把握新文化史在国际国内的总体发展特点，笔者欲将时下的"新文化史"热细分为欧美学界、中国台湾学界和中国大陆学界三个方面来加以理解！首先来看新文化史在欧美学界的发展动向。对于国际范围内的新文化史潮流，可以分别从法国和美国史学的转向来加以认识。

　　众所周知，当代中国的社会史研究深受法国年鉴学派的影响，自20世纪80年代复兴以来，年鉴史学所倡导的总体史、长时段和多学科互涉的治史风格，为国内学界所推崇。然而我们也了解到，年鉴史学在20世纪六七十年代，即发展到第三代的时候，其内部已经出现了一种变化，即在布罗代尔时代处于史学边缘的心态史和其他形式的文化史，一夜之间"从地窖到顶楼"，年鉴史家的学术路子从"经济社会结构"走向了"文化上层建筑"。新一代年鉴史家对来自法国国外的观念持更为开放的态度，他们通过各种方式，努力综合年鉴派传统与美国的学术潮流——心理史、新经济史、民间文化史、象征人类学，等等。[①] 1970年代，出于对计量研究法在文化史研究（尤其是宗教实践史、书籍史与识字率史）中有效性的质疑，年鉴史学出现了三大新趋势，即人类学的转向、政治的回归与叙事的复兴。彼得·伯克曾评论说这种新趋势既是对布罗代尔的反拨，也是对年鉴传统中一贯主张的社会史与结构史支配地位的全面反拨。[②] 需要注意的是，如果我们在此意义上去审视中国社会史的学术发展路径，可以看到在20世纪90年代至今，年鉴史学的这三大趋势与中国社会史研究的发展有着惊人的一致。在此意义上，不能不说，我们的社会史研究正在步法国年鉴史学的后尘。

　　返过来再看年鉴学派的进一步发展！到了第四代当家人物罗杰·夏蒂埃那里，已经开始从上层文化/下层文化、生产/消费、真实/虚构三方面，去定义新文化史与传统思想史、社会史的区别，他指出当代史学的特色就

---

① 〔英〕彼得·伯克：《法国史学革命：年鉴学派，1929—1989》，刘永华译，北京大学出版社，2006，第61页。

② 〔英〕彼得·伯克：《法国史学革命：年鉴学派，1929—1989》，刘永华译，北京大学出版社，2006，第74页。

是"从文化的社会史到社会的文化史"的转换,过去将文化视为社会经济生活产物的说法是完全错误的,应当把年鉴派早期史家所假定的"客观结构"视为文化"构筑"或"建构"之物。① 由是,年鉴新史家们开启了他们称为"表象史"的研究热。所谓表象史,即对自我、民族及他人的形象、想象及感知的历史,这与美国新文化史倡导者林·亨特所说的"新文化史"在概念上是一致的。故而彼得·伯克会说:"无论在美国还是法国,对集体表象的研究都是新文化史的中心。"② 1989 年夏蒂埃在《年鉴》杂志发表《作为表象的世界》一文,可视为其倡导表象史研究的宣言书。行文至此,我们不禁要问,对于当前中国社会史的发展而言,这种转型是否也是我们的一个必由之路和必然选择呢?

再来看美国新文化史学的发展动向。直至 20 世纪 70 年代,受法国年鉴史学的影响,社会史在美国史学界还占有相当重要的地位。但随着格尔茨、布迪厄和福柯等人的著作问世,一个对历史学、人类学、社会学与文学批评都有深远影响的"文化转向"逐渐酝酿成形,于是从 1980 年代开始,新文化史逐渐取代社会史成为美国史学的显学。③ 我们知道,社会史的学术取向是将研究中心移向下层,通过研究所谓的整体历史和长期结构来把握社会的真实。而新文化史家却不相信有一个先验的、客观的真实被动地待在那里等着人们去发现,于是"论述""叙述""再现"等观念,便成为新文化史研究中重要的方法论问题。由于不相信研究者可以经由科学的律则和普遍性的范畴去发现历史的真理,文化史家转而对文化、族群、人物、时空的差异性或独特性付出更多的关注。④ 不少知名的史学家放弃了过去对长期趋势或宏大历史图像的研究,而开始对个别区域、小的村落或独特的个人历史进行细微的描述,微观史学、日常生活史由此亦成为研究者的新宠。

通过比较欧美学界社会史的"文化转向",我们不难发现新文化史之新,究其实质,乃是一个治史观念的彻底革新,她试图要改变甚至颠覆的是我们对人类社会历史的一种整体认知,试图用新的视野、新的观念和新的范式来重新书写和表达人类社会的历史,并不仅仅是开拓新的学术领域

---

① 刘永华:《费雷、夏蒂埃、雷维尔:"超越年鉴派"(代译序)》,〔英〕彼得·伯克:《法国史学革命:年鉴学派,1929—1989》,第 9—16 页。
② 〔英〕彼得·伯克:《西方新社会文化史》,刘华译,《历史教学问题》2000 年第 4 期。
③ Victoria E. Bonnell, Lynn Hunt, ed., *Beyond the Culture Turn: New Direction in the Study of Society and Culture*, University of California Press, 1999, pp. 3–5.
④ 参见李孝悌编《中国的城市生活》,新星出版社,2006,第 2 页。

那样简单。关于新文化史与社会史的区别,有不少学者已做了相当精辟的区分,在此谨择要胪列,以便讨论。

西班牙学者米格尔·卡夫雷拉在一部名为,《后社会史初探》的新著中,开篇第一章就讲述"背景:从社会史到新文化史"这个问题,他分析说:"新文化史学者想要拯救个体,使之摆脱遭贬斥的命运,摆脱社会史将其归入结构之下的安排,授予行动者在塑造社会实践中扮演某种积极主动的角色,并以人类能动性作为历史考察的出发点。……要避免社会结构淹没了主体。"[1] 面对这些挑衅,有社会史学者宣称,"社会史学科向文化、情感和符号领域的开放,充其量不过是对前一阶段盛行的社会经济研究的一种补充"[2]。当然,这种"互补性"的论调也只是代表了一种看法。

有台湾新文化史鼓手之称的卢建荣对新文化史与社会史的关系亦有比较明确的区分,他认为:"新文化史所挑起的这波新史学运动,与前一波社会史学相同的是,都注目于下层社会,但不同的是,社会史侧重人的行动,是具体可见事物,新文化史则强调人行动背后的文化逻辑或文化密码。"[3] 他进一步将新文化史家的学术性格概括为五点:第一,在扩大史料范围上,他们大加利用文艺作品,充实其中人事情节赖以重建人们行动所自来的文化;第二,在认知论上,他们将历史之"实"带向文学之"虚"的路途上;第三,在分析工具上,他们仰仗人类学、心理学以及符号学的一些概念;第四,在历史书写的对象上,弱势的下层社会及其日常生活光景逐渐成为历史聚光灯照到的地方;第五,擅长利用叙事技巧说故事。[4]

相比之下,张仲民对新文化史研究内容的概括则更为具体和感性,"新文化史之所以被名之为新,其研究范式之新固然无疑,但其新的最主要体现之处还是在于研究内容。一些诸如气味、情绪、梦、垃圾、屎、疼痛、姿态、眼泪、食物、盐、煤、火、声音、镜子、内衣、乳房、厕所、房屋、戒指、发型、服饰等过去不入历史研究者法眼的课题,也为我们司空见惯的物事,现在都已经成为新文化史家的研究对象;至于一些政治、经济类的老命题在

---

[1] 〔西〕米格尔·卡夫雷拉:《后社会史初探》,北京大学出版社,2008,第14页。
[2] 参见埃里克·J. 霍布斯鲍姆对于斯通文章的回应,Eric J. Hobsbawn, "the Reviva of Narrative: Some Comments", *Past and Present*. 86 [1980], pp. 3 – 8。
[3] 卢建荣:《新文化史的学术性格及其在台湾的发展》,《新史学》第4辑,大象出版社,2005,第155页。
[4] 卢建荣:《新文化史的学术性格及其在台湾的发展》,《新史学》第4辑,大象出版社,2005,第155页。

新视野下也被重新检视，以另具新义的政治文化史、消费文化史等名目再现于读者眼前"①。通过这种具体的阐述，我们能够领略到，新文化史的研究对象比起社会史来说更为宽泛、多元，甚至是无所不包。在社会史兴起之初，学界曾讥讽社会史是个杂物筐，无所不包。然而，与今日的新文化史研究相比，社会史则有"小巫见大巫"之嫌。那么，随之而来的"碎片化"问题和泛"文化"主义的倾向恐怕也是新文化史研究中需要慎重对待的。

二 西化还是本土化：台湾学界的新文化史研究进展及其特点

与欧美史学界相比，新文化史在中国台湾地区和大陆的发展则要相对迟缓一些，但也有着各自鲜明的特点。先看台湾的新文化史研究。依照笔者有限的阅读体会，感觉台湾的新文化史似乎有两股"互不统属"的力量。一是以台湾"中研院"史语所李孝悌为首，以史语所、近史所一批致力于明清史研究的中青年组成的学术共同体，包括邱仲麟、巫仁恕、陈熙远等在内，也有一些与他们有密切交往的台湾和海外学者，如王鸿泰、冯客、柯必德等。这个团体近年来相当活跃，与中国大陆社会史学界、明清史学界往来比较密切。他们的成果主要体现在由李孝悌主编的论文集《中国的城市生活》一书中，在台湾和大陆学界影响较著。另一个是以台湾中国文化大学卢建荣为首的一批所谓的"边缘学门"的学术团体，包括蒲慕州、熊秉真、张瑞德、沈松侨、叶汉明、祝平一、江正宽等7位青壮史家。这个团体中的学者除了选取各自感兴趣的角度以新文化史的方式研究中国历史，依托麦田、立绪等民间出版机构译介评论国外新文化史研究动态外，还出版了由卢建荣主编的两部标志性的论文集，即《台湾新文化史：文化与权力》和《中国新文化史：性别、政治与集体心态》。不过，与前一个团体相比，这个团体的学者大多有海外留学经历，受欧美史学风气影响较深，与大陆学界的交往则要疏离很多，因而其学术主张在大陆学界并未能有效推广。②

---

① 张仲民：《新文化史与中国研究》，《复旦学报》2008年第1期。
② 需要说明的是，除了这些学人以外，台湾学界应该还有很多从事新文化史，包括医疗、疾病、生态、环境史的学者，比如蒋竹山等，此处有关的分类一定有不妥当甚至是疏漏错讹之处，尚请方家指教。

以上是对台湾新文化史学术力量的一个简要梳理，我们接着来讨论台湾新文化史的内在学术进程和旨趣所在！按照李孝悌的说法，"台湾的文化史研究，大约从 1990 年代开始萌芽。其中虽然可以看到年鉴学派，马克思主义和后现代思潮的影响，但在最初的阶段，对再现、叙述等观念的理论意涵，并不像前述西方史学家那样有深刻的省思，和历史社会学的关系也不紧密！此外，由于台湾的文化史家不像西方的同行那样，对社会史的理论预设，因为有清楚的掌握从而产生强烈的批判，所以从来不曾把社会史研究作为一个对立的领域，并进而推衍、建立新文化史的理论框架和课题。我们甚至可以说，台湾的新文化史研究其实是从社会史的研究延伸而出的"[1]。笔者认为这段话是对台湾新文化史兴起的学术背景及其与西方新文化史不同特点的一个准确评价，尤其是新文化史与之前较热的社会史的关系，应该说是代表了中西方学术发展的不同路径。"从社会史中延伸而出的新文化史"可以视为是台湾和大陆学界当前研究的一个共同特征。

再就具体研究内容和旨趣而言，李孝悌的"明清的社会与生活"学术共同体则围绕日常生活中的衣、食、住、行、娱乐、旅游、节庆、欲望、品味、文物、街道、建筑等课题进行广泛的探索，认为通过"这些实证性的研究，除了提供许多新鲜有趣的视野，使我们对明清文化的了解有更丰富、多元的理解，也让我们建立了一些解释框架，再转过来协助我们去重新看待史料"[2]。如果我们将这些研究内容和前述欧美新文化史研究相比的话，至少从形式上也没有多少差别和高下之分，反而给人以"各美其美，美美与共"的感觉。事实上，似乎李孝悌本人也并不承认他们所做的研究是直接受欧美新文化史热的启发。他在前引书序言中有一段辩白非常值得注意：

> "明清的社会与生活"的主题计划在提出时，有一部分受到 Braudel 对日常生活的研究及所谓的 "total history" 的观念的影响，觉得我们过去对明清社会的研究，还有不少需要补白的地方。但我们对西方新文化史研究的其他理论背景并没有更深入地了解，也完全不知道 Lynn Hunt 等人也以"社会与文化史研究"为名，进行了十几年的集体研究，

---

[1] 李孝悌编《中国的城市生活》，新星出版社，2006，第 3 页。
[2] 李孝悌编《中国的城市生活》，第 4~5 页。

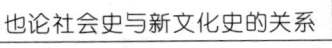

并出版了一系列的丛书。①

这段话意在撇清他们的研究思路与美国"新文化史"之间的关系，至少说明他们这一群体当时还是在年鉴史学影响下结合中国历史实际进行的深入研究，并非刻意地去模仿与追随西方，甘做西方学术的附庸，因而有助于提升台湾新史学之独立性，流露出一股浓厚的"本土化"意味。

相比之下，卢建荣则是在大张旗鼓地"鼓吹"西方新文化史的学术理念，他本人对于新文化史在台湾的发展现状相当不满，甚至用"藏身核心中的边缘"来形容新文化史在台湾流播的境遇。在《新文化史的学术性格及其在台湾的发展》这篇极具挑衅性的长文中，他用"下探民隐的尝试""由下而上的历史""脱离关注阶级的学术策略"三个题目纵论西方新文化史的学术旨趣，在引荐和移植西方新文化史思潮这一点上可谓是不遗余力。但是在赞美西方新文化史成就的同时，他又发表了一些针对台湾新文化史研究现状的激烈言辞，说台湾的新文化史是由边缘人物所提倡的，与过去权力核心者主导新学形成了强烈对照，言语间透出一种愤懑和不满的情绪。② 这种激烈的言辞当然会引发很大争议。2002 年在台湾"清华大学"召开的"人文社会学术的文化转向"学术会议上，"清华大学"经济系赖建诚在评价卢建荣"边缘学门的奋战"时，曾有一个客观公允的评价，他将中国学界历来对待西方新史学的态度比作为"花式滑水"，认为我们"不要急着转向，反而是要心平气和地，在更长的时间里，把西洋学说消化到大脑内，把自己的知识体质做较根本的打底，不要练三年太极拳，就'转向'去练外丹功，三年不到又'转向'去练这个功那个功。转来转去弄得样样通、样样松"③。笔者对此深以为然。在笔者看来，是否可以将李孝悌所代表的是新文化史看作是台湾学者的"本土化"学术自觉，而将卢建荣所主导的新文化史看作是台湾学者的"西化"学术思想？必须强调的是，二者在如何对待西方"新文化史"的态度上存在着差异和分化的。孰是孰非，如何取舍，我们必须要明确。

---

① 李孝悌编《中国的城市生活》，第 4 页。
② 卢建荣：《新文化史的学术性格及其在台湾的发展》，《新史学》第 4 辑，第 149～155 页。
③ http://www.hss.nthu.edu.tw/~econ/teachers/lai/essay/review.htm.

三　从脱胎到分化：中国大陆新文化史研究进展及其特点

大陆学界的新文化史研究有着多种称谓，或曰社会文化史，或曰新史学，或笼统地称为新文化史。称谓不同，其学术旨趣亦大有区别。总体而言，大致可分为两支。

一支是以中国社会科学院刘志琴、李长莉和首都师范大学梁景和等为代表的学术团体，他们虽然高举"社会文化史"的大旗，却并未将社会文化史作为社会史的对立面而与之分庭抗礼，在一定程度上还是从属于社会史，有时候甚至是将其作为社会史的一个分支学科和分支领域来对待！刘志琴在该领域的理论贡献较著。早在1993年，她就撰文呼吁从社会史领域考察中国文化的历史个性，主张开展中国礼俗文化的研究，① 近来又积极主张研究中国人的休闲生活，注重考察中国人的生活意识。② 她的代表作《近代中国社会文化变迁录》以大众文化、生活方式和社会风尚的变迁为研究对象，提出世俗理性，精英文化的社会化，贴近社会下层看历史，以及上层文化与下层文化相互渗透等问题，可视为该领域的基础之作。在她看来，社会文化史是从文化史和社会史交叉的边缘而萌生的新的研究领域。在此基础上，李长莉进一步对社会文化史给出了确切定义，认为它是一门社会史和文化史相结合的新兴交叉学科，是要综合运用历史学、社会学、文化学、文化人类学、社会心理学等人文社会科学方法，研究社会生活、大众文化与思想观念相互关系变迁历史的史学分支学科。③ 二者之间既有区别也有联系。从探讨人类社会生活来说，它与社会史的研究对象是重合的，均探讨社会组织、制度、教育、法律、风俗习惯、文化传播方式、娱乐消闲方式等内容。二者的区别在于，前者更注重社会结构与运动的客观性，而后者则主要研究历史上人们的社会生活方式与思想观念之间的相互关系，关注的是隐蔽在人们社会行为后面的精神因素。二者各有侧重，又互相补充，成为新时期历史学复兴的两翼。她强调，关注社会与观念的互动、民众生活与观念的互动是社会文化史的重要取向。梁景和提出社会文化史的

---

① 刘志琴：《从社会史领域考察中国文化的历史个性》，《传统文化与现代》1993年第5期。
② 刘志琴：《中国人生活意识的觉醒》，《河北学刊》2013年第3期。
③ 李长莉：《社会文化史的兴起》，《天津师范大学学报》2003年第4期。

三个关注，关注大众文化与精英文化的互动，关注社会生活与观念形态的互动，关注日常生活与国家意识的互动。① 应该说，这一学术旨趣和定位，与社会史比较而言，并无太大的区别，甚至可将其视为是中国文化史研究者的一种社会史转向，与西方学界的"文化转向"是大有出入的。

此外，在刘永华主编的《中国社会文化史读本》后记中，也提出了他个人对"社会文化史"的一种理解，即"社会文化史不同于社会史、文化史的地方，就在于这种方法强调在具体的研究实践中，应结合社会史分析和文化史诠释！也就是说，在分析社会现象时，不能忽视相关人群对这些现象的理解或这些现象之于当事人的意义，唯有如此，社会史分析才不致死板僵硬；在诠释文化现象时，不能忽视这些现象背后的社会关系和权力关系，唯有如此，文化史诠释才不致空泛、玄虚。"② 这种观点与霍布斯鲍姆所言社会史与文化史的"互补说"是颇为相似的。③

我们明显地发现，在刘永华主编的这部社会文化史读本中，所收录的文章多数是活跃在当前中国社会史领域的学者，尤其是"华南学派"的历史人类学研究居多，只是在延伸阅读中提及杨念群、黄兴涛和常建华等人的论著。把握这一点，有助于我们更好地领会在部分学者心目中"社会文化史"的某种特定印象和学术旨趣及其认同。在他看来，"中国社会文化史研究的论题，并不限于国家认同、神明信仰、宗教仪式和历史记忆，举凡对时间、空间的认知和想象，对气味、景观的感知，对社会空间的营造，对书籍的阅读，对身体的建构，乃至信息的传播与交流、社会性别的表述、习俗的承传、现代性的体验、物质文化及地方戏曲，都可进行社会文化史分析"④。颇有意味的是，我们在本节重点分析的两个高举社会文化史、新史学旗帜的学者群体并未进入其定义的"社会文化史"圈子，这多少反映了国内学界对新文化史认识和理解上的多元性、差异性和混杂状态。

第二个分支是以杨念群、孙江、黄兴涛等人力倡的"新社会史""新史学"，走出了一条与国内盛行的社会史、社会文化史研究风格迥异的治史路径。他们人数少而精，却可称得上是一个真正"标新立异"的学术群体。就当前发展现状而言，尽管他们倡导的"新史学"从表面上看应者寥寥，

---

① 梁景和在第14届中国社会史年会开幕式上的主题发言。
② 刘永华主编《中国社会文化史读本》"编后记"，北京大学出版社，2011。
③ 其实，现在中国很多从事社会文化史的学者大多持有这种观点，比如李长莉等。
④ 刘永华主编《中国社会文化史读本》，第429页。

甚至有点曲高和寡、势单力孤的意味，尚未占据国内学术主流。但在笔者看来，如果按照西方新文化史的标准来衡量的话，我们完全可以将其视为与国际史学新趋势相对接的一种积极尝试和探索。对于中国史学的发展来说，具有启发性和引领性，意义非凡。

这一学术群体在近十年来做了不少工作，并经历了一个从新社会史到新史学的转变。早在 2001 年，杨念群主编《空间·记忆·社会转型："新社会史"研究论文精选集》，首次打出了"新社会史"的旗号，以区别于当时国内声势浩大的历史人类学和区域社会史。按照杨念群的理解，所谓"新社会史"，既不是一个范式转换的概念，也不是一个简单的类分范围的概念，而应是与本土语境相契合的中层理论的建构范畴，寻求以更微观的单位深描诠释基层社会文化的可能性。① 此后，杨念群的重要合作者之一孙江指出，建设中国新社会史的关键，必须以清算自身的旧历史即放弃结构的整体史的叙述和正面回答后现代的挑战为起点，从而建立起一套本土化的中国社会史/中国历史叙述。② 在明确了新社会史的学术定位后，孙江、王笛、杨念群等人又策划并创办了以"新社会史"为名的学术丛刊，自 2004、2005、2006 年分别以"事件·记忆·叙述""时间·空间·书写""身体·心性·权力"为主题出版三辑。自 2007 年开始，鉴于"新社会史"这一名称本身的狭隘性，不能涵盖他们对历史学的整体思考，遂更名为"新史学"，至今已连续出版至第 6 辑，主题分别是"感觉·图像·叙事""概念·文本·方法""文化史研究的再出发""再生产的近代知识""清史研究的新境"和"历史的生态学解释"。其中，黄兴涛的研究一般被视为是最"新文化史"式的，近年来他的代表作《她字的历史》和对近代新名词、新概念的知识考古学探讨，显示出一种新文化史的本土化气象，尽管他也坦承受到新文化史很大的触动，不过他还强调说："就个人而言，我从未经历过什么'文化转向'，文化史之于我，始终只是一个专门方向、一种研究视角而已，它的必要性和重要性，从来没有超过'社会史'，也丝毫不优越于'经济史'和'政治史'。如果说有什么不同的话，那就是性之所近，'文化史'好像更为有趣，对我更有吸引力罢了。"③ 在笔者看来，黄兴涛的

---

① 杨念群主编《空间·记忆·社会转型："新社会史"研究论文精选集》，上海人民出版社，2001，第 55~56 页。
② 孙江主编《事件·记忆·叙述》，浙江人民出版社，2004，第 21~23 页。
③ 黄兴涛：《文化史的追寻》，中国人民大学出版社，2011。

这种从文化史研究本身出发推进的新文化史研究与该团队中其他先社会史而后新史学的研究者相比,还是有所区别的。

总体而言,尽管中国史学界的新文化史、新史学在发展路径上与欧美存在一定的差异,但是他们的这种治史风格却是与欧美风行的新文化史、新史学的追求具有很多相似的地方,甚至很有点像卢建荣所言"西洋学术文化要在本地植根,最高明的做法就是经过创造性地转化,变成以新文化史研究中国历史的作品"①。

杨念群、夏明方、黄兴涛等人以人大清史所为基地,联合美日学界同道,在新史学大旗下所做的上述努力,确实已经取得了很大的成就,其研究无论是角度、内容还是观点都给人耳目一新的感觉,极大地冲击和刺激了我们的感官和神经。尽管这些新史学的倡导者们一再强调他们与西方的区别,比如杨念群就提出要"更注意避免西方理论的无限钳制,主张在培养学术嗅觉的基础上建立真正具有本土风格的'问题意识',试图逃脱过于专门化的训练给历史感觉带来的伤害,同时也强调要恢复中国史学优秀的叙事传统"②。这也是他们创办《新史学》杂志的一种总体学术追求。尽管如此,仍无法避免受后现代主义、语言学转向、历史叙事学的影响而造成的一种"概念移植"的不良印象。这种治史方式和学术追求,对于当前中国社会史、文化史的发展而言,究竟是好是坏,尚待进一步的观察和实践,目前还很难下定论。

四 结语

不久前在山西大学举办的"改革开放以来的中国社会史研究"暨第 14 届中国社会史学术年会上,有学者抛出"改革开放 30 年中国社会史研究毫无进展"的激烈言辞,成为一枚重磅炸弹,引起会上会下众多学者的深刻反思。要说 30 年来中国社会史研究毫无进展,这的确是有违事实的悖论,中国社会史研究在复兴的 30 年中,所焕发的活力和生命力,是世人有目共睹的事实,毋庸争辩。笔者揣度这样一个发问的深意在于我们如何看待社会史的未来,社会史研究究竟何去何从,中国社会史研究如何回应包括新

---

① 卢建荣:《新文化史的学术性格及其在台湾的发展》,《新史学》第 4 辑。
② 杨念群:《中国历史学如何回应时代思潮》,载行龙主编《中国社会史研究的理论与方法》,北京大学出版社,2011,第 11 页。

文化史在内的史学新潮流的冲击呢？

面对新文化史、新史学的冲击，当前中国的社会史研究已经进入一个深刻反思的年代。反思的目的并不是要否定社会史学科本身，而是为了社会史乃至于中国史学更长远的发展。时下，面对包括新文化在内的新史学的冲击，中国社会史研究至少在以下四个方面进行了反思、总结和回应。

一是针对社会史学科本身缺乏理论建构意识的反思与回应。对一个学科的发展而言，理论建构是非常重要的。应当说，理论创新的缺乏，是社会史研究被学界看轻的一个根本原因。中国历史学的传统是长于考证，长于过程分析，拙于理论提炼！时下很多研究者将自己的研究限定和满足于做细致的过程分析，而将理论概括和提升的工作交给了社会学、人类学等社会科学家。即便有一些理论性的探讨，也大多建立在一种对西方中国学研究理论的"冲击－回应"这一限度上，缺乏一种自觉的理论创新。现在的社会史学界已有不少学者指出应重视和加强社会史学科的理论建设。如田居俭先生在社会史第14届年会上就指出，"这些年社会史研究者在实践中积累和创造了许多新鲜经验，需要提升到理论层面上给予总结，形成中国特色的社会史理论，再回头指导中国社会史研究实践"。夏明方则提出社会史发展过程中，既要处理好与年鉴学派的关系，也要处理好与马克思主义的关系，"我们现在要重回马克思的时代，这个马克思是一个批判的分析性的马克思，不是教条式的马克思"。因此，在社会史理论建构和如何创建有中国风格的社会史本土化理论方面，还有着很大的学术增长空间。

二是社会史研究如何回应碎片化的问难。碎片化是当前中国社会史发展中受指责最多的一个问题。不可否认社会史研究存在碎片化的倾向，但是这种"碎片化"的存在应与学者自身的学术视野和素养有关，并非社会史学科本身存在的问题，真正的社会史研究基本上不存在"碎片化"。我们常常说，历史学研究就像警察破案。线索是有，但不连贯，很分散。需要你将分散的碎片合理地连接起来！时下社会史学界反思和回应"碎片化"的文章不少，多数人认为，碎片本身不但不可怕，而且很珍贵，史学研究就是要将碎片连接成整体，进行历史解释才会有趣。行龙就撰文指出，社会史研究的碎化或碎片化，主要还是批评其研究对象和选题的琐碎，这种"碎化"现象与社会史学科的特性密切相关，一定程度上也可以说是研究过程中自然而然的现象。如果有个"有似绳索贯穿钱物"的东西把一地的碎片再串通提起，这样的"碎片化"倒也不是不可以接受的！"碎片化"本身并不可怕，可怕的是碎而不通，碎而不精。①

三是社会史研究如何在现有基础上开辟新的学术增长点。在这一点上，笔者认为当前中国的社会史研究仍然焕发着极大的潜力和生命力！我们知道，在近年来的社会史研究中，区域社会史、历史人类学仍然是大行其道。在这一旗帜下，研究者又开辟出很多新领域、新视角、新方法指导下的专门研究。就新领域而言，既有生态环境史、日常生活史、水利社会史、医疗疾病史、性别社会史，还有重提政治史、新革命史、将社会史研究引入现当代的建言和亲身实践。即便是在社会史研究的传统领域，即宗族和宗教问题上，也有很多新的转变，比如科大卫"告别华南"转向华北和山西的做法就颇引人注目。宗族研究已经不再是华南区域社会的唯一专利，研究者更感兴趣于去追问在华北地区宗族的具体表现和区域差异的问题。对于宗教社会史的研究，也同样如此，研究者开始将视角投放到宗教因素在具体区域社会的历史发展进程中真正发挥的功能和作用。就新视角而言，也有很多创新性的研究。比如对非汉人社会的研究，如果说以往的历史研究在对象上比较注重于汉人社会的大历史的话，现在则发生了转变，即从历史上弱势的群体，从少数民族的立场来重新描绘中国历史，这一点或许是受到人类学的某种影响，但是却焕发出新的活力，因为中华民族的历史并不仅仅是汉民族的历史，而是五十六个民族的历史，这样的话，历史研究的路径就更宽泛和多元了，值得关注。应当说，这种视角的变化只是众多变化中的一种，也有研究者提出社会史既要做普通大众的历史，也不能完全摒弃精英的社会史。许纪霖教授近年来就主张以社会史的方法，研究精英阶层和精英人物的历史，建立一种精英的社会史研究。② 就新方法而言，对史料的辨伪并细究真伪背后的意识形态、真实意图、利益取舍等亦成为社会史研究的一个新的增长点。比如钞晓鸿对关中水册的辨伪分析，钱杭对湘湖水利文献的辨伪分析，都为研究者揭示了一个史料背后的真实历史过程，得出了与以往不同甚至是完全相反的结论。这必将成为今后社会史研究的一个重要内容和新的增长点，为我们提供了一个具有典型意义的研究案例。应当说，社会史研究过程中出现的上述变化，当与时下的新

---

① 行龙：《中国社会史研究向何处去》，行龙主编《中国社会史研究的理论与方法》，北京大学出版社，2011，第40~50页。
② 许纪霖：《精英的社会史如何可能——从社会史角度研究近代中国的知识人社会》，行龙主编《中国社会史研究的理论与方法》，第13页。

文化史、新史学思潮的冲击和影响有很多的关系。这也正是社会史学科的自觉反思和主动应对，但并不以全面转向和自我否定作为最后的结果。

最后，笔者想就如何处理好社会史与新文化史的关系再谈一点个人的看法。在笔者看来，新文化史作为一种新的史学研究范式，确实带来了很多新鲜的东西，很多灵感，很有启发性，还有很多新颖的观念和理念值得学习！但是在中国现阶段，社会史也好、文化史也罢，包括新兴的生态环境史、医疗疾病史、女性史、概念·文本·叙事的所谓"后现代史学"等，都是新史学的重要组成部分。相互之间并无高下之分，所谓的新与旧都是相对意义上的！就其现阶段的发展而言，中国的新文化史是在社会史机体上延伸出来的，并不是对社会史的一种彻底代替和取缔。这种发展路径完全不同于新文化史研究在西方的兴起。目前，中国的社会文化史、新文化史仍无法取代社会史独大的地位，充其量只是社会史大旗下的一个分支而非与社会史分庭抗礼的所谓"新史学"，并非中国史学的全部，社会史一支独大的局面还要维持相当长的一段时间！在社会史与新文化史的关系问题上，笔者认为应遵从三不原则，"不故步自封，不人云亦云，不无动于衷"。我的观点是，社会史研究刚刚走过30年，社会史年会开了14届。社会史在中国刚刚走过30年，古人云三十而立，我们正值壮年，正是要开花结果、建功立业的时候，我们不能这山望着那山高，像狗熊掰玉米，掰一个扔一个，那样我们永远也无法完成一个学术资本的"原始积累"过程。社会史在现在的中国，仍然有很大的发展空间，仍然有很长的一段路要走，指望中国历史学研究一夜暴富，实现跨越式发展，只能是无法实现的"妄想"。中国的历史学，需要走一条踏踏实实的实证史学之路。唯其如此，才能真正发挥中国学者自身的优势和特长，在国际史学界拥有自己的一席之地。

新社会文化史：寻绎意义的新尝试

朱梅光

作为20世纪80年代确定成型的一种新的史学思潮，新社会文化史的发展方兴未艾，以"语言转向"或"文化转向"为标志，在世界范围内产生了全面的冲击。各家学者见仁见智，聚讼不已。而无论是"语言"，还是"文化"，该股思潮的史学实践，根本上来自对历史意义的寻绎。历史的意义来自历史的何处？带着这样的疑问，新社会文化史学者开始寻绎意义的新尝试。

首先，这种新尝试具有"颠覆性"。新社会文化史起始于对现有历史研究规则的"不满"和"反基础主义"，企图以新的研究范式，来"重新定义"社会史。社会史的出现，其根源在于超越旧的政治史只注重"国家"的视角，而缺乏"社会"的转向和"自下而上"的民粹主义立场的狭隘性。马克思主义的唯物论和年鉴学派总体史的主张，对这种超越贡献甚卓。历史意义的寻求，不仅得之历史的客观性（即历史规律），而且更来自历史阐释的"科学性"，这种带有实证主义痕迹结构主义式的历史研究模式，使得"社会的东西"（Social）、"社会"（Society）具有了解释性的连接功能，把物质的基础和文化的基础连接起来，比如"社会背景"语下的经济与政治的连接，以及"社会"被想象为一个系统，或一个总体。而在此当中，无论是文化，还是意识，都被设想为"具有基础意义的"社会经济进程的逻辑，是受其决定的一种产物。这就是传统社会史对于"意义"的一种固有的解释模式。

而新社会文化史，明倡"反基础主义"，其鲜明的特征，即是"反对一切形式的决定论"。正如季沃夫·艾利和凯斯·尼尔德在《作为历史主体的阶级：几点思考》中所言，物质的东西与社会的东西这些范畴，是过于理想化或本质化的基础承担不了人们赋予它们的过分的负载。那些书写这些基本范畴之历史的叙事,被表明不过是现代主义者的"宏大叙事"。意义来源于文化,意义的寻绎,需要对文化的重新理解。在后现代、后结构主义思想的支撑下,文化一改过去的"从属"或"依附"的属性,走向独立。不仅如此,它还具有能动性,即反过来塑造或生产着社会和经济。摇身一变,过去近似虚无、接近缥缈的"文化"概念,在这里之于"实体社会",具有无限的"创造性"和再生产性。社会的意义是在语言和文化中被表达和建构的。因此,从事新社会文化史研究的历史学家都共同强调或突出这样一些概念,诸如"想象""表象""实践""发明"等。由此可知,正如李宏图所言,与过去传统的历史学相比,这的确是一种"颠覆性"的反转,它彻底打破了过去那种社会、经济和文化的结构式的排列,降低了社会、经济这种实体性要素的地位,更加突出了"文化的"动性。

其次,寻绎意义的新尝试又具有"建构性"。正如阿兰·科尔宾在《膨胀的遗迹——无名历史的全方位勾画》中所提到的,颠覆由表象史而引起,依托于文化权威和"能指"性效能的确立,集体表象史更具有了"象征意义"的力度。新社会文化史关注"精神制作的过程",即"重构文化实践",是欲要通过对意义、文化与表象三者的连贯考察,来实现研究范式的"建构性"。因此,"表象"这一概念被系统运用,是这种建构性的重要标志。"符号学"视野下的文化,被当成一种纯粹的象征系统。文化作为一种可描述的文本,而进入历史学家的视野。正是通过它,所谓表象的一切东西,诸如象征物、仪式、事件、具有历史意义的制造物、社会设置和信仰系统等,都可以被视为符号结构而得到研究。正是对这种一致性的寻绎,统一到整个意义系统中来。而尤为重要的是如此而"建构"成的研究范式,是假文化之梭而织成的"意义之网",它并不像经验科学那样寻求法则,而是解释"寻求的意义"。

而这种意义的寻求,正可通过"心态史的被"改变来解读。无论是年鉴学派的第三代,还是第四代的心态史学,虽表现出某种"文化主义特征",但根本上仍属社会结构中的心态。因此,新社会文化史要求对心态史进行再定义。他们认为表象体系能制约判断体系,决定了观察世界、观察社会和观察自身的方式方法,感情生活乃至最后实践活动都由它予以决定。尤其是一些史学实践,以"想象""激情"和"情感"等创造性术语的表达,对生死、家庭和孩子等研究领域的深入研究的集体表象史,引领心态史进入到新的境界。其所寻绎而出的新意义，不同于结构主义者的旧认识，相反与后结构主义者的主张相契合，意义的建立具有变化性，同时随着变化又体现出"断裂"或特殊性，意义的产生和研究的可能，是因其有着不断冲突的过程。正是基于这样的一种意义的解读新社会文化史学者在各个领域进行着新尝试。

最后，寻绎意义的新尝试还具有"开拓性"。就总体设计而言，新社会文化史研究领域的细化，与重建信仰体系和表象体系的想法之间，并不互相排斥。通过意义的重新演绎，新的面相陆续呈现。如彻底的"历史化"或"文化化"。虽有人对后现代思想提出质疑，但无可置驳的是，新社会文化史的相对主义和怀疑论深具"历史性"，其反基础主义，便是要求我们对"自然化的"或物化的范畴，进行彻底的历史化。同时，文化不是被动因素，而具有建构的功能，用文化观念来思考和认识历史。这种态度使得他们对于规范的现代性、确凿无疑的科学理性，乃至于理想化的结构史，都进行重新审视。如此一来，正如米歇尔·伏维尔在《历史与表象》中所概括的，数种体系的并存反映了历史研究的多层次性，而这种"瓦楞重叠交叉般的结构"，又为未来史学的发展留下无限的遐思。再如因方法和史料的变化，衬托而出的对"差异性"与"多样性"的重视。以计量分析为主的传统社会史，一定程度上缩小并扭曲了历史，它是社会临时共识的"平庸反映"，从而抹杀了事物的差异。因此新社会文化史不仅重新界定社会史和文化史，同时也开拓了一些新的研究领域，性别史、新阶级史、阅读史、身体史和儿童史等因此而兴起。如妇女史中关于性别认同的质疑和研究，他们认为性别认同是通过历史和文化而形成的，认同被认为是由相互冲突的文化力量和各个差异系统所构成，从而由此走向更开阔的性别史研究。这也明显影响了对阶级问题的理解。以语言学的方法，新阶级史通过对"阶级语言"的论述，追溯社会的种种话语性，这种语言学转向，虽所指的是取得霸权的方式和模式，但背后却是对历史差异性（即另类主角）的重视和发掘。再如"表象史"的研究要求认识历史资料的多样性。语言学的方法与文本的分析，为历史研究提供了另一种不容忽视的视角，历史视野由此而开阔，尤其是对号称"最坦白的语言"图像资料的利用，就为从集体信仰史到政治表象史的研究的展开，提供了特殊的支撑点。以上种种，由理念、方法再到材料，无不体现新社会文化史"开拓性"的特征。

综上所述，正如帕特里克·乔伊斯在《社会史终结了吗》一文中关于后现代对历史学的挑战所取的态度一样，21世纪的历史学家不可能对20世纪后20多年的新思潮坐视不管。新社会文化史对意义的重新寻绎，既具"颠覆性"，又有"建构性"，更有开拓性。回应这一挑战，不一定意味着拒绝这种挑战，而是要积极地与之对话，因为其中蕴含着对于历史学科本身基础性命题进行的反思。正如李宏图所言，这是不同学派和理念之争，是历史学本身的特性使然。争论和突破，又深契张广智先生总结西方史学史而概括出的"钟摆现象"。新社会文化史作为一种"现在进行时"的史学建构，需要我们更具耐心，以长时段的眼光来细细打量它。

"新文化史"给我国史学研究带来了什么?

耿雪 曾江

1999年,英国当代历史学家、剑桥大学文化史教授彼得·伯克到访我国多所高校,并做了有关欧洲新文化史发展情况的讲座。此后,新文化史这一西方史学新范式日渐引起国内学者的关注和讨论。

"文化"本身就是一个具有复杂性和多样性的概念,"新文化史"也因此难以有一个清晰的界定。对这一较新的史学研究范式,学界免不了解读、借鉴及反思。基于此,我们有必要追问,究竟什么是"新文化史"? 这种研究给我们带来了什么?

新文化史强调文化因素的能动作用

学界普遍认为,林·亨特于1989年出版的论文集《新文化史》正式宣布了"新文化史"的诞生,而学者使用这一范式进行史学研究则要追溯到20世纪70年代初甚至更早的时期。时至今日,史学界始终没有停止对"新文化史"特征、范围和研究方法的讨论,虽然没有一个明确而清晰的定义,但学界基本取得了共识。

复旦大学历史学系副教授周兵表示,现今一般对"新文化史"的广义界定主要有两个方面。

一是在研究领域上,它是传统文化史研究的进一步拓展,由精英文化转向大众文化;二是在研究方法上,它强调文化因素的能动作用,注重从表象、符号、仪式、话语、价值观念等文化形式入手,探讨和解读文化在历史中的作用。伯克概括出"新文化史"五个特别值得注意的特征:文化构建、语言、历史人类学、微观史学以及历史叙述。

新文化史研究范式的形成有其特定的历史背景。对此，美国新泽西州罗文大学历史系教授王晴佳认为，世界走向多元化和多中心，为新文化史的形成提供了条件，而社会史的兴起也促进了新文化史的发展。

新文化史研究与社会史研究二者异同互见。周兵认为，"新文化史"的兴起是对社会史的一种超越，反映了对历史的两个不同关注方向。中国社会史学会会长、南开大学历史学院教授常建华认为，社会史研究借鉴新文化史研究的方法，呈现出社会文化史的特色，与以往以社会经济史为基础的社会史研究有所不同。具体表现为，强调将人视为文化建构的产物，从生活状态了解人，注重人的文化性，并将人的情感纳入研究领域。

"新文化史"的兴起不意味着其他史学范式的衰退

新文化史研究的兴起和发展对史学界的影响是显而易见的。

将"新文化史"放在当代西方史学的整体语境下去考察，则不可忽视它在回应后现代主义思潮"非历史"的批评过程中的积极作用，以及对当前历史学多元发展的重要推动作用。周兵表示，"新文化史"的兴起，并不意味着其他史学范式的消亡或衰退，诸如政治史、经济史、思想史等史学分支甚至均在"新文化史"兴起后再次焕发生机。

"新文化史"对中国史研究也产生了一定影响。美国得克萨斯A&M大学历史系教授王笛认为，目前"新文化史"在中国还处于引进和介绍阶段，不过，这些介绍已经对中国史的研究产生了影响，一些已出版的史学著作里有明显的新文化史研究取向。常建华表示，这些影响主要表现为：一是使人们更加关注普通民众的思想文化以及精英思想文化与普通民众思想文化的关系，人们对于文化的理解也从精英文化转向社会文化、生活文化；二是强化了历史学与人类学的结合，赋予历史人类学以新的研究面向和特征；三是为社会史研究注入新的活力，产生以文化性为特色的社会文化史研究。

常建华表示，比较而言，以往的以社会形态史为背景的中国史研究重视制度和经济，而以人类文化史为背景的"新文化史"重视人的活动，强调观念与心态。在当代，这二者结合的历史研究，或许更符合现实需要。

无需因"新文化史"而妄自菲薄

随着国内史学界对新文化史越来越多地认识和解读，学界开始在反思中借鉴新文化史。

首都师范大学历史学院中国近现代社会文化史研究中心主任梁景和认为，历史研究是多层面、多角度的，可以采取多种范式，"新文化史"只是历史研究的一种范式，不能夸大"新文化史"的影响和作用。中国社会科学院世界历史研究所副研究员张旭鹏表示，"新文化史"在研究方法上过于强调作者的主观性，往往忽视规律性的问题，因此不能把握史学发展的大势。过于注重叙事技巧，立论有时并不那么严谨，因此也遭到一些学者的诟病。

由于"新文化史"不关注结构性的问题，而只关注一些细微问题，并且总是与微观史联系在一起，因此被认为是导致史学"碎片化"的原因之一。复旦大学历史学系副教授张仲民认为，在西方语境里，新文化史研究同之前流行的社会史研究一样，导致了史学的"碎片化"。

周兵认为，中国史研究没有必要因为西方的新文化史而妄自菲薄，当然也不能无视新文化史而夜郎自大。王晴佳表示，西方学者转向新文化史研究，是因为他们感到宏观的历史研究很难取得大的突破，在历史演化的基本走向上也很难得出新的结论，因而转向微观研究。但近年来，随着中国的快速发展，国人特别需要对中国的国际地位和历史地位有一个清晰的认识，因此仍须重视宏观研究。

有学者指出，"新文化史"在历史研究的范围上有拓展，在历史研究的内容上有深化，在历史研究对象的选择上有独特之处，在研究方法上有启发性。但是，从根本上说，"新文化史"隶属于唯心主义史学，只有在唯物史观指导下，对其进行科学的改造，才能真正发挥其正面作用。

中编
书序与书评

《茶馆——成都的公共生活和微观世界，1900~1950》中文版序

王 笛

我对茶馆的兴趣，应该说是始于1980年代写《跨出封闭的世界——长江上游区域社会研究，1644—1911》[1]时，但当时所有到手的关于茶馆之资料，不过是傅崇矩晚清所编《成都通览》上的寥寥数语（也是人们广泛引用的资料）和1980年代初陈茂昭在《成都文史资料选辑》上的一篇回忆。虽然资料的缺乏使我难以对茶馆进行更深入的研究，但这个课题一直在我脑中萦绕。在为《街头文化：成都公共空间、下层民众与地方政治，1870—1930》收集资料的过程中，[2]我不断发现关于茶馆的记录，遂逐渐萌生了专门就茶馆写本专著的念头。1998年，我在约翰·霍普金斯大学的权力、文化与历史研究所（Institute of Global Studies in Power, Culture, and History），宣读了我第一篇关于茶馆的论文《闲人和忙人——20世纪初成都茶馆与公共生活》，这篇论文2000年发表在美国《城市史杂志》上，修改后的中文本2001年又以《二十世纪初的茶馆与中国城市社会生活——以成都为例》发表在《历史研究》上。[3] 2001年当《街头文化》英文本交出版社后，我便全力以赴进行这本《茶馆》的写作。

2003年初稿成形后，便开始了漫长和艰苦的修改过程，其间众多学者耳提面命，还在国内外利用演讲该主题的机会，听取大家高见。稿子每从

---

[1] 《跨出封闭的世界——长江上游区域社会研究，1644—1911》，中华书局，1993。

[2] 即 *Street Culture in Chengdu: Public Space, Urban Commoners, and Local Politics in Chengdu, 1900—1950* (Stanford University Press, 2003)。

[3] "The Idle and the Busy: Teahouses and Public Life in Early Twentieth—Century Chengdu," *Journal of Urban History*, Vol. 26, No. 4 (2000): 411-437；王笛：《二十世纪初的茶馆与中国城市社会生活——以成都为例》，《历史研究》2001年第5期。

头到尾大改一次，我另存一份电脑文件，等书最后定稿，整整 12 个版本！虽然不能说我对本书完全满意了，但最后与最初版本相较，真有天壤之别。从第一篇论文到专著出版，其间刚好经历了 10 年。

  西方历史学家喜欢"打一枪换一个地方"，但我觉得自己更像一个人类学者，对一个地区进行孜孜不倦的长期田野考察。写作《跨出封闭的世界》使我对四川的社会和文化有了宏观的理解，但《街头文化》和本书以成都为中心，这个城市的微观世界令我心醉。我现在正在撰写的关于社会主义时期的茶馆与公共生活，也是以成都为焦点。这三本书可以算是一个中国城市微观史和成都叙事的"三部曲"吧。在《街头文化》中，我的焦点放在精英和大众、精英文化和大众文化的对抗上。但本书的中心则是两个基本线索：一个是在 20 世纪上半叶，国家角色日益加强，国家支持的现代化不断削弱地方文化的独特性；另一个是在国家权力深入地方的过程中，以茶馆为代表的地方文化，竭力对抗现代化所推行的国家文化的同一模式。

  刚开始这个研究计划时，由于资料的缺乏，原来是打算利用有限资料写一本百年成都茶馆的历史，但由于从成都市档案馆发现的丰富的有关茶馆档案，使我决定以 1950 年（成都被解放军接管是 1949 年 12 月 27 日）作为分界，写两本书。我至今仍然记得在成都市档案馆发现有关茶馆档案时的兴奋之情，甚至回美国时也不放心将资料托运，一直随身携带，不敢让其须臾离开自己的视线，生怕丢失。在英文本出版后，我便想尽快能使本书与中国读者见面。经过一年多的努力，十分高兴中译本顺利完成。这里借用中文本出版的机会，简要将我研究这一课题的现实与理论思考做一些交代。

强国家与弱社会

  在这本书中，我想表达的是什么呢？如果要用简单一句话，就是国家是怎样逐步深入和干涉人们的日常生活的。"国家"这个词在本书中经常出现，本书导言部分对这个词进行过解释。在英文中，与中文"国家"一词相近的词至少有三个是常用的，即 country、nation 和 state。但这三个词在英语中有明显区别，country 是从地缘的角度讲"国家"，nation 是从民族的角度讲"国家"，而 state 是从国家体制和国家机器角度讲"国家"。在本书中，我所讲的"国家"是 state，因此经常又是政府的同义词。作为 state 的

"国家",在本书中有时也具有不同的含义,当相对人民而言,它是"政府",可以是中央政府,也可以是地方政府,在军阀时期也可以是军阀政府;当相对地方而言,它是"中央政府",具有 state 和"全国的"(national)的双重含义。

这里还有必要对本书中的"地方文化"和"国家文化"进行一些解释。我认为所谓地方文化,就是由于地理、生态、生活方式所形成的地域的一种文化现象。由于过去交通不发达,社会相对分离,所以文化具有各自的独特性。"国家文化"是我经常使用的另一个词,英文我用的是 national culture,其中也包含了 state 所推行的文化。而对国家文化要下一个准确的定义基本上是不可能的,因为随着时空的转移,特别是近代由于交通的发展和政治的冲击,地域间的交流不仅更频繁,规模也在扩大,地方文化和国家文化的意思也在发生变化,而且这两个概念之间经常发生游离。但是我认为国家文化至少包含以下三个要素:第一,是由国家权力来提倡和推动的;第二,有利于中央集权的;第三,有一个全国的统一模式。

从本书中,我们可以清楚看到国家权力的无限扩张和国家文化的胜利所带来的后果,现代中国比任何时候都更步调统一,但比任何时候都缺乏文化的个性和多样性。以今天的中国城市为例,虽然建筑是丰富多彩的,但城市外观和布局日趋千篇一律。中国今天地域文化逐渐消失,现代化使中国文化日益趋向同一。中国是一个崇尚大一统的国家,许多人有着强烈的国家情结,认为只要为国家的大一统,不惜付出任何代价,他们对地域文化的衰落以及消亡是不会有一丝半点的遗憾的。一个统一的意识形态,统一的民族文化,宏大的国家叙事,无疑在建构强势的国家政权中可以扮演积极的角色,同时还能满足那些具有强烈国家意识的人们的野心。

国家政权深入社会深层的努力,是从晚清开始的,民国时期进一步强化,国民党的失败,新政权的建立,使国家机器的强化达到顶峰,这是 20 世纪现代化国家建构(state building)的一个重要过程。在近代中国,爱国者们所憧憬的"国富民强"的"国",是作为民族(nation)的国,而非国家机器或政府(state)的国。一个过于强势的国家机器,是经常与"国富民强"背道而驰的,甚至使民权进一步弱化,人们只好把全部期望寄托在出现一个"好政府"上。其实,作为民族的国家和作为政府的国家的强弱经常是成反比的,例如美国作为民族国家是强大的,但作为国家机器是相对很弱的,因为国家的权力被"强民"(或社会)所分化,特别是公民手握有选票这个民主制度最强大的武器，而只有在"民强"的时候，才会出现真正强大的民族国家（nation）。

但是在中国，整个20世纪基本上都走的是不断强化国家机器的路子。公民与国家（state）始终是一对复杂的关系，前者始终是弱者，是保护公民利益，还是保护国家利益？地方与国家的关系也存在同样的矛盾，是保护地方文化，还是保护国家文化？无论这些关系对人民和民族有利还是有弊，有一点是毋庸置疑的：如果国家有着无法挑战的绝对权威，那是不利于公民社会的建立的。当国家的利益取代公民的利益，那么国家无非成了剥夺公民利益的工具。在现代化早期，需要加强国家权力以推动现代化，建立民族国家，但如果国家权力大到任何力量都无法制约的时候，社会则无法发展，民权则无法伸张。

国家与社会关系问题，是西方研究中国历史的一个着眼点。在1980年代末1990年代初，美国学者冉枚烁（Mary Rankin）、罗威廉（William Rowe）、全大伟（David Strand）使用"公共领域"（public sphere）这个概念来研究近代中国时，遭到不少学者的反对，认为哈贝马斯（Jurgen Habermas）的概念不适合中国。我在撰写《街头文化》一书时，主要考察公共空间是怎样演变成社会政治空间的，从一个侧面论证了"公"在地方政治中的角色。现在，我们比任何时候都更清楚了，不是"公共领域"这个概念是否可以用来研究中国的问题，而是采用这个概念来研究中国时，怎样定义这个概念的问题。其实冉枚烁在研究浙江、罗威廉在研究汉口、全大伟在研究北京时，不存在所谓哈贝马斯的概念的误用问题，因为他们从来就没有同哈贝马斯使用同样的概念，而且事先申明与哈贝马斯的概念是有区别的。

事实上，哈贝马斯的"公共领域"也并非像我们过去理解的那样总是一个与国家对立的社会和政治力量，它同时也是指物质空间。我将在本书的结论中对这个概念进行具体讨论。当人们走出家庭这样的私人领域，便进入了公共领域。从"物质"的"公共领域"这个角度看，茶馆扮演了与欧洲咖啡馆和美国酒吧类似的角色。即使退一步，按照比较严格的哈贝马斯的概念，即把公共领域视为与国家权力对抗的一种社会和政治空间，茶馆仍然不失为一个名副其实的公共领域。正如在本书第八章中所讨论的，我们看到国家的司法权是怎样在社会基层被分化，一个"最民主的法庭"（虽然这种说法理想化了这种社会活动）是怎样在发挥着稳定的作用。

《茶馆——成都的公共生活和微观世界，1900~1950》中文版序　157

　　公共空间和公共生活是地方文化的强烈表达，在中国城市生活中扮演了一个中心角色，为市民参与社会和政治提供了舞台。欧美城市史学者对公共聚集场所，诸如咖啡馆、酒馆、酒吧间等都有相当深入的研究，在那些地方，陌生人聚集，交流信息，进行家庭和朋友之外的公共生活。公共空间是观察社会关系的极好场所，在这些地方，各种人特别是下层民众，从事着日常生活活动。但是中国城市的公共生活长期为城市史学者所忽视，因此，我希望通过对20世纪上半叶成都茶馆的考察，揭示民众与公共空间、街头生活与公共生活的关系，探索国家（state）在公共空间的政治话语是怎样建立起来的。

　　实际上，20世纪下半叶的中国有相当长的一段时间，是处于有"国家"无"社会"的时代，国家掌握了政治、经济、社会、文化的一切资源，这是此前任何政权所未能实现的。传统的"公"的领域也几乎不复存在。在城市中，从街道到单位，都是国家行政机构的一部分，由各级政府任命的领工资的党和行政部门的大小官员，主宰人们社会生活的一切事务。从1950年代到1970年代，中国没有任何名副其实的社会组织，所有名义上的社团，都仅仅是国家政权的一部分，无论是同业公会、工商联，还是各种文化协会，都不再有任何独立性。社会的一切都只是由国家包办，但实际上国家又无力包办，社会没有了能动性，失去了活力。只有到了1970年代末之后，随着思想解放、改革开放、经济发展以及中产阶级逐渐兴起以后，才出现了部分自治的商业联合会、专业协会、联谊会、慈善会、宗教协会以及各种自愿组织等，"社会"才逐渐走向复苏，虽然这个过程是长期的和缓慢的。①

　　国家怎样控制社会和日常生活，是20世纪中国一直存在的问题，本书

---

① 社会主义时期这种国家与社会关系的演变，我将在目前正撰写的20世纪成都茶馆和公共生活的第2卷《社会主义下的公共生活——革命和改良时代的成都茶馆，1950—2000》(Public Life under Socialism: Teahouses in Revolutionary and Reformist Chengdu, 1950–2000) 中进行系统阐述。在"文化大革命"及其之前的30年，茶馆这个行业奄奄一息，名存实亡，直到改革开放后，才开始复苏。如果说本书是以"小商业和日常文化的凯旋"作为结尾，那么关于茶馆的第2卷对成都茶馆在20世纪下半叶的考察，则是以"小商业和公共生活的失败"作为开始，我们将看到新政权是怎样逐步削弱以茶馆为代表的传统小商业，而人们的公共生活是怎样同时衰落的。在1950年代初的集体化和社会主义改造运动中，大多数私营茶馆被迫改为集体所有，茶馆数量急剧减少，这也极大地改变了城市经济结构。但改革开放后，茶馆如雨后春笋般地发展起来，而且繁荣到了史无前例的地步。关于茶馆的第2卷将揭示在各种激进时期城市社会生活改变的过程和程度，从早期社会主义到改革开放，茶馆作为一个微观世界，怎样见证了社会、经济、文化和政治的演变。

无非是从公共生活的角度，以茶馆作为窗口，系统考察20世纪上半叶的这个过程。从20世纪开始，茶馆一直被政府和改良精英认为是鼓励懒惰、滋生罪恶的地方，在国家强大的话语霸权下，即使是那些为茶馆辩护的微弱声音，即使是那些茶馆和茶馆生活勇敢的捍卫者，也显示了他们的内心深处对茶馆的未来缺乏信心，虽然他们反复强调茶馆的功能，但似乎也同意茶馆是"旧"的东西，社会"进步"之后，最终新的公共设施将取代茶馆，茶馆终将消亡。[①] 但他们完全始料未及的是，经过了共产革命的胜利以及"大跃进"、"文化大革命"、改革开放、市场经济、国际化等，社会的确已经有了巨大进步，甚至可以说是发生了翻天覆地的变化，中国传统中的许多东西都永远不复存在了，但茶馆不仅没有消亡，而且达到了前所未有的繁荣。这充分反映了地方文化的顽强。[②]

新文化史与微观史

本书应该说是以新文化史和微观史取向在中国史研究的一个实践。理解茶馆的社会、文化、政治角色，能够帮助我们不仅从微观角度了解成都，而且对认识20世纪中国城市、城市社会以及与中国政治之关系都将有所裨益。这个研究力图回答：当传统的日常生活和休闲的方式逐渐消失，为什么茶馆能够在艰难的社会环境中幸存并更加繁荣？为了回答这个问题，我考察了茶馆的历史、茶馆的经济功能、作为社区中心的茶馆以及茶馆所蕴藏的丰富的日常文化和政治文化。微观历史研究取向可以引导我们进入城市的内部，茶馆提供了研究下层民众活动的一个重要空间，在那里我们可以仔细考察他们日常生活的细节，即使那些细节看起来是多么的微不足道。

对茶馆的考察给我们提供了把城市社会放到"显微镜"下进行观察的机会。虽然难以像C. 金兹伯格（Carol Ginzburg）那样利用系统的宗教裁判

---

① 老乡：《谈成都人吃茶》，《华西晚报》1942年12月26－28日。
② 看起来可以轻易把茶馆取而代之的新公共空间、新娱乐设施层出不穷，诸如咖啡馆、网吧、KTV、舞厅、影剧院以及其他现代娱乐设施，另外使人眼花缭乱的电视节目、VCD、DVD等，越来越多的家庭有了汽车，周末到城外度假。尽管人们的日常生活有了如此多的选择，但传统的坐茶馆的生活方式仍保留下来，成都的茶馆不但没有消亡，反而有了较大的发展，到2000年，成都至少有3000家以上，而整个民国时期，成都茶馆也不过600家左右。茶馆为何有如此顽强的生命力？这便是本书第2卷要竭力回答的问题。

所档案对一个案例进行深入分析,[①] 但我仍然通过挖掘茶馆——这个人们日常生活中最基本的单位——的各种有关记录,以尽量详细的叙事来重构过去人们日常和公共生活的历史。事实上,在20世纪前半叶的成都,几乎没有其他机构像茶馆那样与人们的日常社会生活密切相关。在中国,没有任何一座城市像成都那样有如此多的茶馆。如果把茶馆视作城市社会的一个"细胞",那么在"显微镜"下对这个细胞进行分析,无疑会使我们对城市社会的认识更加具体深入。我试图对茶馆这个"肌体"进行全面考察,从茶馆生活到经营、同业公会、雇佣以及茶馆政治、政府发布的关于茶馆的政策等,揭示茶馆作为一个典型的小商业,怎样与城市日常生活联系在一起,考察其独特的活力和文化。这个对茶馆的研究有三个内容:其一是对日常休闲的作用,其二是作为一个经济实体的功能,其三是它们的政治角色。

我研究公共空间、日常生活和微观世界,在相当程度上也是受到西方新文化史、微观史的影响。新文化史从1980年代以来渐成气候,加入这个阵营的学者把普通人作为他们研究的主要对象,同时他们也从过去现代化理论流行时代的社会科学和科学的方法,转向讲究叙事和细节的人文的方法。虽然大事件仍然是许多历史学家的研究中心,但在此大背景下,一些新课题如日常生活、物质文化、性别身体、记忆语言、大众文化等得到明显的发展。

西方新文化史的发展是有一定的理论渊源的,如 A. 葛兰西(Antonio Gramsci)的文化霸权与庶民文化理论便有着广泛的影响。他认为取得文化霸权的关键是看革命党能否成功地把新的文化观念传播到民众之中。但他也认识到,新旧文化经常交叉重叠,很难明显划分,因此工人阶级的"新思想"和"新文化"不可避免地以新旧杂存的形式显示出来。[②] 这种理论趋向在英国新社会史学派的重要代表人物 E. P. 汤普森(E. P. Thompson)《英国工人阶级的形成》这部名著中体现出来。汤普森认为,从某种意义上说,英国工人阶级的形成并非源于产业工人,而是具有庶民文化传统的手工工匠。这个背景当然也影响到英国工人阶级的阶级意识、行为和工人运动,

---

[①] Carol Ginzburg, *The Cheese and the Worms: The Cosmos of a Sixteenth - Century Miller* (Trans. John and Anne Tedeschi. New York: Penguin Books, 1982).
[②] Antonio Gramsci, *Prison Notebooks* (Ed. Joseph A. Buttigieg; trans. Joseph A. Buttigieg and Antonio Callari. New York: Columbia University Press, 1992).

因此早期工人运动的中坚力量是手工工匠，而非产业工人。被认为持"新劳工史"取向的贺萧（Gail Hershatter）关于天津工人和裴宜理（Elizabeth J. Perry）关于上海工运的研究，便受到汤普森研究的启发。① 总体看来，关于中国工运的研究，焦点仍然放在占很小比例的工厂工人身上，但在这本关于茶馆的研究中，我们可以看到，实际上中国近代城市中，手工工人占有绝对的统治地位，本书便通过茶馆考察小商业中工人阶级的生活和命运。

南亚下层的庶民研究学派给我们考察下层民众以极好的范例。从20世纪80年代初，一批在西方的印度裔学者就南亚特别是印度庶民社会进行了长期的研究，他们的成果集中在系列丛书《庶民研究》中，其代表人物是印裔的澳大利亚人R. 古哈（Ranajit Guha）。当然庶民研究内部也有不同声音，如G. 斯皮瓦克（Gayatri Spivak）便批评古哈将庶民视为一个同一体，而忽略了底层之中的不同性。斯皮瓦克有一句名言，即："底层人能说话吗？"这里实际提出的是底层人能否发出自己的声音。但古哈表示，庶民一定要而且能够发出自己的声音，尽管这种声音可能是微弱的。② 这项对成都茶馆的研究证明，我们可以从普通民众的日常生活中找到他们的声音，以他们自己的声音来考察他们的思想和行为，是研究下层和微观世界的一个极富挑战性的努力。

新文化史也得到人类学很大启发，例如人类学家C. 吉尔兹（Cliford Geertz）的《尼加拉：19世纪巴厘剧场国家》，通过对尼加拉的研究，揭示生态、地理、政体、宗族、婚姻、结盟、村落与国家、庙会、梯田组织、灌溉会社、庆典、祭祀、权力等方面的问题，这些问题不仅是人类学家关注的，也是新文化史家的兴趣所在。在这里，国家庆典被隐喻为剧场表演，"国家"只有在举行仪式之时才展示出来。因此，巴厘通过公共戏剧化，即举行庆典场面来建构一个国家概念。所以实质上尼加拉只是一个宗教意义上的结构，并非政治、社会或经济的实体。吉尔兹的另一部为新文化史学

---

① E. P. Thompson, *The Making of the English Working Class* (New York: Vintage Books, 1966); Gail Hershatter, *The Workers of Tianjin* (Stanford: Stanford University Press, 1986); Elizabeth J. Perry, *Shanghai On Strike: The Politics of Chinese Labor* (Stanford: Stanford University Press, 1993).

② Ranajit Guha, *A Subaltern Studies Reader, 1986 – 1995* (Minneapolis: University of Minnesota Press, 1997); Gayatri Chakravorty Spivak, "Can the Subaltern Speak?" in Gary Nelson and Lawrence Grossberg eds., *Marxism and the Interpretation of Culture* (Urbana and Chicago: University of Illinois Press, 1988), pp. 217 – 313; Ranajit Guha, "The Small Voice of History," in Shahid Amin and Dipesh Chakrabarty eds, *Subaltern Studies*, IX: *Writing on South Asian History and Society* (Oxford and New York: Oxford University Press, 1996), pp. 1 – 12.

者津津乐道的著作是其论文集《文化的阐释》，特别是关于巴厘斗鸡的一篇，从村民的一种日常活动中，他观察到了所表现出来的社会、文化和政治。他发现，虽然搏斗的是公鸡，但实际上是男人间的竞争。对吉尔兹来说，斗鸡是了解巴厘社会的一个文本，即民族文化的文本。[1] 从同样的意义来说，茶馆便是我了解中国社会的一个文本。

与新文化史齐头并进且相互影响的是微观史学。C. 金兹伯格的《奶酪与蛆虫》应该说是微观历史最早和最有影响的著作之一。全书篇幅不大，只着眼一位生活在16世纪意大利北部偏僻山村经营磨坊的农民。研究微观历史，首先需要系统的资料，宗教裁判所的详细记录为这个课题提供了必要条件。这个农民因"异端邪说"而被宗教法庭起诉，在经过长达十多年的审讯后被处死。宗教法庭对他的审讯记录被完整地保存下来，作者从这些完整的记录中，竭力挖掘他的内心世界。例如从其在受审中所交代材料的书籍入手，分析这个小磨坊主怎样理解那些文本，从而使金兹伯格能够通过研究这样一个在历史上微不足道的小人物，建构一个小磨坊主的心灵史，并由此去解读当时的社会、宗教和文化，展示意大利大众文化与精英文化之间的关系和冲突。金兹伯格研究的焦点，实际上是与精英文化相对的大众文化和下层文化的历史，[2] 从微观角度研究前现代的意大利社会和文化可谓得天独厚。G. 鲁格埃罗（Guido Ruggiero）从微观史学的角度，以老妇玛格丽塔奇怪的死亡为分析案例，探讨了17世纪初意大利宗教、大众文化与日常社会生活的复杂关系。这个研究利用宗教裁判所和宗教法庭记录，探讨当时人们是如何解读疾病、身体以及人们所生存的世界，从而进一步理解早期近代的文化世界。对作者来说，玛格丽塔的死亡不仅是一个医学上的神秘故事，而且也是探讨一种被遗忘的文化和前现代医学实践的窗口。作者像写侦探故事一样，把我们一步步带入事件内部，把各种细节拼在一起，从而发现它们之间的联系。这个研究给我们提供了关于微观史的一个很好的范例。[3]

---

[1] Cliford Geertz, Negara: *The Theatre State in the Nineteenth—Century Bali* (Princeton: Princeton University Press, 1980); Cliford Geertz, *The Interpretation of Cultures* (New York: Basic Books, 1973).

[2] Carlo Ginzburg, *The Cheese and the Worm*; *The Cosmos of a Sixteenth - Century Miller*.

[3] Guido Ruggiero, "The Strange Death of Margarita Marcellini: Male, Signs, and the Everyday World of Pre - Modern Medicine," *American Historical Review*, Vol. 106, No. 4 (2001): 1141 - 1158.

当然也并不是说没有宗教裁判所档案就无法进行微观历史的研究了。B. 达恩顿（Bobert Darnton）的《屠猫记以及法国文化史的几个插曲》，从不同的资料来源和侧面讨论法国社会和文化，包括民间传说故事、手工工匠的自传、城市指南、警察密探报告、狄德罗的《百科全书》、读者与出版社的通信等。该书是新文化史和微观历史研究在资料利用和解读方面的经典之作。该书共有六章，我觉得最有意思的是第二章，即作为书名的关于屠猫故事的解读。该章根据一个印刷学徒工所记叙的杀猫取乐活动，进行文本分析，来观察阶级冲突、师徒对立等问题。印刷学徒工的生活百无聊赖，平时经常酗酒甚至斗殴。在这里，师傅夫人最喜爱的猫是资产阶级的猫，吃得比学徒好，还叫春引人讨厌，因而引发了虐猫的恶作剧。而达恩顿的杰出之处，是力图追溯这个恶作剧的文化渊源，当时民俗便有虐猫的传统，如在狂欢及其他各种仪式中，对猫进行折磨。而且猫在大众文化中经常暗示巫术，民间便存在着免除猫魔的仪式，包括使猫致残的各种办法，如像割尾、断腿、火烧等酷刑。有的人在新房落成后，把活猫封在墙壁里辟邪。在法国通俗文化中，猫还影射生殖和女性性欲，因此在民间故事中，常描述女人在恋爱中像猫一样。通过虐待女主人的猫，也就暗示欺辱女主人，使女主人象征性地受到性侵犯。杀猫行为，也是一种猎杀女巫行动，或暗喻反抗或造反。①

如果我们试图在中国史领域找到与微观历史相通的研究，史景迁（Jonathan Spence）的《王氏之死》可能是最为接近者。该书以乡村底层人民的生活为中心，描写了贫穷的山东郯城从生态到农民的艰苦生活。从一场地震开始，然后看当地的自然状况、疾病、饥荒、暴力、满人征服，讨论土

---

① Bobert Darnton, *the Great Cat Massacre and Other Episodes in French Cultural History*（New York：Vintage Books, 1985）. 关于法国的微观历史还有一些有影响的成果，它们也是得益于宗教裁判所档案。例如拉杜里（Emmanuel Ladurie）的《蒙塔尤》研究的是14世纪法国一个山村的日常生活。他探讨这个小山村的环境、家和家庭、心态、举止、婚姻、性行为、儿童、死亡、日常聊天、社会结构、小酒店、巫术、教士、犯罪、民俗等。微观历史研究是否能进行下去，经常取决于资料的情况。拉杜里在导言中便详细介绍了资料的来龙去脉。该地区的宗教裁判所法庭，在1318－1325年间共进行了近600次审讯，涉及近百个案例。出庭受审的人有各种身份，贵族、教士、农民、工匠、小贩等，但大多数是一般百姓。这些审讯十分详细，案卷记录犹如人类学家的田野调查，事无巨细，为重建若干世纪前山村生活提供了可信的资料。这些审讯记录的形成有三个步骤：先由一名记录者听取审讯和供闻，快速记录为草稿；然后将草稿给被告过目，进行修正；最后由记录者再把修改的稿子誊抄在羊皮纸上。见 Emmanuel Ladurie, *Montaillou：The Promised Land of Error*（Trans. Barbara Bray. New York：G. Braziller, 1978）.

地、天气、农业、赋税、人口、行政机构等。史景迁还重点描述下层人民的生活，例如寡妇如何把儿子抚育成人、地方上的各种争斗等；最后从一桩杀人案的原原本本，来看妇女的遭遇和地位。王氏是一个贫寒农民之妻，与人私奔，数月后因走投无路而返家，丈夫恨其使他颜面尽失，在大雪之夜将她掐死，还嫁祸邻居。多亏知县黄六鸿发现破绽，侦破疑案。不像欧洲的微观史研究，史景迁并无系统资料，只好主要根据《郯城县志》、黄六鸿所著《福惠全书》以及蒲松龄的《聊斋志异》等不多的文献，重构几百年前一个北方贫穷村庄的社会和生活，显示其运用资料的高超技巧。史景迁前些年出版的《书的叛逆》，以讲故事的手法，记述了雍正时曾静案和《大义觉迷录》出笼的前因后果，也非常接近微观史的写作手法。[①]

所有上述著作对我研究茶馆都或多或少有所影响，都可以看到我与这些研究在学理上的联系。不过，我关于茶馆研究又与上述所有研究在关注的问题、使用的资料、解读文本的思路、分析事件的方法等方面，都有很大的不同。

宏大叙事与日常取向

是否地区或地方的研究可以提供一个理解中国社会和文化的普遍性知识，是历史学家关心的问题。微观研究的意义在于，能够为把对历史的认识上升到一个更广义层次而提供个案分析，其不仅能丰富我们对地方的知识，而且有助于我们对中国的理解。由于中国地理、经济、政治、文化、社会特征的复杂性，任何同一性或特殊性都应在我们的思考范围之内。当我们研究大众文化、一般民众、日常生活时，也应该重视那些具有普遍意义的重要事件。一方面，对微观和下层的研究使我们能观察那些知之不多的社会底层现象；另一方面，对具有历史意义的重大事件的考察，可以加强我们对政治和日常生活的深刻理解。因此，当我们将微观视野放在民众、日常、街头、茶馆等问题时，精英、国家、政治运动等也不可避免地会纳入我们的讨论之中。这种取向使我们在研究微观问题时，也充分注意到宏观的历史事件。虽然微观历史津津乐道那些微不足道的细节或"小历史"，

---

① Jonathan Spence, *Death of Woman Wang* (New York: Viking Press, 1978); Jonathan Spence, *Treason by the Book* (New York: Viking Press, 2000).

但其所揭示的问题有助于我们理解大历史。①

刚去世的美国哥伦比亚广播公司（CBS）著名节目制作人D. 荷维特（Dan Hewitt）有句名言："告诉我一个故事"（Tell me a story），以讲述故事的手法来进行新闻报道和分析，他对美国新闻报道的叙事方式有着重大影响，其所创造的电视新闻周刊《60分钟》（60 Minutes），开创了新闻报道的新里程。在我的历史写作中，也持有类似的原则，讲述在茶馆里发生的故事，揭示了关于茶馆的许多细节。这些细节，是我论证人们怎样使用公共空间、国家如何控制和影响日常生活、地方文化怎样抵制国家文化等更宏大问题时所不可或缺的。引子和尾声这两个部分实际上是对半个世纪成都社会和茶馆变迁的概括，有的细节是根据历史记载的一种逻辑重建，如果读者读完本书，再对照我在《街头文化》中对成都的描述，就会发现这种逻辑重构完全是有历史依据的。

本书既是一本微观史，也是一部叙事史，亦是一部大众文化史。不过采取新文化史和微观史取向对中国进行研究时，有若干问题还值得进一步讨论。正如我前面所指出的，新文化史和微观史受人类学影响甚深，但由于人类学、社会学、文学等学科日益"侵入"历史研究领域，不少学者感到了危机，担心历史学将因此被"解构"。其实我认为这是杞人忧天，多学科交叉不仅没有给历史学带来危机，而且开拓了新方向，给历史学带来了生机和活力。过去历史学无法进行研究的课题，或者有些老课题似乎已经山穷水尽，但由于多学科、新思维、新方法的引进，从而使许多新课题得到开拓，老课题有了新发展。其实，如果说许多其他学科"侵入"了历史学领地，那么历史学实际上也"侵入"其他学科的"势力范围"。②

新文化史和微观史使我们从宏大叙事转到日常取向。考察历史的角度

---

① 2006—2007年度我在美国全国人文中心（National Humanities Center）做研究员时，著名宏观历史学家D. 克里斯蒂安（David Christian）也在那里做研究员，我们这两个走极端的历史学家，似乎还很有共同语言，经常一起交流。他的《时间地图——大历史导论》，是我所见到的最宏观的历史，从宇宙、时间和空间的起源写起，然后到生命和生物圈，最后才是人类的进化，农业的起源，城市、国家与文明，这本600多页的巨著，以预测未来结束。见David Christian, *Maps of Time*: *An Introdttction to Big History*（Berkeley: University of California, 2004）。大小历史都是可以进行对话的。其实我们关注很多共同的问题，如人与自然、人与社会的关系，正如人们在茶馆中所谈论的主题，大至宇宙，小至虫豸，都是历史学可能涉及的对象。

② 如我自己便使用竹枝词研究成都的日常生活。见Di Wang, "The Rhythm of the City: Everyday Chengdu in Nineteenth—Century Bamboo—Branch Poetry." *Late Imperial China*, Vol. 22, No. 1（June 2003）: 33 – 78。

和方法，经常因史家的历史观而异。过去我们研究历史，钟情于宏观历史和历史上的风云人物，风行一时的黄仁宇的《中国大历史》① 更使我们相信，历史学家应该高瞻远瞩，写历史也应有叱咤风云的气概，指点江山的魄力，洞悉天下大事的眼光，或像《资治通鉴》那样，为当政者提供治国的借鉴，或为国家民族复兴在意识形态上奠定基础。当书写这样的历史时，在相当程度上满足了我们驾驭历史的野心。因此，中国的历史书写，从根本上看，可以说是一个帝王将相、英雄豪杰、知识精英的历史，因为我们相信，只有写他们，才能建构有关民族和国家命运的宏大叙事，才能体现史学家的使命感。我们事无巨细地了解帝王将相、风云人物的一举一动，他们当然比一个默默无闻的普通人对历史更有影响。但问题在于，我们所面对的是占总人口99%以上的这些小人物，他们每天也在创造历史，只不过创造的方式不同罢了。我们不关心他们的情感，他们的生活方式，他们对世界的看法，他们的遭遇，他们的文化，他们的思想，因为他们太渺小，渺小到难以进入我们史家的视野。因此，我们所知道的历史是一个非常不平衡的历史，我们把焦距放在一个帝王将相、英雄驰骋的小舞台，而对舞台下面千变万化、丰富多彩的民众的历史却不屑一顾。在帝王和英雄的历史书写下，我们把希望寄托在历史上屈指可数的明君贤相、精英人物身上，视个体的小人物如沧海中的一滴水，可有可无，似乎他们在历史上没有留下任何踪迹。

　　研究日常、大众、下层，涉及历史观和方法论的问题。虽然主流意识形态不断强调是人民推动了历史前进，我们的历史研究实际上对这个动力十分轻视。当然论者可以反驳说，研究农民战争不也曾红极一时？但很清楚，这些农民战争的研究基本是以领导者为中心的。当一个普通农民一旦振臂一呼成为起义的领袖，便成为我们历史撰写中的"英雄"，他们的事迹不过是进一步为英雄史观提供更多的脚注和事例罢了。我们似乎不屑把精力浪费在那些历史上默默无闻的芸芸众生之上，唯恐这样便降低了我们历史研究的意义。黄仁宇的《万历十五年》，不正是从一个平平常常的、"没有意义的一年"（a year of no significance）而发现了这个帝国内部所隐藏的导致其灭顶之灾的深层危机吗？② 当然，黄仁宇的兴趣，仍然在于帝王将

---

① Ray Huang, *China: A Macro History* (Armonk: M. E. Sharpe, 1988); 中文版，三联书店，2007。
② Ray Huang, *1587, a Year of No Significance: The Ming Dynasty in Decline* (New Haven: Yale University Press, 1981); 中文版，三联书店，1997。

相，与我们所关注的默默无闻的、日出而作、日落而息的老百姓，仍然有着遥远的距离。

一位我十分钦佩的成就斐然的前辈美国华裔历史学家曾经告诫道："千万不要做第二等的题目"，言下之意是要选重要题材才可能成就杰出历史学家，所以他所做选题，都是关于国计民生的大题目。他的这种看法，引起不少国内史家的共鸣。但是我怀疑，是否真的存在所谓"一等题目"或"二等题目"。我想在那些崇拜"一等题目"学者的法眼中，巴黎圣塞弗伦街印刷作坊中学徒工的杀猫，巴厘岛上土著居民的斗鸡，成都穷街陋巷边茶馆里的清谈……应该都是末流题目了。其实，每天的日常生活，较之突发的政治事件，难道不更贴近我们的命运吗？在我看来，没有无意义的研究对象，无论我们的研究对象是多么平淡无奇，多么缺乏宏大的"政治叙事"，如果我们有利用"显微镜"解剖对象的本领，有贴近底层的心态和毅力，就可以从那些表面看来"无意义"的对象中，发现历史和文化的有意义的内涵。如果我们的读者从茶馆这样一个"无聊"的题目中，能够得到哪怕一丁点有意义的启发，那么我这十来年的心血也算没有枉费了。

2009 年 5 月初稿于加州伯克利
2009 年 11 月定稿于得克萨斯大学城

《当代中国口述史——为何与何为》序

梁景和

我较早关注口述史大约是在20世纪的90年代。那时我刚到首都师范大学历史系任教，从事中国近现代社会文化史的教学与研究工作。从那时起我觉得研究新中国成立以后的婚姻、家庭、女性、性伦、娱乐生活等社会文化史的内容很有学术价值，所以我的硕士生和博士生在这个领域里做了很多学位论文。在从事学术研究的过程中，我们在运用史学传统的文献研究方法之外，开始注重社会学、心理学等学科的研究方法并借鉴之，其中访谈问卷法开始为我们所借用。2001年后，十几年来，我的一些研究生们做了大量的访谈和问卷工作，并整理出版。[①] 这一时期，口述史学也开始在史学界兴盛起来，国内已多有专著、译著和论文出版发表。但在这一时期，人们对于口述历史的认识尚处初始阶段，所以需要深入理解和研究的问题还有很多。我在2005年撰文《关于口述史的思考》，着重阐述了我对口述史的一些认识和思考，认为口述史"是通过有计划地访谈和录音技术，对某一个特定的问题获取第一手的口述资料，然后再经过筛选和比照，分析和辨伪，进行历史研究的方法及其成果"[②]。我极力主张要把口述史和访谈录、回忆录等区别开来，千万不能混为一谈。口述史是艰苦地史学研究，未经过规范研究的不能视为口述史。当然访谈录和回忆录等都是重要的史料，其价值绝不能低估，并随时间的流逝，其史料价值将不断增值。

王宇英博士较早就开始关注口述史的理论与实践问题，2005年起开始进行口述史的访谈实践工作。由她整理的"'文革'的家庭文化"访谈录已

[①] 梁景和主编《中国现当代社会文化访谈录》第一辑、第二辑，首都师范大学出版社，2010、2012。

[②] 梁景和、王胜：《关于口述史的思考》，《首都师范大学学报》2007年第5期。

经出版。① 她的博士学位论文《"文革"时期家庭政治化研究》就使用了相当数量的由她本人采访得来的访谈资料，她的博士学位论文被匿名评审为优秀博士论文。王宇英2007年毕业后到中国传媒大学工作，几年来一直未间断从事口述史的研究，并于2010年承担了教育部人文社会科学"当代中国口述史发展现状及对策研究"的青年基金项目，为她进一步开展口述史的研究提供了新的平台。

王宇英的这本《当代中国口述史：为何与何为》是在她多年积累、思考和研究的基础上，撰写的一本专著。阅读之后，我个人觉得这本专著有如下几个特点：

其一，本书的问题意识较为突出。作者关注口述史的界定及其理论疑难问题，力图在中西方口述史的比较中，通过对口述史的三个元素（当事人的口述资料、采访者的收集过程、对口述资料的整理与研究）以及三种关系（采访者与当事人的关系、当事人与口述资料的关系、采访者与口述资料的关系）的辨析，尝试把握住口述史的特点，厘清口述史与传统文献史学、口传历史、民间历史、轶闻、野史等的异同，澄清口述史理论与实践中的种种误区。

作者尤为关注当代中国口述史的实践规范及相应的研究对策，围绕当代中国口述史的个案，结合个人的口述史实践，分析当代中国口述史实践和理论研究中的重要问题，并围绕口述史料的可考证性及其深度利用等问题，阐述当代中国口述史的独特价值。

其二，本书的结构框架合理完整。全书共由七个部分组成，除导论和结语外分为五章。第一章话语与实务，探讨了口述史的界定以及访谈的前期准备工作；第二章呈现与传播，叙述了口述作品及其作品的传播；第三章历史与现状，阐述了中国大陆与台湾口述历史的发展历程；第四章热点与案例，以个案为例，概述口述历史的既往成就；第五章问题与对策，针对口述史存在的具体问题提出了相应对策。全书通过五章的设计，涵盖了丰富的口述史内容，形成一幅百科全书式的口述历史的画卷。

其三，本书提炼概括了几点重要的结论。第一，作者认为口述史不能满足于留存口述史料，而要借助口述史料，关注边缘群体和弱势群体，用更多的记忆和细节还原历史和表述历史，将个人生命史与社会历史、社会

---

① 参见梁景和主编《中国现当代社会文化访谈录》第一辑"卷三"，首都师范大学出版社，2010。

结构相结合，更新人们对历史的认知与表述方式。第二，作者认为采用口述方法搜集的史料需要与文献史料进行互证、核实和辨伪。收集口述史料的主要目的是最大限度地实现历史研究过程中的多重关照，因此，从事口述史决不能仅仅停止于对口述者的访谈，还要注意一切与访谈内容有关的文献及物品，从而帮助口述者挖掘记忆中更多的信息，提高口述史料的可信度。第三，作者认为要重视对当代中国口述史料的二次挖掘与深度利用。口述史料和记忆的不可靠性本身就包含一定的历史内容，蕴含着某些历史含义，根据口述人有意或无意的隐瞒、曲解等行为，可以分析出口述者的价值观念、精神状态的发展史与转变史。第四，作者认为当代中国口述史既是历史的产物，又是时代精神的阐释者和建构者。以上作者得出的结论具有重要的理论意义和学术价值，进而为本书增色。当然本书还有需要"深思考、细加工"的广阔空间，希望作者继续努力，在口述史的理论探索和实践应用方面多有创获。

　　以上只是我个人的一点浅见，是为序。

《英雄的悲剧——李秀成心理分析》序

梁景和

　　心理史学起源、发展于欧美，并影响到中国史学，可视为当代中国史学的新视域或新流派。
　　19世纪末向德国传统史学兰克学派提出质疑的发起人是卡尔·兰普雷希特。他提出了"历史学首先是一门社会-心理学"[①]。他的《德国史》就是运用社会-心理学的研究方法撰写的一部著作。狄尔泰是德国最早使用心理史学方法的历史学家，他的《黑格尔青年时期的历史》就是以青年黑格尔的心理分析为个案的典型范例。李凯尔特在其代表作《文化科学和自然科学》中，专门以《历史学与心理学》为题，探讨了心理史学的特质。法国年鉴学派第一代代表人物吕西安·费弗尔和马克·布洛赫都是较早强调心态史的学者。吕西安·费弗尔的《马丁·路德：一个命运》，探讨了16世纪德国社会的集体心理。马克·布洛赫的《创造奇迹的国王》运用心理学的方法，揭示了那个时代普遍存在的社会心态。心理史学的第一座高峰是奥地利著名心理学家弗洛伊德。弗洛伊德不同于法国年鉴学派。如果说法国年鉴学派的心理史学，主要是以史学为主题而借助于心理学的分析方法的话，那么弗洛伊德则是以心理学为主体把心理分析理论应用于历史研究的具体实践。弗洛伊德的《童年的回忆——达·芬奇》和《托马斯·威尔逊：美国第二十八届总统的心理研究》是心理史学的典范之作。由于弗洛伊德运用的心理分析比较专业和规范，使得心理学与历史学真正结缘。美国"新史学"运动的代表鲁滨孙在20世纪二三十年代受弗洛伊德心理史学的影响，在《新史学》中提出用综合的多种因素的观点来分析历史，其

---

① 〔英〕彼得·伯克：《历史学与社会理论》，上海人民出版社，2001，第16页。

中就包括心理的成分。第二次世界大战后，美国成为与法国心理史学相对应的学术研究重镇，20世纪五六十年代，很多历史学家对于心理史学进行了有益的探索，70年代，美国在这一学术领域先后创办了专门的学术刊物，心理史学成为当时最活跃的学科。哈佛大学教授埃里克·埃里克森是心理史学的又一座高峰。他的《青年路德传》《甘地的真理：非军事暴力主义的起源》等多部专著为新弗洛伊德心理史学奠定了基础。[①]

20世纪上半叶，中国史学受到了欧美心理史学的影响。梁启超在《中国历史研究法》及其补编中对心理史学有深刻的认识和阐述。朱谦之较早开始注意到史学研究中"心理的方法"问题，认为社会愈进步，心理因素的影响就愈大。[②] 何炳松主张历史学科是多学科多方法的综合研究，就是"必待心理学与自然科学、经济学能通力合作，不背道而驰，以解决此问题"[③]。胡秋原在《历史哲学概论》[④]中专门对"心理史释"做了论证。改革开放以后，中国史学界把西方的新史学理论和方法介绍到国内，其中就包括美国的心理史学和法国的心态史学。在介绍西方心理史学的过程中，邹兆辰、罗凤礼、朱孝远等中国学者做出了积极的贡献。如邹兆辰、郭怡虹的《西方心理历史学理论和方法简析》（《世界历史》1987年第4期）；罗凤礼的《西方心理历史学》（《史学理论》1989年第1期）；朱孝远的《现代历史心理学的产生和发展》（《历史研究》1989年第3期）；罗凤礼的《论弗洛伊德的历史观》（《史学理论研究》1993年第3、4期）等。这一时期，国内出现了研究中国心理史学的理论著述。如彭卫的《试论心理历史学的主体原则与理论层次》（《史学理论》1987年第2期）和《历史的心镜——心态史学》（河南人民出版社，1992）；胡波的《试论历史心理学及其研究对象》（《学习与探索》1988年第2期）和《历史心理学的价值和意义》（《广东社会科学》1993年第1期）等。这一时期也出现了一些借鉴心理史学的方法或以心理为切入点进行研究的学术成果。如章开沅的《离异与回归》（湖南人民出版社，1988）；周岩的《百年梦幻——近代中国知识分子的心灵历程》（国际文化出版公司，1988）；程啸的《晚清乡土意识》

[①] 参见陈曼娜《二十世纪中外心理史学概述》，《史学史研究》2003年第1期；朱孝远：《现代历史心理学的产生和发展》，《历史研究》1989年第3期。
[②] 朱谦之：《历史哲学》，上海泰东图书局1926年版。
[③] 何炳松、郭斌佳编译《西洋史学史》。转引自胡逢祥、张文建《中国近代史学思潮与流派》，华东师范大学出版社，1991，第345页。
[④] 胡秋原：《历史哲学概论》，商务印书馆，1947。

（中国人民大学出版社，1990）；乐正的《近代上海人社会心态（1860—1910）》（上海人民出版社，1991）；李文海的《世纪之交的晚清社会》（中国人民大学出版社，1995）等。

邹兆辰教授是我国改革开放以后较早关注、介绍、研究心理史学的主要学者之一。他从20世纪80年代初至今30多年来，先后发表过多篇有关心理史学的学术论文，诸如《西方心理历史学的理论与方法简析》（《世界历史》1987年第4期）、《历史问题也是一个心理问题——普列汉诺夫关于社会心理问题的理论在唯物史观中的价值》（《北京师范学院学报》1988年第4期）、《五四运动中的社会心理与爱国精神》（《北京师范学院学报》1989年第2期）、《当代中国史学对心理史学的回应》（《史学理论研究》1999年第1期）、《新时期以来对中国史学影响较大的几个西方史学流派》（《江西社会科学》2004年第1期）、《近年来我国心理史学发展趋势》（《史学理论研究》2005年第4期）等等。这些论文不但介绍了心理史学的学科特征以及理论与方法，阐述了西方心理史学在中国的传播与影响以及国内心理史学的实践与发展，而且还有他本人运用心理史学理论方法进行史学研究的实践成果。邹兆辰教授在心理史学方面做出的贡献值得我们敬重和景仰。

这二三十年来，心理史学给予了中国史学诸多的有形和无形的影响，我似乎就有这样的感受。对于心理史学，我完全是个外行。但在不自觉中，我似乎对非概念的心理史学也有某些懵懵懂懂的感觉，这大概与我关注社会文化史有关。1991年我参加辛亥革命80周年全国青年学术研讨会，会后我写了一篇会议综述，其中提道："会议提交的社会文化史论文的内容主要包括：辛亥革命时期的社会心理；清末民初社会风俗的演变；清末人口问题研究；20世纪初城市社会变动；革命派对国情的认识；教育与社会；社会变革与思想启蒙；妇女运动等。"在介绍有关研究社会心理的论文时提道："有的论文指出，清末民初政治变化与反满排满和思安厌乱心理有关，反满情绪导致清朝灭亡，思安厌乱心理又使革命半途而废，任何社会变革的深度与广度和社会心理变化的质量成正比。——有的文章指出，辛亥革命时期社会心理的变化，是近代以来，尤其是戊戌变法以来西方现代意识不断渗入和资产阶级启蒙教育的结果，铸成一种人心思变的社会环境，产生一种与民主共和相适应的新价值尺度与行为准则，成为辛亥革命爆发的重要社会心理要素。"① 1989 年我发表了《清末社会习俗变化的历史局限》②的论文，文章认为变态审美心理、恐惧心理和逆反心理是阻碍社会习俗变革的重要因素。1992 年我的论文《民族心理与民族文化探略》③，探讨了民族心理与民族文化、民族心理与社会进步的关系问题。1999 年我发表了《清末国民性批判》④ 一文，国民性问题与民族心理问题是有关联的。1999 年拙著《清末国民意识与参政意识研究》⑤ 出版，其中探讨了国民意识产生和文化启蒙，参政意识的产生与发展，这些也与民众的心理有关系。我的学术旨趣是在社会文化史领域，我认为所谓的社会文化史"是研究社会生活与其内在观念形态之间相互关系的历史"⑥，"一个社会的人们为什么要这样生活，是什么样的思想观念决定的；一个社会人们的生活变化引起了哪些思想观念的变化；由于新思想观念的影响使一个社会人们的生活发生了哪些变化——这一切都是社会文化史要研究的问题"⑦。可见社会文化史注重观念形态问题，也就不自觉的要去关注社会心理问题。后来我发表了《社会生活：社会文化史研究的一个重要概念》，文中说："同一个个体，在不同的年龄段，个体的生活观念是有变化的。中国古语道：三十而立，四十不惑，五十而知天命，六十而耳顺，七十而从心所欲不逾矩。这就是讲个体在不同年龄段上不同的生活观念和生活状态。——同一个个体在不同的年龄段观念尚且不同，那么不同的个体在不同的年龄段观念的差距就可想而知了，所以代沟是一个重要的问题域，是研究社会文化和比较研究的一个重要切入点。"⑧ 这里也谈到了个体的心理问题。其实改革开放后，史学界不自觉的会受到心理史学的影响。我攻读硕士学位的时候，记得 1985 年下半年导师李侃老师为我们上"中国近代文化史"课，有一次讨论康有为、梁启超、严复等人晚年出现向传统文化回归的现象，李侃老师在解释

---

① 梁景和：《辛亥革命 80 周年全国青年学术研讨会关于社会文化史问题的讨论述评》，《辽宁师范大学学报》1992 年第 2 期。
② 《史学月刊》1989 年第 2 期。
③ 《湖南师范大学学报》1992 年增刊。
④ 《清史研究》1999 年第 3 期
⑤ 湖南教育出版社，1999。
⑥ 梁景和：《关于社会文化史的几个问题》，梁景和主编《中国社会文化史的理论与实践》，社会科学文献出版社，2010，第 31 页。
⑦ 同上。
⑧ 参见梁景和主编《中国社会文化史的理论与实践》，社会科学文献出版社，2010，第 100 页。

诸多原因的时候，特别强调戊戌变法和辛亥革命失败后，社会混乱的现实，给很多人造成心理上的影响，可能会引起一些社会文化人的思想变化，所以出现了回归现象。李老师从人的心理变化方面进行的解释，是有一定道理的。2007年我在为博士研究生授课时，与周宇清、钟海涛、崔萌、张美丽几位博士生也专门讨论过心理史学和心态史学问题。我现在逐步体会到"历史问题也是一个心理问题"的命题。

2013年1月18日，我拿到邹兆辰教授的《英雄的悲剧——李秀成心理分析》一书的打印稿，我渴望一读。早在20世纪80年代，邹兆辰教授就想选择一个人物，尝试用心理史学的方法进行研究。当时他注意到罗尔纲先生《忠王李秀成自述校补本》，认为可以利用李秀成自述的资料，对李秀成进行心理分析。由于种种原因，当时这项工作搁置了。多年来，邹兆辰教授由于对心理史学的执着以及长时间的积累和思考，前几年他在完成了手头其他科研任务后，又重新开始了"李秀成心理分析"的科研工作，并在短时间内完成了这项科研任务。这部书稿是尝试运用心理史学方法进行人物心理分析的专著，是一部具有代表意义和很高学术价值的心理史学专著。阅读此书，我觉得这部著作的研究和撰写有三个特征。

第一，从全书结构上看，体现了心理史学的特征。本书在结构上共有六大部分，分为绪论和五个篇章。其中第二、三、四章是全书的主体部分，这主体部分的三章内容充分体现了心理史学的特征。第二章讲述的就是李秀成在整个太平天国运动中的心路历程，从"迷迷懵懵"参加太平军，到李秀成对"天国"的看法和印象，再到为天国建功立业和支撑残局以及如何面对国破身亡之绝境，全章刻画了李秀成在太平天国十四年的内心冲突和心灵走向。第三章专门叙述李秀成与洪秀全和曾国藩之间的心绪互动。在李秀成与洪秀全共谋天国大业的恩恩怨怨中，李秀成如何初识了洪秀全，如何得到天王的信任和重用，两者的心间隔阂又如何产生和发展，李秀成内心对天王的知恩忠诚与责备悔恨的矛盾心境为何始终交织在一起，作者对此给予了心理史学技术方法上的画龙点睛。在李秀成与曾国藩之间的心绪互动中，反映了李秀成对曾国藩的认识和态度以及对清政府的期许，同时也可以看到曾国藩对李秀成及其对他处置上的复杂心态。第四章重点阐述李秀成的人格特征，一方面从外国人的视角看李秀成的形象、性格和气质；另一方面又从李秀成本人的立场剖析了自己的知识、才能和人性。通观这三章的主体内容，彰显了心理史学的偏好和视点。

第二，从史料选材上看，体现了心理史学的特征。本书依据的最基本的史料是《李秀成自述》（以下简称《自述》）。而这个《自述》，能充分反映作者的内心活动以及可供进行心理分析的典型素材。正如邹兆辰教授所说："《自述》是一个可以进行心理分析的绝好材料"，"这份三万多字的自述，是李秀成在囚禁他的木笼中，用毛笔一字字写成的。——供词虽经曾国藩在个别地方有所改动，但透过影印的原件，仍然可以看到它的真面目。《自述》的最大特点除了系统地保存了太平天国的历史和他本人的经历外，还真实地记录了他在被囚时的心理状态"。本书以《李秀成自述》为基本史料，从《自述》的字里行间中能够看到李秀成对个人心理、群体心理现象的一些描述，这份《自述》为作者对李秀成进行心理分析创造了条件。

第三，从分析论证上看，体现了心理史学的特征。本书稿有一个突出的特点就是在叙述完史料之后直接用"心理分析"标题来进行心理论证。有些心理分析确有精妙之道。比如邹兆辰教授对李秀成"愚忠"的心理分析就比较典型。邹兆辰教授认为：洪秀全与李秀成之间一直存有心理隔阂，因为李昭寿降清后并劝李秀成降清，洪秀全得知此事就开始防备和怀疑李秀成了，而且设法拒绝李秀成的军事主张，限制李秀成作战的主动权。李秀成对洪秀全也多有责备和怨恨，埋怨洪秀全不理政事、任人不专、尽信天灵、不由人奏。两人之间已经如此隔膜，但李秀成在行为上还是选择了对洪秀全尽忠到底的一条路，不但一切听从洪秀全的指挥和调遣，而且把母亲和家眷一起押给朝廷做人质。李秀成如此作为，邹兆辰教授认为这是李秀成感恩与"愚忠"的思想和心态决定的。洪秀全启用李秀成后，把他原来的名字李寿成改为李秀成，虽然只是一字之差，但非同小可，太平天国诸王的名字都需要避讳，洪秀全却把李寿成的名字改为李秀成，不避自己名字的讳，足以表明对李秀成的器重。后来洪秀全还把他亲自写的"万古忠义"四字的旗子送给李秀成，并封他为"忠王"。李秀成对洪秀全的恩情是念念不忘的，并一直抱有"尽我愚忠而为"的理念，把臣子对君主的尽忠看成是天经地义的事。正是这样的愚忠心态，当洪秀全死后，幼主继位，李秀成又把愚忠的对象转移到洪秀全的儿子身上，虽然幼主是个孩子，却是洪秀全的骨肉，所以李秀成要拼死保卫幼主。正是他的愚忠心理，使他没有选择拉出一支队伍另辟新路，去做石达开第二。再比如，邹兆辰教授通过对李秀成向善心理的分析，来理解李秀成的一些所作所为。邹兆辰教授认为，李秀成作为一个身经百战的军事将领，早应该造就一副铁石心肠。但他是个普通人，也有普通人的喜怒哀乐、悲欢离合。他对自己手下变节的将领，要通融保住他们的性命，对被俘的清朝官员，给予留去自由的选择，李秀成一生当中做过的类似事情不胜枚举。邹兆辰教授分析这与李秀成"生各扶其主，两家为敌，死不与渠为仇，此出我之心愿，悉不忍加刑，故而为此也"的心态有关，他的"出我之心愿"恰恰反映了李秀成人性中向善的一面，体现了他的慈悲心肠。下面一例，我们能够看到邹兆辰教授对曾国藩的心理是如何分析的。清军攻破天京，活捉李秀成，这是湘军的大功。把李秀成送到北京"献俘"，也是曾国藩向清廷显功的好机会。但曾国藩改变初衷，决定在南京就把李秀成杀掉，这是为什么呢？对此邹兆辰教授做了心理分析：曾国藩与其幕僚赵烈文都先后见过李秀成，他们都认为李秀成"甚狡，不宜使入都"。所谓"甚狡"，是说他不是那种没有头脑的蠢贼。他们知道李秀成对太平天国的兴衰成败有很清楚的认识，对清廷应如何收拾残局也有一番看法，特别是李秀成提出了"夷务不靖"的看法，主张"防鬼反为先"，如果让这样一个有头脑的人进京，在朝廷审讯中，说不定会说出什么对曾国藩不利的话。邹兆辰教授分析的正是曾国藩内心的困惑、胶着和纠结所在。作者在本书中类似的心理分析比比皆是，在此就不再一一列举了。

  阅读这部书稿的过程，就如在听故事，看小说。书稿的文笔顺通畅达，一气呵成。作者对史料和史实掌握得清楚，对学术界李秀成研究的历史和现状也很熟悉。特别是书稿的先史料后分析的书写结构给读者提供了深入理解和思考的空间和方便。当然任何一部书稿都会存在这样或那样的不足，本书稿也是如此，一方面由于书稿结构和多角度分析的原因，所以有些事实和史料前后出现了多次重复；另外，对历史问题进行心理分析，这是跨学科并运用新方法的体现，反映了学术研究的进步趋向，但有些历史问题还要对心理原因的背后因素进行更为深入的探讨，才会令人感到入木三分。当然这也可能不是心理史学的任务了。不过，瑕不掩瑜，这是一部值得充分肯定的史学著作。

  其实研究心理史学有相当大的难度，要求的条件很高，不是轻易能够做到的。研究者不但要有史学专业的基础，还要有心理学的知识和运用心理学方法的能力。邹兆辰教授长期从事史学理论和史学史的研究和教学工作，有高深的专业理论水平，他又较早就关注着国内外心理史学的发展和走向，阅读了大量的心理史学方面的著作。更难能可贵的是早在20世纪80

年代，邹兆辰教授就参加了中国科学院心理学研究所举办的心理学讲座，他坚持利用业余时间听了两年多的讲座，并通过考试取得了合格证。邹兆辰教授正是在这样的基础上于 80 年代开始思考利用李秀成的自述资料，对李秀成进行心理分析。邹兆辰教授进行李秀成心理研究还有其从事心理史学的实践基础，他 1989 年发表过《五四运动的社会心理与爱国精神》。2001 年出版了《新时期中国史学思潮》（合著），2011 年出版了《变革时代的学问人生——对话当代历史学家》和《为了史学的繁荣——对话当代历史学家》，这三本书是他与当代历史学者的心灵沟通和对话，这里就有心理史学方法的运用，也是具有心理史学性质的一项成果。所以现在看来，邹兆辰教授出版一部《英雄的悲剧——李秀成心理分析》是有其自身学术专业基础的，是符合自身学术发展逻辑的。真诚希望有更多的心理史学的成果面世，为中国史学的繁荣增辉。

  以上所述只是我个人的一点浅见，可能说了很多外行话，好在我是抱着学习的目的，在此向方家请教了。

《娱悦大众——民国上海女性文化解读》序

姜 进

　　女性与演艺是20世纪上海城市文化空间中两个最为活跃和显眼的部分。上海的演艺市场是一个充满活力的场所，数以百计的大小剧场影院里，日夜上演着形形色色的人间悲喜剧，吸引着成千上万的观众，营造着大都市的文化信息。女性在其中扮演着至关重要的角色。之所以如此，却是因了女性走出家庭、走向社会这个也许是20世纪世界范围内最重大的历史性变化，一个改变了20世纪中国社会、影响了中国人生活的重大历史性变化。

　　女性在民国早期作为文化的生产者和消费者开始大规模地进入大众演艺市场，对当时以男性为中心的演艺市场形成巨大的冲击，并在此后的大半个世纪中将女性的生活经验和观点渗透于演艺作品中，给大众文化带来深刻的变化。上海是包括职业妇女、女工、女学生和中产阶级家庭主妇等新型女性的集中地，又是提倡妇女解放的中国新文化运动的重镇，女性对文化的影响在上海有特别集中的表现，而海派以言情为基调的通俗文化的繁荣就是这种影响的显著标志。在各式各样的女性形象充斥了民国上海从小说到戏剧的通俗文化作品的同时，中国的女性们也登上了都市的舞台。所谓的"摩登女郎"们开始在都市的公共空间中亮相，挑战传统的性别和价值观念，以自己的身体和行为前所未有地拓展了想象现代女性的观念空间；女演员们也开始在剧院、书场、银幕上现身，以女人之身演绎女性自己的故事，打破了晚清男性一统的演艺世界，挑战了男性对塑造女性舞台形象的垄断地位。如果说女作家、女演员们用自己的情感和身体创作了无数言情作品，那么，家庭主妇、女学生、女工，以及办公室小姐、教师、医生、护士等职业妇女就是这些作品的最热情的消费者。毫不夸张地说，女性在上海现代都市文化的形成过程中起了举足轻重的作用，都市女性文化是上海大众文化的一个重要特色。

虽然上海社会史、文化史的研究在国内外都是一个热门课题，却鲜有学者从性别和大众文化的角度来解读海派文化。长期以来，史学研究中偏重精英文化、轻视大众文化和女性文化的倾向使史学家看不到海派言情文化之于都市普通人群的重要意义，致使言情文化虽然广受大众欢迎，却饱受知识和政治精英的批评，被指斥为思想空虚、意志薄弱，沉溺于儿女情长之中而置民族国家大业于不顾的腐朽文化。女性色彩浓厚的海派言情文化在民国时期就不断受到左翼文化人的嘲讽和抨击，先有鲁迅讥讽其为鸳鸯蝴蝶派，沈从文等所谓京派作家攻击20世纪30年代所谓的海派文学，后有柯灵、傅雷对张爱玲小说的批评。在文艺领域，左翼知识分子热衷于通过电影、话剧等现代形式传播民族和革命的意识形态，将言情的传统戏曲和曲艺看作充满着封建糟粕和低级趣味的大杂烩而鄙视之，或看作新文化的对立面而批判之。比较中立的或倾向国民党的知识分子对通俗言情文化的态度虽不似左翼知识分子之激烈，但基本相同。国民政府从其国民革命的意识形态出发，对言情文化，尤其是为言情主题所主宰的大众娱乐领域的基本态度是整顿和改造，以将其纳入国民革命的轨道。在新中国成立早期，言情文化也不断受到极"左"思潮的冲击，从20世纪50年代的大演革命现代戏，到60年代初的"大写十三年"，最后在"文化大革命"中遭到彻底清除。这种精英观点也影响着海峡两岸的学术界，使民国历史文化研究在相当长一段时期内只关注学术、思想、文学等领域内的精英文化，忽视了对言情文化及其市场的研究。这一时期海外中国近现代史的研究中有相似的情况，对大众文化和文化的性别问题缺乏关注。

这种情况在法国年鉴学派和源自英国的大众文化研究的影响下，自20世纪80年代以来逐渐改观。年鉴学派提出了从环境、社会、心态全方位研究历史的模式，并针对传统政治史、思想史忽视普通人群的弊病，倡导作为心态史的文化史研究。大众文化研究则体现了马克思主义的人民是历史的创造者，反对英雄史观的根本立场，其代表作可以追溯到英国马克思主义史学家 E. P. Thompson 的名著 *The Making of the English Working Class* (1963)。在80年代以来有关上海都市文化的研究中，林培瑞（Perry Link）、毕克伟（Paul Pickowicz）、张赣生、魏绍昌、杨义、吴福辉、王德威（David Derwei Wang）、张英进（Yingjin Zhang）、傅葆石（Po-shek Fu）和李欧梵

(Leo Ou-Fan Lee)等中外学者都有意识地将视点从知识精英转移到都市大众文化消费市场上，对通俗小说和电影做了重点研究。如果说其中文学史家著作的一个共同特点是对文学和电影文本的倚重，那么历史学家的研究则能着重对作品和作家所处社会情境做深入细致的分析。

这些成果的缺失也很明显，主要表现在对中、低端文化消费市场和女性文化缺乏关注。其一，以上成果虽以研究大众文化相号召，其对象绝大部分仍然是能写善读的中等知识阶层，并未接触到没有读写能力的，或对读写兴趣不大的广大都市人群。其二，对读写兴趣不大的人群却可能是通俗戏曲、戏剧的热情观众，对通俗演艺市场的研究是理解和分析这部分都市人的思想和感情的一个有效途径。但这方面的研究极少。其三，对读写兴趣不大的人群中相当一部分是女性，她们构成了言情戏曲、戏剧最热情也可能是数量最大的观众群。对戏曲文化的忽视必然导致对文化程度低下人群和都市女性人群之欣赏口味和情感的忽视，从而造成我们理解上海都市文化的盲点。虽然也有许多介绍文明戏、越剧、沪剧、淮剧、评弹等的通俗历史读物，但真正从社会文化史角度出发的研究专著仍然阙如。

本书意图在上述成果的基础上进一步深入展开对上海都市大众文化的研究，在由女性主义史学、大众文化史和文化的社会史这三种视角和方法交叉构成的总体框架下，对20世纪上海都市文化和现代城市公众空间的性别和阶层问题做深入的探讨，着重考察女性对上海通俗演艺市场的介入是如何影响了这一市场的形成和发展，而女性又是如何通过参与营造这一都市的公众空间而提升了自身的社会地位和身份的。

从女性主义史学的视角出发，我们以性别研究的方法分析女性与上海都市文化发展转型的关系。国内外研究上海都市文化者如李欧梵和张英进都注意到女性在民国上海大众文化和娱乐领域中的突显地位，但却是从男性文化的视角来关心都市男性是如何消费文艺作品和娱乐业中的女性和女性形象的，或女性及女性形象在一个男性中心的都市文化中具有何种象征意义。我们则将焦点集中在创造了女子文明戏、越剧、沪剧繁荣现象的女演员和女观众身上，调查分析这些言情剧的女性生产者和消费者是如何推动了言情剧在上海的兴起；而言情剧的繁荣又是如何帮助界定了上海都市文化现代性的某些特征，同时也使她们得以重新界定自己的社会地位和身份认同。

从大众文化的视角出发，我们力图改变研究者居高临下的眼光，平视我们的研究对象，从她/他们的角度去感受和把握言情文化的意义。我们力图超越20世纪80年代以来林培瑞、毕克伟、魏绍昌等中外学者对城市中产阶级/中等知识阶层文化的研究，将视角进一步下移到中下层阶级/中下等知识阶层（这里面包括了大多数的都市女性）这一文化消费群体，来观察这些为传统文化史所忽视的基本都市人群的价值取向、审美口味是如何影响了城市文化特征的形成的。

文化的社会史是我们多年来追寻的一种重要的研究策略，是由社会史与20世纪90年代兴起的文化研究和语言研究交叉而成。文化社会史不仅要求对文化产品做纯文本的解读，更要求对生产和消费文化产品的权利关系做深入的调查。因此，摩登女郎、女演员和女性文化在民国上海的兴起就不仅是一个文化现象，更是一个社会现象，表征着女性在都市公众领域的崛起。本书以女子文明戏，少女歌舞团，越、沪、淮等小戏剧种的兴起为透镜来观察性别的传统权利结构在上海都市社会中的历史性变化。

从理论上来说，上述三种视角和方法虽然侧重点有所不同，却是互相关联的，属于欧美人文学科最近20年中最具活力的、对传统观念最富颠覆性的概念框架。从实践上看，这些概念框架是深受马克思主义影响下的欧美左派学术在后冷战时代的发展。随着冷战时代的结束和意识形态在国际政治中的淡化，人文学者将其关怀投向社会平等、政治民主化和经济社会可持续发展等问题上，女性主义史学、大众文化史、文化社会学从不同角度以各自的方法对历史文化作自下而上的、从非特权人群视角出发的研读，以图补充和修正传统史学从知识和政治精英视角出发的、自上而下的观点以及由此而产生的偏颇和遗漏，甚至重写历史。

在这样的理论框架指导下，本书从各个方面就女性、表演与上海都市文化的关系问题展开研究和探讨。全书共分四个部分。第一部分以女子文明戏、电影女明星和少女歌剧团为案例，分析描述了民国初年女演员的出现及其坎坷的命运；第二部分聚焦摩登女郎现象，从民初的油画、流行刊物和有关舞女之种种来考察女性进入都市社会和公众领域的情况及其引起的有关文化现代性的争论；第三部分以抗日战争时期上海娱乐领域内电影《花木兰》、女性话剧和女子越剧为中心来研究战争、沦陷与女性文化兴起之间的复杂关系；第四部分以沪剧、淮剧和女子越剧等在20世纪30年代以后的兴起及其都市化的漂亮转身为案例来考察上海都市文化的大众性和女性化发展。

本书的研究明确揭示出上海都市文化的现代性带有浓厚的移民性、大众性和女性化特征。民国时期上海民众最喜闻乐见的越、沪、淮等小戏剧种大多发源于江浙沪一带的农村，随着近现代工业化进程中上海城市的迅速发展而跟随大量移民进入上海市区，与这些新移民一同经历了城市化的过程而成熟起来，从简陋的乡村小戏发展成为都市舞台艺术。这些新兴剧种主要以言情剧为题材，以小生和花旦的对手戏为主要表现形式，女主角和旦角占据着舞台的中心，吸引着众多中下层市民和一大批从家庭主妇、女工、女学生到职业妇女的女观众。与昆曲、京剧等古老剧种相比，沪、越、淮等都是在现代情境中由现代观众塑造出来的现代舞台艺术形式，是在20世纪早、中期上海经济、社会和人口构成的变化中产生，在电影和话剧的熏陶下成长起来的新兴剧种。在上海这个中西文化汇聚的大都会环境中，这些剧种在以方言为基础的传统戏曲形式的外衣下，汲取了现代戏剧审美元素，发展出具有跨文化的国际性品质的本土言情剧。其中越剧以《梁山伯与祝英台》为代表的爱情剧，沪剧《雷雨》《日出》等西装旗袍戏，以及通俗话剧《秋海棠》等堪称海派言情剧的代表作，其在民众中的影响绝不输于当时的电影。

　　正如本书在"导论"中所指出的，海派言情文化的历史合理性和政治合法性，必须也只有到接受和拥护了它的大众中去寻找。参考国外学者和我们自己的研究表明，言情剧的兴盛往往是与工业化和城市化的早期发展相关的一种文化现象，是一个跨国界和跨文化的历史现象。这种现象曾发生在工业化早期的英国、法国、美国，又在19、20世纪传到了日本和中国。大阪和上海，这两个亚洲最大的工业城市则成了本国言情文化批量生产和发行的中心。民国时期的上海，是一个正以惊人速度扩张中的移民城市，在这里，传统的权威大大地打了折扣，新的道德权威有待建立，一切都在快速变化之中，令人眼花缭乱。而有关爱情、婚姻、两性关系的道德、意识形态和行为准则的变化是每个新都市人都必须面对的、最有切身感受和最为关怀的问题。人们由此产生的困惑、恐惧，夹杂着兴奋和向往构成了一种巨大的社会心理能量，在言情文艺中得到了宣泄。言情文艺更提供了一个虚拟的空间，让各种有关两性关系的想象在其中得到讨论、思考和实验。正是通过言情文艺，生活在这样一个工业化初期的大都市中的新移民找到了一个渺小个体与一个翻天覆地的社会转型之间的联系。本书将大众演艺文化纳入历史学的视野；透过演艺来审视都市民众在社会急速转型过程中的心态和对策，试图为历史研究开辟一个新的史料和研究路径，应该是对历史学的理论和实践的创新所做的一个有意义的尝试。

最后，本书的研究发现，上海大众文化的女性化特征十分明显。从民国初的女子文明戏，到旦角和女演员先后在越、沪、淮等剧种中成为台柱，再到全女班越剧的兴盛，这些都是中国女子社会地位和角色变化的一个突出体现。而这些变化首先、并且集中地发生在上海——这个最先受西方现代文明冲击、中国最大的工商业城市。伴随经济现代化的是上海城市的迅速扩张，人口的成倍增长和社会文化的现代化。具体来说，上海是中国现代社会阶级——工人阶级、资本家和包括白领管理和技术人员在内的城市中产阶级的诞生地和集中地，也是现代女性的集中地：女学生、中产阶级家庭主妇、工厂女工和职业女性代表着20世纪早、中期中国女性社会身份和角色的转型。女性走出家庭，走上社会是一个立体的社会运动，不仅表现在女性之争取投票、受教育和工作等公民权利，也表现在女性之进入剧院成为文化产品的消费者。女性的兴趣和品味通过她们的钱包影响了演艺文化的生产，导致了言情剧的流行和演艺文化的女性化，以及评弹、沪剧、越剧的兴盛。更进一层看，上海女性地位和角色的转型不是孤立的现象，而是整个中国女性身份角色的现代转型的集中表现。正因如此，在上海都市新女性的支持下发展起来的女子越剧及其代表作《梁山伯与祝英台》《红楼梦》才能够得到江南地区以外的女性观众的共鸣和喜爱。女子越剧与摩登女郎的出现、女子文明戏、少女歌舞团，以及抗战时期女性文化的兴盛共同昭示了20世纪中国女性之兴起这一普遍社会现象，具有极其深远的文化意义。是为序。

个性社会、快乐、性伦文化

——《21世纪中国女性文化本土化建构研究报告集成（2001—2012）》序

梁景和

"中国女性文化"是一个非常重要的历史文化问题，"中国女性文化本土化"是一个非常具有特色的学术问题，"中国女性文化本土化建构"又是一个深刻的理论问题，所以要研究"中国女性文化本土化建构"着实是困难的。这本书力图探讨这样一个大问题，其敢为的勇气令人叹服。

上面几个概念和命题的主旨博大精深，说心里话我还未能透彻地理解到位。以我个人的浅见，如果非常浅显和简单地说，"中国女性文化"就是国家、哲人、王者和男性对中国女性言谈举止、衣食住行、两性伦理、为人处世等生活方式的规训和教化，这个概念有一定的历史性和时代性，有着历史的脉络走向和曲折变幻；"中国女性文化本土化"本质上就是"中国女性文化"，但我想本书中的这个命题却含有他意，即研究中国女性文化要立足中国本位，从中国的立场出发，不受外人的干扰，说中国人自己的话，反映中国人自己的思想主张和意志观念等诸如此类的含义。至于说到"中国女性文化本土化建构"似乎讲的是研究中国女性文化要有自己独特的一套理论和方法，并以此为分析工具，进而形成自己的一套研究体系和话语体系。借此机会，我愿意谈谈自己另外的几个感想。

一 男权社会、女权社会、个性社会

谈中国女性文化是与讨论中国女性主义和中国女权主义相联系的。之所以很长时间以来，人们津津乐道的讨论这些历史文化问题，是因为这些问题的确是重要的历史问题、文化问题和现实问题，是一半人口的解放问题。就是说在人类社会的发展过程中，由于长时间处于男权社会的历史阶段，所以女性被压抑了、被奴役了，成了受压迫者，成了男性的玩偶与工具。这就提出了女性解放的问题，提出了男女平等的问题。很久以来，人们为此孜孜不倦的努力和奋斗着。经过这样艰难的奋战，应当说已经取得了一定的战绩，但是问题并没有真正得到解决。问题在哪呢？可能是我们观察的视角和关注的问题所致。我们运用的是女性视角，我们关注的是女性问题，这当然没有错。特别是站在历史的这个特定的阶段上，这也是历史的必然。如果我们总是用性别视角看问题，那么男女将永远是一对矛盾，或者说将永远是一个对立。这样一对矛盾和对立，靠什么去真正解放女性呢，靠人们高喊着男女平等吗，不行，男性不会这么轻易地让女性做到跟男性平等；靠伦理道德吗，不行，伦理道德有很多时候是软弱无力的；靠法律制度吗，不行，法律制度很多是男性制定的。如果靠，只能靠建立女权社会。在男权社会，男性是主人，男性是解放者；在女权社会，女性是主人，女性是解放者。但是果真如此，那么非常棘手的问题就来了。先不说是否能建立女权社会，如果真的建立了，女性成了主人，女性解放了，而另一半的男性又将成为新的被压迫者，新的被奴役者。那么这个社会的性别解放和性别平等问题就仍然未能解决。就是说只是两性的位置交换了，社会问题未解决，这能是我们的理想社会吗，当然不是。所以今天人们高呼着女性主义或女权主义，似乎是在为女性的解放或男女平等而奋斗，岂不知这样做要达到男女平等只能是画饼充饥，事实上是达不到理想目的的。当然，在这漫漫的历史长河中，我不反对在这相当长的历史阶段中，为了与男权社会对峙，我们用女性视角，运用女性主义和女权主义的利器来为女性服务，不失为一个权宜之计。而未来社会，在我看来，既不能是男权社会，也不当是女权社会，建立其中任何一类社会，都将有半数之人遭受奴役和苦难。

那么未来我们要建设的理想社会是什么社会呢，答曰：是"个性社会"。个性社会的视角不再是性别，而是个体。见一个人，不看他是男人或女人，而看他是一个生动具体的个体，作为一个生动的个体与自己处于平等的位置，彼此相互尊重、相互包容、相互理解。性别、形象、职位、家庭等因素在个性社会中将退出传统社会的中心舞台，而多元、个性被人们接纳和认同。这样的社会还很遥远，但它才是人类追求的理想社会。

二　生殖、爱情、快乐

谈到个性社会，那么在个性社会，"性"的目的是不同的。在个性社会，性是两个人之间的事情，所以它只需要当事的两个人有共同的目的即可。在个性社会，性的目的主要有三种：一是以生殖为目的的性；一是以爱情为目的的性；一是以快乐为目的的性。三者最好是统一的，当然也可能是分离的。但无论统一还是分离，都要遵守一个原则，这个原则就是有益于生命个体的生理与心理的阳光和健康。

三　性、性伦理、性伦文化

谈到性又要涉及几个概念，即性、性伦理、性伦文化。性主要是生理学、生物学、医学上的概念，主要指生理结构、生殖繁衍、性生理健康的问题；性伦理主要是伦理学上的概念，它要规制人们的性观念和性行为，要求人们按照特定的伦理规范去看待性，树立性观念，控制性行为；性伦文化是历史学上的概念，它涉及历史上存在的一切性理念和性行为，包括符合历史时代性伦理的，也包括不符合历史时代性伦理的，同时它还要参与未来社会性伦文化的建设和新模型的设计。性伦文化是要站在历史主义立场、现实主义立场、未来主义立场全方位理解、思索和评价性观念和性行为。以上三个概念都有重要的学术价值、理论价值与实践价值。

以上的这些话，是我粗浅的一己之见，不像在学术话语之中，从本书作序的角度而言，或许是跑题了，还是言归正传。本书共收集了十九篇文章，导论一文探讨了中国女性文化本土化建构的三次浪潮；其他篇章的内容包括女性学的学科发展、中国女性主义的国际关系、女性主义的认识论、21世纪的性别文化研究、当代中国女性史研究的本土特色、21世纪以来中国本土的近代妇女史研究、受虐妇女庇护问题、澳门特区的妇女政策与法律、21世纪中国妇女的政治参与、中共主导的婚姻立法、女性双重人格的历史文化研究、女性文化图书的出版、中国当代女性文学研究、海外华文女性文学研究、21世纪多样化的女性生态写作、大陆学界的台湾女性文学研究、中国传统建筑对女性的规训与教化等诸多内容、21世纪女性主义艺术的人文特征。这的确是中国女性文化本土化建构研究的一部集成，内容丰富，立意高远，值得一读。

中国近代社会文化史的面面观

——评梁景和主编《中国社会文化史的理论与实践》

邹兆辰

一门新的学科，其产生与发展总是要经过不断的总结与反思，回顾所走过的道路，检阅一番取得的成果，思索一下学科发展所面临的问题，以便使它能够得到健康的发展。近日梁景和教授主编的《中国社会文化史的理论与实践》[①]（以下简称《理论与实践》，文中页码即该书页数）一书，就是对中国社会文化史主要是中国近代社会文化史20余年发展的回顾与反思。透过此书，我们便有一种对这门近年来相当热门的新学科、新领域，或者说史学研究的一个新视角，有了一个历历在目的感觉。这是一本文集，收录的文章汇集了在这个领域中辛勤探索的人们所付出的有价值的劳动和他们的为了本学科的发展所做的思考。

一　回首既往：对学科兴起历程的回顾

透过本书的文章、书评、纪要和综述，首先向读者展示的是本门学科的发展历程。

"中国社会文化史"这个新学科概念的最初形成，来自20世纪的80年代末。中国社会科学院近代史研究所研究员刘志琴，在1988年发表的两篇论文[②]首先提出文化史与社会史结合的问题。她认为，"以研究人为主体的社会史的最高宗旨，是研究社会文化特质的形成、变易和流向的变迁史。

[①] 梁景和主编《中国社会文化史的理论与实践》，社会科学文献出版社，2010。
[②] 《复兴社会史三议》，《天津社会科学》1988年第1期，署名"史薇"；《社会史的复兴与史学变革——兼论社会史和文化史的共生共荣》，《史学理论》1988年第3期。

从这个意义上说，社会史实际上是文化的社会史，文化史则是社会的文化史。"她强调，"社会和文化问题的交错、重叠、伴生已成为常见的规律性现象……社会史和文化史从不同的方位出发，实际上是沿着同一目标双轨运行的认知活动。"（P84）她的两篇文章，虽然没有明确提出"社会文化史"的学科概念，但是她致力于社会史和文化史的相互结合，以及把"社会文化特质"和"民族文化心理"作为研究重心的基本思路已经形成，因而学术界认为：刘志琴1988年发表的这两篇文章，可以说标志着"社会文化史"这一新学科概念的最初形成。

在刘志琴领导下的近代史所文化史研究室开始着手一项系列性的长期研究计划，组织编写多卷本的《近代中国社会文化变迁录》，这标志着该室把"中国近代社会文化史"作为以后长时期的主攻方向。同时，该室的学者也把"社会文化史"的学科概念，带进了正在崛起的中国社会史的学术讨论会上。1990年，在成都召开的中国社会史第三届年会上，该室学者李长莉发表了《社会文化史：历史研究的新角度》一文，明确提出了"社会文化史"的学科概念，指出社会文化史"是社会史和文化史的结合形式"，是"人与人之间、人与社会之间的生活方式及其观念的历史"（P85）。她在文章中引入文化学的方法，对"社会文化史"的研究对象、研究方法和意义，以及与文化史和社会史的区别作了集中论述，提出社会文化史"主要研究历史上人们的社会生活方式与思想观念之间的相互关系"，其重心是"对历史上某一时期社会的整体精神面貌作出描述和解释"。（P84）

首都师范大学的梁景和在1991年开始在学术研究领域中运用"社会文化史"的概念，而他在1994年的博士论文《近代中国陋俗文化嬗变研究》中，明确指明它的"社会文化史"的属性。

1992年，由近代史所和《社会学研究》编辑部共同在北京召开了"社会文化史研讨会"，共有来自历史学、社会学和文化学等学科的30余位学者，围绕建立社会文化史学科的意义、研究对象和内容、研究方法等问题进行了讨论。这表明"社会文化史"的学科概念已经被明确提出来，并且得到了学术界的关注。

2001年，在北京召开的"近代中国社会生活与观念变迁学术研讨会"，集中探讨了社会文化史的理论方法问题。此后，2005年、2007年、2009年，分别在青岛、乌鲁木齐和贵阳召开了三次中国近代社会史国际学术研讨会上，也涉及社会文化史的问题。2009年6月和10月，在北京召开两次"中国现当代社会文化学术研讨会",这是首次以社会文化命名的学术会议。

对这一历程的简要回顾,可以表明社会文化史正在以独立的姿态在史学园地中逐渐成长,成为众多史学工作者共同关注的一个话题。

二 何处入手:关于学科研究对象和意义的思考

《理论与实践》一书,收录了几位学者关于社会文化史学科建设方面的文章,他们的文章对于社会文化史学科的研究对象、研究方法以及社会文化史研究对于学术发展的意义等问题,都发表了自己的见解。总结这些意见,对于建立社会文化史的方法论,有着重要的意义。

马克思曾经指出:"现代历史著述方面的一切真正的进步,都是当历史学家从政治形式的外表深入到社会生活的深处时才取得的。"[①] 许多学者从中感受到,历史学不仅不能淡化对社会生活的研究,相反这正是史学著述走向深化的表现。

刘志琴在《论社会文化史研究的崛起》《社会史的复兴与史学变革》《礼俗文化的再研究》《对民俗的历史解读》《中国人生活意识的觉醒》等文章中,论述了自己对于社会文化史的基本观点。她认为:(1)社会生活是社会现象也是文化现象。人类来到世界,首先就要吃穿用,这是民族赖以生存的基本方式,也是唯物史观的基本出发点。社会文化史要求把生活放在一定的社会现象和文化现象中来考察,通过生活方式的变迁认识民族文化心理和社会意识的发展历程。一部优秀的社会生活史必定是社会文化史;一部优秀的社会文化史必然要对社会生活做出具体翔实的文化和社会的阐释。(2)民众文化心理是社会变革中最难触动而又必须触动的层次。伦理价值通过精神生活和物质生活的双重作用积淀到民族文化心理的最深处,成为群体无意识的潜在意识,对各族人民具有高强度的凝聚力。从世俗理性剖析历史上的社会文化,有助于现代人具体地认识社会生活与思想观念的双重联系,认识沉潜在一般行为后面的文化内涵,是真切地理解传统文化的复杂性和探索民族文化心理的重要途径。(3)古往今来的历史家都力图在错综复杂的社会现象中,廓清历史的迷雾,揭示事物的真相。由

[①] 《马克思恩格斯全集》第12卷,人民出版社,1972,第450页。

于时代和当事者的局限,最大的空缺是社会下层民众的动向,史学研究需要从点点碎影中修复这历史的残缺,从社会下层发掘足以反映历史变动的轨迹,最大限度地接近历史的真相。(4)历史学本是人学。既往的历史著作,不是作为活生生的人的再现,有的只是没有七情六欲,没有个性,千篇一律僵化的模式,这是抽象的人、干结的人,唯独没有社会生活的人,史学工作者有责任恢复他们的真面目。

梁景和在《西方新文化史与中国社会文化史》《关于社会文化史的几个问题》《社会生活:社会文化史研究的一个重要概念》等文章中指出:社会生活是历史学科中的一个非常重要的概念。社会文化史就是研究社会生活与其内在观念形态之间相互关系的历史,社会生活作为社会文化史研究的一个视角和领域成为社会文化史研究的一个重要概念。社会生活是人们生活状态最直接的体现、最实在的反映,诸如衣食住行、婚丧嫁娶、两性伦理、休闲娱乐、流行时尚、休养生息、医疗救治、心理卫生、求职就业、福利保障、旅游观光、民俗风情、宗教信仰、迷信祭祀、友善交往、日常消费、生老病死等等。社会生活与生活方式是社会文化史研究的一对重要范畴,是研究社会文化史的两个重要切入点,抓住这两个问题,社会文化史研究就会深入开展下去。

李长莉在《社会文化史:历史研究的新角度》《社会文化史的兴起》等文章中指出:开展社会文化史研究,沟通了人们的社会生活与思想观念这两个久已隔绝的历史研究范畴,为探索人类以往时代的社会精神面貌提供了钥匙。因为社会文化史的宏观研究,可以对某一历史时期社会大众的整体精神面貌进行描述和解释;社会文化史研究可以揭示某一时代的思想观念与社会生活之间的相互关系;社会文化史研究可以更全面地理解文化冲突、文化融合和文化变异的过程。

三 成果检阅:学科建立与发展的基础

《理论与实践》一书,对20年来社会文化史取得的成果进行了一番总结,通过文章综述及书评书序的形式反映出了这方面的可喜的成果。按照李长莉的归纳,以近代史领域为重心的中国社会文化史研究,从其内容和形式来看,可以归纳为三类。

第一类是专史,这些成果本身兼有社会史和文化史相交叉的性质,反映社会生活和文化观念相交织的历史现象，如风俗史、社会生活史、宗教史、教育史、婚姻家庭史、报刊或传播史等。以往这些著作，或归于社会史，或归于文化史，现在则可以归入社会文化史的范围。如严昌洪的《西俗东渐记——中国近代社会风俗的演变》（1991）、《中国近代社会风俗史》（1992），李少兵的《民国时期的西式风俗文化》（1994），梁景和的《近代中国陋俗文化嬗变研究》（1998），孙燕京的《晚清社会风尚研究》（2002）等。经过十多年的发展，中国风俗史的研究已经取得丰硕的成果，陈高华、徐占军主编的《中国风俗通史》12卷，2001年开始出版，是一套贯通中国古代与近现代的大部头风俗通史。此外，顾卫民的《基督教与近代中国社会》（1996），是宗教史方面的重要著作。

第二类是综合史，即对历史上某一时段、某一地区、某一群体或某一历史现象，从社会和文化的多个方面进行综合研究，以求比较全面地展现社会文化的整体风貌。由刘志琴主编，分别由李长莉、闵杰、罗检秋撰写的三卷本《近代中国社会文化变迁录（1840~1920）》（1998），通过对史料的详细梳理，以时间为经，以社会文化为纬，对近代中国社会生活、风俗习尚、大众文化、社会思潮等进行了系统地描述，从而为研究近代中国社会文化变迁的轨迹做了铺叙。李长莉的《先觉者的悲剧——洋务知识分子研究》（1993），从社会角色、思想观念、社会困境及文化心态等方面，对这一新式知识群体进行了全面的分析。而忻平的《从上海发现历史——现代化进程中的上海人及其社会生活》（1996），从人口结构、社会结构、社会人格、生活方式、社会和文化生活及其价值观等方面，对于1927—1937年间上海社会做了全面的论述。其他研究地域社会文化史的著作，也是逐年增多。

第三类是学科综合史，即将社会史和文化史相结合进行综合研究，着重探求社会生活、大众文化与思想观念之间的相互关系的著作，如心态史、社会与思想变迁史、社会生活与观念变迁史等。乐正的《近代上海人社会心态（1860~1910）》，运用城市史与心态学相结合方法，对清末时期上海社会生活的变化对上海人社会心态的影响做了比较深入的研究。有的学者把社会变迁和时代精英的思想变迁结合起来进行考察，如杨念群的《儒学地域化的近代形态——三大知识群体互动的比较研究》（1997）、高翔的《近代的初曙：18世纪中国观念变迁与社会发展》（2000）等。

这类论著有些是研究以民众为主体的社会生活、大众文化与民众观念或社会思想的互动关系的,如刘志琴的《晚明城市风尚初探》(1984)、李长莉的《晚清社会风习与近代观念的演生》、左玉河的《评民初历法上的"二元社会"》(2002)等文章。而薛君度、刘志琴主编的《近代中国社会生活与观念变迁》一书则汇集了李喜所、冯尔康、罗志田、左玉河、史建云、侯杰等学者在这方面的研究成果。李长莉的《晚清上海社会的变迁——生活伦理的近代化》(2002)一书,则从"社会文化史"的视角,以上海为重点揭示中国近代伦理观念变迁的社会机制及特性。

四 画龙点睛:前辈专家的鼓励与期盼

一本学术著作、一门新的学科甚至一个新的史学领域,它能在多大程度上得到学术界的认可,权威学者的态度十分重要。社会文化史的一些新作所以能在学术领域里产生较大的影响,与前辈专家学者的评价关系密切。《理论与实践》一书也对此做出了反映。

龚书铎指出:梁景和的《近代中国陋俗文化嬗变研究》"以人创造了文化,人又被文化所束缚,这个文化效能和人的局限作为立论的主题,紧密结合近代中国社会与文化的变迁,探讨了传统人伦文化塑造的民族心理在近代中国的演变大略"。这个研究,"力图对中国传统社会习俗的精华和糟粕作出正确的区分和深入的探讨,因此,它不仅具有学术价值,而且具有现实意义。"(P187)龚书铎还指出:对于近代中国风尚的变化,尤其是通过社会风尚的变化来把握社会转型的研究是比较少见的,但孙燕京的《晚清社会风尚研究》一书,"从文化史、社会史结合的角度考察晚清社会风尚的变化,并论述了风尚变化与社会变迁的互动关系"。(P194)

章开沅认为:乐正的《近代上海人社会心态(1860~1910)》一书,"从社会发展动力学的角度,对上海人心态变化的过程和表现作了多角度与多层面的研究与阐述,如重商、功利、消费等一系列思想观念、生活方式、社交活动、文化娱乐的变化,都有具体、细腻、深入的描绘与剖析,向读者展示一幅绚丽繁复的晚清上海人心态变化的长画卷,最终得出令人信服的结论"。章开沅指出:"作者立志参与建立中国自己的社会心态史体系,并且从最引人入胜的晚清上海人心态变迁入手,率先做出可贵的尝试。"(P190)

夏东元则认为,忻平的《从上海发现历史——现代化进程中的上海人及其社会生活》,将社会历史的发展视为一种全息有机的运动,该书"从以往人们所忽视的人口、人格、社会结构、整合体系及消费、收入、物价、建筑、语言、风俗、衣食住行乃至物化环境、人文环境、文化生活等各个方面及其全息运动，去分析其内在的互动关系，及与时俱进、不断变迁的社会现代化进程中的具象与特征、规律，从而在一定程度上具有了全面性，描绘了一幅1927—1937年上海社会历史的绚丽多姿的画卷"。（P192）

老一辈学者对年轻一代学者在社会文化史研究上的支持和鼓励，是促进社会文化史发展的重要动力。

五 左邻右舍：与西方社会文化史的比照

《理论与实践》一书的作者们指出：改革开放的大势，催发了文化史的复兴，改革开放的深入，迎来了社会史的兴盛。因而从总体上说，社会文化史的萌发具有本土性特征，它是中国史学自身发展的逻辑产物，是中国文化史、社会史、社会文化史发展链条上的一环。但是，20世纪90年代末西方新文化史渐次传入中国，并开始对中国史学界产生影响，使更多的年轻学者投身于社会文化史研究的队伍之中，也推动了中国社会文化史研究的长足进展。

该书对于这种影响也做出了一定的反映。主编梁景和在本书的"代序"——《西方新文化史与中国社会文化史》一文中，参阅了西方新文化史兴起的有关文章，对西方新文化史的性质、特征及有关代表人物做了概述，对其理论和方法进行了分析，同时也介绍了各种类型的代表作，文中对西方新文化史的代表人物、英国剑桥大学彼得·伯克教授在中国的活动也有一定的反映。

王笛的文章《新文化史、微观史和大众文化史——西方有关成果及其对中国史研究的影响》一文，详细地介绍了西方史学在这个领域的最新进展，大大有助于促进中国学者对西方史学这一新领域的了解。王笛的文章还以自己的最新研究成果、美国斯坦福大学出版社出版的《茶馆：成都的小商业、日常文化与公共政治，1900~1950》一书为例，阐述了自己在这个课题上的做法和体会。

马敏的书评《追寻已逝的街头记忆——评王笛著〈街头文化：成都公共空间、下层民众与地方政治，1870~1930〉》，对这位旅美中国学者的新著在视角、方法、材料运用上的特点进行了深入、细致的评述，分析了该书对中国的社会文化史可能产生的影响。作者指出,对一部历史著作的评判,最终是要看其对回归历史原生态的贡献,看其在趋近历史原生态的过程中究竟走了多远,而王笛的著作已经"循此方向迈出了一大步"。

李长莉的书评《从人生礼俗透视中国的文化结构——读罗梅君著〈北京的生育婚姻和丧葬:十九世纪至当代的民间文化和上层文化〉》一文,则评述了德国女学者罗梅君如何以一个西方学术素养的学者,看出北京人的人生礼俗习惯中所蕴含的中国文化的深层奥秘。

这些文章表明,中国的社会文化史研究虽然产生于中国本土,但也正在与国际史学研究的新潮流逐步接轨。

六 再思考:社会文化史如何向前发展

《理论与实践》一书,对于如何推进社会文化史研究的继续发展也提出了中肯的意见。该书认为:社会文化史资料数量庞大,非常分散,缺乏整理,搜集整理资料非常重要,以避免重复劳动;从总体上说研究还处于初创阶段,一些研究者缺乏运用新视角、新理论、新方法的自觉性和经验积累,缺乏研究范式的建树;缺乏深入专精的高水平著作,尚未形成公认的研究典范。

为推进社会文化史的研究,学者们建议:(1)建立社会文化史研究的学术重镇,以促进有分量的研究成果和学术精品的产生;(2)抓基本社会生活内容和独特社会生活内容的研究;(3)运用多学科的视角,借鉴多学科的理论和方法;(4)注重改革开放时代的社会文化史研究。(P24-26)

纵览全书,该书给读者展示了如下的前景:经过20余年的发展,社会文化史的研究已经在中国的学术园地中崛起,并显示出它的生机与活力。它在中国改革开放的大环境中萌生和发展,有了本土性研究的丰富成就的基础;如今又有了西方新文化史迅速发展的外部条件的启示,有许多可资借鉴的精品传入,因此中国的社会文化史研究将会获得新的发展动力,在理论、方法、材料运用、构思模式上获得新的突破,并将取得令广大读者耳目一新的诸多新成果。

一本中国社会文化史研究的入门书

余华林

20世纪七八十年代,西方史学界兴起了新文化史(社会文化史)的研究潮流。几乎与此同时,社会史、文化史在中国也得以复兴。社会史由于其"自下而上"的独特研究视角及其对社会生活的密切关注,弥补了传统史学研究的诸多不足,于是迅速发展为一个热门学科,并表现出强盛的渗透力,开始向其他学科、领域渗透,由此出现了社会经济史、社会政治史、社会思想史乃至环境社会史、医学(医疗)社会史、水利社会史等交叉学科和交叉领域。20世纪80年代末90年代初,中国史学界也兴起了社会文化史的研究取向,此后至今的近20年间,有关社会文化史的理论探索与研究实践逐渐展开,并日益蔚为大观。新近出版的由梁景和教授主编的《中国社会文化史的理论与实践》[①],汇集了近20年来在中国社会文化史领域内,先驱研究者的理论探索文章与实际成果评介,是对中国社会文化史发展历程的一次回顾与总结。

梁景和教授多年来一直致力于社会文化史理论探索与实践研究,而且,他还通过创办和主持首都师范大学历史学院中国近现代社会文化史研究中心、培养社会文化史方向的研究生和博士后、建立"中国现当代社会文化学"交叉学科等方式,在首都师范大学历史学院建立了一块社会文化史的研究基地。《中国社会文化史的理论与实践》是梁景和教授在社会文化史领域的又一新成果,既反映了他本人对社会文化史相关问题的思考,也反映了目前中国社会文化史的研究现状。

全书分为三部分:有关社会文化史理论与方法;社会文化史实际研究

---

① 梁景和:《中国社会生活史的理论与实践》,社会科学文献出版社,2010。

成果的介绍与评论；近年来有关社会文化史的研究综述与会议综述。三部分相互补充，基本上完整展现了近20年来中国社会文化史领域内取得的研究进展。

首先，社会文化史理论引起了众多学者的关注。由于社会文化史强调思想、伦理观念等文化形态与社会生活之间的互动研究，有效地解决了以往社会史与文化史的分离状态，因而这一学科概念一经提出就吸引了越来越多研究者的兴趣。近年来一些社会史的会议综述和学术综述性论著总不乏对社会文化史的介绍（详见本书下编"纪要与综述"），这表明社会文化史已经成为一个不可忽视的研究领域。

其次，史学界对于社会文化史的理论问题进行了初步的探索。尽管在概念内涵、学科定位、研究对象和内容、研究方法等问题上，学者还存在着意见上的分歧，但这种理论交锋本身就是对社会文化史研究的切实推进。例如，关于社会文化史的研究对象和内容，有学者认为是历史上人们在社会生活中所反映的价值观念和行为准则；有学者认为是上层文化与下层文化的相互渗透，精英文化的社会化过程，以及大众文化和社会生活中的文化意识；有学者则认为是社会结构、人际关系、生活方式、风俗习惯、价值观念、社会心理等六个方面的互动、连动关系（详见第297~298页）。在笔者看来，之所以出现这样的分歧，主要是因为大家对社会文化史中"社会"与"文化"的关系认识各异，即社会文化史到底是"社会（的）文化史"还是"社会（与）文化史"。上述第一种、第二种意见无疑认同前者，而第三种意见则认同后者。实际上，笔者认为，无论是哪一种理解都反映出社会文化史至少有两个比较明确的研究指向，一是指向大众文化（小传统）；二是指向文化的社会化过程及其对社会生活的塑造，社会生活的文化内涵及其对文化发展的推动，简言之，即文化与社会的双向动态关系。因此，无论学者对社会文化史的概念持何种理解，在这两种研究指向之下，他们在各自的研究实践中都能对历史进行重新的认识和解释，发现新的问题。

最后，社会文化史的研究进展还表现为出现了一批实践研究的成果，其中代表者如刘志琴主编的三卷本《近代中国社会文化变迁录》（浙江人民出版社，1998）、梁景和著《近代中国陋俗文化嬗变研究》（首都师范大学出版社，1998）、李长莉著《晚清上海社会的变迁——生活与伦理的近代化》（天津人民出版社，2002）等。

也必须看到，中国社会文化史研究的不足是显而易见的。首先，自觉的理论探索尚未充分展开，没有形成相关理论问题的研究热潮。尽管广大学者对于社会文化史的学科意义及研究思路多有认同，但相比于社会史理论研究热潮，社会文化史的理论研究则显得不够。据笔者不完全统计，仅1986—2005年发表的社会史理论性文章就有85篇之多，而社会文化史的理论研究文章仅寥寥10余篇，而且集中在刘志琴、李长莉、梁景和等少数学者的讨论上。这种理论研究的不足不仅表现为学界至今对社会文化史的定义、研究对象、研究内容、研究方法尚未形成一致的认识，而且表现为对于西方新文化史与中国社会文化史的理论渊源与区别也尚未厘清。许多学者都将西方的新文化史作为中国社会文化史的外来理论资源之一，也有人提醒我们应对西方社会文化史研究成果持"选择性借鉴和谨慎的批判态度"（第163页），或者提倡中国学者应建立自己关于社会文化史的解释系统（第306～307页），那么，西方新文化史（社会文化史）与中国社会文化史之间到底有何理论渊源，有何区别，应该如何建立中国自己的解释系统，这些问题本应成为社会文化史理论研究予以关注的问题，但是至今尚未引起学者的足够重视。其次，中国社会文化史的实践研究成果尚属有限，尽管有些研究成果（包括本书所罗列或提及的一些研究成果）符合社会文化史的研究思路和治学旨趣，但是研究者本人并未有意识地将其研究归类为社会文化史，更没有明确使用社会文化史的概念。有些研究成果虽然使用了"社会文化"或"社会文化史"的字眼，但并不是真正意义上的社会文化史研究。

本书相当集中地展示了近年来中国社会文化史研究取得的进展以及存在的不足，有助于我们全面、深入地把握中国社会文化史的研究现状，为广大青年学者接触、了解中国社会文化史研究提供了一个入门性的工具。

评梁其姿《从疠风到麻风：一种疾病的社会文化史》[*]

杨璐玮　余新忠

一　引言

　　在对医疗疾病史的长期研究中，历史学家的关注点往往集中在几种特殊的疾病上：它们或是流行病学上表现得非常有趣或容易引起争议，或是在历史进程显得很特殊或富有戏剧性，症状的表现能引起有趣的社会效果，[①] 主要包括天花、黑死病、结核病、梅毒及麻风病这几类特色鲜明的疫病。最重要的研究成果往往也是围绕这几种疾病而展开。天花作为人类至今为止唯一消灭的疾病，因其极高的死亡率和在欧洲扩张时代的重要作用而被人关注；[②] 黑死病受到关注源于极具戏剧性的发展过程，其巨大的杀伤力使得它在欧洲乃至世界历史上占据了独一无二的地位；[③] 结核病由于其特

---

[*] Angela KiCheLeung, Leprosy in China: A History, New York: Columbia University Press, 2009. 中文书名并非对英文书名的直译，而是依据全书主旨按中文习惯所做的重新表达。原书作者对此表示认可。

[①] 参见伯纳姆《什么是医学史》，颜宜葳译，北京大学出版社，2010，第63页。

[②] 麦克尼尔注意到天花在西班牙人征服阿兹特克帝国中所扮演的重要角色。参见麦克尼尔《瘟疫与人》，余新忠、毕会成译，中国环境科学出版社，2010，第1~3页。

[③] 有关黑死病的代表研究有 David Herlihy, The Black Death and the Transformation of the West, Cambridge, Mass.: Harvard University Press, 1997; Ole J. Benedictow, The Black Death 1346 - 1353: The Complete History, Wood Bridge: The Boydell Press, 2004. 对鼠疫的研究兴趣源于欧洲但不局限在欧洲，中国史领域的代表著作有 Carol Benedict, Bubonic Plaguein Nineteenth - Century China, Stanford: Stanford University Press, 1996; 曹树基、李玉尚：《鼠疫：战争与和平——中国的环境与社会变迁（1230—1960年）》，山东画报出版社，2006。

别而"含蓄"的病症成为各种文化隐喻的标志;① 梅毒的症状表现和特殊传染方式使其具有明确的道德指向,它的起源和文化含义常成为研究者关注的焦点。②

麻风病同样属于这类疾病,它不仅具有戏剧性的发展过程和丰富的社会内涵,而且同其他疾病相比,还有一个特点:死亡率不高但引起的社会恐慌却可以和鼠疫、天花这类烈性传染病相提并论,并导致麻风病患者长时间被隔离;对致病原因——传染或遗传——长期没有定论,但无论哪种原因,都在欧洲扩张时代造成了对殖民地的污名化;特殊而明显的外在症状使得其不曾像结核病等一样比较明显地拥有过积极的文化含义。

由于具有这些特点,麻风病在欧洲和伊斯兰世界的历史已较多地受到史学家关注,③ 其在亚洲的历史亦受到重视,学者较多关注麻风病在殖民体系中被赋予的文化属性及其在现代化进程中的独特作用,他们关注的焦点一般集中在印度与日本。中国学界特别是台湾地区学者很早就对麻风病报以兴趣,早在1952年,台湾医史学家赖尚和就出版了《中国癞病史》一书,④ 之后学者从麻风病的隔离与医疗救治、⑤ 上古溯

---

① 不同历史语境中对结核病的病症有不同的文化理解,比如将其视为文弱和美丽的象征或者民族主义语境下民族体弱多病的标志。相关研究有 René and Jean Dubos, *The White Plague*: *Tube Rculosis Man and Society*, New Brunswick and London: Rutgers University Press, 1987; Thomas Dormandy, *The White Death*: *A History of Tuberculosis*, NY: New York University Press, 1999; 福田真人:《結核の文化史》,名古屋大学出版会,1995。

② 有关梅毒的研究,最具代表性的有 Claude Quetel, *History of Syphilis*, trans. Judith Braddock and Brian Pike, Baltimore: the Johns Hopkins University Press, 1992; Mary Lucas Powell and Della Collins Cook, *The Myth of Syphilis*: *The Natural History of Treponematosis in North America*, University Press of Florida, 2005。

③ 有关麻风病在欧洲和伊斯兰世界历史的研究,参见 Angela Ki Che Leung, *Leprosy in China*: *A History*, p. 254。

④ 赖尚和:《中国癞病史》,东方印刷公司,1952。该书是当代第一本研究中国麻风病史的专著,作者梳理了历代医家对麻风病的病症描述、治疗措施及发病传染的见解等资料,具有开创性的意义。

⑤ 相关研究成果有,梁其姿:《麻风隔离与近代中国》,《历史研究》2003年第5期;李尚仁:《十九世纪后期英国医学界对中国麻风病情的调查研究》,《历史语言研究所集刊》第74本第3分,2003年9月;蒋竹山:《明清华南地区有关麻风病的民间疗法》,《大陆杂志》(台北)第90卷第4期,1995年4月;王文基:《癞病园里的异乡人——戴仁寿与台湾医疗宣教》,《古今论衡》(台北)第9期,2003年7月;陈歆怡:《监狱或家?台湾麻疯病患者的隔离生涯与自我重建》,台湾清华大学社会学研究所硕士学位论文,2006年;周忠彦:《台湾的癞病与乐山园的建立》,《史汇》(台北)2006年第10期;刘家峰:《福音、医学与政治——近代中国的麻风救治》,《中山大学学报》2008年第4期;范燕秋:《癞病疗养所与患者身分的建构:日治时代台湾的癞病社会史》,《台湾史研究》(台北)2008年第4期。

源、① 传说故事②等方面对其进行研究。虽然不少学者对麻风病产生研究兴趣，但他们的学术背景多是社会学、宗教学和医学，关注的也多是麻风病对于近现代的社会影响，缺乏对其历史进程的考察，并经常将现代生物医学定义的麻风病套用在古代"癞病"系统中，给人以削足适履之感。可以说，历史学界对于麻风病的研究还并不丰富，上述研究或从医疗社会史角度，或从文化史角度集中关注麻风病在中国近代史中所扮演的角色，但对于其在中国传统社会中的演进过程则尚未得到学者们的普遍重视，更缺乏将传统和近代联通的努力。（第6页）而梁其姿教授的新著《从疠风到麻风：一种疾病的社会文化史》（以下简称"梁著"）则力图填补这一学术空白，将传统和近代串联起来，向我们呈现了麻风病在中国长时段的历史进程，将麻风病在中国的历史置于全球史的背景下，用麻风病在中国的历史给一直以来为欧洲经验所左右的现代化叙事提供有益的替代（"前言第16页"），从而实现中西学术的对话。

梁著出版后，迅速引起学界的关注，凯博文（Arthur Kleeinman）、艾尔曼（Benjamin A. Elman）、班凯乐（Carol Benedict）、伯恩斯（Susan Burns）、许小丽（Elisabeth Hsu）等著名学者纷纷为其撰写书评，并刊登在不同领域的权威杂志上。③

---

① 讨论古代麻风病源流的研究有，林富：《试释睡虎地秦简中的"疠"与"定杀"》，《史原》（台北）第15期，1986年；梁其姿：《中国麻风病概念演变的历史》，《历史语言研究所集刊》第70本第2分，1999年6月；梁其姿：《从癞病史看中国史的特色》，载李建民主编《从医疗看中国史》，联经出版事业有限公司，2008，第297~329页。
② 麻风病的传说故事主要集中在过癞习俗及文学中麻风女的传说，代表性的研究有，胡万川：《蛇酒与麻风女的故事——医药传说与相关的小说》，《真实与想象——神话传说探微》，台湾清华大学出版社，2008，第35~58页；占骁勇：《从轶事到小说——论"麻疯女"故事的起源与发展》，《南开学报》2001年第5期；蒋竹山：《性、虫与过癞——明清中国有关麻疯病的社会想象》，"中国日常生活的论述与实践国际学术研讨会"论文，美国哥伦比亚大学，2002年。
③ 目前已经发表的具有代表性的书评，有 Arthur Kleinman and Grace Ryan, "Between History and Anthropology: Stigma, the Subaltern and Leprosy in China: An Essay Review of Leprosy in China: A History," Culture, Medicine and Psychiatry, Vol. 34, 2010, pp. 548 - 552; Carol Benedict, "Book Review of Leprosy in China: A History," The Journal of Asian Studies, vol. 70, no. 1, 2011, pp. 207 - 208; Susan Burns, "Book Reviewof Leprosy in China: A History," Bulletin of the History of Medicine, Vol. 84, No. 3 (Fall 2010), pp. 515 - 516; Elisabeth Hsu, "Book Review of Leprosy in China: A History,"《中国文化研究所学报》第52期，2011年1月，pp. 307 - 310; Howard H. Chiang, "Book Review of Leprosy in China: A History," Medical History, Vol. 54, No. 2 (Apr. 2010), pp. 280 - 281; David Luesink, "Book Review of Leprosy in China: A History", Pacific Affairs, Vol. 83, No. 1 (Spr. 2010), pp. 5 - 6; Bridie Andrews, "Book Review of Leprosy in China: A History," The China Quarterly, Vol. 203 (Sep. 2010), pp. 740 - 741; Benjamin A. Elman, "Book Review of Leprosy in China: A History," T'oung Pao, Vol. 96, 2010, pp. 550 - 553; Yi - Li Wu, "Leprosy in China: A History by Angela Ki Che Leung," Harvard Journal of Asiatic Studies, Vol. 71, No. 1 (June 2011), pp. 220 - 227; 等。

评梁其姿《从疠风到麻风：一种疾病的社会文化史》 201

一本疾病社会史著作在短时间内就有十余篇来自不同领域的书评是很罕见的，令人不禁将其与十多年前何伟亚《怀柔远人》出版时所引起的轰动相比。但与何著所引起的巨大争议不同的是，梁著获得了评论人的一致好评，即使个别评论人在某些地方持不同看法，也都基本认同，认为其具有重要价值，是医疗疾病史研究的必读书。综合来看，他们认为梁著的贡献和价值主要体现在四点。

（1）梁著是首部关于中国麻风病历史的英文著作，也是第一部从长时段书写中国疾病史的英文著作，跨越传统和现代，极具开创性。对于疾病长时段的研究，之前只有班凯乐关于鼠疫的研究，相比而言，梁著时间跨度更大，包含的信息更丰富，向西方展示出中国学界对于疾病史的研究与认识。

（2）梁著展示了传统时代关于麻风病文化建构的形成过程，及其在近代社会中被赋予的污名特性和在民族国家构建中所起的特殊作用。由于时间跨度大，面临的史料梳理工作必然异常繁重，而作者表现了极高的史学技艺，对于史料尤其是传统时代史料的收集与运用得到所有评论者的高度称赞。但与此同时，在疾病文化含义的建构中如何认识传统和现代性发挥的作用，部分西方学者也有保留意见。[1]

（3）梁著虽是专病史研究，但作者不仅呈现麻风病本身的历史，同时也展示麻风病的历史"如何改变了中国人对于疾病分类和病痛体验的文化建构"[2]。与鼠疫、霍乱等疾病不同，麻风病是一种杀伤力不强的慢性病，其症状明显且传染方式长期不明，这就使得其社会文化史上的意义尤为重要。20世纪历史学的发展出现数次大转折，1980年代以来，新文化史的研究备受关注，医学史的研究开始摆脱过往仅限于医学发展的简介、医学技术的演进与著名医学人士的介绍等内容，逐渐关注疾病在经济、社会、文化、军事与国家中扮演的角色。西方医学史和医学人类学研究者如罗伊波特、凯博文和苏珊·桑塔格等已对慢性病、艾滋病、精神类疾病的隐喻和社会文化意涵等进行了深入研究。梁著立足中国历史的探究正好可与这些研究相呼应，故而得到西方学界的认同与赞赏。

---

[1] 如班凯乐就认为，作者过于强调历史的继承性而对现代性影响评价偏低。参见 Carol Benedict, "Book Review of Leprosy in China: A History," p. 208。

[2] Arthur Kleinman and Grace Ryan, "Between History and Anthropology: Stigma, the Subaltern and Leprosy in China: An Essay Review of Leprosy in China: A History," p. 551.

（4）作者富有国际视野，没有将研究范围局限于中国一地，而是将麻风病现代的历史放到殖民主义和国际种族政策的国际话语中，让麻风病在中国的历史成为整个世界历史的一部分。随着世界格局的变化，后殖民主义的兴起，后殖民医学史学逐渐成为学术研究的潮流之一，以 David Arnold，Mark Harrison 和 Heather Bell 等为代表的殖民医学研究成为近年医疗史研究的风尚，David Arnold 提醒研究者要特别注意殖民医学与国家的关系，在科学体系中的位置、在殖民地社会中的折中妥协、与殖民地传统医学的关系等问题。[1] 梁著探讨了殖民话语下，麻风病如何成为中国民族国家构建中的一环并发挥了特殊且重要的作用，这无疑是对后殖民医学史研究的一大推进。

这些在西方学术语境下做出的评论显示，梁著是一部值得关注的疾病医疗史和社会文化史方面的力作。然而与英文学界的热议相比，该书在中国学界却较少受到关注，除两篇港台学人的简短评介外，[2] 尚未见有相关书评问世。这除了语言方面的隔阂这一表面原因之外，可能因为与西方相比，医疗社会文化史和医学人类学这些研究领域还较少受到国内学术界的关注。西方的评论无疑为我们更好地理解梁著的意义和不足提供了有价值的解说，但如何在中国的学术语境和中国医疗史的学术脉络中来认识该书，显然还大有文章可做。而且，西方的这些书评基本都是评介式的，即以介绍为主，仅在介绍中穿插一些作者的意见。有鉴于此，笔者拟结合已有评论，将该书置于中国的学术背景下，对其中一些内容予以重点介绍和评论，借此彰显该书的价值、意义以及可能存在的问题，并进而就如何书写中国的疾病史问题作一探讨。

二　从疠风到麻风：疾病社会文化意涵的演变

今天所说的麻风病（Leprosy）或汉森病（Hansen's disease），是由麻风分枝杆菌（Mycobacteriumleprae）所引起的慢性疾病，主要侵犯人体皮肤和神经，如果不及时治疗，可引起皮肤、神经、四肢和眼的进行性和永久性损害。

---

[1] David Arnold：《医学与殖民主义》，见吴嘉苓、傅大为编《科技渴望社会》，群学出版社，2004，第 183～217 页。
[2] 蔡笳，"Angela Ki Che Leung, Leprosy in China：A History,"《历史人类学学刊》第 7 卷第 2 期，2009 年 10 月；涂丰恩，"Leprosy in China：A History,"《汉学研究通讯》第 28 卷第 4 期，2009 年 11 月。

但在中国，在麻风杆菌被发现之前，外在症状类似今天生物医学所定义的麻风病疾病——"癞/疠""大风""恶疾"等已有很悠久的历史。与其说"麻风病"就是明清以前被称作"疠"或"癞"的疾病，不如说中国历史上"癞/疠""大风""恶疾"这些具有类似皮肤症状的疾病，在明清以后被"麻风"这个单一概念所统一，并一起承受相同的病痛和社会压力。

今天的疾病史研究需要面对的问题是：历史上的"癞病"能否和今天所定义的麻风病画上等号？距离今天久远而残缺不全的史料记载能否采用现代医学的病理划分方式？

麻风病在今天被视为古老疾病的原因，正是古代史料中可以找到类似今天麻风病症状的疾病，埃及、印度、西亚等早期文明中均有相关叙述，①中国历史上有关"癞/疠""大风"等的记载更是十分丰富，研究者一般也倾向于将这些名称各异的疾病视为今天的麻风病。

面对这个问题，梁氏没有简单地将历史和现实画上等号，她在第一章中向我们呈现了中国传统医学论述中"疠/癞/大风/麻风"的概念化历程。从上古时期的"大风""恶风""疠"，到中古时代的"癞"，再到明清以来的"麻风""大麻风"，在她看来传统医学典籍中对这些病症的讨论是一脉相承的，但这些病症不一定就是今天我们所说的"麻风病"。因为这些病名多半是病类，并不指单一疾病；同时古代文献中所描述的简单病症，又不足以判断这些病症所反映的就是麻风病。作者立足中国历史本身，描述了从上古到明清医家和社会对这一复杂疾病系统的认知情况，这一点得到了评论者的广泛好评，如上举凯博文的书评。

目前学界认为古代最早的"麻风病"是根据睡虎地秦简《封诊式》中的记载。②梁氏不认为"疠"病就是今天的麻风病，但认为从对患者的诊断看，秦朝就已经出现类似今天麻风病的病症，而当时社会对病患也已有了一套处理方式，"疠"病已有一定程度的普遍性。"疠"在当时医学理论中

---

① 埃及相传在公元前4266年就有麻风病的记载；西亚在公元1320年间《旧约·利末记》第13章记载了检验麻风病的方法；印度在4世纪的寺院经典中，记载了麻风病的症状。参见赖尚和《中国癞病史》，第2页。
② "睡虎地秦简整理小组"将"疠"解释为麻风病，因为秦简中有关"疠"症状描述的"无眉""鼻腔坏"等同现代医学中麻风病的临床症状很相似，从医学上看似乎无误，但林富士发现秦简中"疠者有罪，定杀"则与历代政典中对重病患者的宽容不符合，他认为"疠"应该有别的解释。参见林富士《试释睡虎地秦简中的"疠"与"定杀"》，《史原》（台北）第15期，1986年。

被归为因"风"引起的疾病。"风"在《内经·素问》中被列为致病外在因素的"五气"之首（其他四气为寒、湿、燥、火），是"百病之长"。后代综合性的医书，如《诸病源候总论》《圣济总录》《医学入门》都将"风"病放在各病类之首。而在南宋之前，主要医书均将"疠"病视作"风"类疾病。

从《内经》时代一直到北宋时期，癞病没有明显的地域性，是众多因"风"引起疾病中的一种。但这一看法到南宋则有了根本改变。陈言在《三因极一病证方论》中质疑传统对癞病的看法。在他看来，"不谨"才是癞病传染的原因所在。陈言的说法对后世产生了深远影响：首先，病患本身的身体纪律成为更重要的病因之一，加重了患者自己放纵身体的责任。其次，把癞病视为"外科"而非"风疾"，使得主流"儒医"逐渐放弃了对癞病的研究与治疗。这是源于宋以后主流医者以"儒医"自居，以"辨证"为诊断方法，方药为治疗之本，使得传统医学中外科、针灸、眼科等逐渐被边缘化，为名不见经传的"俗医"所专。

南宋以后，由于被归为"外科疾病"，癞病在医学讨论中的地位骤然下降，并由此奠定了其在明清医学传统中的地位。同时，病患因自身行为"不谨"而得病的新义，彰显患者意志或身体缺乏纪律的道德弱点。疾病本身也被赋予新的危险性——传染性。

明清时期的医家不再以古典论理中的"风"作为癞的病因。医者多以两方面解释"风"：一是患者本身身体"积毒"之内因；二是将外在环境因素更具体化。作为癞病的外因，特定时空致病的"方土之气"已取代《内经》所说的"风、寒"。值得注意的是，这两种重新解释风的说法，都强化了癞病作为风土病的新看法，特别是南方的风土病。

明清以来，无论儒医还是俗医，对癞病的看法都与前代有较大的变化。麻风病被视为湿热地域具有传染性的风土病，通过虫、蛊、性交甚至和病患简单接触传播，还会传给子孙后代，这些新看法加强了麻风病的危险性和恐怖性，使得明清以后癞病的社会意义与之前不同。

古今病名对照是疾病史研究中无法回避的问题，但由于现存文献记载的有限、古今医学体系的分殊、疾病判断本身的复杂性及疾病自身的表现可能存在变化等因素，这又是一个难题。① 然而，通过前面的论述可以看

---

① 参见余新忠《中国疾病、医疗史探索的过去、现实与可能》，《历史研究》2003 年第 4 期。

到，梁著并没有太多地受到困扰，而是通过合理地转换视角和研究方法，巧妙地实现对这一困境的超越。作者一方面以相当审慎的态度处理"癞/疠"与现代 Leprosy 之间的复杂关系；另一方面又不拘泥于此，而是从一个更高的层次来思考传统时期这样的疾病表述展现了怎样的社会文化变迁。不仅如此，作者还从不同时期社会对"疠/癞/大风/麻风"文化认识的演变出发，自然引出了该书重要的关注点——疾病的污名化问题。

三 麻风：不断被污名化的疾病

通过对"疠/癞/大风/麻风"概念发展的梳理，我们看到，在近代之前，中国传统本身对癞病或麻风病的偏见已经形成，西方对麻风病的歧视，只是对这种偏见的加强而已。（第 59 页）从某种意义上说，讨论"癞/疠"这些疾病到底是不是麻风病已不再重要，我们所要获取的是关于"麻风病"本土化的认知，也正是梁著努力呈现的"癞/疠"疾病系统长时段的演变过程，将欧洲经验地方化。但另一方面，Leprosy/麻风病/"癞病"系统之间语义上的沟通互动与指向的变化，确是一个不容回避的问题。虽然在历史学范畴内，三类符号的对应关系没有再现疾病本身发展轨迹，但最近的符号学研究却提醒我们，语言作为一种权力关系，其指向性的变化和跨语际沟通不容忽视，尤其是当我们需要将某段历史放进全球性殖民时代中进行考量的时候。今天所说的"麻风病"作为"癞/疠"系统中的一种，如何指代整个具有类似症状的疾病群，[①] 并同西方 Leprosy 一词相对应？而当"麻风病"在汉语中享有 Leprosy 在西语中的能指内涵后，其所指对象本身或许与 Leprosy 所指不同，却在殖民话语下被迫享有 Leprosy 所指对象的屈辱和污名，从而使得癞病患者被迫在近代背负了比传统时代更强烈的污名和原罪。

污名（stigma）一词最初来源于希腊语，用来指代那些暴露携带人道德地位不光彩或不寻常的身体记号；在基督教时代指代神圣恩典或生理紊乱引起的身体记号。进入社会学领域后，"污名"被定义为"一种令人大大丢

---

① 《二十年目睹之怪现状》中曾有一段描写涉及"癞"和"麻疯"的关系。因为《说文》中癞指代恶疾，"广东人便引了他做一个麻疯的雅名"。参见吴趼人《二十年目睹之怪现状》第 60 回"谈官况令尹弃官　乱著书遗名被骂"，华夏出版社，1995，第 334～336 页。

脸的特征"。①

麻风病在欧洲的历史,很大程度上可以用"污名化"来概括。中世纪时期,麻风病因为其可怕的外在病症,被视为内心罪恶的体现,麻风病患者因此备受凌虐。而到了19世纪,当传教士在殖民地再次发现这一已经从欧洲消失的病症时,对患者道德的污名化又转为对殖民地人民的心理优势,麻风病成为证明殖民地种族低劣的重要证据。中国民族主义精英面对西方的偏见充满羞耻感,麻风病"强烈地象征着中国近代病重的身体"②,麻风病患者也承受了前所未有的社会压力。但中国麻风病人所蒙受的污名化,却不仅仅是近代中西刺激－反应的结果,而是有着长时段的历史积淀。

梁著细致梳理了从中古到明清社会对待癞病的态度。作者认为在中古时期,癞病患者的生活环境还较为宽松,对癞病有两种看似对立却相互依存的观念:一方面是"不治之症";另一方面也是宗教救赎的对象(第60页)。在宗教盛行的中古时期,儒释道均把癞病纳入自己的说教体系:虽然强调癞病是不道德的体现,但却可以通过他者引导(佛教)、自身修炼(道教)和家人帮助(儒家)得到治愈。但16世纪以后,癞病被视为会传染的南方风土病,癞病患者被认为对社会生理健康和道德构成双重威胁,应该用隔离的方式驱逐出去。

梁著没有停留在仅仅向我们展示癞病患者所遭受的不公平待遇,而是分析了这种待遇的根源。梁氏注意到在文本中,这些病人被描述成负面的群体,但这些描述都是那些对病人施暴者的一面之词,很可能是为了赋予他们的暴行以合法性。她认为这种对麻风病人的污名化很大程度上来源于对麻风病传染的恐惧,而所谓病人人格和道德上的缺陷则多是被建构出的理由。

在麻风病患者所背负的污名化标签中,最独特的莫过于"过癞"习俗的叙述与建构。在各种叙述中,两广、福建地区女子引诱不知情的男子(通常来自北方)发生关系,通过将癞病传染给男子使自己痊愈。蒋竹山较早注意到这类描写的盛行,将之视为明清时期治疗癞病的疗法之一——"性爱疗法"。③

---

① 〔美〕戈夫曼:《污名——受损身份管理札记》,宋立宏译,商务印书馆,2009,第3页。
② 梁其姿:《从癞病史看中国史的特色》,李建民主编《从医疗看中国史》,第306页。
③ 蒋竹山:《明清华南地区有关麻风病的民间疗法》,《大陆杂志》(台北)第90卷第4期,1995年4月。

关于"过癞"的叙述,最早出现在宋代周密的《癸辛杂识》中:

> 闽中有所谓过癞者。盖女子多有此疾,凡觉面色如桃花,即此证之发也。或男子不知,而误与合,即男染其疾而女瘥。土人既皆知其说,则多方诡诈,以误往来之客。杭人有稽供甲者,因往莆田,道中遇女子独行,颇有姿色,问所自来,乃言为父母所逐,无所归,因同至邸中。至夜,肯与交际,而其家声言捕奸,遂急窜而免。及归,遂苦此疾,至于坠耳、塌鼻、断手足而殂。癞即大风疾也。①

梁著认为,周密的叙述成为之后对"过癞"习俗描写的模板。同蒋竹山将"过癞"叙述看作对社会风俗的反映不同,梁氏则将其更多视为一种文化的建构,并将这类描写同元明之后的医学发展联系起来。随着经济中心的南移,文人对"过癞"习俗的描写实际体现出对文明界限模糊化的焦虑(第115页)。两广、福建以北的文人在各种叙述中强调南方气候和女性的特殊性。

到19世纪晚期,麻风病人所遭受的歧视与污名由于西方世界的歧视和民族主义的兴起愈演愈烈,乃至成为国家现代化的障碍。虽然民国政府无力对病人实行严格措施,但麻风病人处在民族主义兴起的时代,受到来自传统观念和成为现代化障碍的双重压力,蒙受的污名无疑要比传统社会更严重。而这种紧张关系不仅没有随着医学进步和全球性移民潮流的衰减而松弛,反而更为加剧。

在中国的麻风病文化史书写中,梁氏将污名化问题贯穿始终,这在一定程度上增加了被认为将欧洲经验简单移植过来的危险。例如凯博文就认为,各种污名的理论框架都没有体现出病痛体验的社会性,② 就麻风病来说,"我们所理解的'污名'不适用于麻风病病人,其身份重塑中带有复杂、投机主义的成分,麻风病病人在身份重塑中,以一种高度社会化的方式,进行着道德和经济生存的角力"③。他认为,尽管"污名化"可以被看作一种普世性的

---

① 周密:《癸辛杂识》后集《过癞》,吴企明点校,中华书局,1997,第81页。
② Lawrence Hsin Yang and Arthur Kleinman, "'Face' and the Embodiment of Stigma in China: The Cases of Schizophrenia and AIDS," *Socil Science & Medicine*, Vol. 67, 2008, pp. 398–408.
③ Arthur Kleinman and Grace Ryan, "Between History and Anthropology: Stigma, the Subaltern and Leprosy in China: An Essay Review of Leprosy in China: A History," pp. 548–552.

现象,[①] 但必须警惕将"污名"作为解释所有歧视问题的框架。[②]

这样的提醒和担心是有道理的,也是必要的。实际上,任何理论和分析框架自有其局限性,特别是当我们用西方的理论框架和概念来阐释非西方地区时,还存在"在地化"问题。显而易见,污名化的分析框架不可能穷尽疾病的所有病痛体验和文化意涵。但是如果以此来批评梁著对这一分析框架的过度运用,则未必公正。这不仅是因为这一污名化本身具有一定的普世性,也因为这一重要的问题在中国疾病史研究中几乎未得关注,更勿论有较为系统的阐述。因而梁著的这一探讨,放在中国疾病史和医疗社会文化史研究脉络中,无疑具有启发价值。更为重要的是,梁著有关麻风病人在遭遇歧视、谩骂与畏惧的同时,也获得了某种弱者"武器"的描述,不仅以中国经验很好地阐释了凯博文所关注的普通病痛可能赋予相对弱势者以权力的问题,而且这些现象的出现也是建立在污名化的基础之上的。梁著记述了一些与我们想象的麻风病人截然相反的特殊情况,"对麻风病人的持续污名化和日益增长的传染的畏惧反而成了他们力量的来源"[③](第110页),一些麻风病人利用人们的恐惧为非作歹。社会对其的敌视限制了他们的生活空间,他们却可以凭借所拥有的新的社会身份获利。这种情况在欧洲中世纪备受歧视的麻风病人身上很难想象。但不可否认,他们所获得的权力正是他们背负污名变态发展的结果,源于人们对他们的恐惧以及各种想象。我们可以说,这些麻风病人的举动正是污名化的体现,他们的所作所为某种程度上也可看作与污名化相似的标签理论中,越轨者(deviance)向自身标签靠拢的表现。[④]

四 传统力量与现代话语

麻风病为何在近代中国扮演了如此重要的角色,成为民族主义者眼中

[①] B. G. Link, L. H. Yang, J. C. Phelan and P. Y. Cpllins, "Measuring Mental Illness Stigma, Schizophrenia Bulletin, Vol. 30, No. 3, 2004, pp. 511 – 541.

[②] Lawrence Hsin Yang, Arthur Kleinman, B. G. Link, Jo C. Phelan, Sing Lee and Byron Good, "Culture and Stigma: Adding Moral Expecrience to Stigma Theory," *Social Science & Medicine*, Vol. 64, 2007, pp. 1524 – 1535.

[③] 比如生病的妻子可以要求丈夫分担更多的家务,但是同样的病痛发生在同一个人身上也可能导致权利的进一步丧失。参见凯博文《苦痛和疾病的社会根源——现代中国的抑郁、神经衰弱和病痛》,郭金华译,上海三联书店,2008,第148页。

[④] 蒙受污名者为讨好常人,当着他们的面把赋予他那类人的所有坏品质表演得淋漓尽致,从而在生活场景中成了丑角。参见戈夫曼《污名——受损身份管理札记》,宋竝译,商务印书馆,2009,第149页。

中国落后的象征，还成了衡量政府能力的标尺？作者并未简单将其归因为西方殖民势力的影响，而是通过实证研究，证明麻风病在近代的污名化和背负的民族耻辱乃是中西文化互动过程中不断被建构的结果。不仅如此，即使是西方世界对于麻风病的认知，也受到中国传统观念的影响；而当西方现代话语传入中国后，中国社会对其的迅速接纳也与传统的社会文化因素密切相关，虽然民族主义者常常否认或者没有意识到这一点。显然梁著在这方面的学术价值，不仅仅在于雄辩地表明了传统因素在中国近代社会变迁中的力量以及传统与现代间的复杂关系，还在于她将自己的研究对象置于中西互动的脉络中，精当地指出中国的经验是如何影响西方认识以及现代话语的形成。

（一） 被重新发现的疾病——西方现代话语的形成以及中国的接受

中世纪肆虐欧陆的麻风病却在 16 世纪后销声匿迹，这一直是一个引人关注却悬而未决的问题。当 19 世纪欧洲传教士在殖民地"重新发现"麻风病后，麻风病可怕的外在表现和一直难以说明的传播原因使它成为用来说明种族低劣的流行、持久的符号。

麻风病的传播有传染说和遗传说两种观点。在麻风杆菌发现之前，遗传说一直占据优势，这一观点认为麻风病是在特定地区、人群间传播的疾病，和中国传统观念——认为麻风病是南方特有的风土病不谋而合。即使在汉森发现麻风杆菌之后，遗传学说仍然被多数人所相信，直到几十年后传教士达米安神父在殖民地感染麻风病死亡（第 142 页）。他的罹病与死亡被媒体大肆报道，成为麻风病具有跨地域跨种族传染性的例证与最有力的宣传。[①]

传染说占据主流后，麻风病引起国际性恐慌，西方也因此将麻风病视为中国国家落后、种族劣等的标志。不过梁著论述的重点不在于西方医学观念如何帮助塑造了麻风病在近代中国的特殊形象，相反，它关注中国传统医学和社会观念是如何作用于西方对麻风病的认知，麻风病在近代中国所扮演的重要角色，更多的是一种传统延续而非外来观念的颠覆。

事实上，因为 19 世纪西方对麻风病没有确切的认识，种种不确定因素为各种解释留下了空间。而无论遗传学说还是传染学说，都吸收了中国对

[①] 参见李尚仁《十九世纪后期英国医学界对中国麻风病情的调查研究》，《历史语言研究所集刊》第 74 本第 3 分，2003 年 9 月。

于癞病的看法。

传教士在中国的个体经验同时为遗传说和传染说提供了支撑，有的传教士发现中国人认为癞病极具传染性因而排斥病人；有的却发现病患没有被排除在正常的社会秩序外。① 此外支撑养济院系统的一个重要观点就是相信癞病在三代之后不会遗传，这一观念被西方人所吸收并加强了他们认为麻风病是遗传疾病的信心（第140页）。而明清社会对于"过癞"的想象，也被传教士记录下来，成为传染说的例证。（第118页）

与西方在麻风病遗传说和传染说中摇摆不定不同，中国从未怀疑麻风病的传染性。早在中古时期，佛道宗教故事中麻风病就具传染性；到了明清时期，将麻风病视为南方风土病和众多"过癞"传说的出现，更是对麻风病传染性的强调，这种强调造成其在中国历史上长时间的污名化。而西方传染说在中国被顺利接受，正是因为传统中国一直认为麻风病具有传染性。

近代中国因为麻风病而蒙受西方污名，恰恰是传统观念中对南方地区文化偏见的放大。宋代以后，均认为麻风病源自南方烟瘴之地，这一观点传到西方。由于西方对中国缺乏认识，将南方等同于整个中国，因而将中华帝国内部的文化偏见变为西方世界对中国整体的污名化，也正因为中国人对麻风病的恐惧与厌恶由来已久，西方对麻风病传染致病的理念才会深入人心。

将中国癞病史纳入全球史的脉络，既具开创性，也是很大的挑战，因为这不仅意味着要将属于中国的癞病系统疾病与西方关于麻风病的认知恰当地结合在一起；同时需要评估在中国当时的殖民环境下，西方的冲击和传统的继承在塑造人们认知时孰重孰轻。

（二）拯救还是隔离——处理麻风病人背后的传统力量

从"癞/疠""风/大麻风"这些指向相对模糊的病征到被明确地称作"麻风病""汉森病"，麻风病人遭受贯穿历史长时段的污名化。从背负道德原罪的被拯救对象到南方地区蒙受文化歧视的代罪羔羊，再到整个国家耻辱的标志、现代化的障碍和新兴政权用来证明合法性的消减对象，他们是作为消减对象还是有被拯救的可能？如何对待麻风病人，其中内在的医学

---

① 参见李尚仁所征引的传教士报告。李尚仁：《十九世纪后期英国医学界对中国麻风病情的调查研究》，《历史语言研究所集刊》第74本第3分，2003年9月。

和政治因素起到什么作用？

对待麻风病通常采用精神疗法、药物疗法和隔离措施三种手段。精神疗法是中古时期宗教宣传进行救赎的方式，源自种种宗教故事；药物疗法则经历了从传统时代的乌蛇酒、砒霜、长松等中医疗法到采用氨苯砜等西医诊疗手段的转变过程，并最终在采用多药物联合疗法（MDT）后将麻风病牢牢控制住；隔离措施同样经历了从传统时期麻风院、养济院转变为近代西方隔离方式的变迁过程。

蒋竹山较早关注对麻风病的药物疗法。在《明清华南地区有关麻风病的民间疗法》中，他讨论了明清时期治疗麻风病的偏方。梁氏则讨论了服用砒霜治愈麻风病最出名的例子——冯梦龙《醒世恒言》中"陈多寿生死夫妻"，在关注药物疗法的同时，亦将这则故事同儒家用德行救赎癞病患者联系在一起。（第77页）

相比西医疗法的引入，梁著更为关注传统中医在治疗麻风病上所发挥的作用（第190页），不过麻风病最终被控制还是得益于1980年代末大规模采用多药物联合疗法。

和精神疗法与药物治疗相比，隔离措施尤其引人关注，因为对麻风病人强制的隔离无疑最能体现出社会对麻风病的认知。梁著用了很大篇幅来介绍和研究对癞病患者实行的隔离。在梁氏看来，隔离措施分为三个历史阶段：传统社会（尤其是明清时期）的养济院系统阶段、民国时期的多种形式并存阶段以及中华人民共和国时期的以麻风村为主体阶段。

养济院隔离系统始于16世纪以后，由于对癞病传染性的恐慌，隔离成为最好的方式，明清时期在福建、广东、江西等地建立了麻风院和养济院。这些机构拥有各种别名，如癞子营、疯子院、癞民所、麻风寮等（第97页）。梁氏强调这种麻风院和中世纪麻风院或者僧侣开办的机构不同，隔离场所没有宗教涵义，病人没有像欧洲那样受到宗教歧视，因此用福柯的观点无法解释中国当时的麻风隔离系统。

到了近代，在西方医学知识和民族主义的影响下，对麻风病的有效控制是国家现代性的体现，而隔离则是最好的控制手段。民国时期，中国有三种隔离方式可以选择：传统养济院体系、传教士建立的隔离体系和最终选择的从夏威夷、菲律宾等地借鉴来的民族主义的隔离方式。作者强调国民政府的选择不是根据控制效果的优劣，而是出于对社会控制的考虑：传统的养济院系统属于民族主义者期望摧毁的传统社会体系的一部分；传教士建立的隔离系统手段过于柔和且其浓厚的宗教气息也影响政府的控制。最终采取了最为极端的严格隔离方式，但是由于国民政府没有足够的执行力，最终形成了三种隔离方式并存的局面。

在作者看来，近代民族主义者正是受到传统影响从而选择隔离麻风病人，而这一点恐怕他们自己也没有意识到（第176页）。通过梁著，我们看到明清时期已经形成了针对癞病患者成熟的隔离体系，而这一体系的建立及长久运作肯定会对人们的思想发生作用，乃至形成某种社会共识，但以此来认定近代对麻风病人采取隔离方式主要是源于对传统的继承似乎并不严谨。实际上民族主义者所倾向的隔离方式是模仿菲律宾、夏威夷的隔离手段，而非传统养济院的运作方式。传统隔离方式使得麻风院内部形成了独立的社会体系，因而难以为民族主义者所接受。事实上，隔离麻风病人更像是出于一种本能的趋利避害选择。传统社会的隔离方式确实在人们心中形成共识，但并不意味着采取隔离手段是中国传统社会的专利，西方社会同样形成了一套成熟的隔离方式，当20世纪初的民主主义精英们在殖民话语下把消除麻风病当作一项政治任务时，他们会很自然地观察西方的做法。梁氏强调的对传统的继承应是一种长时段内共同体中相同思维的培养，相比而言并不是影响民族主义者在短时间做出选择的最主要因素。

在架构连通传统和现代的桥梁时，梁氏极为重视传统的力量，她在处理麻风病在中国现代化民族国家构建中的历史时，格外强调人们对传统的继承（有时甚至是不自觉的），比如麻风病污名化历史的延续、将麻风病人与正常社会隔离等。这种对传统观念的偏爱与罗芙芸、班凯乐等强调现代性生成的著作观点明显不同，而这也招致了部分评论的批评，如前述班凯乐认为梁著过分强调了传统、现代之间的连续性。

梁氏对传统延续性的格外关注，一方面固然因为她对古代史更为精通擅长，另一方面也凸显出多数疾病社会文化史研究者对古代中国的隔膜。以往的相关研究往往给我们这样一种感觉：麻风病是有历史感的疾病，但其历史却又集中在近代；我们对待麻风病的态度植根于传统社会，但对"癞/疠""大风"这一套复杂的疾病系统却又觉得陌生；麻风病之所以成为今天的麻风病，还是缘于近代民族主义和革命话语的塑造。这种感觉源于后殖民史家所批判的民族主义以及一整套现代史学书写方式。我们痴迷于民族国家的形成，将其视为追求现代性唯一的出路，而我们对现代性的过分追逐使得传统被轻视，甚至被重构为停滞或铁板一块，仅仅成为我们偶尔参考的对象。

那么，我们该如何来评估传统的延续在近代麻风病观念构建中的作用呢？

首先，近代中国处在一种特殊的殖民环境中。虽然沦为世界殖民体系的一环，传统观念遭受西方文明的巨大冲击，但中国并不同于其他殖民国家，传统仍占有一席之地。中国在语言上保持完整性的事实即是中国语境下殖民主义不完整性的文化证据。① 因此传统的影响可能要超出我们的预期。

其次，梁著已经向我们展示了中国传统观念在构建西方对麻风病认识中的重要作用。明清时期关于"过癞"的社会想象、关于癞病三代后就不会遗传的观点以及对癞病传染性的认识等都被西方吸收并影响其对麻风病的认知。现代话语中同样存在着中国传统的因素，因此，西方的影响在某种程度上也可看作是传统的延续。

最后，需要注意的是，在我们强调传统和近代间巨大的鸿沟时，当我们坚持麻风病在近代才开始扮演特殊角色时，我们已经预设近代之前的历史是铁板一块，其存在价值只是为了和现代比较。这也是梁氏努力呈现中国社会对癞病观念长时段历史的意义所在：近代对麻风病的认识实际上是建立在传统社会对癞病逐步变化的认知基础上的；癞病的污名化地位在明清时期已经确立下来。如果说有所差别的话，也是概念上的转换和语义的转译，很难说有本质的差别。

由此看来，班凯乐对梁著的批评自有其道理，但和梁氏所要达到的目的并不在一个层面。批评者强调的是近代对麻风病的态度及措施是传统社会所没有的，是意欲表明"现代"对传统的超越。而梁著则试图论证，近代麻风病所扮演的前所未有的角色，是在西方殖民话语和传统对癞病的认知基础上共同建构的；西方殖民话语也并非完全是舶来品，其形成和中国传统观念不无联系。传统本身变化发展，在现代社会依然具有活力。故而可以说，评论者在现代性上对梁著所持的异议，不过是不同语境下的不同言说而已。虽然我们很难评估哪一方对塑造近代麻风病形象贡献更大，不过梁氏的研究至少让我们看到，麻风病的历史是古今中外多重因素互动融合的过程，传统与现代、中国与西方，并非相互对立的两极，而是在相互

---

① 史书美：《现代的诱惑：书写半殖民地中国的现代主义（1917—1937）》，何恬译，江苏人民出版社，2007，第41页。

的交融碰撞中共同书写了麻风病的历史。中国麻风病的历史,同样体现了现代医学体系下被统一的 Leprosy/麻风病现代话语,其实是在中国传统癞病系统和西方麻风病记忆的共同影响下形成的。

五　遗憾与不足

梁著虽然取得了很大成功,但这并不表示该书无可挑剔。实际上,任何作品和研究都不可避免地存在这样那样的问题和不足,梁著也不例外。

首先,任何理论和方法都有其局限性。该书从社会文化史角度对疾病社会文化意义的呈现固然令人耳目一新,但这样的写法也导致梁著回避了很多问题,对于那些特别希望了解麻风病在中国历史上流行、分布情况或中医对治疗麻风病真实效验的读者来说,该著可能会令其感到意犹未尽,因为它基本没有就此作出探讨。

其次,即使抛开方法论方面的局限不谈,在具体的研究中,梁著也难以避免地留下了一些遗憾甚或不足。比如,关于宗教的救赎作用。它向我们呈现了中古时期宗教对"癞/疠"的看法,但在宋以后则偏重医学理念的变化和地域偏见对疾病的投射而对宗教涉及较少。明清时期宗教对于麻风病社会内涵的建构起到什么作用?在佛教较为盛行的明代,佛教医学对麻风病的认知和处理如何?是否和儒医不同?明代医案中也有僧侣患癞病的故事,其中似乎看不到强烈的社会污名。我们想知道,在作者强调的宋元以来的医学转向之后,对于中古时期癞病的医学和社会涵义构建起过重要作用的宗教是否还在发挥作用,作者对此似乎并未有清晰交代。又如,对于地方社会中麻风病人的探讨。① 作者在论述癞病污名化问题时,花了大量笔墨就不同地域间文人著述中对癞病的不同态度做了研究,并通过地方志和刑案汇览等材料向我们展示了癞病患者在基层社会的糟糕境遇,但相比史料中关于个别事例的记载来说,作者是不是也可将癞病患者个体放进由民间信仰、秘密宗教以及地方生员、宗族社会所构筑的基层社会权力网络中进行研究,具体向读者呈现基层社会权力(机构、宗族、民间信仰、基层官员,等等)对癞病患者施加的影响以及对癞病社会形象的接受和影响。再如,关于中西方概念的对接转换。梁著对中国传统医学中癞病概念、病

---

① 这里不是要求进行凯博文认为的人类学的探讨,他认为作者可以对近代以来的麻风病人个体进行研究,但他的期望受资料的局限,目前不具备实际的操作性。

因、治疗手段的演变进行了长时段的梳理，受到了一致好评。作者不赞同将麻风病这一现代生物医学概念套用在中国传统社会进行医史研究的方法，因此梳理出癞病这一中医概念下的疾病史。这无疑是值得赞许的，不过在中西医概念的衔接上似乎还有进一步探究的空间。作者对概念上"癞/疠/大麻风"系统如何被现代医学的"leprosy/麻风病"概念所取代着力不多，没有详细论述。我们无从知道时人在谈论"麻疯""癞"等词时是将其视为一体还是作为分别的概念。① 此外，梁著所讨论的不是狭隘医学定义下的麻风病，而是"癞/疠""大风"等复杂的疾病系统，描述对象的复杂性就预示了这一疾病系统在社会所遭受境遇的多样性。而由于麻风病在明清以来愈加明显的社会效应，所背负的文化偏见与民族耻辱越来越重，这有可能在我们脑海中先入为主定下负面的基调。由于麻风病历史上所属疾病系统的复杂，我们在将其纳入叙事模式时或许就已经破坏了其复杂性。比如作者提到，癞病在中古时期有时可以转化为女子获得节烈身份的凭借，但这类事例并不多见（第64页）。这类和我们预想不尽相同的事例是否还存在很多，是否因为各种原因还未被我们发现或者不可能为我们所知晓？当我们举出其中一二作为例证时，是否意味着同时我们省略了更多？另外，在论述麻风病在民国时期的历史时，梁氏反复强调由于国民政府执行力的欠缺，导致其在麻风病控制上的失败。不过我们在通过对麻风病的控制来评估民国时期的公共卫生事业的成败时，也要看到麻风病是否具有代表性。

再次，作者在绪论中谈到了麻风病人身份的自我认同问题，并提出了"从帝国晚期到现代病人的身份建构有连续性或断裂性"等一系列重要而有趣的问题，认为这应是研究者未来可能会关注的（第14~15页）。这一提示无疑是十分重要而极有见地的。据笔者的理解，作者实际上是根据自己的研究心得提出了疾病史研究中一个非常重要而自己却没能很好展开的议题，也可以说为后来的研究提示了一条可行的进路。这里要说的，不是遗憾作者在正文中缺乏这方面的关注和论述而是作为没有就此出发，关注到如何全方位观察麻风病和麻风病人的问题，即不仅要从医学、国家、精英和民众的角度从外部来加以观察，而且也有必要从麻风病人自身的角度从内部来进行探究。限于资料，这固然是个不易操作的问题，但若在研究中强烈贯彻这一问题意识，至少在现当代的相关研究，多少会让我们了解一

---

① 比如前述《二十年目睹之怪现状》中对于麻风与癞关系的描述。

些病人的认知和声音。

最后，相对于传统时代癞病系统历史的梳理，梁著对于麻风病在新中国时期的叙述就显得略微逊色一些。由于种种原因，作者对于档案资料（特别是基层档案）利用较少，这使得其对于1950年代以来麻风病防治工作的叙述停留在政策层面，难以触及基层社会和实际操作情况。梁氏本人实际早已注意到资料局限这一问题，在书中就提到难以接触到基层档案的困难，我们在此重新提出这一问题并非是不顾实际情况地苛求作者，而是期望后来研究者重视对档案资料的发掘。尤其是随着政府推动信息公开化，绝大多数的地方档案馆开始向公众和学者开放1978年之前的档案，越来越多的基层档案得以解密公布，研究环境已大为改善，梁氏写作时所遇到的资料难题将不再困扰研究者，因此，我们希望，也有理由相信后来研究者会在深入发掘利用档案资料的基础上，进行更为细致深入的研究。

六 疾病史如何书写

梁著以翔实的史料和娴熟的书写技艺，带领我们回顾了今天似乎已成为历史的麻风病在中国历史上的演变历程，对我们的启发和触动是多方面的，也为中国的疾病医疗史书写提供了一个非常重要的借鉴。

自20世纪七八十年代以来，史学界对疾病史颇为关注，除梁著之外，至少已有六部专著问世。[①] 这些研究所关注的基本都是对社会和生命造成严重危害的瘟疫，特别是鼠疫。这些研究的问题意识和学术品质虽然不尽相同，但基本都是从社会史和生态环境史的角度开展将关注点聚焦于疫病与社会的互动，特别是社会对疫病的应对上；或着力于探究疾病与环境变迁的关系，但均未能关注和运用国际疾病医疗史研究中常见的新文化史（或社会文化史）的视角或研究方法。不仅很少关注疾病对于社会心态、风俗

---

① 分别是 Carol Benedict, *Bubonic Plague in Nineteenth - Century China*, Stanford: Stanford University Press, 1996；飯島涉：《ペストと近代中国：衛生の制度化と社会変容》，研文出版，2000；余新忠：《清代江南的瘟疫与社会——一项医疗社会史的研究》，中国人民大学出版社，2003；曹树基、李玉尚：《鼠疫：战争与和平——中国的环境与社会变迁（1230—1960年)》；周琼：《清代云南瘴气与生态变迁研究》，中国社会科学出版社，2007；张泰山：《民国时期的传染病与社会——以传染病防治与公共卫生建设为中心》，社会科学文献出版社，2008。有关中国疾病医疗史的研究兴起的情况，可参见余新忠《中国疾病、医疗史探索的过去、现实与可能》，《历史研究》2003年第4期。

信仰的影响等内容，也疏于呈现疾病背后所隐含的丰富的社会文化意义。同时，缺乏对疾病的长时段探讨，没有从后殖民主义视野重新审视传统社会的医学资源。虽然这些研究在中国史学发展脉络中，已经可以算得上是全新的探索，但若将其置于国际学术的背景中，其学术理念和研究方法显然还存在一定的局限性，不利于我们更多元、全面地呈现疾病历史和社会文化意涵。特别是就国内疾病医疗史研究而言，对国际疾病医疗史的整体研究态势还显得相当的隔膜，多数研究者缺乏国际上比较主流的问题意识，以旧理念、旧方法探讨新问题的情况颇为常见。即使是一些比较重要的研究成果，也往往缺乏对国际学术界比较成熟甚至是共识性的认识的参照。① 从社会文化史角度展开的探讨，还相当缺乏。而梁氏不仅深谙国际学术发展脉络，也具有颇为深厚的中国史学研究功力。她不仅成功地搜集和梳理了各类历史文献中相当零散的有关"疠/癞/麻风"的记载，而且没有被现代医学概念中的麻风病所束缚，从中国医学与社会文化出发，勾勒了古代直至今天同麻风病症状类似的被称为"疠/癞""大风/大麻风"等复杂疾病系统的文化史，以及这一系统是如何在中西文化交流中转化为现代意义上的"麻风病"的。

　　作者对麻风这一中国史学界关注不多的典型疾病所做的长时段考察，首先非常直观地告诉我们，在史料相当零散且意涵不够确定的情况下，该如何系统地书写一部单一疾病的历史。对于历史上的疾病，我们不仅要关注疾病的流行状况、时空分布、对社会的冲击和影响等比较明显而实际的问题，同时还有更多相对深入细致的有关疾病的认知、社会反应和文化意涵等社会文化史的议题需要我们去探究。这显然为中国的疾病医疗史提供了新的研究进路。其次，也向我们展现了疾病所蕴含的丰富的社会文化意义，即疾病并不只是简单的生理病变，也是不同时代各种社会文化的建构。同时，梁著还通过对现代医学有关麻风病话语建构过程的探析，提示我们

---

① 比如在目前的卫生防疫史研究中，除了少数的例外，国内的大多数研究，似乎都自外于国际学术界医疗卫生史研究的主流认识，基本未能跳脱"现代化"的学术理念和叙事模式。参见余新忠《卫生何为——中国近世的卫生史研究》，《史学理论研究》2011年第3期。而胡成则对一些发表在国内重要期刊上有关鼠疫防治的研究提出批评，认为他们不假思索地认同防疫进步性、科学性和有效性，多少"存在不尽专业之处"。参见胡成《东三省鼠疫蔓延时的底层民众与地方社会（1910—1911）——兼论当前疾病、医疗史研究的一个方法论和认识论问题》，"东亚医疗历史工作坊"论文，香港浸会大学历史系及近代史研究中心，2010，第1~4页。

反思一直被奉为圭臬的现代医学可能并不像我们想象得那样客观。医学科学处于社会与经济背景下，它的发展往往在大部分人的健康和小部分人的牺牲之间寻求平衡，在使许多疾病得到治愈的同时，也导致了新的疾病。为了方便提供健康干预而医学化，人们往往把社会问题也贴上医学和精神医学问题的标签。[①] 这实际上是从历史的角度为我们对诸多现实问题的省思提供了可资利用的视角和资源。再次，作者长时段的历史考察，也有利于我们更深入地去认识疾病认知、社会应对及其社会文化意涵演变的内在理路，看清我们常说的近代转型中潜在而本来就不断变动的传统因子的影子和力量。让更多的研究者，特别是从事近现代问题的研究者，有可能从中较为真切地体会到，中国疾病医疗的近代演变并非只是"西化"和对"西化"的应对。最后，作者精到的全球史视野，也有助于我们更好地理解东西文化之间的关系。现有的相关研究，特别是国内学者的研究，由于视野和语言能力等方面的限制，或者比较孤立地来看待中国的疾病医疗问题，或者只是将西方文明和文化视为对中国社会产生影响的外在因素（这一因素往往是抽象而非历史的），而极少能从真正的全球视野出发，来观察和认识东西之间的交互关系。而梁著则很好地处理了这一关系，使我们不仅能在著作中不时看到作者对中外的比较，更为重要的是，作者没有单向度地来认识西方文明和文化对中国的影响，而是真正以国际眼光来呈现在近代国际社会对麻风病认识历史中，中国经验的存在和影响：中国经验并不只是被动的受影响者，同时也是国际现代疾病认识建构的参与因素之一。在这里，中外之间的关系和影响不仅是互动，而且西方也是具体而不断变动的。这一点，对我们当前的中国疾病医疗史乃至中国史研究，都颇具启发价值。

总之，梁著对于医籍和传统史料的掌握，对疾病之于社会心态、文化习俗的影响的深入研究，以及将疾病史研究纳入全球史发展脉络中，都表现出了较高的研究水平。不过其价值应该并不仅限于疾病医疗史这样专门的领域，同时还表现在，作为第一本研究中国麻风病的英文专著，它向西方展示了中国学术界的研究水准。从已有的书评来看，该书对传统梳理以及从传统到近代历史延续性的论述，已得到西方学界的认可和赞赏。该书以具有说服力的实证性研究将中国经验有效地融入国际学术话语中，其意

---

① 参见凯博文《苦痛和疾病的社会根源——现代中国的抑郁、神经衰弱和病痛》，第192页。

义不仅在于避免了中国经验的失语,更重要的是将有利于人们更全面、多元地理解人类的历史经验。

在今天一般人的印象中,麻风病已然是与现实无关的历史,但梁著却告诉我们,虽然经过长达 60 多年的全国性控制,麻风病似乎渐渐从我们的视线中消失,但无论是在疾病控制上[1]还是大众感知层面[2],麻风病的历史都仍未结束。在现代医学框架中,麻风病虽已不再是令人谈之色变的不治之症,但其病理因素仍然有些模糊,同时对麻风病人的去污名化并不成功,他们中的许多人仍然不被社会接纳,居住在偏僻的麻风村,与现代社会隔离。他们的个体经历、集体记忆还有待历史学家去发掘。这一开放式的结尾似乎在昭示我们,麻风病的历史没有结束,疾病史的书写更没有也不可能结束。史无定法,疾病史的书写同样亦不应有固定的模式。梁著立足史料,通过融汇国际学界前沿研究方法和理念,从社会文化史角度展开的疾病史研究,固然相当成功甚至具有一定的典范意义,但显然不是无可挑剔,首先这一书写模式并不一定适合所有的疾病,同时像对近现代社会造成巨大冲击而且资料也更为丰富的烈性传染病,仅用这一种模式来书写恐怕就远远不够;而且从上面的论述也不难看到,书中的一些解读和探究乃至问题意识,也不无进一步深入的空间。尽管如此,在当下对国际学术研究潮流了解和把握还明显不够的中国疾病医疗史研究来说,这一研究的启发和示范意义,我们认为仍是主要的。

范例的树立不是让人望而却步,而是为此后进一步的探究提供可资借鉴的经验和超越的对象。相信梁著的问世,一定会引发更多的学人对疾病医疗史的兴趣和探究,并随着资料的进一步丰富和研究理念的创新而不断产生更加深入而丰硕的研究成果。这是年轻研究者的责任和使命,也一定会是梁氏的深切期待。

---

[1] 事实上,近十余年来,全球新增麻风病患者数量并未出现明显减少。参见 "Report of the International Leprosy Association Technical Forum," *Leprosy Review*, Vol. 73, 2002, pp. 513 – 516。

[2] 比如最近各大媒体报道的台湾女记者张平宜 11 年救助四川麻风村的新闻,这则新闻显示,对麻风病人的歧视等种种偏见依然且广泛存在。

近代中国女性运动的多维图景
——评游鉴明《超越性别身体：近代华东地区的女子体育（1895~1937）》

方艳华 刘志鹏

近代西方体育传入中国之后，女子体育也在纷至沓来的内忧外患的各种冲击之下艰难起步。初创时期的女子体育怎样在不同的时空格局中展开，女性运动在国族命运、两性关系、公众舆论等层面所产生的社会文化意涵是什么，运动与女性特质的关系怎样呈现，女性运动生活的日常模式为何，女子是否符合宣导的初衷等，围绕这些问题进行多维审视，不仅有助于加强近代女子体育演变迁播、表现形态、影响地位等研究的薄弱环节，也可以通过弥补以往学界对妇女"运动"史关注较少的不足，为近代妇女史研究内容的丰富、研究视野的拓展提供新的思路。台湾学者游鉴明的《超越性别身体：近代华东地区的女子体育（1895~1937）》从解答上述问题入手，以1895~1937年间女子体育运动最为发达的华东地区为例，依托丰富的史料，将中国政府、学校、媒体、社会借助体育联手改造女性身体的历史及女性从中的反应做了深入的论析，向我们展示了一幅近代中国女性运动的多姿多彩图景。

该书分为两部分：第一部分"舆论、体育政策与校园文化"，作者把主轴放在有关女子体育言论的产生、学校体育政策的落实及体育如何进入女生生活三个方面。首先，作者透过1895~1937年的舆论，考察了社会各界对女子体育的目的及运动方式的各种看法，重点梳理了国家民族女子体育观与稍晚产生的健康美的女子体育观的形成与演变，及面对社会习俗对女性身体的训诫与女性身体的特质、女性应该如何运动的论辩，从中揭示出不同的时代背景、社会变迁附加在女性身体及行为背后的道德及意识形态倾向的信息。其次，作者着重探讨了晚清以来女子体育教育的教育理念、运动方式的沿革及1928年后国民政府对体育管理的强化、学校在体育设施和师资上的改进及所存在的问题。最后，作者对华东地区女学生在校园内外的体育活动进行了探究，着眼于爬梳她们如何看待运动，体育是否成为她们生活的一部分，她们以何种态度去面对体育和学校的新兴群体——女运动选手及各学校掀起运动风潮时所引发的运动上两性关系的微妙变化诸问题。

第二部分"媒体、社会大众与女子运动竞赛"，借由媒体和社会大众的不同声音，进一步诠释女子体育在近代中国的位置。此部分的研究重点不在于呈现女子运动的所有作品文本，而是从文本中诠释时人如何看待女子运动，从而侦知女子体育背后的社会意义。在这部分内容中，作者将身体文化、都市文化、商业消费和运动女性形象相结合，认为女运动员尤其是女明星运动员的形象已不仅是身体的生理性存在，还包括媒体塑造起来的社会形象及观众对于运动员形象的理解和接受，这种思考引申出来的运动女体的多重含义和多元功能，极富洞见。此外，对于各类媒体媒介女子体育手法的比较也弥补了以往学界忽略的一些问题，提供给我们近代女子运动研究纵深拓展的范例，例如，作者指出商业广告主要经由文字和图片与女子运动勾连；体育广告的设计，多以运动中的女性为插图，显示广告对时尚是相当敏锐的；漫画也掌握社会新趋向，却不带商业目的，而是透过艺术家的笔，反映运动的各种面向；具有教育和商业性质的电影业，更懂得把女子运动作为流行文化放进电影中。

该书并没有将研究视野局限在近代中国女子体育的发展演变及女子在专业领域内的表现，而是侧重于在特定的历史条件下，从不同的主体去诠释与女性身体改造有关的运动历史，其中既有政府政策、学校机构对于女子运动的规训、倡导，也有作为当事人的女学生和女运动员在运动中的经历和感受，还有作为旁观者的传媒及社会大众对于女子运动的解读，这种观察女子体育的方式不仅让单一或少数主体的意识形态或说法，有较多的参照面，而且其"所体现的多元与复杂程度，已跨出体育史此一专门领域的范畴"（李贞德先生封底评语）。

多维视角审视女子体育还突出表现在作者对民族主义话语及性别政治象征秩序的批判性检讨中对女性主义观点的借鉴。近年来学界对于以往认为中国近代女性的需求总是让位于国运兴衰，女性的个体生命意识被时代的宏大叙事所遮蔽的观点进行了积极的商榷，该书则透过记录女子运动的作文、书信、日记、回忆录、传记及问卷调查等多元文本详细论证了国家民族意识不是处处主导着运动中的女性、每一个人的生命和生活，还有国家以外的考虑。在作者看来，20世纪二三十年代随着传播媒体、消费文化及电影工业的快速发展，此种倾向更为明显：健康美的女子体育观广受重视的程度，并不在以国家民族为中心的女子体育观之下；女子形象在借由体育打造"尚武"的参与建国工程的"国民之母""女国民"之外，也被赋予了具有运动长才的"新女性"或"摩登女性"的意涵；由于学校性质和理念的不同，对于女子体育比赛也有不同的期许。在论证女性介入运动时的心理需求、情感经历及对自我身体及锻炼的态度的过程中，该书也着重考察了女性运动对女性的影响。这对于我们理解此时期女性的身体处境和精神意识分化大有裨益。作者指出，近代中国女性用运动的身体改写女性历史时，充满着活力：当体育回归到女子日常生活时，绝大多数的女子运动并不涉及国家民族，而是出于自身的兴趣、娱乐或健康；作为个体的女子，为自己安排运动之外，还鼓励同性甚至异性观赏运动会或做运动；而借重体育训练和运动竞赛女性也塑造了新的身体，女学生的肢体活动出现惊人的变化，无论是陆地、水中或是跑跳投掷翻滚，每一种需要体力和运动技术的动作，都有突破。更重要的是，女子在参与运动竞赛的过程中，接触到近代文明，开阔了视野。由此，作者认为，女子并没有全然被动地充当被改造的对象，在一定程度上她们超越了民族主义话语对女性身体及社会角色的规训，作出了某种主动的选择。虽然此时期救亡图存不是女子体育唯一或至高的目的，但是作者并没有据此否认民族主义论述的存在，植根于民族主义框架下的身体论述，在这一时期无法从根本上改变即时救国的实用主义取向，这些创见对我们认识此时期国家命运与个人发展纠缠下的女子体育所呈现的紧张、冲突、焦虑的复杂面相颇有启发。

另外，作者也通过男女互为的运动接触及运动场上的"观看"现象，梳理了女性身体运动对于改变两性权力关系的意义。在运用性别视角关照女子体育的过程中，作者发现校园体育逐渐风行后，体育有助于异性的互动往来，不少男学生对女学生的运动既充满好奇，又试图教导和干预，而女学生则从抗拒男学生观看、争夺运动空间到向男学生挑战或接受他们挑战的互相切磋确立了新的两性关系模式，并在不断突破性别界限的较量中找到自己的身份与主体。在运动场上，当女运动员不断超拔自我、挑战男性的同时，社会各界也通过对女运动员出场顺序、受奖先后乃至宿舍安排的礼遇帮助她们撼动以男性为中心的社会价值,这些探索对于学界了解此一时代及其中的性别意涵无疑贡献良多。而近代由女子运动所衍生的观看行为,在作者的笔下也充满着各种复杂的现象。运动会提供给人们"看"与"被看"的机会,但"看"与"被看"的权力并不是男性独有,同样也操纵在由不愿意被看转成愿意被看的女运动员手上。这种从女性主体意识介入女子体育的研究路径向读者展示了建立在丰赡史料基础上基于不同阅读立场所获致的别样意义,在女子体育史研究方法论方面,是一个很具意义的尝试。

　　讲究情节性叙事及关注日常的微观史学的修辞风格及研究取向则把女子体育带入女性的世俗生活世界,为女子运动史的多元演绎提供了空间。书中除了从传统"大历史"的角度由外而内沉郁冷峻的考证复原历史史实,探寻历史现象背后深层次的历史搏动外,值得一提的是,作者还采用了通过构建历史场景,把读者一步步带入丰富多彩的历史内部的文学化的叙事方式,让读者在艺术性描写及科学性的分析中,理解女性运动生活的基本形态。从城市世俗生活层面切入女子体育问题主要集中在作者对发生在个人和运动场内外的小故事或新闻报道的精雕细刻上,例如对于女学生厌恶逃避体育课的心理细节的生动刻画上,逼视女子游泳的观众形象的深描,运动场上啦啦队激情助威、女运动员出糗花絮的勾陈以及女运动员退场后公私领域各种活动的描绘,看起来有些琐细,却能激活文献资料中的特定历史场景,让读者感受到具体的历史氛围而产生情感共鸣。这种眼光向下的研究视野离不开作者对于民间史料的充分发掘和精确利用,尤其是对小说、剧本、诗词、歌曲等文学史料以及照片、漫画、民俗艺画、电影镜头等图像史料的广泛运用。无疑,史料的多样性与特殊性,是作者能够赋予女子体育以更加丰富和鲜活内容的重要基础。当然,日常空间里的体育体现的不仅是一种书写手法的更新,背后也隐藏着作者通过构建更加切近生活实际的现实来重现女子运动的整体景观,呼应女子体育并不是处处受"感时忧国"主流意识形态话语所控制的策略。

　　为了不流于单一论证,该书在以华东地区的女子体育为分析重点的前提下,也从体育运动的主旨、运行机制及观众反应等方面与殖民统治下的台湾及当时欧美的女子体育进行了比较研究。透过日殖时期台湾当局对于女子体育的控制,作者向我们展现了一幅与华东迥异的充满强制及"皇民化"教导的运动场景,例如,女子日常体育运动充斥着向日本宣导效忠的各种仪式；运动场上观众谨守秩序，华东运动员斗殴、观众脱序的场面不曾在台湾出现；报刊的内容被当局严格控制，除了沉闷的比赛过程外，读者看不到记者任情恣意的报道，更遑论对女运动员私领域的窥视。基于实证研究和比较史学眼光得出的这些结论揭示了不同政权与女子体育生动而复杂的关系趋向，同时也有助于澄清传统的对国民政府的一些陈旧看法，正如作者所指出的，一向被视为专制和保守的国民政府在体育文化管理和媒体管理上，有时也容许存在一个自主的空间。近代中国女子体育是西风东渐影响下的产物，虽然两者在训练方法、运动观念、竞赛精神、比赛规则、性别区隔和宣传手法上相差不大，但相异的历史处境与时代诉求，使得女子体育显示出明显的性别差异与主体差异。这些思考对于我们考察不同社会历史环境怎样造就了中西在处理女子体育问题上的差异颇有助益。

毋庸置疑，该书并不是一部单纯的近代中国女子体育史专书，著作依托于丰富的史料，紧扣时代思潮与政治变迁的宏观背景，尤其是以女性主义研究视角切入，采用微观史学的研究取径及比较史学的研究方法，从多元角度展示了近代女子体育呈现出的不同面貌，扩大了女子运动意涵的解释空间，也为近代妇女史研究另辟蹊径，值得一读。但是作为近年来学界关于女子运动研究的一部拓新之作，书中也存在一些尚臻完善的地方，如书中将研究对象的时间范围界定为1895–1937年，对于为何以1895年作为上限界定的说明似嫌不足。此外，作者重点分析了华东地区学校女子体育的状况，对城市普通女性及乡村女性的研究则着墨太少，这也许与难以搜集到足够支撑此方面问题的资料有关。

晚清社会文化史的新探索

——读《文化、社会网络与集体行动》

陈其泰

程歗教授新著《文化、社会网络与集体行动——以晚清教案和义和团为中心》一书最近已由巴蜀书社出版，这是晚清史研究领域引人注目的新成果。全书视野开阔，共分为四个专题探析："史学方法试笔：口述、文献与考据"，"研究对象探析：精英思想与大众心态"，"晚清教案视点：时代与信仰的扦格"，"义和团研究侧记：组织溯源与意识素描"；堪称内容厚重，提出了诸多新课题，发前人之所未发。读后掩卷凝思，深感著者20余年来辛勤耕耘，力求开拓创新，因而在晚清社会状态、文化思潮、教案史和义和团运动等项研究上创获甚丰。而全书的最大特色是，在掌握丰富史料的基础上，采用新的研究视角，形成了新思路，并且结合对文献资料的爬梳和对史实的考辨，在理论和方法层面力求做出新的概括。晚清史的许多问题历经几代学人长期反复探讨、成果众多，当今学者要提出新问题、新见解，殊非易事，然而本书著者却能独辟蹊径，并获得一系列具有原创性价值的成果，其主要原因正在于视角的转换和成功地运用新的方法。兹举出我认为最有理论价值的两项加以申论。

一是社会网络视角。著者认为，不应该将乾嘉时期的教派或拳会的活动界定为"义和团前史"，因为义和团只是部分地利用了历史上旧名称，而发动和演出的是更为广阔和深刻的活剧。当1898年列强瓜分狂潮严重威胁中华民族的生存之际，义和团运动有如山洪般爆发，它不是既往的某一种社会组织的直线延续，而即使这一洪流有关联的多种组织（如梅拳、神拳、大刀会等），也远非整体性地卷进。因此，探讨义和团的发动，应特别重视"社会网络"视角，具体地探究各组织的哪些成分在"起源"中起了关键作用。著者的基本看法是："联系历史悠久的民间组织和义和团之间的中介，是那些在变动了的晚清政治秩序中参与反洋教的乡土社会的精英群。他们的联合和行动重塑了各自主导的那部分组织和文化,并经由相互关系的复杂错动,通向了义和团的起源并进而规定了运动自身的逻辑。"(第34页)

　　研究义和团起源这样复杂的问题,需要学者尽可能有根据地回溯到当时的历史场景,并从复杂的现象中努力寻找出本质性和规律性意义的东西。本书著者将其把握和分析"社会网络"的工作,总结为"文献史料与口述史的结合和互相补充",并做了这样的具体表述:"上(20)世纪80年代前后的相当一段时间,我一面在中国第一历史档案馆作相关档案文献的梳理和研读,一面又和国内外史学界、社会学界的几位师友一起,多次在山东、河北一带的乡镇作社会史调查,试图从文献研读和口述史料彼此结合和互相补充的角度,去勾画近代一些历史事件与社会生活的风貌。"(作者自序)《村镇精英群的联合和行动——对梨园屯一段口述史料的解说》一文,对于"社会网络"的视角和方法运用很具典型性。著者将对义和团起事原因的剖析聚焦于直隶、山东两省交界的冠县"十八村",这里在清代是冠县所属、跨过临清、馆陶两县,孤悬在直隶威县东南部的一块"飞地"。通过对官府档案、地方官员奏疏、野史笔记、民间揭帖、地方志等提供的分散而庞杂的史料,将之与口述史作比勘、分析,著者提出:在弄清楚义和团"起源"的多元性和地方性两大因素之后,必须解决是靠什么力量(人物)组织和促成起义烈火的点燃?与以往学者注目于"绅士"或"地方名流"不同,著者认为研究工作还应有新的视角,即"找出一种对特定地区的多种组织进行整治动员的力量",因此提出了"村镇精英"的概念。他指出:"他们未必是'地方名流',而是指在某个村落或以某个集镇为中心的村落群中,能对全体或部分社会成员发生支配作用的人们"(第10页)。他们可以成为"乡土能人",为人公正且有办事能力,一无所有、敢作敢为,特别在社会动荡时期,"能把一般人办不成的事给办了"。直隶、山东交界地区的义和拳暴动事件根源于这一带从19世纪60年代开始的民教冲突。"士绅团首在管理村镇事务和维护道德教化的领域同官府发生了微妙的依违和扞格,他们维护本地利益和伦理传统的认同感日益强烈。村镇自我保护的取向拉大了自身和州县政权的距离。在战乱中有过各种复杂经历的体制外民间组织顺着变动的村镇秩序浮出水面,扩展力量。士绅、团首和土著强人的联合使反击洋教的行动日渐组织化和武装化。反洋教的武装集团吸引了企求改变地位的基层边缘人或流浪者,他们的大批卷进将保乡梓的运动向四周拓展，滚成一片。这一切变动，出现在由于外部入侵和内部病症交织，因而政治明显衰败，政治——社会格局也日益复杂起来的晚清历史中"（第35页）"1897年德国部队占领胶州湾、1898年的黄河下游大漫决和此后近两年的华北旱灾，构成了多事的世纪之交。前一个事件极大地刺激了村镇精英群的民族意识。'布衣谋政'和跨州县的联合行动由此而起。没有造反传统的梅花拳介入反洋教，表现了乡村民族意识激进化的程度。而连续的自然灾害和这种激越的意识相交织，则进一步将处在地区结构边缘地带的更多的教门结社席卷进来。教门分子、巫师拳师等流浪者夹在饥民群中四处辐射，将简化了的仪式和法术带进村落，和土著的村镇能人们联合起来。""从各个社会层次上浮现出来的精英分子及其主导的组织、意识和力量的层层汇合，创造出了义和神团"（第285页）。笔者认为，贯穿于本书写作的"社会网络"的视角，不仅为探索义和团的"起源"提供了很有价值的新思路，而且对于研究复杂纷纭、社会动荡、波澜迭起的晚清社会的嬗变，增添了重要的新视角。

一是乡土意识视角。著者在晚清社会史研究中之所以强调这一研究视角，首先是冀图更深刻和更精确地阐释义和团运动的特点。因为，著者认为，义和团从性质来说是"农民自发的反侵略运动"（第304页），但是它采取的是落后、迷信的方式，"农民的政治欲求编织在宗教的彩衣里"，何以造成这种严重畸形的和极其矛盾的历史现象？著者认为，对此不能简单地暴露和指责农民的迷信落后，应当做到如马克思所说："用历史来说明迷信"。唯有对晚清民间意识极其深层原因进行剖析，才能得出令人信服的答案。再者，著者认为："晚清乃至整个近代，是一个时局发生巨变因而各种思潮并列陈杂、推旧出新的年代。仅就在当时是先进的思潮来讲，也是五光十色，既依托于当时半殖民地半封建社会的生产力、经济关系和社会政治制度的情况，也受到为文化传统和在如上关系基础上产生的普遍性的社会心理所制约，因而出现了思想者们对西方文化和本土文化做出或浅或深的融合，以探索救国出路的中国版，同时也出现了普通民众依据自身的利益和经验，对这些学说版本的不同选择和弃取。因此，当代研究者很有必要对近代中国的国情——就思想文化史而言，是对本土的文化传统，特别是对作为当年思想者们的重要创作资源与思考依据的民众意识、社会网络和风俗习惯——做出恰当的解释和说明。"（作者自序）既然民众意识对精英文化如何选择和弃取，那么采取"乡土意识"的视角，对于推进晚清社会文化史的研究就具有不容忽视的意义。复次，著者又认为，一直到晚清，中国社会实际上是由封建统治下的广大农民大众所构成，晚清时期虽然涌现出一批先进人物，并由他们发动了社会改革运动或革命运动，"然而这些先进社会集团的规模和力量都非常弱小，远远未能上下沟通，纵横联合，从而形成社会的支配力量，完成由资本主义生产关系代替半殖民地半封建生产关系的根本变革。当时的中国基本上仍是由清朝统治者层层控制着的农业社会"（第143页）。因此，研究者应当正视其落后面，这是两千年封建传统和落后的生产方式所带来的，同时又应足够地估计和认真地发掘其中的爱国思想、反抗精神和宝贵智慧，这也是了解中国国情的需要。

由于著者恰当地采取"乡土意识"的新视角，书中对于晚清社会嬗变做出了新的勾勒，并对晚清文化演进趋势提出了具有深刻启示作用的看法。譬如，为追溯晚清乡土意识的根源和土壤，著者将"中国传统社会农民日常意识"作为专题研究，认为："民众文化在文化形态上是低级的，但亿万普通老百姓的文化心理状态，则体现了隐藏在物质文明、社会制度及意识形态体系背后的智慧之光与民族特色。"（第131页）并概括为如下四项特征：（1）务实求验的处世态度；（2）人生和谐的价值取向；（3）执着亲情的道德情操；（4）多神主义的宗教心理。又如，关于"晚清乡土意识"，著者的总体认识是："晚清乡土意识作为一个动态的社会信息系统，同当时社会历史的剧烈变动处在一条共振带上，它以直观、质朴、真切和多动的精神状态，表现了华夏文化的主要创造者和实践者对于这场历史骤变的理解水平、承受能力和社会态度。"（第142页）在《思想文化史研究视角的转换：从精英到大众》一文中，作者认为，构成晚清社会的基层，是"辽阔的基于血缘和地缘关系的基础集团，也就是通常所说的由家族、宗教、村落、集镇、街巷等群体单元所构成的乡里社会"。由此决定晚清时期思想文化结构在总体上可分解为三个彼此联系又互相区别的部分："上层封建统治阶级代表的正统思想文化；中层资产阶级的政治、经济和文化集团所传播的当时先进的资本主义思想文化；根植于乡里深层，既表现了劳动人民的智慧之光、民族特色，又浸润着正统观念的农民思想文化。"（第143页）又说："晚清思想文化史的进程就展示了一种特殊的现象：先进思想家从西方引进，并以微弱的资产阶级经济关系和职能集团为依托的民主、自由、平等的现代化观念与信息，像油浮在水面上一样地漂浮在广阔的乡土文化带的上空。而亿万老百姓却在同一时代场景中基于传统的民族性、国民性，表现出另一套欲求：均田均粮、真主降临、杀洋灭教、反清复明。这套欲求以巨大的空间覆盖面和时间延续性，在教门会党运动、反洋教斗争和义和团运动中反复出现，广为流传。"（第148页）在《民族意识与晚清教案》一文中，作者更深刻地指出剖析晚清乡土意识特征在学术研究上的重要价值，是推进对晚清民族觉醒何以要经历坎坷曲折的道路的认识。因为，一方面，晚清的反洋教斗争是和当时爱国知识界要求"保国保种保教"的思想潮流并进交织，共同反映了救亡图存这一时代主题。而另一方面，"民众的反洋教运动，以业已成为历史陈迹的纲常伦理体系为主要思想武器，又使这场斗争对西方教会的多重机能缺乏明智的选择，而蒙上了浓厚的封建性和保守性色彩。当时人们的忧患意识，普遍落足于对'礼治'社会的眷恋，从而陷入了难以自拔的失落感。民族自卫意识浸润着尊王卫道的陈旧观念，阻塞了面向现实的社会认知。合群结社要求，没有超越农业社会固有的家族或师承模式，不能孕育同近代社会相适应的独立人格，而最终归属于对皇权与神权的依赖。凡此种种，在乡村民族意识的结构内，形成了外层情绪变动性和内心世界守恒性相互矛盾的总体特征。普通民众的保家卫国的赤诚，同自己参与传递的对西学的神秘感、恐惧感交织在一起，表现了乡村民族意识的不成熟性。"（第179页）

本书值得称道之处，还在于全书体现了著者严谨笃实的治学风格。作为一位具有实证研究的深厚功底，并且长期受到唯物史观这一科学历史观熏陶的学者，著者明确提出应当发扬中国史学重视考证的优良传统。这既是著者长期研治史学所得的体会，同时也是针对近些年来学术界出现的浮躁甚至夸诞的学风而发，因此对于"一些史作或追求观点的新异，或专事史料的猎奇，下笔洋洋洒洒，概念重重翻新，内容见所未见，却很少顾及这类概念和'史料'能否经得起历史事实的验证"，提出了严肃的批评，强调"倡扬科学的研究态度和严肃的学术作风的迫切性"（第78页）。树立科学态度和严肃学风确实是关乎历史学健康发展的大问题。建设优良学风，关键在于提高认识，端正态度，身体力行。一是要贯彻"实事求是"的原则，潜心钻研，甘于寂寞，真正从"史实"和"史料"出发，提出真知灼见，不哗众取宠，不将故作惊人之论作为所谓"创新"，不人云亦云，或是将毫无创见、七拼八凑的东西作为研究成果；二是要审查史料，"考而后信"，联系到史料的出处、背景、时间，提供史料者的身份、经历，他与所发生事件关系的密切程度如何，考察其有无作伪的可能等项，审慎地考辨究竟其史料价值如何；三是要做严密、深入的考证工作，继承并推进前辈学者所总结的"无征不信，广参互证，追根求源"的治史方法，下大工夫考辨对认识历史进程有重要价值的史实。著者结合本人长期的治史实践，在书中多处地方论述了精辟的见解。他说："如果不弄清一件件具体的历史事实，不从微观的、个案的研究，即使是具有良好理论素质的历史学家，也不可能对历史事件的过程及其规律做出正确的总体把握和宏观概括。从这个意义上讲，中国传统考据学所包含的积极因素，诸如敢于质疑、重视实证、严密审识、不事空谈等精神和方法，在今天不仅仍是历史研究不可或缺的前提，也是检验研究者功力之高下的重要标准。"（第76页）并重申了林华国教授在《历史的真实》书中关于史料真实性阐发的精彩意见：以往史学界惯于将史料区分为"第一手史料"（如公文档案、会议记录、书信、日记、回忆录等），和"第二手史料"（有别于前类的史实记载）。其实，这种区分并不能如实地指明史料的可靠性，不能反映史料的复杂性、多样性，尤其对于初入史林的学人，会造成误导，会因笼统地承认何者为"第一手史料"而偏信其中全部内容的直接性和可靠性。实际上，所谓"第一手史料"之中，也包含不足凭据的材料。故对习惯地归于"第一手史料"者，应认真作审查、考辨，将其区分"原始史料""派生史料"和"无根史料"三类，对前二者审慎地使用，而摒弃"无根史料"。本书著者还进一步提出极为独到的看法："能够直接反映史实的史料，可以是一个整体的文献，也可以是其中的某个部分，甚至可以是一两句文字。"（第76页）如果不是著者在科学精神指导下长期实践，并重视理论层面思考，是无法得出如此清醒的认识和精警的概括的。本文上面讲到的著者具有的创新精神，以及由于采用新的视角而对研究工作的推进，恰恰都是著者经过严格审查材料和对纷纭复杂的史实进行细致的考辨分析而得。其他书中因成功运用考辨而对晚清社会文化史一些关系甚大，或读者感到饶有兴趣的问题提出新认识的佳篇，书中还有不少，如《乾嘉义和拳浅探》《民间教门与义和团揭帖》《拳民意识与习俗信仰》《赛金花考》等文，读者细读原书即能感到大有所获，启发良多，这里就毋需再加赘述了。

社会生活与观念意识互动的新视野
——评《五四时期社会文化嬗变研究》

张 弛

五四时期是近代中国文化转型的关键时段。以前，更多的注意力被投注到了民主、科学等精英文化层面，而对一般民众的日常生活、思想观以及精神状态，发生了什么变化则关注不够。有学者指出：家庭、婚姻、爱情等问题，是个体切身体验到的，往往才是一般民众真正关心的。① 所以，这种历史画面的残缺，有补足的必要。

随着近年来国外"新文化史"的崛起和译介以及国内社会文化史研究的涌现和发展，越来越多的五四研究者，或以社会文化史为题，或借鉴其中一些概念和方法对近代中国的文化转型做出了新的学术探索。梁景和教授的新作《五四时期社会文化嬗变研究》（人民出版社，2010，以下简称《嬗变研究》），就是主动地运用相关概念和方法，取得开拓性研究成果的力作。

一 内容与框架

《嬗变研究》首先对何谓社会文化，何谓社会文化史作出了自己的界定。"所谓社会文化是指外在的社会生活与其内在观念意识间的一种相互关系。"② 其研究方法的进路是考察表层行为和深层意识间的互动，通过展现其内在张力，来把握特定的时代脉动。如果按照作者最近在一次访谈中的话来说就是："社会文化史是研究社会生活与其内在观念之间相互关系的历

---

① 彭小妍：《超越写实》，联经出版公司，1993，第117～137页。
② 梁景和：《五四时期社会文化嬗变研究》，"代序"，人民出版社，2010，第1页。

史,是观察和诠释历史的一个重要视角和层面。"①

《嬗变研究》共分 12 个专题,大体上可归为婚姻、家庭、女性和性伦四大板块。作者基本上延续了前作《近代中国陋俗文化嬗变研究》②中的分类和界定,保证了自身研究的连续性和一贯性。

第一部分婚姻板块,包括两个专题:"废婚主义"和"婚姻文化的变革"。前者是透过一场在报纸上开展的论战,来观察民国精英文化（以男性知识分子为代表）关于婚姻变革最为急进甚至偏激的主张,从而使读者对当时思想观念嬗变之激烈程度有所体认,但又同时一针见血地指出这种过于"前卫"的讨论只能是"曲高和寡"。后者的焦点则转移到了对社会整体层面的描述上,就时代背景、新观念的特征、婚俗变革的高潮以及局限性都条分缕析地进行了分析,可谓是点面结合地对婚姻文化的嬗变作出了较为全面的梳理。

第二部分家庭板块,涉及家庭改制观、生育节制思潮与丧礼改革三个面向,基本上涵盖了五四时期关于"从摇篮到坟墓"的家庭生活之种种改良变革之声,其中对生育节制思潮的讨论尤为深入。作者首先介绍了中外传统的节育理论,特别是对中国近代以来本土的节育思想作了详尽阐述,以此证明相关思想在国内并非无源之水、无本之木;尔后又以生育节制的理论家和活动家桑格夫人来华所引起的节育思潮高涨为切入点,简明扼要地归纳出了当时讨论宣传的两大主题:"为什么要节育"和"怎样节育"③;继而,作者又勾勒了反对和支持双方舆论交战、言论攻防的论辩图景,准确还原了新旧思想激烈碰撞的真实状态;最后则对节育的具体施行情况和时代局限性作了考察分析。窥一斑而见全豹,作者正是用这种娓娓道来的笔触将此一思潮在中国的起承转合加以论述,使读者对其来龙去脉有了充分的认知。

第三部分女性板块,截取女学、妇女参政、解放尼姑和废娼大游行等几个侧面,揭示时人对妇女获得教育权、参政权乃至生存权等基本权利的种种呼吁和努力。与前面不同,作者此时把目光对准了三个女性群体:女学生、女界代表和所谓"边缘女性"的尼姑和娼妓。尽管相关论述所占篇幅有限,但仍不乏深思熟虑后的见解:妇女争取权利的斗争必须同思想文

---

① 《社会文化史:史学研究的又一新路径》,《光明日报》2010 年 8 月 17 日第 12 版。
② 梁景和:《近代中国陋俗文化嬗变研究》（修订版）,首都师范大学出版社,2009。
③ 梁景和:《五四时期社会文化嬗变研究》,第 59 页。

化革命相结合，必须建立在改造陋俗文化的基础之上。①

第四部分性伦板块，可细分为前后两组文章，前一组文章包括男女社交公开思潮，对贞操观的批判以及性教育思潮等个案研究，后一组文章则以性伦文化为中心，着重理论上的界定和建构，并辅以实例佐证。两组文章各有侧重，相辅相成，增添了论点论据的说服力。

作者专辟一节对"个性主义文化观"予以重点考察，这部分不是单纯的文本解读，而是把论题加以升华。既明确了"个性主义"在人类精神进化中的核心意义，又对它在近代中国的源流演变予以揭示，归纳总结出了五项基本内涵：（1）"个性主义"的自由平等和自主之权。（2）"个性主义"的个人独立思想。（3）"个性主义"的享受幸福、满足欲望的人生观。（4）"个性主义"的社会责任感。（5）"个性主义"并非一些人眼中的绝对自由、利己主义和为我主义。② 作者采用重构历史现场的方法，引用胡适、梁启超、蒋梦麟等人的言论，提出了健全的个人主义＝个性主义＝个人命运和家国盛衰相互依存这个等式。③ 这样就有力地驳斥了某些固有的偏见，从而还原了历史真实。最后，作者给出了自己对"个性主义"的定义："就是主张和强调个人具有自由、平等、独立、自主、自信、自立、自强、自尊、自我、奉献、义务、奋斗、享受的权利。一方面每个人对自身要有上述权利的要求，另一方面要尊重他人所具有的上述权利"④，并在此基础上辩证地指出了个性主义与社会进步的紧密关系，在理论联系现实的同时，做到了古今关照，让历史照亮了未来。

二 特色与亮点

本书就五四时期社会文化嬗变的一些重要面向进行了梳理研判，提出了许多新颖而又言之有据的观点，得以从婚姻、家庭、女性、性论等迥异于前的视域重构历史现场，拓展了相关研究的范围，也丰富了相关议题的多样性。下面，笔者尝试对书中的研究特色和论述亮点发表一孔之见。

1. 研究特色

正如前文所言，本书在方法上做到了社会观察和文化研究，关注女性

---

① 梁景和：《五四时期社会文化嬗变研究》，第 93 页。
② 梁景和：《五四时期社会文化嬗变研究》，第 158～161 页。
③ 梁景和：《五四时期社会文化嬗变研究》，第 160～162 页。
④ 梁景和：《五四时期社会文化嬗变研究》，第 166 页。

和两性视角的平衡并举,从而在相当程度上避免了理念与现实的脱节,以及囿于男权/女权、主动/被动、解放者/加害人等相互对立的二元思维定式之中的风险。

首先,呈现观念更替、发掘生活迁变两方面在书中有机结合。关于男女社交公开思潮的研究就是一例。这一节先从进步思想同守旧意识的论战入手,较为完整全面地展现了主张社交公开者的观点及其合理性;进而深入探求这种思潮的本质特征,达到不仅知其然,更要知其所以然的目的;然后作者通过对长沙的新民学会和天津觉悟社的微观分析,完成了由观念到实践的论证框架。难能可贵的是,节末还不忘指出不能高估这种思潮所取得的成效,用两个实例来证明即便得风气之先的青年学生仍不免顾虑重重、谨小慎微。① 尽管着墨不多,但社会发展的曲折性和局限性就都被揭示出来了。

其次,本书的关注对象在很大程度上是女性以及相关议题,但作者并没有简单地做出二元判断,并得出先进男性精英是"主动的解放者",而中国妇女是丧失能动性的"被解放的受害者"这样一种狭隘结论。甚至没有套用时下流行的社会性别分析框架,这看似有些落伍,实则反映了作者的良苦用心。时至今日,学界多半已接受"男性知识分子在近代中国妇女史发展过程中,起着重要的引导与影响作用"② 这样的研究共识。既然男性主导型塑"新女性"的历史事实不容置疑,那么孜孜以求能够体现女性主体性的"另类"叙述,抑或建构一套自以为是的代表女性声音立场、颠覆男权压制秩序的历史叙事,就显得过于主观臆断,反而远离了历史事实。

易言之,性别的观念是社会的建构,会随着时代更迭变化。所以,必须把它放在特定的时空地点来分析。同时,性别的观念是相对的,这就决定我们必须将其放在两性关系的整个脉络下来探讨。不宁唯是,甚至"我们没有办法把男性和女性单独抽离,要了解男性就必须把它和女性放在一起来了解,反之亦然"③。这也正是纯粹妇女史叙述的难点和悖论之所在:男性代言人的存在无法忽视、不容抹杀。因此,与其纠结在遮蔽/反遮蔽、压制/反压制等性别桎梏中,不如回归到历史问题本身,让两性互动自然地

---

① 梁景和:《五四时期社会文化嬗变研究》,第 109~110 页。
② 许慧琦:《〈妇女杂志〉所反映的自由离婚思想及其实践——从性别差异谈起》,《近代中国妇女史研究》2004 年第 12 期。
③ 江勇振:《男人是"人",女人只是"他者":〈妇女杂志〉的性别论述》,《近代中国妇女史研究》2004 年第 12 期。

在"婚姻文化的变革"一节中，作者固然肯定了男性精英抵制旧俗、宣传新知方面的主导作用，但也突出强调了新女性的觉醒和反抗。在其笔下，长沙自治女校学生李欣淑的离家出走、参加工读和天津觉悟社郭隆真以智抗争、反对包办婚姻所展现出的大智大勇的形象，[①] 比任何空洞地分析权利分配机制更来得简明深刻。

更加发人深省的是，书中将"自由离婚"细分为"两愿离婚"、"女子单愿离婚"、"男子单愿离婚"三种情况，并一针见血地指出最后一种男子单愿离婚有可能产生严重后果，把一些女子推向"新鬼"和牺牲品的"死亡"境地。旨在"妇女解放"的"自由离婚"反而成为扼杀和摧残妇女的手段，也易让一些"喜新厌旧者"达到"弃旧怜新"的目的。因此，"主张自由离婚，绝不主张自由离弃"也成为五四有识之士对滥用权利而引发弊端的一种补救措施。[②] 作者用实事求是的态度，以"不隐恶、不扬善"的手法，最大限度地复原了历史现场，让读者对新旧之杂陈、嬗变之曲折有了切身的体会。

在本节的最后，作者切中肯綮地指明：要真正解决"自由离婚"问题，还需要利用一段时间去改造社会，而五四时期"婚姻文化的变革是新文化运动中进行的，是其重要构成之一。虽然变化极其复杂和曲折，但它是国人反叛封建生活方式，向往近代文明生活方式的一种尝试"[③]。将婚姻文化的变革置于大尺度的宏观视野中，不仅有利于主题的升华，而且便于引入"文明"史观[④]来取代"两性"史观。前者较后者而言，对于分析五四时段更为适切。毕竟，20世纪上半叶的中国更为紧迫的任务是民族国家建构，[⑤]而非男女绝对平权的"两性战争"。

2. 论述亮点

本书的亮点颇多，但让笔者最有感触、深受启发的还是绪论部分提纲挈领式地指明："五四时期社会文化变革的历史意义是：其一，蕴藏着人的

---

① 梁景和：《五四时期社会文化嬗变研究》，第 19~20 页。
② 梁景和：《五四时期社会文化嬗变研究》，第 28 页。
③ 梁景和：《五四时期社会文化嬗变研究》，第 31 页。
④ 对于"文明"史观的相关界定和论证，详见后文。
⑤ 彭小妍：《五四时期的"新性道德"——女性情欲论述与构建民族国家》，《近代中国妇女史研究》1995 年第 3 期。

解放的深刻主题；其二，中国文化精神进化的深刻体现。"① 这一判断是基于对历史事实深入研究的基础上得出的，作者随后阐释道："五四时期人的解放体现在诸多事象上，禁缠足是人的形体解放；女子参政是政治解放；自由婚姻、家庭改制、生育节制等等体现着伦理的解放，而伦理解放更深刻反映着人性的解放，是为人的最终的带有根本性的解放。而精神进化则表现为从人伦文化走向个性文化，前者的本质是讲求权威、等级、尊卑等固有秩序，是专制文化；而后者是着重强调个体价值、人身地位、相对平等和自由。"②

在笔者看来，"人的解放"和"精神进化"虽仅区区八字，却言简意赅地扣住了时代脉动。之所以是"人"的解放，而非本书篇幅最重的"妇女"解放，除了前述的缘于作者对两性迷思（myth）的超越意识外，更关键的还在于无论男性精英解放女性，抑或女性按照男性的型塑来解放自身，都把最终的解放推及国人本身，而国人解放的最终诉求就是要实现国族的解放。易言之，解放者及解放状态都由男性精英充任和想象，此时此地"现代人"和"新男性"发生了角色重叠，尽管其中无疑充斥着性别差异秩序，甚至性别歧视。以五四期间广为人知的新女性"娜拉"论述为例，有研究者指出，"男性精英如胡适者，他对于娜拉的挪用，确实带有以新男性的现代人格做为人性'普遍典范'（universal norm）——亦即新女性也同样必须学习——的心态。"而五四男性知识分子透过为女性代言，不仅成就了对社会应负的责任，同时也达到社会对之所加诸的期许：即"尝试透过塑造新形象，来抒发其追寻现代人性典范的欲望与焦虑"，其实质还是在遭遇"他者"带来的危机的转变中"再现自身、满足自身追求、解放与教育自我"③的欲求。

要言之，自近代以来，与西方他者全面接触后，传统的中华文明终于在20世纪初叶解体，中国作为一个文明国家所依赖以生存的价值符号与文化独特性变得暧昧不清，出现了"何为中华文明"这一最基本的自我认同危机。而"天朝上国"与"东亚病夫"之间的巨大落差也激发了国人知耻而后勇的强烈希求"进步"的意识和功能，达尔文的进化论之所以在中国

---

① 梁景和：《五四时期社会文化嬗变研究》，"代序"，第17~18页。
② 梁景和：《五四时期社会文化嬗变研究》，"代序"，第17~18页。
③ 许慧琦：《去性化的"娜拉"：五四时期女性形象的论述策略》，《近代中国妇女史研究》2002年第10期。

泽被甚广、影响深远是与这种集体意识密不可分的。① 因此，中国文化精神的进化成为了《嬗变研究》一书在讨论五四时期社会文化变革时的又一重点，也是一大亮点。

正如前述，作者指出：进化的主要表现就是文化精神开始从人伦文化走向个性文化。随后又用一章的篇幅详尽系统地阐述了个性主义文化观的精神内涵，即"看重和强调个体价值，确立个体的人身地位，从而获得个体间相互平等和自由"②，而"五四新文化运动本身是一场伦理革命、精神革命、人学革命。其主题就是发现人、解放人，就是解放人的个性、张扬人的个性"③。

值得注意的是，在现代性的解释框架下，文化精神和个性主义有其深刻的内在联系。有学者指出，在近代德语中，文明（Zivilization）意味着属于全人类共同的价值或本质，而文化（Kultur）则强调民族之间的差异和族群特征，且一定是精神形态的。④

换句话说，文明是普世的，文化是特殊的；文明关心的是"什么是好的"，文化关注的则是"什么是我们的"；文明要回答的是"什么对全人类是好的"，而文化要回答的是"什么对我们是好的"。简言之，文化是为了将"我们"和"他者"区分开来，实现对"我们"的认同，解决自我的文化与历史的根源感。在个体的层面上回答我是谁？从哪里来？到哪里去？在群体的层面上，为回应中国的现代性自我认同危机，不得不借重民族国家的现代性概念，通过对国家主权的不断重申以及对国际关系中的"他者"的政治性区隔，来获得国家与国民的自明性。⑤

无需讳言，中华文明在与西洋文明的较量中一败涂地。皮之不存，毛将焉附。文明根基已然腐朽，文化茎叶自然凋零。近代以来，西风压倒东风的文明优势格局已定，五四一代只有先从全面服膺普世的西方文明，重建自身文化入手。而为本书所揭示及肯定的个性主义的文化精神内涵，确是契合时代氛围、符合循序渐进的历史发展规律的不刊之论。唯其如此，我们才能理解篇末作者所言的："五四时期伦理文化的嬗变尽管是那样的微

---

① 关于达尔文学说在近代中国的诠释和传播的最新译著，请参见〔美〕蒲嘉珉著《中国与达尔文》，钟永强译，江苏人民出版社，2008。
② 梁景和：《五四时期社会文化嬗变研究》，第153页。
③ 梁景和：《五四时期社会文化嬗变研究》，第158页。
④ 许纪霖：《中国如何走向文明的崛起》，《文汇报》2010年7月25日第8版。
⑤ 许纪霖：《中国如何走向文明的崛起》，《文汇报》2010年7月25日第8版。

弱",但却是"开启现代文明伦理生活的先导,在历史转型时期显示出的重要意义,应予肯定"① 这字里行间的深邃寓意。

三 一点商榷

《嬗变研究》一书中在论述"婚姻文化的变革"一节中,指出了五四时期婚姻观念变革存在偏激性,尤其以"独身主义"和"废除婚制"为突出。尽管作者就"独身主义"的不同类型做了细分,似乎对之没有全盘否定。但随后做出了"持'独身主义'是从一种最极端的偏激情绪发展到一种心理病态,它是在张扬一种罪恶的社会病,它当属最反常态、最背人伦道德的,故应唾而弃之"② 这样一种判断,就不免令人感到失之简略和武断了。

平心而论,虽然"独身主义"本身偏于"非主流",但其毕竟代表了在当时妇女解放,寻求经济独立大环境下,一种自然萌生的社会思潮,反映了一部分妇女与众不同的生活方式。无论其合理与否,都值得深入分析,这也符合"在社会文化史研究中要注重独特的社会生活内容,即一个时期或一个地域,某些或一个群体独特的生活及其生活的变化"③ 的学术要求。

应该说,关于"独身主义"的论述所占篇幅不重,征引史料自然难称丰富,这也无可厚非。但从相对薄弱的论据中推导出了过于绝对的论点,将"独身主义"批判为"罪恶的社会病""最反常态""最背人伦""应予唾弃",遣词造句之中的否定情绪如此之强烈,似乎有用价值判断取代学术判断之嫌。即便真的如五四时期某些论者所言"独身"等同于"卖淫",我们也要清楚,结婚与否属于个人私权,公共舆论的干涉已属侵犯,这种"公"与"私"的交集互动在晚清乃至民国固然是常态,却也产生了异常复杂的论域,难以一言而蔽之。具体到独身女性的生活形态,很难说研究者能够窥一斑而见全豹。正如有学者所言:"在探究与个人情感有关的议题时,不能遽下定论,否则真相更难以大白。"④

综上所述,纵观全书,作者抓住"嬗变"二字,大做文章,集中呈现了五四时期社会文化新旧更迭的时代氛围,把握住了观念意识和社会生活

---

① 梁景和:《五四时期社会文化嬗变研究》,第178页。
② 梁景和:《五四时期社会文化嬗变研究》,第15页。
③ 《社会文化史:史学研究的又一新路径》,《光明日报》2010年8月17日第12版。
④ 游鉴明:《千山我独行——廿世纪前半期中国有关女性独身的言论》,《近代中国妇女史研究》2001年第9期。

之间的互动关系，并由此揭示出这一时期风云激荡之下，个体命运和国家前途既并行不悖又相互依存的复杂性与过渡性。变还是不变？破旧是否就能够立新？相信读者在通读全书之后，都能从书中充分开放的诠释空间中找到自己的答案。

社会文化史研究的"瓶颈"与未来走向
——读梁景和等著《现代中国社会文化嬗变研究（1919—1949）
——以婚姻·家庭·妇女·性伦·娱乐为中心》札记[*]

李俊领

近年来中国社会文化史的讨论热度逐渐上升，与西方的新文化史交相辉映，引起了学界的瞩目。以 2010 年光明日报刊出的《社会文化史：史学研究的又一新路径》[①]一文为标志，中国近现代社会文化史在实证研究与理论思考上取得了引人关注的原创性成果，渐已成中国近现代史研究领域的一道新风景。[②] 社会科学文献出版社新近付梓的梁景和等人合著《现代中国社会文化嬗变研究（1919—1949）——以婚姻·家庭·妇女·性伦·娱乐为中心》一书（下文称该书为"《嬗变》"），是第一部以"现代中国社会文化"为考察对象的宏观性研究著作，其在一定程度上展示了学界研究 1919—1949 年间中国社会生活的最新收获。

《嬗变》为梁景和先生所著《近代中国陋俗文化嬗变研究》（下文称之为"《陋俗》"）的姊妹篇，意在社会文化史理论的视域下观察现代中国社会文化的演变历程。该书共有七卷，即首论卷、婚姻卷、家庭卷、妇女卷、性伦卷、娱乐卷与结论卷。其中首论卷是社会文化史的理论思考部分，此卷与结论卷由梁景和先生执笔；婚姻卷、家庭卷、妇女卷、性伦卷与娱乐

---

[*] 本文为教育部社科研究基金青年项目阶段性成果，项目批准号为13YJC770058。
[①] 《社会文化史：史学研究的又一新路径》，《光明日报》2010 年 8 月 17 日第 12 版。
[②] 按：学界已较为普遍认可将 1840 年鸦片战争爆发至 1949 年新中国成立这一段历史称为中国近代史，将新中国成立至今的历史称为中国现当代史。笔者将 1919 年至 1949 年间的中国社会文化史视为中国近代史的分支领域。为叙述方便，尊重《现代中国社会文化嬗变研究（1919—1949）——以婚姻·家庭·妇女·性伦·娱乐为中心》自身划定的时间断限，仍称该著作为中国现代史研究作品。

卷为实证研究部分，分别由 5 位青年学者撰写。通读该书之后，深感《嬗变》实证研究部分的作者们从各自的切入点初步勾勒出现代中国社会文化变迁图景的轮廓，也较为突出地反映了当前社会文化史研究遭遇的"瓶颈"问题；理论探索部分则有长有短，不乏可圈可点之处。从叙事、范式、学术史回顾、理论思考与未来的可能性走向等层面讨论这样一部著作，或会引起学界对社会文化史研究的更多关注与思考。

一　叙事缺憾：未讲出别致的好故事

历史研究，始于讲故事。"社会文化史"的特色之一，即讲一个不同于"现代化"与"革命史"的宏大叙事的好故事。《嬗变》一书的讨论初衷，是在社会文化史理论的视域下通过五个专题观察现代中国社会生活的变迁。也就是说，这是一部以"社会文化史"的视角探讨现代中国社会生活的著作，而社会生活侧重于大众的生活故事。似乎由此可以预期，《嬗变》会讲一个或几个基于大众立场的接地气的好故事。但读过全书，这一预期着实落了空。

《嬗变》几乎不讲故事，其历史叙事带有明显的社会科学化的色彩。该书实证部分的五个专题在叙事上重在先设立分析框架，然后在框架下添加以史料排比为特色的事例作为证据。这颇有以论带史的意味，看不出时间维度的变化，或者说缺少历史学叙事的时间感。

"婚姻卷"作者刻意回避传统史学的叙事。该卷没有叙事，只有材料的分类排比与统计表格的简单说明，倒像是一份社会学调查报告。这样的叙事既不是以"问题导向"为主的分析史学，也不是以重建历史动态场景见长的叙事史学。[①] 作者对此的解释是该卷"在研究方法上尝试突破叙述史的窠臼，在一些章节里，借鉴人口学、计量学和社会学的一些研究理论与方法，对资料进行一定的综合与辨析（于资料辨析，尤其要对民国时的相关社会调查数据保持一种警醒），从而对嬗变进行概观式研究"[②]。"婚姻卷"作者借鉴计量学、人口学等学科的方法，大量使用统计数字，意在对当时

[①] 参见马敏《追寻已逝的街头记忆——王笛著〈街头文化：成都公共空间、下层民众与地方政治，1870—1930〉评述》，姜进、李德英主编《近代中国城市与大众文化》，新星出版社 2008，第 360~362 页。
[②] 梁景和等：《现代中国社会文化嬗变研究（1919—1949）——以婚姻·家庭·妇女·性伦·娱乐为中心》，社会科学文献出版社，2013，第 28~29 页。

中国的婚姻状况做定量分析，克服过去只重定性分析而不重定量分析的局限。从概论现代中国婚姻状况而言，只讲几个故事，缺少了数字统计与分析说明，实难给人确切而深刻的整体性印象。需要注意的是，历史学研究借鉴其他学科的理论与方法当有益处，关键是如何借鉴，若是锦上添花自然是好，若是邯郸学步则不免自毁长城。"婚姻卷"似不幸成为后者的一个注脚。

在"婚姻卷"中，作者讨论"新式恋爱观"，将其变迁放到一个宏大的背景中，但并未说明变迁的脉络，也未说明二者之间互动的场景。讨论"婚姻的理想与设计"，城市中"性别比与婚嫁状况"与"离婚风潮"，农村中的"不平衡的性别比"与"婚龄的研究"等内容时，作者大量使用当时的社会调查与统计数据，以此为基础粗线条地勾勒出当时城乡婚姻的状况及其变迁。对当时婚姻状况的定量研究并非不重要，但因为史料的缺憾，治史者无论如何也不会对其作出完整、准确的统计。其实，治史者在尽可能客观呈现当时的婚姻状况之外，更重要的是找到具有启发性的历史智慧。没有"求智"的"求真"难免沦为史料长编或"地方志"式的简单记录。就"婚姻卷"而言，其不见血有肉的人物，也没有跌宕起伏的故事情节，只有一堆统计表和归纳的所谓"特征"，结果我们所期待看到的婚恋观嬗变的复杂与微妙之处无从寻获。

严格说来，这种对婚恋观现代性变迁特征的归纳无所谓思想创造的贡献。用这种不需下苦功夫就能构想出来的归纳方式，将现代中国婚恋文化的丰富文献剪裁成支离破碎的片断粘贴上去，结果既没有讲一个别致的好故事，也没有说明具有现实关怀的问题。时贤严肃地指出："近人治史，好用归纳或与附会式比较，所论看似有理，其实相当危险"，"治史不宜归纳，本是常识通则，而今似乎成了高难问题"[①]。

讨论现代中国婚姻文化，需要在叙事中揭示人的内心世界。有贡献的做法不是去归纳所谓"特点"，而应该将更多的精力放在揭示婚姻中的政治、社会、文化、经济和人的活动的"机制"上。不仅需要多了解留在纸媒上可以公开言说的基本的行事方式，更需要多了解那些没有留在字面上又不便于公开言说的生活"潜规则"和内心世界。这样，我们对现代中国婚姻及其观念的互动就会多一分"同情之了解"。当然，要达到这样的境

[①] 桑兵：《中国近现代史的贯通与滞碍》，见徐秀丽主编《过去的经验与未来的可能走向——中国近代史研究三十年（1979—2009）》，第90页。

界,就需要"回到历史现场",倾听当事人或见证者的声音,留存他们对当时历史的个人记忆。在他们个人的声音、记忆与文本中,婚姻文化才是一种活生生的存在。其实,学界在寻找民国时期大众婚恋的"声音"上已经做了很多有益的工作,史料方面有李小江主编的口述史料《让女人自己说话》以及众多的近代人物日记等;论文方面有王东杰对民国时期成都女校学生日记中的情感世界的解读等。即使是李霞《娘家与婆家:华北农村妇女的生活空间和后台权力》这样的人类学著作对理解近代华北农村婚姻都多有裨益。"婚姻卷"实在不缺乏进行精彩叙事的地方,但由于作者的有意回避,结果过滤掉了历史细节中的微妙与鲜活。其呈现给读者的只是被切割过的毫无生气的历史标本。

《嬗变》实证研究的其他四卷在叙事上与"婚姻卷"几乎如出一辙。比如"娱乐卷"的历史书写更像是一篇以公共娱乐为对象的社会学考察报告,缺少有情节的故事,很难让人感受到文章的美感。讲故事,是历史学者的基本技艺与看家本领,但这个技艺与本领在学界对现代中国娱乐休闲的研究中似已成为稀有之物。在"娱乐卷"作者的笔下,城市娱乐中的民众作为一个模糊的整体存在,缺少有血有肉的个体人物的感受、体验、观念与精神。由于缺少了人物,所谓娱乐文化嬗变的研究就很难体现出史学的人文气息。

《嬗变》实证研究的叙事,不只是缺少对个体人物的凸显,还缺少对现代中国社会文化嬗变节点的把握。节点即历史"拐弯"的地方,恰似在此处才能看到历史长河的大动态。前贤对历史"拐弯"处之重要性颇为重视,蒙文通先生借孟子"观水有术,必观其澜"之言,说"观史亦然,须从波澜壮阔处着眼","读史也须能把握历史的变化处,才能把历史发展说个大概"。[①] 由于过分依赖社会科学化的解释框架,《嬗变》实证研究部分的作者们在此框架中难以呈现现代中国社会文化嬗变"拐弯"处的波澜与风光。尽管个别专题的作者注意到追溯1919年之前的相关历史,但从整体上,作者们没有多留意作为该书时间断限的1919年与1949年如何成为现代中国社会文化的"拐弯"处,也没有多看一眼作为《嬗变》叙事"尾声"的1949年之后几年中的社会文化。不说清这两个预设的"拐弯"处,就不容易说清现代中国社会文化嬗变的来龙去脉。没有前后的比照,也不容易揭示现

---

① 蒙文通:《治学杂语》,载蒙默编《蒙文通学记》(增补本),三联书店,2006,第1页。

代中国社会文化自身的特点。

其实,像《嬗变》这样的著作要进行"社会文化史"的叙事,并非易事。一则在于史料的琐碎。社会生活的史料宛若大海中的水滴,其量虽大,其形不明。若非遭遇特殊的事件,中国常态(稳定态)的社会生活是在个人、家庭与群体的不同层次上,按照各自的周期与节律,既反复呈现一种类似的状态,同时又不断地进行新陈代谢。这样的社会生活是以个人与家庭为基本单位的多元重叠的社会网络。其虽与政治有千丝万缕的联系,但毕竟不像政治那样具有鲜明的宏大主题。就近代中国社会生活而言,普通民众很难留下集中于某一主题的大量史料;已经留下的只言片语实属难能可贵。在此情况下,《嬗变》实证部分的作者们想要据此建构一个不同于"革命史"与"现代化"范式的别致的叙事,确实困难。不过,局部或个案的凸显人物的叙事总还是应该进行而且能够进行的。研究者不妨借鉴朱鸿召著《延安日常生活中的历史》的叙事手法,通过日常生活的小事件透视政治的大主题,将社会的小历史与政治的大历史有机结合起来。

二则在于《嬗变》实证研究的作者们尚未充分熟悉现代社会文化变迁的全局。以"婚姻卷"而言,现代中国婚姻文化嬗变是个大题目,初涉此领域的学者很难用三四万字将其说清楚。大题需要大做,像乔志强主编《近代华北农村社会变迁》、陈旭麓所著《近代中国社会的新陈代谢》。他们依靠深厚的积累与广博的学识,才能将大题目做出应有的深度与广度。因此,对于探讨社会文化史的青年学者来说,不适合大题小做,以免出现跑马圈地却未留下足迹的遗憾。

无论如何,不能讲一个别致的好故事,就很难支撑一个独特的透视历史的视角。《屠猫记》等西方新文化史著作的一大特色就是善于讲一个好故事。有学者指出,大陆兴起的社会文化史"不是像过往新史学强调历史意义、经验和教训,不再以借鉴、资治、教化作为历史学的使命",而是试图"讲述一个好的故事,一个全然不同于他人讲述的全新故事"[①]。在此基础上,注重讲一个好问题,讲一个好道理。也就是说,讲一个好故事,应该是社会文化史研究的强项,因为其研究更侧重于等级社会中的底层民众文化,在研究对象与观察视角上相对更贴近民众、更贴近生活,也更接地气。

社会文化史的叙事,是求历史之美的内在要求。今天探讨近代中国社会

---

① 马勇:《新文化史在中国:过去、现在与未来》,参见马勇的新浪博客,http://blog.ifeng.com/3623009.html,2013-02-20。

文化的学者自然熟悉王笛对近代成都街头文化的研究。其所著《街头文化：成都公共空间、下层民众与地方政治，1870—1930》一书就是一幅"'清明上河图'式徐徐展开的有关老成都的历史画卷"①。从中可见历史叙事的图画感、音乐感与园林感。阅读时，读者仿佛置身成都街巷的茶馆中，与当地的茶客一起呼吸着天府之国的清新空气，观看着习以为常的街头风景。这才是历史叙事的场景之美。马敏先生评论该书说，茶馆的叙事不同于后现代史学的叙事，也不同于史景迁的文学式历史叙事，而是接近后期年鉴派史家从结构史学转向叙事史学时的转型期风格。② 尽管我们的社会文化史研究不一定像王笛那样进行生动的叙事，但至少应当具有呈现历史学之美的意识。

历史叙事的求真与求美，不可偏废。这是史学兼有科学性与艺术性的特质所决定的。作为艺术的历史不仅要在洞察与见解上展现智慧的高明，还要在表达形式与风格上呈现艺术的魅力。时贤对此论称："史学之真与美苟能璧合，其效用应不止于史家孤芳自赏，或供读史者遥想古人古事，历史知识必有其用。"③ 在这一点上，笔者赞同梁景和先生在《嬗变》一书中对历史学是艺术的认识——"说它是艺术不仅仅是说它可以通过艺术形式来展现历史，为艺术形式提供素材，更在于研究者提供的历史研究成果能给接受者以艺术的感染和享受。……我们不要求所有的历史研究都要呈现艺术的魅力，这既不现实也不可能，但对历史研究应当有这样的认识并要试着践行"④。由此而言，好的社会文化史研究成果应该是求真、求智与求美的三位一体的结晶。

二 范式：实证研究的困境

社会生活，是历史研究的深处，也是社会文化史研究的核心内容之一。改革开放以来逐步兴起的近代中国社会生活研究，侧重于城市生活、风俗习惯、公共空间、性别意识等专题，并且取得了较为丰富的成果，但仍有十分广阔的拓展空间。《嬗变》一书继承了《陋俗》一书的体例，以宏阔的

---

① 马敏：《追寻已逝的街头记忆——王笛著〈街头文化：成都公共空间、下层民众与地方政治，1870-1930〉评述》，姜进、李德英主编《近代中国城市与大众文化》，第365页。
② 马敏：《追寻已逝的街头记忆——王笛著〈街头文化：成都公共空间、下层民众与地方政治，1870-1930〉评述》，姜进、李德英主编《近代中国城市与大众文化》，第365页。
③ 汪荣祖：《史学九章》，三联书店，2006，第185页。
④ 梁景和等：《现代中国社会文化嬗变研究（1919—1949）——以婚姻·家庭·妇女·性伦·娱乐为中心》，第24页。

视野对其内容"接着讲",分别探讨了现代中国的婚姻、家庭、妇女、性伦与娱乐。这五个专题是社会生活的重要组成部分,也是学界研究较为薄弱的地方。尤其是性伦(即两性伦理)问题,相关的研究并不多见。

作为一部著作,《嬗变》实证部分侧重于以五个专题代表的五条线索,从面上初步勾勒现代中国社会文化嬗变的历史场景。不过,这五个专题的作者们似乎缺少充分的"社会文化史"研究意识,其在讨论中较少注意社会生活及其文化观念的互动问题,而这一点却是"社会文化史"研究的核心特征之一。以婚姻卷而言,该卷从青年知识分子婚恋观的变迁、城市婚姻的变革、农村婚姻的嬗替等层面展示了现代中国婚姻及婚姻文化的进程,尤其注意从性别比例、婚龄结构、经济动机、文化观念等方面考察婚姻变革的复杂境况。该卷作者意识到,现代婚姻文化的嬗变是其"与政治、经济、人口等方面相互作用的结果","必须以一种社会整体史观对嬗变的背景、内容、趋势以及影响加以总体考察"①。因此,作者有意借鉴社会学与人口学的理论和方法,观察当时的婚姻现象。这一思路完全符合社会文化史以社会的视角观察文化现象或以文化的角度观察社会生活现象的研究理路,不过,作者过于依赖社会学与人口学的理论,将功夫下在概论现代中国婚姻嬗变与婚姻文化嬗变以及不同层面的特征上,以至于忽略了婚恋生活与文化观念的互动,未能呈现出互动过程中的精彩细节与微妙场景。家庭卷、妇女卷、性伦卷与娱乐卷也都不同程度地存在着"社会文化史"研究意识不足的问题。当然,这并不是说他们完全忽略了社会生活与文化观念的互动。像"家庭卷"的作者既注意运用社会学的理论建构讨论现代中国家庭嬗变的框架,也注意思考当时家庭与社会的互动,家庭文化与社会文化的互动。

应当说,"社会文化史"虽未必成为一种历史研究范式,但一定是一个独特的历史观察视角。《嬗变》实证部分的作者们因为种种情况未能充分确立"社会文化史"的研究意识,恐在于他们深受"现代化"范式与"革命史"范式的双重影响。

《嬗变》实证部分始终贯彻着"现代化"的观察视角,其中"婚姻卷"与"家庭卷"表现得最为显著。

"婚姻卷"作者其在行文之初,就清楚地说明自己采用了安东尼·吉登斯定义的"现代性"作为论述的逻辑起点,以现代化的范式讨论现代中国

---

① 梁景和等:《现代中国社会文化嬗变研究(1919—1949)——以婚姻·家庭·妇女·性伦·娱乐为中心》,第95页。

婚姻文化的嬗变，而且认为"中国现代婚姻文化的嬗变是指进入近代以来中国的婚姻文化朝着符合现代性要求的方向演进的过程"[1]。基于这样的认识，作者分别通过"知识青年婚恋观的变迁""城市婚姻的变革""农村婚姻的嬗替""红色苏区的婚姻改造""抗战时期的根据地婚姻建设"与"婚姻文化变革的特征"等小专题构成的框架来解读现代中国婚姻文化嬗变的场景。姑且不说该框架的建构是否合理，作者在每一部分的讨论上都有力不从心之感。以"知识青年婚恋观的变迁"而言，作者仅依据胡适、毛泽东等数人的言论而试图勾勒该变迁的图景，着实显得单薄，而由此总结出的理想婚姻"倾向晚婚"等三个特征似不够准确。[2]

作者对城市婚姻文化的现代性并没有充分认识与把握。对于城市婚姻文化现代性的负面影响，只字未提。其考察的农村也仅限于华北、华东和华中的部分地方，并未涉及西南、西北、东北等地，亦未涉及少数民族的婚姻文化。即使在对现代中国城市婚姻变革的讨论中，仅考察了北平、上海、南京、汉口、广州、天津、成都这几个大城市的相关情况，而它们在多大程度上代表了当时中国城市婚姻的全局情况呢？对当时农村婚姻嬗替的考察更是如此，虽作者清楚意识到"面对广袤农村和高达几亿农民时，任何想细致描述和界定其全部婚姻形态的尝试，都难免有有心无力之感"[3]，但其选取的当时农村共有的、能反映社会变迁的某些婚姻形态似未能体现出所谓"现代性"，比如"婚姻论财的趋势"就很难说是婚姻现代化的体现[4]，再如"从文明结婚到集团婚礼"[5]的说法从历史与逻辑上均不成立，因为"集团结婚"是文明结婚的一部分。

应当说，作者讨论现代中国婚姻文化所用的现代化视角在实际研究中未能充分贯彻，而且讨论苏区与中共根据地的婚姻文化时又转用了革命史的视角（下文详说）。这样给人一种印象，即文章是一袋没有条理的土豆，

---

[1] 梁景和等：《现代中国社会文化嬗变研究（1919—1949）——以婚姻·家庭·妇女·性伦·娱乐为中心》，第27页。
[2] 梁景和等：《现代中国社会文化嬗变研究（1919—1949）——以婚姻·家庭·妇女·性伦·娱乐为中心》，第37~39页。
[3] 梁景和等：《现代中国社会文化嬗变研究（1919—1949）——以婚姻·家庭·妇女·性伦·娱乐为中心》，第57页。
[4] 梁景和等：《现代中国社会文化嬗变研究（1919—1949）——以婚姻·家庭·妇女·性伦·娱乐为中心》，第59页。
[5] 梁景和等：《现代中国社会文化嬗变研究（1919—1949）——以婚姻·家庭·妇女·性伦·娱乐为中心》，第47页。

而非有一条主线贯穿的项链。当然，作者坦言，这一部分是自己10年前的硕士学位论文修改而成，但"论断分析，谨守故垒，面目小修，意气不变"，"若有观点相近相同者，则不敢掠美，其发明之权自属发表在前者"①。

"家庭卷"作者同样秉持"现代化"的立场。其对近代中国家庭变革的思潮做了这样的评析，"他们的家庭变革思想，包含了丰富的个人解放精神，达到前所未有的高度，并为以后思想的发展规划了路程，指明了方向，推动了中国家庭由传统向现代的演进"②。在作者看来，近代中国家庭是在"现代化"的道路上曲折前行。在该卷的结论中，作者总结出了家庭现代化的三个特征，即"从专制转向民主"，"从等级转向平等"，"从迷信转向科学"。作者还意识到，人的现代化是现代化的中心。③但在具体的叙事分析中，人的现代化并未成为贯彻"家庭卷"的主线。

为了论证"现代化"道路的正确性，作者似将现代与传统置于二元对立的境地，而且对前现代的家庭文化及其传统做了稍欠严谨的判断。比如，将传统称为"封建社会的家庭关系"，而且认为其本质是"一种不平等的人际关系，家长高高在上，男人压迫女人"④。这种对中国前现代的家庭关系的定位与判断因循了革命后的革命史的说法。现在学界讨论中国前现代的社会通常用传统社会，而不用容易引起歧义的"封建社会"；所谓"男人压迫女人"与传统社会的"男尊女卑"并非同义，在定位传统社会的两性关系时不应轻易以前者代替后者。换句话说，不能为论证"现代化"的进步性，而低估了前现代的家庭传统，更何况中国社会的现代化也必须在批判继承传统的基础上才可以顺利实施，二者并非截然对立，而是连绵不断，新陈代谢。再如，作者认为"传统的丧葬习俗带有浓厚的迷信色彩"⑤。其对于传统丧葬习俗的批评似未公允，因为"迷信"一词在政治、思想与学术等层面具有不同的含义，而且"迷信"与"科学"也非水火不容。以

---

① 梁景和等：《现代中国社会文化嬗变研究（1919—1949）——以婚姻·家庭·妇女·性伦·娱乐为中心》，第28页。
② 梁景和等：《现代中国社会文化嬗变研究（1919—1949）——以婚姻·家庭·妇女·性伦·娱乐为中心》，第108页。
③ 梁景和等：《现代中国社会文化嬗变研究（1919—1949）——以婚姻·家庭·妇女·性伦·娱乐为中心》，第220~221页。
④ 梁景和等：《现代中国社会文化嬗变研究（1919—1949）——以婚姻·家庭·妇女·性伦·娱乐为中心》，第174页。
⑤ 梁景和等：《现代中国社会文化嬗变研究（1919—1949）——以婚姻·家庭·妇女·性伦·娱乐为中心》，第208页。

"迷信"的标签化行为否定传统丧祭中某些非科学的内容，于学术理性而言，有欠妥当。与此相关，作者总结出的中国家庭现代化的一个特征"从迷信走向科学"似需要重新考虑。

妇女卷、性伦卷与娱乐卷都不同程度地在"现代化"的范式下讨论相关问题。似乎离开了"现代化"范式，近代社会文化的嬗变无从说起；"现代化"范式也似乎成了《嬗变》一书实证研究部分作者们的基本工具与不自觉的研究意识。

"现代化"范式在中国近代史研究上究竟有多少作用与价值，学界近年来已多有争议。① 现在看来，近代中国的现代化事业及其发展水准是一回事，以"现代化"范式研究中国近代史是另一回事。应当注意的是，大陆学界通常使用的"现代化"范式及其关联的进化史观，颇受西方现代化研究的影响，况且少有学者注意到西方的现代化研究的流派及其在理论上的阶段性变化。《嬗变》实证研究的作者们不自觉地将西方区域经验的现代性作为全球普世的现代性或全球现代性的标准版本。这就很容易出现以西方现代化的历史路径、状态与机制作为原理，分析解读中国的历史，好比是将中国的古建筑拆了，再按照西方建筑的样式组装起来，无疑去中国近代历史的本真甚远。②

---

① 相关文章较多，如周东华：《中国近现代史研究的"现代化范式"——对两种批评意见的反批评》，《学术界》2002 年第 5 期；董正华：《多种"范式"并存有益于史学的繁荣》，《史学理论研究》2003 年第 3 期；董正华：《从历史发展多线性到史学范式多样化——围绕"以一元多线论为基础的现代化范式"的讨论》，《史学月刊》2004 年第 5 期；周东华：《正确对待中国近代史研究的"现代化范式"和"革命范式"——与吴剑杰、龚书铎等先生商榷》，《社会科学论坛》2005 年第 5 期；蔡礼强：《中国近代史两大研究范式的基本内涵与相互关系》，《江西社会科学》2006 年第 12 期；夏明方：《中国近代历史研究方法的新陈代谢——新革命史范式导论》，《近代史研究》2010 年第 2 期；等等。

② 按：北京师范大学郑师渠教授提出，革命史书写尚有范例（即权威学术论著），而现代化史则连范例都没有。《近代史研究》的编审谢维先生认为："现代化史的研究没有范例，是因为对于中国，特别是中国内地来说，经济方面现代化的起飞只是近三十年的事。有学者曾指出：现代化的内涵虽十分宽泛，基础却是也只能是工业化，但近代中国工业化程度极度低下，直到 1949 年，工业产值也不过占经济总量的 5% 左右，中国仍然是一个传统的农业国。这还只是就经济方面来说的。更重要的是，现代化不能只是建几个工厂，修几条铁路，它还应表现在社会方面和思想文化方面，表现在人们的思想方式、行为方式和生活方式上，表现在人的现代化上。从这个意义上说，直到今天我们才可以在中国的大中城市里看到现代化的人和现代化的社会。因此，用现代化理论研究没有现代化的近代中国，就难免无的放矢。"郑、谢两位先生的看法确实令人深思。严格而言，1840—1956 年间的中国还是一个传统的农业国家。从社会文化史的角度看，这一时期绝大部分的中国人还生活在固有传统中，并没有实现"人的现代化"。单纯挑几个大城市中少数人的新式生活观念或行为作为事例，并不能说明当时城市生活的现代化已经普及。

《嬗变》实证研究的作者们没有走出"现代化"范式，但也没有走进"革命史"范式。"革命史"范式，包括革命过程中的革命史范式与革命之后的革命史范式。① 前一种革命史范式，是历史解释体系多元化的表现；后一种革命史范式则是定于一尊的意识形态的产物，甚至成为学理上的教条，不加反思地为革命的所有行为及其结果辩护。《嬗变》一书"婚姻卷"、"家庭卷"、"妇女卷"与"娱乐卷"的作者们没有走进前一种"革命史"范式，却不幸习染了后一种"革命史"范式的流弊。"家庭卷"在这方面的表现尤为突出。该卷作者在评析毛泽东关于家庭问题的指示时称："毛泽东将辩证唯物主义的观点灵活运用于家庭问题的分析，是他留给我们的深刻启示"，"毛泽东把家庭改革与社会改革辩证地统一起来……是对历史唯物主义的创造性发展，是在新民主主义的条件下对马克思主义理论的伟大贡献"，"毛泽东的这封信是毛泽东思想的重要组成部分，充分显示出辩证唯物主义与历史唯物主义的理论光辉"。② 当时毛泽东对家庭改革的指示固然有其政治理论的价值，但"家庭卷"作者的评析并没有从毛泽东思想发展的脉络与逻辑上说明这些指示如何成为"创造性发展"、"伟大贡献"，只是贴上一个未经深究的标签。从革命史范式的流弊而言，这种评析颇是突在歌功颂德之嫌。该卷其他地方有关中共家庭解放事业的论述也是一片喝彩声，似将思想政治宣传的话语代替了历史学理分析的话语。比如，"中共与家庭妇女的完全解放"③、"追悼会完全打破了等级制"④ 等表述都存在着"过犹不及"的偏颇。"妇女卷"与"娱乐卷"同样存在着过度夸赞中共领导的妇女解放事业与"红色"娱乐的倾向。可以说，这种倾向不符合历史的本真，也没有扣住革命史叙事的脉络、节点与逻辑。换言之，作者们对民国时期中共政权统辖区域社会文化的讨论，并不属于多元解释历史的革命史。

当然，《嬗变》一书研究的时间段本身带有"革命史"的烙印。为什么

---

① 夏明方：《中国近代历史研究方法的新陈代谢——新革命史范式导论》，《近代史研究》2010年第2期。
② 梁景和等：《现代中国社会文化嬗变研究（1919—1949）——以婚姻·家庭·妇女·性伦·娱乐为中心》，第172～173页。
③ 梁景和等：《现代中国社会文化嬗变研究（1919—1949）——以婚姻·家庭·妇女·性伦·娱乐为中心》，第190页。
④ 梁景和等：《现代中国社会文化嬗变研究（1919—1949）——以婚姻·家庭·妇女·性伦·娱乐为中心》，第203页。

将 1919—1949 这 30 年作为考察中国社会文化嬗变的一个时间段？书中并没有细致的说明。诚然，《嬗变》一书是《陋俗》的姊妹篇，共同构成了 1840—1949 年间中国社会文化的长时段考察。但之所以分成两段讲，其原因恐在于高校教育中仍存在的中国近代史（1840—1919）与中国现代史（1919—1949）的分段观念。这一时段划分的主要依据在于中共党史及其革命史，而考察其他领域或专题的历史现象，似以被考察者自身特殊的阶段性设立讨论的时间断限更为合理。就社会文化史而言，1919 年与 1949 年很难说是其走向现代化的起点与终点。学界已有研究成果表明，这 30 年间的中国农村社会文化的核心部分相对于之前之后，并没有出现大规模的甚至本质性的改变。比如，1966 年之前的中国近代民间信仰习俗一直在顽强地延续着，并没有呈现出来明显的断裂。①

之所以要特地提出这个时间段限的问题，是因为不少学者在讨论中国近代社会文化变迁时，无论从研究视角、讨论框架，还是基本观点、叙事风格上，仍没有走出"现代化"范式、走进"革命史"范式，难以提出新的问题、看法与视角。结果这样的研究不过是按照既有的模式编排资料，讲述故事，最后证明了别人已有的观点，缺少学术的原创性与含金量。今天一些学者讨论鸦片战争以来的中国史，仍区分"中国近代史""中国现代史"与"中国当代史"，不能做贯通的研究，也就不免出现画地为牢的局限。② 针对此情况，有学者批评说，这"不仅人为割断了内在于今天仍在持续的宏大历史进程的有机联系，引起众多无谓的争论，也放弃了对流动着的当下社会主动进行冷静客观之历史剖析和学术研究的良机，更削弱了史学研究之现实批判的锋芒，遮蔽其文化省思的意蕴"③。

《嬗变》实证部分的作者们深受"现代化"范式与"革命史"范式的影响，甚至形成了一种不自觉的根深蒂固的潜意识。为何他们在讨论现代中国社会文化时，没有自觉地摆脱上述两种范式的影响，并进而树立起

---

① 〔英〕史蒂夫·斯密斯：《地方干部面对超自然：中国的神水政治，1949—1966》，董玥主编《走出区域研究：西方中国近代史论集粹》，社会科学文献出版社，2013，第 366~392 页。
② 据笔者了解，梁景和教授与他的一些研究生们已经展开对 1949 年以来中国现当代社会文化的讨论。这些讨论与《陋俗》、《嬗变》两书的研究范围在形式上覆盖了 1840 年到 20 世纪 80 年代的长时段。不过，讨论者在具体问题的考察上仍各守一段，缺少贯通，以致历史叙事上出现了明显的断裂。
③ 夏明方：《中国近代历史研究方法的新陈代谢——新革命范式导论》，《近代史研究》2010 年第 2 期。

"社会文化史"的研究意识呢？恐怕其中一个重要原因在于作者们的学术史回顾存在着先天不足。

三　学术史回顾：有待深入的"温故"功课

　　研究历史，必先"温故"，而后"知新"。了解清楚前人研究相关问题的学术谱系及其长短得失，才能自觉自己所做研究的原创性与含金量。可惜的是，《嬗变》实证研究的学术史回顾颇为单薄，仅"婚姻卷"简单提及前人的研究，而其他卷竟未言及前人已有的研究成果。这种情况可归结为两种"病症"：一是基本无效的学术史回顾，一是回避学术史回顾。该"病症"对学术进步的负面影响不能不引起注意。

　　先看基本无效的学术史回顾问题。诚然，这种"病症"在当前的社会文化史研究中普遍存在，"婚姻卷"只是其中的典型一例。作者仅列举了刘英、陈东原、郎太岩等12人的著作和傅建成、陈蕴茜、叶青等5人的论文。对这些研究成果，作者认为它们在"现代婚姻史研究的不同方面都取得了骄人的成绩，为现代婚姻史研究的推进做出了重大贡献。但就本专题（指现代中国婚姻文化嬗变——笔者注）而言，仍然存在相当的研究空间"①。然后，作者指出了前人研究的两点局限：一是对现代中国婚姻文化没有全局性把握，二是在材料搜集上，于报刊资料和社会调查征引不多。仅此寥寥数语的学术史回顾，并未揭示出前人在研究理论与方法、问题意识、材料使用、涉及范围等问题上的长短得失，更没有考察研究队伍的谱系与风格。温故不足，知新则难。时隔十年，作者对此文修改时仍未能充分了解到学界对"现代中国婚姻"研究的已有基础与新的进展，因此不得不声明："若有观点相近相同者，则不敢掠美，其发明之权自属发表在前者"②。显然，究竟哪些看法早已有人提过，作者并不清楚。通观全卷，作者关于现代中国婚姻的看法似少有独到之处，甚至一些看法缺少推敲。比如，作者考察现代中国农村婚姻嬗变的部分结论——"就深度看，新的婚姻形态的发展前景也是或明或暗，一时之潮流也时有反复。而且因为政治经济大变

---

① 梁景和等：《现代中国社会文化嬗变研究（1919—1949）——以婚姻·家庭·妇女·性伦·娱乐为中心》，第28页。
② 梁景和等：《现代中国社会文化嬗变研究（1919—1949）——以婚姻·家庭·妇女·性伦·娱乐为中心》，第28页。

动所带来的恶劣环境，旧的畸形的婚姻形态的出现与蔓延要比新的积极的婚姻形态的发展要快得多"①。这一结论中的"一时之潮流"所指不清，"旧的畸形的婚姻形态"是不是指地方传统的婚姻形态，论之以"畸形的"是否合适等表达都需要细细斟酌。以西方的"现代性"为标准，以传统与现代的二元对立为叙事框架，这样的"现代中国婚姻"研究不免落入西方中心论的"现代化"陷阱，难以公平对待历史传统，也失去了对历史的应有敬意与"同情之了解"。

再看回避学术史回顾的问题。以学术研究的严肃性而言，任何研究都应该梳理学界对相关问题的已有的研究成就。温故知新的话虽是老生常谈，但在今天却成了需要深刻反思的问题。《嬗变》的"女性卷"与"性伦卷"未提及前人的相关研究；"家庭卷"与"娱乐卷"均由相应作者的论文修改而来，但却将其中的学术史回顾全部删去。这给人的印象是作者们没有做应有的"温故"的功课。尽管纯粹的历史研究是面对小众，面对圈内人，但从回避了学术史回顾的"家庭卷"、"女性卷"、"性伦卷"与"娱乐卷"的研究水准看，少有超越已有研究成果之处，也无所谓学术对话。其根源恐还在于作者们也不清楚自己在相关问题研究的学术史谱系中的位置与角色，或者说在历史研究的丛林中迷失了自我。

在上述四卷中，"娱乐卷"的讨论最让人疑惑。作者写作此卷的基础是其完成于 2010 年的硕士学位论文《中国现代婚姻文化嬗变研究》。以当时的境况而言，从 1980 年代到 2008 年，学界对现代中国娱乐文化的讨论在城市娱乐、娱乐管控、娱乐人物与娱乐现代化以及娱乐与社会改良等专题上已有较为丰富的成果，但仍存在着较大的拓展空间与一些相当突出的问题。单就研究理路而言，学界侧重于对城市娱乐文化进行社会科学的分析。无论是分析城市公园，还是分析城市茶馆，学者们几乎清一色地直接借用社会学的理论方法，考察公共娱乐空间的源流、结构、功能、特征，然后是一二三四、甲乙丙丁式的列举。稍深入的探讨则注重身份、阶层、性别角度的考察。这些研究的重要性无可疑问，但研究者对不同城市公园的考察几乎得出了相同的结论。不可否认，形神兼备、叙事与说理俱佳的城市娱乐研究之作实在少见，也很难举出相关的典范之作。"娱乐卷"作者似乎没有觉察到已有研究成果的问题所在，不自觉地沿袭了其弊端，以致于全文

---

① 梁景和等：《现代中国社会文化嬗变研究（1919—1949）——以婚姻·家庭·妇女·性伦·娱乐为中心》，第 75 页。

读来像一篇社会娱乐调查报告。当然,作者所言"无线广播与民众娱乐生活"① 一部分确有填补某些研究空白的意义,但这更多地是给读者普及了一些"文史知识"。

"娱乐城市群"② 的提法是一个新概念,但却未必妥当。作者没有对"娱乐城市群"的概念做出界定,也未见何为娱乐城市的标准。其仅解释说,上海、北京、烟台、镇江等"这些大中城市是现代中国经济文化的中心,是当时娱乐生活最为活跃和最具时代特色的场所。它们的娱乐生活内容的丰富程度和娱乐设施规模都大大超越了当时中国的其他地区,在整体娱乐生活中还呈现中西娱乐兼容并蓄的发展特点",根据这一特征,"称它们为现代中国'娱乐城市群'"③。在提出这一概念后,作者也仅分析了现代中国"娱乐城市群"的层次性。从"娱乐城市群"的提法与运用上看,并未感觉到其对于近代中国城市史变迁、城市娱乐文化嬗变的脉络、特征与机制等问题有多少解释力。简而言之,"娱乐城市群"仅是作者自己发明的一个标签,虽不乏理论创新的勇气,但还需要增加理论思考的严谨。

"娱乐卷"作者写作此部分时正在攻读硕士学位,暂无力俯瞰、驾驭现代中国娱乐文化嬗变的全局,实是常情。笔者无意对其过于苛求,更多地是由此反思包括娱乐文化在内的中国近现代社会文化史研究的症结所在。

讨论现代中国社会文化的一个必要前提,是熟悉近代中国社会文化的历程及其相关研究。也就是说,现代中国社会文化史研究的学术史回顾,不应局限于这一领域的已有研究成果,而是先要充分了解近代中国社会文化研究的内容、理论与方法、原创性观点等内容。此外,还要了解近代中国政治史研究的前沿及其对中国近代史其他研究领域的深刻影响。茅海建先生早已指出,"在很长的时间中,中国近现代经济史、文化史等领域的基本框架是由政治史来建立的",在分析体系与学术话语上也明显带有政治史的烙印,甚至很多时候这些领域的研究也为政治史的结论提供了证据甚至是证明。④ 他曾开玩笑地说,刘志琴先生主编的三卷本《近代中国社会文化

---

① 梁景和等:《现代中国社会文化嬗变研究(1919—1949)——以婚姻·家庭·妇女·性伦·娱乐为中心》,第 468~478 页。
② 梁景和等:《现代中国社会文化嬗变研究(1919—1949)——以婚姻·家庭·妇女·性伦·娱乐为中心》,第 453 页。
③ 梁景和等:《现代中国社会文化嬗变研究(1919—1949)——以婚姻·家庭·妇女·性伦·娱乐为中心》,第 455 页。
④ 茅海建:《中国近代政治史面对的挑战及其思考》,《史林》2006 年第 6 期。

变迁录》"完全是以夷变夏的历史"①。窃以为，茅先生的意思是《近代中国社会文化变迁录》过于注重中国近代社会生活占比例很小的"变"的部分，而忽略了占比例很大的"不变"的部分。罗志田先生也提示说，不能过于夸大近代中国"变"的部分，更要注意社会"不变"的部分，像陈黻宸在 20 世纪初期提倡的"知民俗之原"和"证闾里之事"那样的"民史"并未得到真正的发展。② 茅、罗两先生对中国近代政治史与社会史研究关系的看法，确是治中国近代社会文化史者不可忽视的卓见。做好了"温故"的功课，才能"接着讲"，才能有贴上自己名字的"知新"。这也是以贯通的眼光与学养讨论中国近代史问题的基本要求。

　　因为学术史回顾的简单与回避，《嬗变》实证研究的作者们很难以学术史为鉴，照出自己的起点与局限。他们甚至不太清楚"社会文化史"是怎样的一种观察视角，有哪些可以借鉴的社会文化史研究论著。以著作而言，梁景和先生所著《近代中国陋俗文化嬗变研究》，李长莉先生所著《晚清上海社会的变迁：生活与伦理的近代化》与《中国人的生活方式：从传统到近代》，都是自觉地运用"社会文化史"视角讨论近代中国社会文化的变迁。这些著作颇为注重社会生活与文化观念的互动，不过缺少一些有人物、有情节的叙事。《嬗变》实证研究的作者们似乎意识不到这一点，既沿袭了不重叙事的缺陷，又丢掉了注重社会生活与文化观念互动的长处。比如，"妇女卷"中提到的邓春兰请求大学开放女禁的事例③，尤其值得铺展其中的曲折情节，不过作者几笔带过，实在没能展示出这一重要事件中的民众、学校与官方的复杂而微妙的互动。再如"性伦卷"中的"20 世纪上半叶教育界对性教育的讨论与实践"④ 不幸成为没有多少联系的"两张皮"，讨论归讨论，实践归实践，看不出二者之间以及学校与社会之间存在的紧张与冲突。

　　"温故"不只是要了解已有相关学术成果的讨论对象、研究范式、主要观点与学术脉络，还需要关注其在史料运用、研究方法等方面的长短得失。对于社会文化史研究，幸存并已出版的民国大众的日记可谓是十分重要的

---

① 茅海建：《中国近代政治史面对的挑战及其思考》，《史林》2006 年第 6 期。
② 罗志田：《近三十年中国近代史研究的变与不变》，《社会科学研究》2008 年第 6 期。
③ 梁景和等：《现代中国社会文化嬗变研究（1919—1949）——以婚姻·家庭·妇女·性伦·娱乐为中心》，第 288 页
④ 梁景和等：《现代中国社会文化嬗变研究（1919—1949）——以婚姻·家庭·妇女·性伦·娱乐为中心》，第 386~414 页。

资料，但运用者并不多见。比如，近代山西刘大鹏的《退想斋日记》，九州出版社近年出版的《民国小学生日记》《一个民国少女的日记》等，从不同侧面留下了民国社会底层的声音。只是《嬗变》实证研究的作者们无一注意运用这些很有说服力的资料。即使是梁景和先生在《嬗变》理论部分专门提到的作为社会文化史研究可用的笔记、小说、诗歌等史料，《嬗变》实证研究的作者们也极少运用。之所以找不到现代中国社会底层的声音，除了没有注意日记、笔记、小说等史料外，还在于作者们并未走向田野，走进历史的现场。鉴于社会生活要比政权更具有延续性，现代中国社会生活至今仍保留着某些原生态的形式与传统，讨论这一时期的社会文化着实应该深入城乡生活的第一线，访谈当时的当事人与过来人，采集有意义的不曾留在纸媒的生活碎片信息。虽然近代中国社会文化史研究的先驱刘志琴、梁景和、李长莉等先生不曾采用田野调查的方法，但有志于该领域研究的新一代青年学者实不可仅依靠图书馆与档案馆来著书立说了。

四　理论建构：富有前瞻性的思考

追根溯源的"温故"既包括实证研究的成果，也包括理论与方法探索的足迹。《嬗变》理论部分的思考耐人品味。

大陆学界对于中国社会文化史的实证性研究不断取得新收获，但相关的理论探索颇为滞后，颇有"摸着石头过河"的味道。即使在日渐增多的实证研究中，不少学者"尚缺乏运用新视角、新理论、新方法的自觉性和经验积累，缺乏研究范式上的建树"。[①] 因此，对"社会文化史"研究的理论与方法进行讨论尤为显得迫切。《嬗变》对"社会文化史"的研究理论进行了深入且富有前瞻性的思考，主要包括社会文化史的概念与研究对象、理论与方法、史料问题以及社会生活、常态与动态、碎片与整合等若干层次的概念。其对于解决当前社会文化史研究遭遇的瓶颈问题确有启发意义。

"社会文化史"研究圈内圈外学者首先要问的一个问题是，"社会文化史"研究的对象是什么。按照字面的概念与逻辑，社会文化史的研究对象应是社会文化。社会文化是什么？迄今为止，史学界对此没有一个公认的

[①] 梁景和：《中国近现代社会文化史丛书》总序，《现代中国社会文化嬗变研究（1919—1949）——以婚姻・家庭・妇女・性伦・娱乐为中心》，第3~4页。

清晰的答案。"社会文化"作为一个短语,清末民国时期就有不少人使用。周恺于 1908 年发表《学生品行之否关于社会文化之进退说》[①] 一文,较早使用了"社会文化"一词,其意是社会与文化的合称。1923 年商务印书馆出版的《中国社会文化》一书[②],其中《中国社会文化之特质》一文意在以中国家族制度为中心讨论中国社会特色及成因。该篇名中的"社会文化"对应的日文词汇不得而知,但译成中文后的"社会文化"似未作为一个有特殊内涵的词。通读该文之后,未看到作者与译者对"社会文化"有相关的解释,感觉作者所言的"中国社会文化"是指中国社会的特色及其文化传统。商务印书馆确定《中国社会文化》一书的书名,亦未见对"社会文化"一词有所界定,从该书的内容看,似以此语概括社会与文化。1931 年出版的《新陕西月刊》中特设有"陕西之社会文化"专栏,此专栏的文章内容包括社会风俗、经济生产、非官方团体、社会救助、城乡关系、乡村土地、戏剧改良、地方教育、地方治安、名胜古迹等。由此可见,《新陕西月刊》使用的"社会文化"概念当指政治之外的社会与文化状况。林天穆从社会生活的角度讨论文化的功能,并未将"社会文化"作为一个特殊的概念,但他强调"文化是要建立于社会经济的生活之上,也只有社会经济生活改善,大众文化才能实现也;只有使文化归于大众所有,文化才有真正的成功。"[③] 1942 年,余天休在《社会文化研究法》一文中,从文化社会学的角度讨论了社会文化的研究法,认为社会文化即现在或以往的文化的地理分布。[④] 今天,文化学、社会学、管理心理学等学科对社会文化的定义各行其是,与历史学的认识与理解差异较大。然而,史学界对"社会文化"的概念仍在探讨中。这一概念作为"社会文化史"研究理论的逻辑起点,不说清楚,自然会造成种种麻烦,也屡被外界诘难。

《嬗变》理论部分的作者认为,社会文化史的研究对象是"社会生活与其内在观念形态之间相互关系的历史"[⑤]。此前作者认为,社会文化史的研

[①] 周恺:《学生品行之否关于社会文化之进退说》,《龙门师范学校附属小学校杂志》1908 年第 1 期。

[②] 按:该书收录了四篇论文,其分别为《中国社会文化之特质》(日本稻叶君山著,杨祥荫译)、《中国社会之本质及其作用》、《中国人的人生哲学》与《中国古代社会钩沉》。

[③] 林天穆:《社会文化的史的检讨与大众文化》,《福建文化半月刊》1935 年第 5 期。

[④] 余天休:《社会文化研究法》,北京大学法学院社会科学季刊,1942 年出版。

[⑤] 梁景和等:《现代中国社会文化嬗变研究(1919—1949)——以婚姻·家庭·妇女·性伦·娱乐为中心》,第 4 页。

究对象是民众外在的社会生活与内在的价值取向及其思想观念。① 相比之下，作者对"社会文化史"研究对象的新看法要比过去的相关看法更为具体，更具有概括性，因为新看法包含了精英文化与草根文化的互动关系，而不再仅限于民众的社会生活。在作者看来，社会生活是"指人们在以生产为前提而形成的各种人际关系的基础上，为了维系生命和不断改善与提高生存质量而进行的一切活动的总和"②。在此基础上，作者系统论述了"社会文化史"视野下的社会生活，认为广义的社会生活是指人类整体的生活状态，包括政治生活状态、经济（物质）生活状态、文化（精神）生活状态与社会生活状态，而狭义的社会生活专指社会生活状态；目前社会文化史研究的社会生活是狭义的社会生活，未来会走向广义的社会生活。诚然，中国近代社会文化史研究的几位先驱学者对该领域的研究对象有不同的认识。比如，刘志琴先生早些时候认为，"社会文化是个新型的知识系统，不长的历史，跨学科而又界定不太清晰的领域，发展并不成熟"，社会文化史的研究对象是"大众文化、生活方式和社会风尚的变迁"③。在具体研究上侧重于"社会下层的民众是怎样生息、活动和喜怒哀乐，上层和下层又是怎样互相渗透和制动"，"百年来人民大众在剧烈的社会变迁中，生活方式、风俗习惯、关注热点和价值观念的演变"④。左玉河先生赞同刘先生关于社会文化史研究对象的看法，并补充说明，社会文化史关注的是社会民众的文化观念和文化意识，大众的日常生活方式、社会生活和社会时尚。⑤ 由上可见，社会文化史的研究对象与社会史、文化史有重合的地方，但更多地关注下层民众的生活及其观念。如果说社会文化史有自己的独特研究领域的话，那么，《嬗变》关于"社会文化史"研究对象的界定当是最为清晰和完整的。对这一领域的强调，本身就是社会文化史的特色之一。当然，《嬗变》还提醒说，社会文化史研究要注意不同阶层、地域、民族、时段的社会生活与思想观念的变化。据此可推论，社会文化史也讨论精英

---

① 梁景和：《我为什么要研究近代陋俗文化》，《首都师范大学学报》（社会科学版）2000年第6期。
② 梁景和等：《现代中国社会文化嬗变研究（1919—1949）——以婚姻·家庭·妇女·性伦·娱乐为中心》，第11页。
③ 刘志琴：《青史有待垦天荒》（代序），《近代中国社会文化变迁录》第1卷，浙江人民出版社1998年版，第1~2页。
④ 刘志琴：《青史有待垦天荒》（代序），《近代中国社会文化变迁录》第1卷，第2页。
⑤ 左玉河：《突破瓶颈：中国社会文化史的理论与方法》，《晋阳学刊》2012年第3期。

的社会生活。研究社会生活的重要意义在于"建立以人为中心的历史学"①。

界定了社会文化史视野下的社会生活的内涵之后，还需要对其外延进行说明。《嬗变》认为，狭义的社会生活即日常生活。日常生活也有狭义与广义之分，前者是指人们最基本的日常生活，主要包括衣食住行、婚丧嫁娶、两性伦理、生老病死等；后者是在最基本的日常生活的基础上扩展开来的日常生活，比如当代社会的旅游观光、流行时尚、网络信息、心理卫生、消费娱乐、装饰美容、求职就业等。② 这一看法说明了社会文化史研究的具体对象及其层次性、时代性，确有新意。有学者从哲学的角度对日常生活做了较为精当的界定，认为"日常生活是以个人的家庭、天然共同体等直接环境为基本寓所，旨在维持个体生存和再生产的日常消费活动、日常交往活动和日常观念活动的总称，它是一个以重复性思维和重复性实践为基本存在方式，凭借传统、习惯、经验以及血缘和天然情感等文化因素而加以维系的自在的类本质对象化领域"③。简而言之，日常生活是人们在生产劳动与公共制度生活之外的保障与延续个体生命存在的一切活动。《嬗变》界定的日常生活是与政治、外交、军事、经济等非日常的公共制度化的社会活动领域并列的一个领域，当然它们彼此之间有着千丝万缕的联系。因此，日常生活与社会生活在一定层次上重合，但不是完全等同的，二者不能互相替代。《嬗变》对二者的区分具有不可忽略的学术价值。

在《嬗变》的理论部分中，作者没有将"社会文化史"看作一种观察视角。不过，一些学者更愿意将其视为历史研究的一种新角度与新方法。李长莉先生认为，社会文化史"就是社会史与文化史相结合的一种跨学科的研究视角"，"是一个宽泛的视角，即以文化的视角来研究社会历史现象，或以社会史的方法来研究历史文化问题"。④ 她解释说，这种"综合性、跨学科的方法研究社会史问题，会为社会事象赋予文化意义与内涵；运用这一方法研究文化史问题，会使文化问题得到社会基础的阐释和情境解读"⑤。

---

① 常建华：《中国社会生活史上生活的意义》，《历史教学》2012 年 1 月下期。
② 梁景和等：《现代中国社会文化嬗变研究（1919—1949）——以婚姻·家庭·妇女·性伦·娱乐为中心》，第 23 页。
③ 衣俊卿：《现代化与日常生活批判——人自身现代化的文化透视》，人民出版社 2005 年版，第 31 页。
④ 李长莉：《社会史研究瓶颈如何突破》，《中国社会科学报》2009 年 10 月 15 日；近代中国研究网，http://jds.cass.cn/Item/8163.aspx，2009 年 12 月 24 日。
⑤ 李长莉：《社会史研究瓶颈如何突破》，《中国社会科学报》2009 年 10 月 15 日；近代中国研究网，http://jds.cass.cn/Item/8163.aspx，2009 年 12 月 24 日。

左玉河先生认为，社会文化史的视角就是从文化史的视角来研究历史上的社会问题，用社会学的方法来研究文化问题。他解释说，社会文化史研究是对社会生活的文化学提炼和抽象；对文化现象的社会学考察和探究。① 对于社会文化史的跨学科意义，刘永华先生说得更清楚，即"在分析社会现象时，不能忽视相关人群对这些现象的理解或这些现象之于当事人的意义，唯有如此，社会史分析才不致死板、僵硬；在诠释文化现象时，不能忽视这些现象背后的社会关系和权力关系，唯有如此，文化史诠释才不致空泛、玄虚"②。显然，社会文化史是一种旨在打破分科治学、体现历史研究之综合性的有益尝试。尽管《嬗变》一书没有将"社会文化史"视为一种新的视角，但梁景和先生此前曾提出，从若用范式框架的概念去审视社会文化史研究，社会文化史也可视为一种范式框架。③ 在其看来，社会文化史在研究空间与历史诠释上大有可为，将来完全有可能成为一种新的历史解释体系。这意味着社会文化史试图呈现一种不同于过去"革命史"范式与"现代化"范式的新的历史面孔与历史诠释，符合他曾提出的"社会文化史"可看作"新时代的新史观"的论断。④

在从社会文化史的视野审视"社会生活"的概念之外，《嬗变》还提出了"常态与动态"、"碎片与整合"等几对相关的概念。（1）谈"常态与动态"，有意强调了历史进程中的变与不变。（2）谈"碎片与整合"，着重说明碎片化的生活从整体上研究自有研究价值，而对于"宏大"事象的碎片化研究并无多少意义。（3）谈"生活与观念"，意在突出二者之间的互动关系。（4）谈"一元与多元"，试图用辩证的眼光透视社会生活的区域性、层次性、结构性与时段性。（5）谈"真实与建构"，是提示研究者应注意如何运用理论、方法与想象力深入研读史料，以优美的文字形式呈现出历史的形式与本质规律。在今天"社会文化史"理论建树匮乏的形势下，这些概念对于深入探讨中国近现代社会文化史确有开启思路之用。

在讨论"真实与建构"时，作者提及一个仍在争议中的老问题——历史有没有规律。在梁先生看来，"所谓建构是历史工作者通过对史料的把

---

① 左玉河：《突破瓶颈：中国社会文化史的理论与方法》，《晋阳学刊》2012 年第 3 期。
② 刘永华主编：《中国社会文化史读本》编后记，北京大学出版社，2011。
③ 梁景和等：《现代中国社会文化嬗变研究（1919—1949）——以婚姻·家庭·妇女·性伦·娱乐为中心》，第 18 页。
④ 梁景和、姜虹、张弛：《中国社会文化史理论与实践述论》，《首都师范大学学报》（社会科学版）2011 年第 4 期。

握,站在特定的立场,运用相关的理论方法,对历史事象(包括历史呈现的形式及其本质规律)进行阐释的一般性模式(或曰模型)"①。至此,我们禁不住要问:"历史有规律吗?"若有,治史者或可找到;若无,岂非缘木求鱼?有学者系统梳理了 20 世纪中国史学界对历史规律问题的探讨,仍没有得出最终的答案。② 这种结果有两种可能性的解释:一是历史没有规律;二是历史有规律,但至今人们仍没有找到。无论从社会发展的自身看,还是从人类的历史认识论看,至今仍没有出现令人信服的可以完整解释过去、准确预言未来的所谓历史规律。即使在人类智慧发达的今天,我们也难以根据已知的所谓历史规律准确预知十年后的世界面貌,因为历史在时间的单向性维度上不能重复,不能倒退,只能往前走,而且每一步都充满了偶然性因素。另要注意的是,历史规律不等于文化学或文明学意义上的社会与文明的变迁机制。比如,马克思依据征服印度的阿拉伯人、土耳其人、莫卧儿人等落后民族不久就被当地居民同化的事例,总结出"一条永恒的历史规律"③——野蛮的征服者总是被那些他们所征服的较高的文明所征服。该规律成立的前提是文明有高下之分,而且判断文明高下的尺度具有普遍性与永恒性。今天看来,判断文明高下的尺度是不确定的。因此,这条"永恒的历史规律"更像是一种文明变迁的特征或机制。相对于历史规律的不确定性,特定时空环境下的历史变迁的某些趋势可以被准确地认识和把握,比如,随着物质技术的进步和经济往来的增多,世界正变得越来越像一个"地球村"。诚然,从循环史观、进步史观、退步史观或其他史观的视野看,历史在认识论意义上或有某种所谓的规律。有学者解释说:"所谓对现象和过程内在因素和外部联系的归纳总结,是通过对多次出现的历史现象和过程的分析,找出导致这些现象和过程在一定外部条件下出现的内在原因,也即我们所说的'本质的规律'。"④ 他们强调说,历史规律研究的对象是反复出现过的历史现象和过程。不过,历史现象与过程在何种层面或程度上"反复出现",还是需要思考的问题。窃以为,治史者的任务不是寻找历史规律,而是从某些相似的历史事件中寻找历史变迁的机制、

---

① 梁景和等:《现代中国社会文化嬗变研究(1919—1949)——以婚姻·家庭·妇女·性伦·娱乐为中心》,第 24 页。
② 黄敏兰:《二十世纪中国史学界对历史规律问题的探讨》,《史学月刊》2003 年第 1 期。
③ 马克思:《不列颠在印度统治的未来结果》,《马克思恩格斯选集》第 1 卷,人民出版社,1995,第 768 页。
④ 王和、周舵:《试论历史规律》,《历史研究》1987 年第 5 期。

趋势和智慧。

由上可见，尽管《嬗变》对"历史规律"的思考有待商量，但其对社会文化史研究理论与方法的整体思考确有独到之处，令人耳目一新。诠释历史的任何系统理论的建构，需要满足"内圆"与"外推"两个条件。"内圆"是自成逻辑体系，可以完整地解释过去的历史；"外推"是依据过去与现在，在一定程度上准确预测未来。不能满足这两个条件的历史理论也就不具备研究历史事象的解释力与指导意义。历史理论的建构必然涉及史观，涉及对人类历史的整体性、根本性与系统性的认识与把握。《嬗变》将社会文化史提升为一种史观的看法，发人深思。社会文化史研究理论建构的潜力与活力当在此处。

五　社会文化史研究可能的未来走向

讨论《嬗变》一书的长短得失，本身也是在讨论中国社会文化史未来的可能性走向。其关键部分还是叙事、史料、研究视角与理论建构问题。

别致的微观叙事尤为重要。没有精彩的叙事，社会文化史研究只能给人以某种预设的框架附加琐碎事例的印象。当然，社会文化史不会像革命史与现代化叙事一样进行宏大叙事，而是应立足于自身的特色进行微观叙事，从具有文化全息性的微观叙事中展示广义的社会体系及其运作（比如政治体制与权力）的场景，呈现个体生命的个性化存在与活动。这种叙事将琐碎的生活碎片视为可以折射太阳光辉的水滴，确立"自下而上"的观察视角，更符合刘志琴先生所言"贴近社会下层看历史"[①] 的社会文化史定位，也契合郭于华教授提出的"倾听底层"[②] 声音的倡议。这在叙事中自然会呈现出不同于革命史与现代化史的历史面孔，甚至可以细微到从一个人的呼吸中展示政治运动、自然灾害或其他巨变因素对社会深处的影响。社会文化史研究未来走向的中心不是借鉴社会学、人类学或其他社会学科的理论与方法，而是要讲一个有人物、有情节的别致的好故事。

尽管社会文化史研究具有典范性的微观叙事十分稀少，但如果不注意回归长于精彩叙事的中国史学传统，社会文化史研究的未来景象实不容乐观。像社会科学调查报告式的所谓叙事，只能使社会文化史研究表现出一

---

① 刘志琴：《贴近社会下层看历史》，《读书》1998 年第 8 期。
② 郭于华：《倾听底层：我们如何讲述苦难》，广西师范大学出版社，2011。

副冷冰冰的缺少生气的面具。建构社会文化史特色的叙事，内可学习二十四史的已有经验，外可借鉴西方新文化史的新生模式，比如王笛对近代成都茶馆的叙事。即使是史景迁《王氏之死：大历史背后的小人物命运》这样的文学化叙事，《屠猫记：法国文化史钩沉》这样的"心灵史"随笔体例，都有可仿之处。叙事者宜心存以小见大之意，体会 52 年前沈元以《急就篇》为"汉代社会生活的一面镜子"[①] 的研究路数，体会郑振铎所言俗文学如何呈现"另一个中国"[②] 的独特眼光。若是跨出学科藩篱，亦可将《林村的故事：一九四九年后的中国农村变革》[③] 视为一部具有现场感的农村支部书记视角的微观叙事之作。

社会文化史的微观叙事需要丰富的细节资料，仅凭留在纸媒上的只言片语远远不够。若要获取历史的细节资料，非亲自到历史现场进行田野调查不可。《嬗变》颇为看重的历史人类学方法，确是有效打捞遗落在民间的历史碎片的重要渠道之一。在进行田野调查之时，调查者通常有一种倾向，即把自己当"局外人"，把当事人当成"局内人"。但要真正理解被调查者，调查者还需要尽可能地体验"局内人"的立场与感受。比如在民间信仰习俗研究上，民国时期燕京大学的学生李慰祖对当时北京民间"四大门"信仰习俗的调查[④]，就运用了"局内人"的观察法，深刻解读了该信仰习俗的特质。即使在今天看来，其学术水准不低于一些博士学位论文。调查者的头脑中实不可预设所谓草根文化落后、精英文化先进的观念。不然，调查者就不能走进民间社会的心灵，也就完不成自下而上的接地气的微观叙事。深刻了解民间视野或社会底层声音，需要充分同情民间的立场、情感、经验与思维方式。深入民间的调查者可能会感觉到自身的生命观与历史认识论都需要反思，也会对《嬗变》研究启示所言的文明尺度——"人人平等"、"个性解放"、"追求生活幸福感"[⑤] 有更深刻的理解。

未来的社会文化史研究不仅要有特色的微观叙事，更要有特色的诠释历史的理论建构。按照《嬗变》作者的立意，"社会文化史"要成为一种新史观。这一设想实现的基础是建立一种类似于革命史或现代化的范式。如

---

① 沈元：《〈急就篇〉研究》，《历史研究》1962 年第 3 期。
② 郑振铎：《中国俗文学史》序，中央编译出版社，2013。
③ 黄树民：《林村的故事：一九四九年后的中国农村变革》，三联书店，2002。
④ 李慰祖著，周星补编《四大门》，北京大学出版社，2011。
⑤ 梁景和等：《现代中国社会文化嬗变研究（1919—1949）——以婚姻・家庭・妇女・性伦・娱乐为中心》，第 516~519 页。

果说社会文化史本身是一种范式，那么，这种范式基本的理论架构是什么？此问题至今尚未有答案。若从其研究的主要对象——社会生活出发，或可建构一种新的历史诠释体系。由于社会生活的概念稍显模糊，不妨依照《嬗变》对狭义的社会生活的解释，直接运用"日常生活"作为社会文化史范式的核心概念。

诚然，晚近以来的社会史研究更早一些注意到作为具体研究领域的日常生活与生活方式。① 有学者提出，社会史研究要从社会生活转向日常生活，建立日常生活与历史变动的联系，挖掘日常生活领域的非日常生活因素。② 日常生活的社会史研究虽然注意了解不同社会阶层与群体的生活，但"立足于民众的日常活动，从生活方式上把握民众，民众生活镶嵌于社会组织、物质生活、岁时节日、生命周期、聚落形态中才能体现出来，并揭示民众生活与政权的关系以及历史变动带来的影响"③。这当然并不容易，正如桑兵先生所言，"新文化史和新社会史一方面延续由精英而大众的取向，一方面则由群体而个案，以小人物的视角故事颠覆精英和群体的历史叙述。只是必须显示所选人物与群体乃至社会整体的关系，才能呈现意义，却并非轻而易举之事"④。甚至还有学者提到从日常生活观察近代中国变迁的可能性问题。⑤ 不过，笔者认为，从日常生活的视角思考近代中国变迁并不存在难以克服的障碍。

与社会史研究的日常生活稍有不同，社会文化史讨论的日常生活一并看重社会各阶层的日常生活，而非专为社会底层的大众准备。正如刘志琴先生一再强调重视对中国礼俗互动的讨论⑥，不同阶层、不同群体的日常生活固然有边界，但并非泾渭分明，而是有着千丝万缕的联系，上者以礼化俗，下者成俗入礼。礼与俗是一对讨论中国近代社会各阶层日常生活嬗变的最有特色的词。忽略了这一对概念，很难说清中国近代日常生活及其方

---

① 参见常建华《中国社会生活史上生活的意义》，《历史教学》2012 年 1 月下期。
② 常建华：《从社会生活到日常生活——中国社会史研究的再出发》，《人民日报》2011 年 3 月 31 日理论版。
③ 常建华：《中国社会生活史上生活的意义》，《历史教学》2012 年 1 月下期。
④ 桑兵：《中国近现代史的贯通与滞碍》，徐秀丽主编《过去的经验与未来的可能走向——中国近代史研究三十年（1979—2009）》，第 93 页。
⑤ 连玲玲：《典范抑或危机·"日常生活"在中国近代史研究的应用及其问题》，《新史学》17 卷 4 期，2006。
⑥ 刘志琴：《礼俗文化的再研究——回应文化研究的新思潮》，《史学理论研究》2005 年第 1 期。

式的变与不变。将各阶层、各群体的日常生活一并讨论,似可更清晰地呈现社会的整体形态与人作为历史主体的中心地位。更进一步说,社会文化史研究将日常生活提升到历史本体的高度。依李泽厚先生之言,"所谓'历史本体'或'人类学历史本体'并不是某种抽象物体,不是理式、观念、绝对精神、意识形态等等,它只是每个活生生的人(个体)的日常生活本身"①。上至庙堂之君,下至江湖之民,其日常生活是最本质的历史主体,是历史之王。或者说,社会万事皆从属于日常生活,而日常生活不从属于任何具象或抽象的事物。无疑,这是一种独特的观察视野,一种新颖的历史认识。以此为基础,我们可以更多地理解《延安日常生活中的历史》②、《一个村庄里的中国》③ 等类似作品的叙事魅力与现实关怀,也会更好地理解法国年鉴学派第二代学者费尔南·布罗代尔探讨15世纪至18世纪西欧资本主义的兴起为何从"变成结构"、"侵入社会的每个层次"的日常生活入手。④ 早在十几年前,雷颐先生谈到日常生活与历史研究的关系,他严肃地指出,"从'日常生活'的角度来看,史书中有时看似'无关痛痒'的一句话或一个抽象的概念后面,往往事关千百万人的悲欢离合,一生一世。其实,这才是历史研究最重要的内容";"平民大众的'日常生活'终由'稗史'成为'正史'。这种转变,其实是历史观的重大转变,意义的确深远"⑤。诚然,相对于精英的日常生活而言,草根的日常生活需要更多的关注与讨论。

未来的社会文化史研究讨论日常生活,需要走进普通人物的心灵世界与命运历程。历史学者关注人类命运,"在其现实性和本质上,即是关注个体性人的生命存在、生命运动及生命表现"⑥。这是社会文化史学者的问题意识的出发点与落脚点,也是马克思、恩格斯所言"全部人类历史的第一个前提"是"有生命的个人的存在"⑦ 的内在要求。以此为社会文化史的历

---

① 李泽厚:《历史本体论·己卯五说》(增订本),三联书店,2006,第19~20页。
② 朱鸿召:《延安日常生活中的历史(1937—1947)》,广西师范大学出版社,2007。
③ 熊培云:《一个村庄里的中国》,新星出版社,2011。
④ 〔法〕费尔南·布罗代尔著:《15至18世纪的物质文明、经济和资本主义》(第一卷),顾良、施康强译,三联书店,1992,第27页。
⑤ 雷颐:《"日常生活"与历史研究》,《史学理论研究》2000年第3期。
⑥ 周祥森:《转向人的内在生命存在——提高中国世界史学科研究水平的本体论前提》,《史学月刊》2012年第2期。
⑦ 马克思、恩格斯:《德意志意识形态》,《马克思恩格斯选集》第1卷,人民出版社,1995,第67页。

史叙事与讨论的立场,自然更容易与当今西方"从外到内"转型的史学实践进行对话①。由此可以更深刻地理解《蒙塔尤》、《马丁·盖尔归来》、《奶酪和虫子》、《屠猫记》与《法国大革命时期的家庭罗曼史》等西方新文化史典范性著作的人文魅力,即"它们展示了我们自己的现实的生命存在的本质,从而从长期被历史学家遗忘的地方拯救出并极大地丰富了我们自己的现实的生命存在的深层的本质性内容"②。

《嬗变》从实证研究到理论探索,既体现了中国近代社会文化史研究的特色,也展示了该领域存在的"瓶颈"问题,正如梁景和先生所言,该书"只是为深入研究这一领域所做的前期铺垫,存在的问题自然很多"③。如何推动社会文化史研究突破"瓶颈",健康成长,是值得学界广泛深入思考的重要问题。

本文作为一篇札记,而非《嬗变》评论,恐未能尽述该书的精彩之处。曲解、误解该书之处,请作者与读者再批评。这种读书后的交流,又何尝不是学者的日常生活呢?

---

① 周祥森先生认为,当代西方史学实践中"从外到内"的变化,从本体论立场上说,本质上是从人的外在生命存在(社会性存在)到内在生命存在(个体性存在为主及在此前提下的社会性存在)的变化或转向。见周祥森《转向人的内在生命存在——提高中国世界史学科研究水平的本体论前提》,《史学月刊》2012年第2期。

② 周祥森:《转向人的内在生命存在——提高中国世界史学科研究水平的本体论前提》,《史学月刊》2012年第2期。

③ 梁景和等:《现代中国社会文化嬗变研究(1919—1949)——以婚姻·家庭·妇女·性伦·娱乐为中心》,第552页。

千年书院历史的立体透视
——读《儒学·书院·社会——社会文化史视野中的书院》

张天杰

一百多年来，关于书院的研究层出不穷，将千年书院在历史上的重要意义加以总结研究，为书院精神在现代的传承与发展提供借鉴。肖永明教授的《儒学·书院·社会——社会文化史视野中的书院》[①]，则是书院研究领域中的一部重要著作。

中国的书院与儒学有着密切的关系，如果说寺庙、道观是佛、道两家的文化符号，那么书院就是儒家的文化符号。研究唐宋以来儒学的发展演变，特别是研究理学绝对离不开书院。肖教授在书中对书院与儒学的具体联系与相互关系作了细致的阐发，书中的第四、五章将宋、元、明三代书院与理学逐步结合与相互促进的过程与原因作了多方面、多层次的梳理。特别是关于宋代"书院与理学的一体化"，以往的学者往往过多强调外在的、政治的原因，过多地夸大了官方对理学的排斥。肖教授则指出，理学在宋代并非总是处于受禁状态，一度还成为孝宗、宁宗经筵进讲的内容；理学家也时有机会尝试在官学机构中推行理学。理学终究未能与官学结合，转而选择与书院结合，这并非完全被动的选择，很大程度上出于一种"理性的选择"。在书中肖教授从理学家的官学教育实践及其反思看理学的教育理念与官学教育的不相容性、理学理论特点与书院对自主性的强调的内在契合、书院可以为理学提供良好的传播环境等三方面讨论书院与理学结合的内在原因。同样还有阳明心学与书院的关系，处于官学体制之外、环境相对宽松的书院为心学的提出、发展、传播提供了良好的平台，书院也在心学迅猛的发展之下数量激增，心学的发展也促进了书院讲会制度的完善。

---

① 肖永明：《儒学·书院·社会——社会文化史视野中的书院》，商务印书馆，2012。

肖教授还将视野拓展到书院与地域文化的关系、书院在儒学传播中的作用，儒学的民间性特点的强化与儒学选择书院这一体制外的文化教育机构有着密切关系。书中分析了书院学术活动对于地域化的儒学学派的影响，儒学在地域分化的基础上形成了洛学、关学、闽学、金华学、姚江学等不同的学派，对宋元明清各个时代儒学学派如何依托书院讲学与研究等都作了清晰的梳理。书中还将书院对地域文化的地理格局的影响作了分析，又从书院的藏书、刻书活动，以垂直的角度来看书院对地方儒学传播的影响。书院的藏书与官方藏书、私人藏书、寺院藏书不同，其服务的对象更为广泛，读者包括书院师生以及社会各个阶层的士民；书院的刻书也在满足自身教学与研究的同时惠泽地方百姓，有利于地方文化的发展与积累，是地方文化继往开来的重要推动力量。

　　将书院这一特殊的文化教育组织，放入社会大系统之中才能真正认识书院。了解书院制度的特色、地位、功能，不能局限于书院制度本身，而要将书院放入社会大背景之中。肖教授在书中对书院与社会政治的互动、书院发展的社会动力、书院与文化环境的关系等都有深入的研究。先来看书院与社会政治的互动，也就是书院与王权的关系。书院往往介于官方与私人的中间，作为文化教育组织其存在与发展不能不引起专制王权的关注。肖教授指出，历代的最高统治者总试图通过多种手段，如赐书、赐额、赐田、召见山长等等，将书院纳入到国家权力的控制之中，对书院加以改造、收编、控制，这一情况到了清代中后期达到顶峰。再看书院发展的社会动力，历代书院的发展其实都是多种社会力量交互作用、共同促进的结果，这一问题的研究在本书所占的篇幅最大。书中从最高统治者、国家各级官员的支持，到各种家族、士人、商人等民间力量对书院发展的贡献等等，将社会力量推动书院发展的情况都作了详细的论述，并且还对不同的力量支持书院的动机、心态都有独到的分析。儒家文化通过书院作为中介，传播到社会各个阶层，塑造了以儒家伦理为核心的社会价值观念，从而影响到社会生活习俗、社会风气。比如书院的祭祀，就有教育与教化的功能。祭祀除了可以增强人们对儒家伦理观念的认同感、对儒学的信仰之外，还有社会教化的功能。肖教授指出，书院教育家在设立书院祭祀的时候，就希望借此改善士习民风，比如明代白鹿洞书院忠节祠祭祀诸葛亮与陶渊明，目的就在于世道人心。书院祭祀活动有地方官员主持、参与，地方士绅、百姓也有机会参加祭祀活动，声势浩大的祭祀成为地方重大文化事件，产生了重大的社会影响，因而其教育作用远不止书院本身，可以视为社会教化的重要手段。

能做到对千年以来书院的历史进行立体、宏观的研究，与肖教授在研究过程中广泛吸收社会学、文化学、传播学等多种相关学科的研究方法与理论长处是分不开的。比如就传播学理论的运用而言，肖教授特别指出了理学的传播需要特别的传播情境，因为理学是一种道德追求、价值取向，希望学者获得精神境界的提升、信仰的确立、道德品质的形成、安身立命的归宿感的产生，这一目标的实现并不能仅仅依赖一般的传播方式，还必须在一般方式之外营造特别的传播情境。正是由于书院自然环境的优越性与群居共学、朝夕相聚融洽相处的组织方式营造了良好的情境，才促进了理学的传播流布。

肖教授的大作将儒学、书院、社会三者结合，以社会文化史的视野来全方位、立体地透视千年书院，有助于我们在具体的历史脉络之中把握书院与当时社会、文化之间的关系，从而更好地了解书院的功能、作用与历史地位，对书院的认识得以更加完整和准确。该书是近年来书院研究中最为重要的理论创获之一，也是人们认识书院文化最佳读物之一。

下编

纪要与综述

首都师范大学历史学院"中国近现代社会文化史研究中心"近年来举办学术会议综述

吕文浩　王　胜　等

自 2010 年至 2014 年，首都师范大学历史学院"中国近现代社会文化史研究中心"举办了 13 次国际、国内学术研讨会，如表 1 所示。

表 1　2010—2014 年文化学术研讨会情况

序号	会议主题	时间
1	第三届"中国现当代社会文化学术研讨会"	2010 年 4 月 10 日
2	首届"中国社会文化史研究的回顾与走向座谈会"	2010 年 4 月 28 日
3	首届"中国近现代社会文化史国际学术研讨会"	2010 年 9 月 25 日
4	首届"文革史"学术研讨会	2010 年 12 月 4 日
5	首届"中国二十世纪婚姻·家庭·性别·性伦文化学术研讨会"	2011 年 3 月 12 日
6	首届"西方新文化史与中国社会文化史的理论与实践学术研讨会"	2011 年 9 月 24 日
7	第二届"'文革史'学术研讨会"	2011 年 12 月 10 日
8	第二届"中国二十世纪婚姻·家庭·性别·性伦文化学术研讨会"	2012 年 3 月 10 日
9	第二届"中国近现代社会文化史国际学术研讨会"	2012 年 9 月 22 日
10	第三届"中国二十世纪婚姻·家庭·性别·性伦文化学术研讨会"	2013 年 3 月 9 日
11	首届"全国青年学者社会文化史理论与方法学术研讨会"	2013 年 9 月 22 日
12	第四届"中国二十世纪婚姻·家庭·性别·性伦文化学术研讨会"	2014 年 3 月 8 日
13	第三届"中国近现代社会文化史国际学术研讨会"	2014 年 9 月 20 日

第三届"中国现当代社会文化学术研讨会"综述

2010年4月10日，第三届"中国现当代社会文化学术研讨会"在北京召开。这次会议以"婚姻、家庭、女性、性伦"为中心，由首都师范大学历史学院中国近现代社会文化史研究中心主办，来自首都师范大学、中国人民大学、四川大学、南开大学、中央民族大学、中国传媒大学、南京财经大学、惠州学院、中央司法警官学院、河北师范大学、河北省社会科学院等院校的近20位学者参加了此次研讨会。

婚姻、家庭、女性、性伦是首都师范大学历史学院中国近现代社会文化史研究中心的重点研究对象，研究中心主任梁景和教授尤其关注新中国成立以来社会文化的发展变化，并主张用多学科的角度看待社会文化的演化，运用多学科的理论和方法研究社会文化问题。因此，此次研讨会的参会学者也主要来自历史学、社会学、女性学、法学等领域。大家从不同的学科角度对婚姻、家庭、女性、性伦等问题进行了热烈的讨论，讨论的主题包括五项。

1. 关于五四时期张竞生的妇女思想

在五四时期的思想家群体中，张竞生是非常引人注目的。他广泛研究多种学科的理论，形成比较系统的关于社会改良的思想。关威对其妇女解放、节制生育、优生优育、性教育、婚姻家庭改革、妇女平等思想进行分析后认为，这些思想是五四时代激进知识分子探索中国社会进步的一个方面，对于推进妇女解放、社会变迁和文化进步具有积极意义。而王雪峰则通过剖析张竞生的"新女性中心论"，揭示其思想所具有的多元性和复杂性。

2. 关于缠足问题

杨兴梅考察了清末至民国反缠足运动的发展过程后提出，知识分子从"去害强种"的角度对严禁缠足进行了持续呼吁，至民国时期，终于使反缠足运动上升到"以王法易风俗"，即以刑律处置缠足者的的层面。侯杰对山东沂源近代中国最后一批缠足女性进行了深入采访和问卷调查，结果显示，这些女性缠足和结婚的时间大约在20世纪三四十年代，她们并未像旁人所想象的那样，终日深居闺阁、体弱多病、阻碍着近代社会的发展。相反，她们把缠足看成是成为"女性的标志"。在放足运动的浪潮之下，她们依旧割舍不下小脚。因为放足对她们来说不仅仅是解放的过程，反而带来新的痛苦，甚至超过了缠足。她们选择了对自己身体的另外一种尊重。这些缠足妇女不但背负着沉重的家庭负担，而且积极投身抗日战争、解放战争，为新中国的建设做出了自己的努力和贡献，让"缠足是落后的、封建的"、"身体对于强国保种的价值"等言论受到挑战。

3. 关于特定时期或特殊群体的婚姻问题

王宇英探讨了"文革"时期政治运动对婚姻关系的影响，提出此间政治因素成为导致夫妻关系失和甚至破裂的主要原因。但是即使是曾经采取过伤害行为的家庭成员，往往也并不单纯是为了政治利益，大都是被迫的，也是真诚的，以为这就是忠于党，忠于毛主席，是大义灭亲。

近年来，城乡联姻造就的城市新移民——城市外来农村媳妇受到社会学者的关注。沈文捷从城乡分治的户籍制度入手，考察了城乡婚姻选择模式及由此形成的城乡联姻的制度障碍。并分析了户籍制度改革后，"城乡联姻"之形式、格局和发展状况，认为即使户籍的壁垒消失了，而文化的壁垒也将依旧在相当长的时间内存在。

来自特殊群体——在押服刑人员（通称罪犯）结婚权的研究引起了与会者的极大兴趣。2004年我国首次以法规形式明确肯定了罪犯的结婚权的主体地位，但是由于罪犯身份的特殊性，其结婚权的行使要受到一定限制，而且按照现行监狱法规一般不能实现其同居权和生育权。李玉娥认为，赋予罪犯结婚权是从人道主义立场出发，可以调动罪犯改造的积极性，促进监管改造工作，故应为其实现提供法律保障、社会条件、现实条件和物质保障。

4. 关于婚介形式和现代女性角色的变迁

啜大鹏对民国以来婚介形式及其质的嬗变进行了研究。百年来，婚介外在的主流表现形式大体上经过了三大变化，即：父母之命，当事人完全被客体化；当事人被部分客体化的自主；当事人以爱慕感觉为前提的完全自主三个阶段。其实质也经历了以家庭物质条件为基础；以政治条件为标准；以爱情为基础的嬗变。作者还对当今多元化的婚姻状态进行了分析，指出多元的婚态使婚姻变得既亲密又松散脆弱。完美质变的婚姻状态，应该是性爱与情爱的和谐、灵与肉的统一、感性与理性的渗透与交融，应该是一夫一妻的专偶婚。

王纪芒从现代女性角色变迁的角度分析了当今婚姻家庭多元化发展的原因。随着现代女性职业范围的不断扩大，女性劳动向社会的公共领域的不断拓展，她们的社会角色与传统社会相比产生了巨大的改变。这种改变所引致的后果，一方面是必然提升女性的自主性和独立性，降低她们对男性的依赖；另一方面必然造成对建立在男权和父权基础上的传统家庭制度的巨大冲击，进而造成离婚率的提高、家庭暴力的增加以及部分成功的职业女性对于女性家庭角色的放弃，因此，未来家庭形式的多元化将不可避免。这意味着许多人将生活在关系更加复杂的家庭之中。在新的家庭模式中，人们之间更需要协商才能解决问题，而不像以往的传统家庭中把一切视为理所当然。无论是男性还是女性，都必须认真审视和理解这一现象的含义。

5. 关于研究综述及史料问题

改革开放以来，当代中国婚姻家庭问题成为学术界研究的热点之一。张志永对1978年以来中国婚姻家庭研究进行了回顾与反思，认为其共同观点是当代中国婚姻制度出现了质的变迁，婚姻自由、男女平等的基本原则得到贯彻，民主和睦家庭占绝大多数，但由于我国处于社会主义初级阶段，以及受封建思想残余和西方腐朽思想等影响，我国婚姻制度还不完善等。研究中的不足之处，主要表现为缺乏问题意识，创新性成果少；对传统缺乏"了解之同情"，深层次理论分析少；研究方法单一和研究领域不平衡等。

在中国当代史领域，妇女史仍整体上处于历史书写的边缘境地。耿化敏在关注当代妇女史研究现状的同时，着重研究了制约妇女史研究的"瓶颈"——史料问题。要想提升当代妇女史的研究水平，除了重视一般性的历史文献外，还要格外关注档案、史志与口述史这三类史料。

最后，梁景和教授对会议做了总结，并详细介绍了首都师范大学历史学院中国近现代社会文化史研究中心近年来在社会文化史研究领域所做的努力和已经取得的成果。

（王胜　执笔）

首届"中国社会文化史研究的回顾与走向座谈会"综述

中国社会文化史研究自1980年代兴起至今已有20多年，为了总结学术经验、推进社会文化史研究，首都师范大学历史学院中国近现代社会文化史研究中心借《中国社会文化史的理论与实践》一书出版之机，邀请中国社会科学院近代史研究所、首都师范大学历史学院以及《历史研究》、《光明日报》相关专家，举办"中国社会文化史研究的回顾与走向"座谈会。

座谈会于4月28日上午举行。首都师范大学历史学院中国近现代社会文化史研究中心主任梁景和教授主持会议，他指出，改革开放30多年来中国在很多方面都取得了较大发展，在学术研究上的重要表现就是80年代以来文化史－社会史－社会文化史的提出和建设。这种复兴可谓30多年学术发展的聚焦，其中的成就和困难都值得回顾总结。

中国社会科学院近代史所刘志琴研究员认为，召开这次研讨会可谓正当其时。她回顾了社会文化史研究从不自觉到走向自觉的过程，指出1963年《历史研究》发表沈元的论文《〈急就篇〉研究》，在当时学术界引起轰动，得到周予同、郭沫若等老一辈史学家赞赏，是社会文化史研究的典范，值得今人重视。社会文化史研究的发展，改变了历史学的面貌，越来越要求中国学者建立自己的理论系统。她以自己所从事的传统礼俗研究为例，指出大力发掘传统文化中的"礼"和"俗"成分，有助于我们思考传统社会长时间延续的原因，也就是所谓"弹性机制"。正是在这个意义上，社会文化史研究应该尽快走出描述阶段，为解释中国社会创造出有价值的理论。

中国社会科学院近代史所李长莉研究员梳理了社会文化史兴起的历程，认为具有学科自觉意识的社会文化史，是在刘志琴等老一辈学者的倡导下建立起来；近代史所文化史一些有志于此的同仁在编纂《中国近代社会文化变迁录》的过程中不断摸索讨论，所谓"草鞋没样，边打边像"，坚持到今天，终于形成一个持续发展的史学分支领域，显示出社会文化史所具有的生命力。其繁荣有三方面特点：一是形成了一些相对集中的论题。比如大众文化、媒体与公共观念、习俗信仰文化、日常生活与社会认同等，在微观史和深度开拓上有所进展。二是理论方法对社会文化研究的影响，比如公共空间、合法性、回归现场、地方性知识、范式等，学者们开始具有建构理论的自觉意识。三是以记叙、叙事为主要表现形式。目前社会文化史研究虽然存在碎片化、平面化等弊病，但是因为中国社会文化转型的需要，社会文化史研究必然具有良好的前景。

《历史研究》副主编李红岩研究员同样认为，社会史的勃兴是30年中国历史学的最大特点，是对此前中国史学传统忽视血肉建设的反拨。1987

年《历史研究》主编田居俭先生撰文《把历史的内容还给历史》，号召加强社会史研究。他认为社会文化史研究的走向将会表现为三个特点：从现象描述走向一般史和整体史；研究视角进一步拓宽；以及中国社会文化史研究进一步走向国际，加深和国际史学的比较借鉴。他总结指出社会文化史研究的价值在于延续百年来史学的经世致用功能，从文化视角揭示中国历史的密码。

首都师范大学历史系黄延敏副教授总结了当代社会文化史研究的进展，认为在当代婚姻家庭、女性与性问题、服饰、话语体系以及精神生活、心理研究等领域都取得了丰硕成果。他分析认为，史学理论的探讨、对国史研究的重视、多学科方法的应用是推动当代社会文化史研究走向繁荣的重要原因。

首都师范大学历史系宋卫忠副教授结合自己所从事的北京史研究，探讨了国家历史与北京历史研究的关系，认为社会文化史视角和方法更加贴近学生心理，更容易被接受。

首都师范大学邓京力副教授从自己对西方历史学和社会理论的研习角度，陈述了西方理论对中国社会文化史研究的影响，认为中国社会文化史研究有自己的发展轨迹和特点。

中国社会科学院近代史所左玉河研究员回顾了和同仁们一起搜集资料、编纂《中国社会文化变迁录》的经过，认为学者们各自为战、积累经验，现在已经到了应该思考建立"中国自己的解释系统"的时候。他认为不同研究部门携起手来，进行合作研究不失为很好的方法。

中国社会科学院近代史所马勇研究员表达了一种忧虑，他认为在新方法、新领域的开拓过程中，传统领域迅速冷却，诸如五四运动、辛亥革命等一些老学科反而成了"冷门"，几乎不再受年轻学者关注，这种情况令人担忧。他呼唤社会文化史研究出现"经典之作"，早日走出对社会文化现象的简单描述，从表层走向深入的理论架构。

首都师范大学历史系江湄教授也谈到自己在教学中的一些困境。她回顾在从事中国史学史和史学理论研究与教学中，如何接受近年来社会文化史的强大影响，认为在这种影响下，记忆研究、阅读史研究等领域和史学研究的叙事特色得到充分表现，给史学研究带来明显的"文化史转向"。

中国社会科学院近代史所闵杰研究员强调，中国社会文化史研究之所以在1980年代以后蓬勃兴起，是因为学术的现实需要，是中国社会"活起来"造成的。近代以来直至当代社会，各种文化现象纷繁复杂，这就要求研究者多方面发掘问题，给出解释，所以近代社会文化研究的每个课题都能引起人们的兴趣，这是它的现实需要决定的。

首都师范大学邹兆辰教授认为，社会文化史研究应该重视对于社会心理的研究和整合，这将是文化史研究领域一个值得重视的领域。

梁景和教授肯定了各位专家的意见，认为同仁们在各自研究中获得的体会和建议都很有价值，提出了目前社会文化史研究中存在的问题和困境，也指出了它的未来走向和追求目标。尽管有很多困难，但是我们还是愿意开展交流、并肩前进，共同推动社会文化史研究走向繁荣。

（毕苑 执笔）

首届"中国近现代社会文化史国际学术研讨会"综述

2010年9月25日，由首都师范大学中国近现代社会文化史研究中心和中国社会科学院近代史研究所文化史研究室联合主办，首都师范大学社会科学处承办的"首届中国近现代社会文化史国际学术研讨会"在北京举行。尽管近年来在有关社会史的学术会议上社会文化史的论文比重稳步上升，但以"中国近现代社会文化史国际学术研讨会"的名义召开的会议在中国大陆还是第一次，在学科发展历程上颇具象征意义。来自首都师范大学、中国社会科学院、中国人民大学、中央民族大学、北京大学医学部、南开大学、天津师范大学、复旦大学、吉林大学等国内教学科研机构，以及日本立命馆大学、韩国国立全南大学等海外教学科研机构的学者20余人参加了会议。会议收到论文近20篇，论题集中在妇女、婚姻、家庭家族、国家祭孔典礼以及社会史的学术史个案研究等领域。这些研究领域历来在社会史与社会文化史研究成果中占有较大比重，会议论文除了一小部分是在以传统方法在传统领域有所细化、深化以外，大部分论文在开拓新的研究领域、运用新的研究方法方面有所探索。会议论文的另一个突出的特点是，约有1/3的论文将时段延伸到新中国成立以后。

1. 清末民国的妇女、婚姻、家庭家族研究

中国社会科学院近代史研究所研究员罗检秋近年来比较注重从社会文化史的角度研究清末民国时期的京剧史，已有《士庶文化的貌合神离——

五四新潮中的京剧舞台》(《人文杂志》2009 年第 5 期)、《近代京剧西化的内在缘起及得失》(《江海学刊》2010 年第 1 期) 两篇论文发表。这次提交会议的论文《坤角如何走红——社会文化史视野中的民初京剧》详细叙述民国初年京剧舞台之外的社会文化环境,解释了为什么在当时坤角能够在京剧舞台上迅速走红,成为近代值得注意的社会文化现象。他举出的主要社会文化背景是:坤角的由禁而盛,京剧的高度商业化,坤角适应男性主导的观众审美需要以及礼俗改良对京剧舞台革新产生了积极的影响。他不同意以往的研究过分强调京剧舞台上生角、旦角在晚清与民初的地位转换是受政治气候影响的结果,认为传统社会的戏剧作为文化娱乐,与政治的关系并不像在 20 世纪下半期那样密切,要更多地从社会文化环境来解释社会文化现象。京剧作为国剧,在中国民间社会具有广泛的影响力,但从社会文化和性别关系的角度研究京剧舞台上的变化,实不多见(自 1998 年黄育馥出版力作《京剧·跷和中国的性别关系(1902—1937)》(三联书店)以来,相关成果仍属寥寥)。罗文对于拓展社会文化史的研究领域有重要价值。

南开大学历史学院教授李少兵多年来关注民国时期的妇女慈善事业,曾指导研究生以北京市档案馆所藏的档案资料写过关于北平妇女救济院的硕士论文,这几年又查阅了天津市档案馆的资料,结合报刊资料,研究了天津清节堂在清末民国时期所实现的现代转型。这次向会议提交的论文《20 世纪上半叶京津妇女慈善事业转型的比较分析》,以北平妇女救济院(官办)和天津广仁堂(民办)为例,探讨这两个城市妇女慈善机构在清末民国如何实现现代转型,并比较了它们的差异,他认为就长期救助某一弱势群体而言,民办较官办更灵活更有效能更有生命力。目前学术界对于民国以来传统妇女慈善事业的现代转型问题研究不多,且多是宏观性的泛论,缺少对各城市妇女慈善团体的具体分析,李少兵的这篇论文弥补了这一不足,有重要的参考价值。

首都师范大学历史学院副教授余华林提交会议的《恋爱自由与民国时期的新式婚姻现象》报告,是对他的专著《女性的"重塑":民国城市妇女婚姻问题研究》(商务印书馆,2009) 所做的高度提炼。主要是讨论民国时期的恋爱观念及其对实际社会生活发生的明显而微妙的影响:一方面它固然带来了逃婚、广告征婚等勇敢追求自由婚姻的大胆行为;另一方面它也引发了非婚同居、新式的妾等前所未有的新式婚姻现象。这些新式婚姻现象中最为引人注目的是：为什么很多表面上看起来是解放妇女的观念，最后产生的效果是反而对女性产生很大的伤害？这个现象在文学作品和影视作品里屡屡出现，但在学术研究中尚未引起应有的重视，更缺乏专门的研究。余华林结合思想史和社会史，提出的这一学术问题引人深思。

对于新文化运动时期女校参加爱国运动和社会运动的情况，已有研究成果多集中在这一时期有关学生运动的论述中，性别色彩并不突出。唯一的例外是1924年北京女子师范大学发生的学生运动，仅仅因为有鲁迅这样的公众人物参与，这次事件就被给予过分的关注，在文学史界研究成果尤多；但是孤立地看待这次事件，容易将其特殊化，似乎只是校长杨荫榆个人品质引起的。日本立命馆大学讲师杉本史子的《新文化运动时期的学潮和女学生的动态——以"民国日报"及其副刊为主要资料》，是一篇颇具新意的论文。她将研究时段确定在1919年夏五四爱国运动暂告结束至1924年夏国内最大的学潮——女师大学潮发生之前这五年时间里，这是表面上相对平静而实际上暗潮涌动的一个时期。她梳理了上海《民国日报》及其副刊所报道的14次女校校内纷争，通过这些规模和强度都不大的学潮来观察当时的女学生到底有什么不满，她们有什么样的具体要求。将研究范围锁定在发生于女校校内的诸多纷争，就自然地避开了那种席卷全社会的、男女校均有参与的学生运动，更有利于把握新文化运动时期女子教育的一般状况以及女子对这种教育的反应。作者对这14次女校学潮中女生的所思所感所为作了极为详尽的梳理，发现了不少新鲜的事实，诸如：民初以来女校课程中重视家政科，自然科学和英文教育水平低于其他学校，而受到新文化运动影响的女生已经不满足于清末民初占主导地位的贤妻良母式教育，直接而明确地向学校提出自己的意见；和男校一样，对于新文化运动之前那种严格的学校管理方式提出了反对意见，其中大部分具有反抗性别压制的色彩，如检查书信、严禁外出、压制学潮等；新文化时期的女校校长和女教师是清末民初接受贤妻良母教育的一代，与新一代渴望跟上社会变革步伐的女生存在着不小的代沟；女校学潮的发生，是与新媒体的鼓吹和部分激进女生对其的有意利用是分不开的。正如作者所说的，不是所有的女生都参加学潮，"有的女学生希望稳定的环境，对频繁的学潮持有反感情绪的女生也不少"，本文所论述的只不过是"一部分行为较为偏激的女学生的动态"。但是这个研究并未因此而减色，因为它将新文化运动时期站在时代前列的女学生的思想状况和她们自己鼓动起来的学生运动之间的关联做了较为有力的揭示，给以往笼统的学生运动研究增加了突出的性别色彩。

《历史研究》编辑部的编辑雷家琼前几年曾发表过《"五四"后十年间女性逃婚与婚姻自主权的争取》（收入李长莉、左玉河主编《近代中国社会与民间文化》，社会科学文献出版社，2007）一文，以从上海《民国日报》整理出来的103件案例为核心材料，分析"五四"后十年间逃婚女性的身份构成和她们选择逃婚的原因。这次向会议提交的论文《"五四"后十年间逃婚女性的社会生存环境》可以看作是上文的续篇。她仍以上海《民国日报》整理出来的103件案例为核心材料，着重分析逃婚女性的家庭和男方家庭对其逃婚的反应，法律对逃婚女性的实际支持力度，又以萧红和谢冰莹等案例来观察女性逃婚后的实际生活感受。她的研究发现：逃婚女性的家庭和男方家庭对其逃婚普遍采取不谅解态度，有关法律规定尽管不断取得进步，但由于社会上流行的婚姻年龄普遍偏低，法律所规定的男女最低婚龄和男女成年年龄的规定之间存在差距，所以在法律实践中，女性渴望婚姻自主的愿望往往得不到法律的支持；逃婚女性即使已成功逃离她们所畏惧的家庭，但在社会上的生存空间仍非常狭窄，哪怕是萧红和谢冰莹这样个人能力出众的女性，也依然饱尝艰辛；女性对婚姻自主权的争取虽成为蓬勃发展的时代潮流，但要最终获得成功，除了女性自身的努力外，尚需通过社会的一系列改革培养适合新生事物成长的土壤。

关于20世纪30年代流行的"新贤妻良母论"，站在妇女解放立场的以往研究一般持批评态度，将围绕这个问题所展开的论争描述为进步与反动对立的两极斗争。韩国国立全南大学BK21事业团博士后研究员俞莲实在《塑造母性：民国时期"母性"话语和妇女的现实》一文里，追溯了20世纪20年代以来瑞典妇女运动家爱伦凯的母性论在中国的传播和接受情况，指出一些男性知识分子对新女性拒绝母性、缺乏母爱感到某种焦虑，因而在接受爱伦凯母性论的基础上建构了他们的"新贤妻良母论"，参与这种"母性"诉求的还有影响面更加广泛的产品广告；不过，母亲形象的建构，女性自己并不是完全置身事外，有些女性（典型者如中华妇女节制会会长刘王立明）主动地、积极地遵行社会赋予的母亲角色并为社会示范了模范母亲的形象；女权主义者站在女性自身权利的立场上，着力揭示母性论背后隐含的男权逻辑以及所谓母性的虚幻性，她们提出的解救方案主要有三点：儿童公育、国家社会对母性的尊重与保护以及生育节制。"母性"也许不是天生的，而是一种社会的话语建构；男性知识分子和激进温和两种类型的新式女性对它的复杂态度表明,各人所处的不同地位以及所持的不同价值立场决定了他选择哪一种话语建构;尽管激进的新女性指出了母性论背后的男权逻辑,但仍不可能忽视妇女亟待解决的现实问题。俞文所揭示的男性和女性知识分子共同建构母性话语,激进新女性在批判母性话语的男权逻辑时仍不得不为女性所面临的现实问题寻找出路等问题,既是一种历史过程的梳理,同时又将母性问题的复杂性做了充分的展示。

国货运动是中国近代经济民族主义的核心内容之一,有关的资料集和研究成果已经不少;近年来针对1934年的"妇女国货年"和1935年的"学生国货年"等具体问题都有专门的研究成果发表。复旦大学历史系硕士研究生吴梦吟的《当"实业救国"遭遇"妇女运动":1934年的"妇女国货年"》一文,以《申报》的材料为主,系统梳理批评家们利用哪些社会、思想资源,指责女性在国货运动中的不作为,继而通过哪些途径引导女性的消费行为。这项以"妇女国货年"的舆论分析为主的论文在整体上并没有超出前人的研究思路,让人感到有点新意的地方,主要有两点:(1)叙述了女性群体对于男性加在她们身上的指责所发出的微弱回应声音;(2)指出国货化妆品企业资金少、规模小、建厂时间短、质量不稳定等致使其缺乏市场竞争力,是制约女性购买意愿的现实因素。

妇女运动史在妇女史研究领域早已是一块经过"精工细作"的"熟地",不容易写出新意。中国人民大学历史系副教授何黎萍《从苏俄妇女解放浪潮的涌入到共产国际影响下早期中共妇女政策之变化》一文,详细梳理了五四前后中国早期共产主义者对苏俄妇女解放运动和国际共产主义妇女运动的介绍,认识到他们已经能够区分欧美资产阶级女权运动和苏俄无产阶级妇女运动的不同性质,接着叙述共产国际指导中共妇女政策所经历的两个阶段——1928年以前是共产国际直接向中共下达妇女工作的指示、决议等文件,此后变为共产国际通过直接指导中共革命来间接影响中共妇女运动的发展方向。何文的焦点在于中共妇女政策的思想背景和政治背景,为我们勾勒了近代妇女社会生活变迁的历史背景。

家族历来是社会史研究的重要领域,但以往的研究多集中在华南和江南地区的家族。近代的东北地区家族形态不够发达,长期以来乏人关注,研究比较多的是所谓"闯关东"的移民浪潮。在东北的移民社会,家族表现出什么样的特点,怎样发挥作用?吉林大学历史系教授赵英兰《近代东北汉族家族社会探究》的一文就在回答这个问题。她从东北汉族家族的形成过程分析其规模、居住形态、分布、管理与职能，得出结论："相对而言，东北地区开发较晚，作为家族制度表征较弱，实际是关内家族制度的移植，其结构特点为家族规模不大、分布相对涣散、族产薄弱、祠谱不发达，但家族已不仅仅是简单具有血缘上的意义，更具有经济、政治、行政和文化上的功能与作用，这一点，东北的家族在后者也有一定的体现，在力求家族内部秩序合理化的同时，也积极进行着地方政权参与和家族维系活动，形成一定的家族为中心的政治、经济、文化权力网络。"

2. 新中国的妇女、婚姻研究

长期从事女性研究的山西师范大学学报编辑部编审畅引婷提交的论文是《论知识女性与性别知识建构——以当代中国妇女研究为例》。这是一篇宏观的综述和理论思考文章。主要总结了当代中国的知识女性在记录女性经验、建构性别知识以及推进当代中国的妇女解放事业上的作为，并提出她们的研究所面临的三重挑战：来自男性学者的挑战，来自其他妇女阶层的挑战，来自研究者内部的挑战。本文对于当代中国女性研究未来的可能走向提出了一些值得思考的问题。

南开大学历史学院教授江沛曾在 2003 年第 2 期的《近代史研究》上发表《20 世纪上半叶天津娼业结构述论》。在论文里，他依据天津市档案馆藏新中国成立前后改造娼业过程中形成的文件，勾勒了 20 世纪上半叶天津娼业的概貌。这次提交会议的论文《天津娼业改造问题述论：1949—1957》可以说是上一篇论文的续篇，他运用同一批资料对新中国成立初期天津娼业改造的政策及其效果进行了全景式的叙述与分析。他认为，天津解放初期，没有采取如北京一夜间全部关闭妓院的休克疗法，而是针对当时特殊的经济困难和复杂的社会情况，先实行"既不承认合法，又未公开取缔，严格行政管理，加强教育以促其逐步消灭"的政策；1950 年 2 月上旬，北京公开取缔妓院后，天津市第二届代表会议决议对娼业采取"严格管理限制，解放妓女人身自由，消灭老板、领家对妓女的压榨，帮助妓女转业，防止流入暗娼，以达定期内全部消灭"的方针，随后在对一些罪大恶极的窑主实施镇压的威慑下，1952 年 5 月天津市妓院基本关闭；其后几年中，天津市政府又对游妓暗娼重点进行了教育与改造，至 1957 年底基本杜绝了娼妓现象，这一做法因有别于北京、上海而被称为"天津方式"。

涉及新中国成立后妇女政策的一篇会议论文，是中国社会科学院当代中国研究所副研究员刘维芳的《中国妇女工作"两勤"方针确立的前前后后》。如何处理妇女在社会上的工作和在家庭里的家务劳动之间的关系，是妇女史研究一直在探讨的问题。新中国成立之初，广大家庭妇女的精神面貌焕然一新，要求就业的呼声非常高，这给中共和政府以很大的压力。经过几年的广泛探索，在1957年中国妇女第三次全国代表大会上提出了兼顾工作和家务的"勤俭建国、勤俭持家"方针（简称"两勤"方针）。刘文清晰地梳理了"两勤"方针的确立和贯彻落实，受"左"倾思想的影响在"大跃进"时期一度被搁置，以及在调整巩固时期的被重新强调的历史过程。

天津师范大学性别与社会发展研究中心教授杜芳琴，这些年来参加中央党校妇女研究中心性别平等倡导课题组的"纠正男孩偏好，治理出生性别比失衡"行动研究课题，研究团队在调查研究与干预行动中，发现"传宗接代"和"养儿防老"是中原农民生育意愿中男孩偏好的最重要的原因。她在论文《家庭代际传承与关系中的性别难题——以当今中原农村为例》中陈述了调研中发现的基本事实，并从代际关系和性别关系的角度探讨了"传宗接代"和"养儿防老"所面临的实现困境，从而揭示了当代社会生活与观念所发生的微妙变化——"传宗接代"和"养儿防老"观念依然根基牢固，但农民们已经开始感受到名实相悖的现实。

北京大学医学部公共教学部讲师李秉奎的《对文革时期青年择偶标准的历史考察》一文，探讨的是"文革"时期阶级成分、家庭出身、城乡分立以及职业声望等因素对青年择偶标准的影响。他研究发现，"文革"时期青年的择偶标准确实受到宏观政治运动的影响，这突出体现在"红"与"黑"类之间清晰的择偶界限、由农村向城市的单向婚嫁流向、军人与工人的择偶优势等。这些特征在"文革"前及"文革"后的时代都有程度不同的表现，但是在"文革"时期却表现得更加显性。

中国社会科学院近代史研究所研究员李长莉的《福建民间信仰对妇女文化生活的影响（提纲）》一文，介绍了她于2010年9月上旬随中国社会科学院妇女/性别研究中心考察团，在福州、莆田、泉州、厦门四地调研"民间信仰对基层妇女文化生活的影响"的情况。她发现福建民间信仰的主要人群是妇女，近年妇女敬神相当普遍，特别是乡村，敬神拜神是妇女日常生活的一项内容，也是她们文化生活的重要部分。神灵信仰对妇女的精神生活和日常文化生活发挥着重要影响。

3. 其他论题的两篇论文

中国社会科学院近代史所研究员左玉河《民国初年的国家祭孔典礼》

一文，叙述民国成立至1915年袁世凯政府时期关于国家祭孔典礼废而复立的历史过程，并探讨了相关的若干理论问题。他认为，民初尊孔活动有两条基本线索：一是孔教会、孔道会等民间孔教组织发起的尊孔读经及国教运动；二是北洋政府内务部、教育部等官方机构倡行的祀孔活动。两者有联系，又有差别，互相影响，在民初形成了一股尊孔读经思潮。民初尊孔思潮的出现，与国人信仰层面出现的危机有密切关联。袁世凯尊孔祭孔客观上推动了民初孔教会的国教运动，但其对孔教会呼吁"定孔教为国教"并非完全支持；而孔教会赞同袁世凯的尊孔祭孔，但对其帝制活动同样不完全支持。孔教会和袁世凯之倡导尊孔祭孔在主观动机上均不是为帝制活动打前哨战，但他们都在尊孔的旗号下公开进行帝制活动，与民初南京临时政府时期废孔的革新态度形成鲜明的对照，所以很自然地让人产生尊孔导致帝制复辟的强烈印象，新文化运动将批孔的矛头直指帝制复辟便是一种很自然的历史结局。

目前渐趋兴盛的社会文化史研究，需要总结包括社会学界在内的所有社会史研究成果，以便在方法论上获得新的启示。中国社会科学院近代史所副研究员吕文浩的《吴景超社会学研究中所用的历史法》一文，是对社会学家吴景超（1901—1968）的个案研究，着重探讨他的汉代历史研究的内容、反响，以及他在抗战时期所做的几个失败的企业史研究与他的工业化研究的关系。他的基本结论是：社会学家吴景超由于早年的学术训练，具备研究分析历史文献的能力，他在汉代历史的研究中探讨了一系列与社会学有关的论题，属于社会学的中国研究，在当时的学术界和思想界均引起了重视；抗战时期，吴景超在发展轻工业和重工业的问题上更注重发展重工业，所谓图强先于致富，在此背景下他利用历史档案分析了中国钢铁业的几个失败的案例，总结其历史教训，希望为未来的钢铁业建设乃至国营重工业建设提供有益的借鉴；历史法是社会学研究方法中的一种，虽然不居于主流地位，但可以成为一个重要的补充；它一则可以帮助人们理解现实之所以然，二则可以从事许多在现实社会中不易进行的研究，吴景超的研究为这种研究做出了典范，至今仍具有重要的方法论启示价值。

（毕苑　执笔）

首届"'文革史'学术研讨会"综述

2010年12月4日,"'文革史'学术研讨会"在北京裕龙大酒店第十一会议室举行。这次会议是由首都师范大学历史学院中国近现代社会文化史研究中心主办,首都师范大学社会科学处承办。会议由首都师范大学历史学院博士生导师梁景和教授主持,来自中国传媒大学、北京大学以及首都师范大学的数位学者、研究生与会。据介绍,这次会议之所采用小范围讨论的形式,主要是为了首先厘清首都师范大学历史学院中国近现代社会文化史研究中心既往的关于"文革史"的研究成果,在此基础之上,为下一步召开中到大型"文革史"学术研讨会做好准备。这次会议主要关注的是文革期间的家庭、婚姻、性伦等问题,与会学者和研究生结合各自的研究心得和体会,围绕上述主题,发表了自己的见解。

1. 泛政治化之下的非道德化——家庭、婚姻、性伦文化的变异

众所周知,"文化大革命"所标榜的突出特征便是"政治挂帅"。在这杆大旗飘扬之下,家国社会、言谈话语、衣食住行概莫能外。其中,首当其冲受到革命政治碾压的便是传统道德。这里讲的"传统道德"绝非指代中国古代儒家所倡导的"礼义廉耻"或"三从四德",这些"封建毒素"经过"文革"前十七年的清洗早已消失殆尽。而是指称延续中国特色,经过革命话语裁汰洗礼之后获得认可,维持社会正常运转所必不可少的基本伦常。但当"文革"大潮席卷而来之时,覆巢之下,安有完卵?与人们日常生活息息相关的家庭秩序、婚姻观念和性别伦理原有的道德界限都被打破,造成了非常严重的后果。

王宇英(中国传媒大学人文学院)在《"文革"期间家庭政治化问题研究》一文中认为,家庭政治化,是指在"文化大革命"这个特殊时期,家庭受政治影响,背离其情感性、生活性、私人性特点而发生的政治化转向。作为最小的社会单位,家庭或多或少地都带有一些政治色彩,这并不足怪。但在正常情况下,家庭与政治各有其运行规则,政治对家庭的影响具有间接性与诱导性。到了"文革"时期,国家借助社会和政权的力量,采取舆论控制、信仰控制等强制性手段要求家庭自身革命化,批判了家庭的情感性、生活性、私人性等特点,强制要求"突出政治"。在政治的巨大冲击下,家庭发生了一系列政治化转向,在家庭关系、家庭类型两个方面的表现最为突出，对家庭一度造成了极大的破坏。

汤诗艺（首都师范大学硕士生）的《北京十二年婚姻文化（1966—1978）》一文主要关注的是 1966 年到 1978 年间北京地区的婚姻文化，包括婚恋观和婚嫁习俗等方面的转变和发展，以及已婚家庭在这段时期内婚姻发生的变化。因为这十二年间政治的突出影响，人们的婚恋观会发生独特的变化，对恋爱和婚姻的选择也往往会进行重新定位，已婚家庭更是遭遇严峻的考验。她着重指出，"文革"中因恋爱对象出身不好或门不当户不对而横遭父母干涉的情况和离婚结婚被当作政治工具的反常现象，都是身处政治漩涡中的人们避免灭顶之灾的救命稻草，尽管这样做已经沉入了非道德的黑洞之中。

王唯（首都师范大学硕士生）在《"文革"时期北京地区"性伦"文化研究》一文中以"文革"时期的"性伦"文化为切入点，试图拓宽研究"文革"史的思路；以"文革"时期的有关"性伦"的史实为背景，尝试探讨"文革"性伦理的时代特征。她认为，"文革"时期"性伦"文化是禁欲的，政治对于私人性的干预达到空前的强度，是公共权力对个人性私权的某种意义上的侵略，在这种政治高压下的"性伦"文化严重地压抑了人的本能欲望，人们出现了性观念和性行为的各种偏差。而造成这些恶果的原因在于文革的"性伦"文化是合法主义下的"道德的不道德性"。在这里，性道德反而成为了政治权力对人实施控制的载体。

2. 被"规训"的激情——女性形象的公共塑造和个人选择

必须加以指出的是，"文革"绝非只是"大破"，而没有"大立"，"兴无灭资"也许就是最简洁的作证与概括。无产阶级文化之于女性形象在某种程度上可以用"中华儿女多奇志，不爱红装爱武装"这句话来归纳，但在革命时尚大行其道之时，无论是"铁姑娘"抑或女红卫兵，不管是武装带还是绿军装，都很难说有多少女性主体意识孕育其中，更多的是女性的身体暴露在国家意志的凝视之下，进而为权力之手所操弄。

黄巍（首都师范大学博士生）在《"文革"时期的女性形象政治化问题研究》一文中将这一时期的女性形象划分为五类："三忠于、四无限"的忠诚形象、念念不忘阶级斗争的革命形象、"一不怕苦，二不怕死"的铁姑娘形象、永远扎根农村的女知青形象、不爱红装爱武装的"中性化"形象。并继而指出"文革"时期的女性虽然表面上看似颠覆了传统女性形象，但这并不能说明女性群体整体主体意识的被激活，也掩盖不了中国男尊女卑的社会现实。即使当时的部分女性已经开始触及男女平等的较深层面，如争取平等的权利，但对平等权利的理解也仅限于"男女同工同酬"，没有意识到女性应该有平等学习核心技术、平等分享社会资源的权利，更没有提出女性应该有平等参与管理和参政的权利。可以说，当时的男女平等是以男性标准为标准，以忽视女性与男性生理差别为前提，以女性努力去做"男同志能办到的事"去争取形式上的平等，女性最终为此付出了巨大代价。

郑丽霞（首都师范大学硕士生）在《论"文革"时期北京地区的女性服饰形象》一文中首先考察了新中国成立后，女性服装的嬗变经过：新中国成立之初，"列宁装""布拉吉"是女性的流行服饰，女子可以穿各式各样的裙装。"文革"开始后，北京女性选择穿衣的权利被剥夺了，主要以穿军便服为主，颜色则以蓝、绿为主。进而分析了促成这种革命时尚背后深层的社会文化原因，大体可分为五点：（1）时代的产物；（2）经济发展水平；（3）传统文化的渗透；（4）社会氛围；（5）审美观念的变化。最后从社会性别视角对此现象进行分析，并试图对女性解放、男女平等等问题进行再思考。

3. 结语：社会文化史视野下的"文革"

李秉奎（北京大学医学部）虽然没有提交专门的文章，但在发言中切中肯綮地指出了在"文革史"研究中急需注意辨析的三个要点。可以说是跳出了具体的问题之外，从方法论层面给出了自己独到的观点。因此，笔者将之归总作为结语。

首先，李秉奎认为需要区分的是决议中的"文革"与日常生活中的"文革"，两者不能混为一谈。"五一六通知"，《红旗》、《解放军报》社论中的"文革"更多反映的是国家最高权力者在理念中呈现的革命意识形态，如果研究者单纯地依靠这种文本资料来观察判断"文革"，就难免会对平头百姓鲜活的日常生活经验视而不见，乃至有一叶障目的风险。他强调指出广大群众对"文革"的态度也并非铁板一块，是既有支持参与，又有拆台破坏。这就需要研究者摆脱思维定式，对"群众"进行细分，在微观尺度下考察不同人群同"文革"的互动关系，当然划分的标准值得深入探讨。

其次，他提出要关注"文化"与"革命"这一对概念在中国近现代史中的源流嬗变。他运用知识考古学的方法，挖掘爬梳了"革命崇拜症"的生成轨迹。1943年济南出版的《中国青年》杂志，认为欧洲文艺复兴是革新，"五四"则是革命。革命在被符号化的同时，也等同于正义、正当，"革命"还是"反革命"逐渐成为一切大是大非的判断依据。易言之，"文革"决不能被视作狂飙突进,其内在精神是与"五四"源头一脉相承的,近代中国保守与激进思潮的冲突对抗正是始于"五四"、终于"文革"。至于"文化"与"革命"的结缘,则早在毛泽东的《新民主主义论》中就有体现,该文还凸显了毛本人"不破不立"这个一以贯之的思想理路。

最后,他还涉及了"文革"中的"青年"这一命题,指出"文革"初期以运动青年的形式展开。虽然未及展开论述,但他的这一思路还是能给我们启迪。迟早会拥有整个世界的"八九点钟的太阳"这一称谓可以说是无人不晓,但这一时段之间青年人的集体心态、行为特征、生理状况等等重大问题都有待研究者深入探求,尽管必须要借助其他学科的理论支撑。

综上所述,笔者以为李秉奎的发言在方法论意义上有两点最值得借鉴。其一,要关注日常生活,这就需要我们采用口述访谈的方法,获得当事人的切身感受。其二,要吸取"知识考古学"的经验,进而尝试"深描"的写作手法。这就要求我们提升自己的文本解读能力,争取从常见的史料中挖掘出希见的信息。实际上,这两条进路恰恰是社会文化史研究方法的题中应有之义。正如主持人梁景和所言,采用社会文化史这面透镜去观察"文革",不但可以克服官方档案尚未解密之局限,又能收到别出心裁之效果。诚哉斯言!首都师范大学历史学院中国近现代社会文化史研究中心正是以观察生活和解读史料为宗旨,双管齐下,才在"文革史"研究中初有所成。我们有理由相信,在先进恰切的理论方法指导灌溉之下,这片沃土结出累累硕果的一天很快就会到来!

(张弛 执笔)

首届"中国二十世纪婚姻·家庭·性别·性伦文化学术研讨会"综述

2011年3月12日,首届"中国二十世纪婚姻·家庭·性别·性伦文化学术研讨会"在北京召开。本次会议由首都师范大学历史学院中国近现代社会文化史研究中心主办。来自北京、天津、湖南、山西等地20余名历史学、哲学、社会学、女性学、政治学等领域的学者参加了此次研讨会。会议由首都师范大学梁景和教授和北京师范大学朱汉国教授主持。

1. 民国时期女性问题研究

这是这次会议比较集中的一个议题,学者们就民国时期女性性犯罪、女子新剧与女性文化、新性道德以及"女性"和"性别"观念在近代中国的建构等问题进行了热烈的讨论。

艾晶（沈阳师范大学）认为，民国初年，虽然提倡女性教育，但因受教育人数的"精英化"及内容上的"畸形性"，多数女性仍然没能摆脱愚昧无知的状态。再加上家庭成员不良言行的影响、基本家庭教育的缺失以及对法律的无知，使得这些处于社会变迁中的女性因缺乏必备的知识和能力而容易走向性犯罪。

林存秀（华东师范大学）利用《申报》中有关女子新剧的广告，对女子新剧和女性文化的发展作了较为深入的研究。女子新剧演员，作为最早的职业女性，与日渐兴起的女性观众，为女性文化空间的出现做出了开拓性的贡献，使得民国初年的文化发生了重大的转型，女性对文化的影响日渐增大。女性文化不仅是对于传统性别规范的反叛，它更和大众文化结合起来，形成一种对于革命和宏大叙述的对抗，对于日常生活的回归。

万琼华（中南大学）考察了五四时期湖南女学生女国民的多种形式，认为她们的行为不仅使近代女权运动向纵深发展，并且借此完成了其主体身份的建构。宋少鹏（中国人民大学）和王秀田（北京师范大学）则分别以《妇女杂志》为例，探讨了"女性"和"性别"观念在近代中国的建构以及五四时期关于"新性道德"的讨论。

2. 女性解放运动研究

"妇女回家"论因其具有强烈的现实意义成为此次会议最受关注的议题之一。范红霞（全国妇联）从"妇女回家"的争论入手，考察了20世纪中国妇女解放的坎坷进程，分析了"妇女回家"论出现的深层原因，并在此基础上提出，在现阶段的中国，不论从女性自身解放，还是家庭的发展，"妇女回家"都是不可取的。韩贺南（中华女子学院）通过对中共首部全国代表大会妇女运动决议及相关文献的研究，发现"妇女解放伴着劳动解放进行"是中国共产党早期乃至现今妇女解放理论的基本命题之一。其中有一个重要观点，即妇女地位并非直接受制于生产力发展，而与妇女在生产中的地位与作用关系极其密切。

刘淑丽（中华书局）通过对文学作品中女性婚姻状况的分析，认为女性寻找独立、寻找自我、寻找出路的历史才刚刚开始，任重而道远。一切表面上的独立自由和胜利对女性的未来都无济于事，尤其是一切表面独立之下观念的传统滞后，甚至封建愚昧，都会将女性寻找自我与未来出路的探索引向歧途，并可能付出沉重的代价。

3. 关于性别和性伦的研究

以往关于社会性别的研究多集中于女性，因此，王向贤（天津师范大学）对于大型国有企业男性工人群体的研究成为此次会议的一个亮点。她通过对两部关于下岗前后男性工人的纪录片和一部访谈录，从男性研究的角度研究了被政权称为"共和国工业长子"的大型国有企业男性工人的男性气质是如何形成的，正在发生着怎样的变化，政权、阶级、性别、单位制、代际关系等是如何交织互动的。

白路（天津工业大学）以夏姬、骊姬为例，运用西方社会视野来观照传统文化中的东方女性，从而使得历史上被污名化和符号化的女性的命运有了转机。

李燕（北京市东城区住建委）以"枪或洋娃娃"为题，提出了自己对女性地位的认识，认为国家、社会的制度性规定在性别不平等中扮演了"催化剂""固定剂"的角色，而女性自身的自我心理暗示的作用也不可忽视。

王小平（山西师范大学）以"桑的性经验史"为例，通过避孕套、性知识的获得、个人的性行为经历的"自我叙述"，阐述了"性"不仅是一种概念及行为，在其背后，更多地折射出社会背景及背景中的个体的"建构"过程。

4. 关于婚姻与生育观念的研究

张友国（首都师范大学）从政治学的角度对新疆维汉通婚的现状及其原因进行了研究，认为维汉通婚可以加深彼此间的交往，增强思想感情沟通，从而使维汉间共性增多，利于维汉平等相处，是促进民族融合的重要途径。

张晓松（漳州师范学院）考察了闽南民间信仰对社会教化与家庭的影响，发现民间信仰在宣扬民族气节、倡行孝道、勤政爱民方面具有积极的作用，同时对家庭也存在间接的、潜移默化的影响。

杨剑利（中国人民大学）对民国乡土妇女生育状况进行了考察，认为其受传统生育观念的影响，具有明显的早婚、早育、多育的特征。而男尊女卑的性别等级观念以及基于此的社会性别分工，使生育成了妇女单方面的事，进而导致妇女的生育和生育的妇女完全被忽视。

5. 其他相关研究

美国当代女性主义政治学家南希·弗雷泽以三个维度来考察公正问题，

在一个包括道德哲学、社会学和政治分析的理论框架内，提出一种经济、文化和政治互动的三维公正观。肖巍（清华大学）以性别差异为例，分析了弗雷泽在三维公正架构下对于性别公正的追求。

李建辉（漳州师范学院）通过对六个非法/非正常收养儿童的发展状况的实地调查，分析了福建农村收养儿童的主要原因、特点、规律及其对儿童个人、家庭和社区的影响，并在此基础上提出了遏制非法/非正常收养儿童现象和行为的对策性建议。

在湖南南部的江永县有一支具有双重族群身份的瑶族，称"民瑶"。刘秀丽（湖南商学院）通过对"民谣"婚姻模式的研究，指出汉族村落中通行的"不落夫家"并不仅仅只是一个单纯的婚姻习俗，而是带有关于文化"正统性"的象征意义。在"民瑶"与周边汉族的文化互动中，"民瑶"并没有全然向周边汉族学习，而是自觉地与其保持了一定的差异和距离，"先婚后住"这一婚姻模式在"民瑶"中保留亦是其借以表达自己族群身份的方式之一。

王芳（北京师范大学）认为从"中国传统女性崇拜"的角度来考量近代中国社会的转型是一个十分重要的切入点。近代传统女性崇拜与信众素质大致成一种反比例的关系。这主要是由于传统女性崇拜包含着一部分的迷信内容，这部分与近代化发展相悖的内容，逐渐疏远了一部分民智渐开的信众，从而成为近代传统女性崇拜衰落的重要内因。

这次会议提交的学术论文拓展了中国 20 世纪婚姻·家庭·性别·性伦文化研究的广度和深度，同时也从理论和实践两个层面提出了许多新问题，有利于推动该领域研究的进一步发展。

（王胜　执笔）

首届"西方新文化史与中国社会文化史的理论与实践学术研讨会"综述

社会文化史是中国本土生长的一种新史学范式。20 世纪 80 年代末，随着文化史、社会史的相继兴起，中国社会科学院近代史所研究员刘志琴率先倡导社会文化史，其独特的研究旨趣吸引了一批学者的参与。随后，社会文化史在国内逐渐兴起，经过 20 年的耕耘，目前初具规模，发展势头良好。在此过程中，与其研究旨趣相近的西方新文化史，1990 年代后传播到国内，影响逐渐扩大，也有力地推动了社会文化史的拓展与深化。2010年，梁景和《中国社会文化史的理论与实践》一书出版，对20年的学科发展进行总结，成为社会文化史发展中的一个标志。回顾20年的发展，成绩固然可喜，然而和已经发展成熟的新文化史相比，社会文化史仍处于探索和初步发展阶段。在新的起点上，如何进一步借鉴新文化史的经验，从理论和实践上继续推进学科发展，实现社会文化史研究的"再出发"，成为学界关注的新焦点。

2011年9月24日，由首都师范大学历史学院中国近现代社会文化史研究中心主办的"西方新文化史与中国社会文化史的理论与实践"学术研讨会在北京召开。来自北京、天津、上海、太原等地的30余位专家学者，围绕西方新文化史与中国社会文化史的理论与实践问题，展开了全面而深入的讨论。

1. 社会文化史的理论与方法

关于新文化史的理论与实践，国内已有不少介绍性论著。江文君（上海社会科学院历史所）的《理论与现实：西方新文化史简析》一文，着重从理论发展的角度对新文化史做了回顾与解析。他指出，新文化史是在对传统社会史理论的批判和修正基础上兴起的，它经历了从"文化转向"到"超越文化转向"的发展，目前与传统社会史有逐渐融合的趋势。

随着新文化史在国内的传播及影响的扩大，研究方法问题日益引起学界的重视。以新文化史为参照，反思社会文化史的研究方法，成为这次会议的一大热点。几位长期耕耘在社会文化史、社会史领域的学者，结合多年的研究实践，给出了自己的答案。

李长莉（中国社会科学院近代史所）认为社会文化史的研究方法是"社会文化交叉视角"。她在《"社会文化史"：中国与西方之比较》一文中，对这种交叉视角在中西方的异同进行了深入比较，并分析了社会文化史目前的发展趋向和存在的问题。

左玉河（中国社会科学院近代史所）认为，社会文化史应关注生活现象背后所蕴含的"文化"含义。他在《着力揭示社会现象背后的文化内涵——社会文化史研究方法刍议》一文中强调，社会文化史研究一定要从"生活"层面上升到"文化"层面，而不能仅仅局限于描述社会"生活"现象的低浅层面。

常建华（南开大学中国社会史研究中心）的《日常生活史与社会文化史——"新文化史"观照下的中国社会文化史研究》一文则认为，日常生活史是社会文化史研究的基础；从现有的理论资源来看，我国生活史的研究应当从"社会生活"向"日常生活"转变。

作为一门交叉学科，社会文化史需要历史学者借鉴社会科学（尤其社会学、人类学）的理论和方法，也正因为如此，社会科学者跨界进行的史学研究常常为历史学者所看重。

周兵（复旦大学历史系）在《田汝康的新文化史实践与开拓》一文中，介绍了人类学家田汝康研究明清时期妇女贞节问题的《男性的忧愤与女性的贞洁》一书。该书1988年在国外发表，近期将在国内翻译出版。

吕文浩（中国社会科学院近代史所）的《吴景超关于费孝通著作的四篇书评》一文，介绍了社会学家吴景超对费孝通的四篇学术书评。

另一些学者从其他角度关注了社会文化史的理论与方法。夏明方（中国人民大学清史所）的《拯救什么样的历史——近代中国研究的"后现代视野"解析》一文，对何伟亚之后的西方后现代学者的近代中国研究进行了剖析。李慧波（首都师范大学历史学院）在《关于社会生活与社会文化的思考》一文中，对社会生活与社会文化的概念做了探讨。

2. 多视角下的近现代社会生活

社会生活是社会文化史研究的基本内容；从"社会生活"上升到"社会文化"，探讨二者之间的互动关系，是社会文化史所采用的基本方法。这次会议上，考察社会生活的文章很多（按：一部分放在下一节叙述），显示出学者们的强烈兴趣。这些文章涉及北京、上海等多个地区，有城市也有乡村，涉及的内容则五花八门，异彩纷呈。尤其值得注意的是，这些文章运用多个视角进行研究，多角度地展现了近现代社会生活的丰富内涵。

中国近现代社会变动剧烈，从社会变迁的视角出发，实际上考察的是"小生活"与"大历史"之间的关系。

宋卫忠（首都师范大学历史学院）的《北京近代社会生活的变化及其特点》一文，从物质生活和精神生活两个层面，概括了北京近代社会生活的变化及其特点。

韩晓莉（山西大学中国社会史研究中心）的《社会变动下的乡村传统——〈退想斋日记〉所见清末民国年间太原地区的乡村演剧》一文，探讨了清末民国时期社会急剧变动对乡村演剧传统的影响，并分析了乡村生活和民众心态的变化。

高永平（首都师范大学历史学院）在《中国农村宅基地制度的困境和

出路》一文中,考察了目前农村宅基地制度面临的困境,认为最根本的解决办法是推进城市化进程。

在社会文化史研究中,"国家-社会"理论、公共领域理论一直受到学者们的喜爱,探讨国家与社会、政府与民众的关系因此成为一种流行的视角。

丁芮(天津社会科学院历史所)的《民国初期北京饮食卫生管理》一文,从政府(京师警察厅)行为与民众态度互动的视角,分食品卫生、汽水卫生、饮水卫生三个方面,考察了民国初期北京的饮食卫生管理。

李俊领的《民国"盗跖"河神化与泰山民间意识的演变》一文,叙述了民国时期"盗跖"在泰山的河神化及其取代明清时期官方河神的过程,并分析了其间泰山民间意识的演变。

刘荣臻(太原科技大学思政部)的《北平贫民救济会的制度化建设及救助活动(1928—1937)——兼论国家与社会的关系》一文,聚焦于民国时期的重要慈善机构——北平贫民救济会,考察了其官民合作、采用董事会制度的现代管理模式及在抗日战争前的救助活动。

在近代社会文化变迁中,上海作为最大的经济城市,往往能得风气之先,成为商业文化发展的风向标。针对上海城市文化的特点,一些学者借鉴西方消费社会学的理论,采用消费文化的视角进行研究。

张仲民(复旦大学历史系)的《补脑的政治学——艾罗补脑汁的生意经》一文,从消费文化的角度,详细考察了清末著名假药——艾罗补脑汁的广告和营销手段,分析了其建构的象征价值与社会文化意义。

3. 社会文化史新领域的拓展

随着新文化史在国内的传播,社会文化史开始出现一些新的研究领域,如图像史、性别史、观念史、服装史、新革命史、卫生史等,它们的兴起直接推动了社会文化史的拓展和深化,成为新的学术增长点。这次会议上,这些领域都有文章发表,可谓新意迭现,引人注目。

图像史方面,国内目前的研究多集中在对《点石斋画报》和《良友》画报的研究上。秦方(首都师范大学历史学院)的《晚清女学的视觉呈现——以〈天津画报〉为中心的考察》一文,从内容和艺术表现形式两方面,对《天津画报》中的晚清女学图像进行了解读,分析了女学是如何被形象化地呈现在城市空间和公共视野之中的。

性别史与都市文化研究密切相关,王燕(华东师范大学历史系)的

《性别化的中国城市大众文化——北美的中国性别史和城市大众文化研究》一文，介绍了近年来北美的四本性别史专著，指出20世纪三四十年代大众文化的女性化倾向在北美学者中逐渐形成了共识。

观念史近年来在国内比较流行。毕苑（中国社会科学院近代史所）在《"国家"诞生：以清末民初教科书中的国家叙述为中心（1900—1915）》一文中，梳理了清末民初教科书中有关"国家"的知识，考察了国家观念在教科书中初步建立的过程，并分析了其间制度变革与文化转型的复杂关系。

服装史近年来研究者较多，但对新中国成立后的研究还有待深入。张弛（首都师范大学历史学院）的《姹紫嫣红的"回光返照"——1950年代"美化"运动初探》一文，聚焦于20世纪50年代中期的服装改革运动，分析了该运动兴起的背景及迅速结束的原因，诠释了"服装常常是政治气候的晴雨表"（新文化史健将达恩顿语）。

革命史在大陆一度是最流行的史学范式，20世纪80年代后逐渐趋于没落，近年来，一些学者从新的角度研究革命史，被称为新革命史。李志毓（华东师范大学历史系）在《新文化史视野下的中国革命史研究》一文中，介绍了从新文化史角度研究国民大革命的一些例子，如考察"左派""阶级"的建构过程，研究各种仪式和政治性节庆活动等。

卫生史是从医疗史发展而来，近年来在国内开始兴起。余新忠（南开大学中国社会史研究中心）在《卫生何为——中国近世卫生史研究刍议》一文中，对中国近百年来的卫生史研究做了述评，并阐述了自己在社会文化史视野下研究晚清"卫生"概念演变的思路——考察"卫生"一词所带来的社会文化观念、管理理念、行为规范和权力关系的变化。

会议最后，会议主持人梁景和教授做了总结发言。他指出，应继续提高理论水平，加强理论借鉴与自我创新；继续提高实践能力，重视基本概念、历史真实与艺术想象。对于如何继续推进学科发展，梁景和在《中国社会文化史理论与实践述论》一文中指出，需要建立社会文化史研究的学术重镇，抓基本社会生活内容与独特社会生活内容的研究，运用多学科的视角研究社会文化史，注重改革开放时代的社会文化史研究。与会代表对此表示赞同。

（杜涛　执笔）

第二届"'文革史'学术研讨会"综述

2011年12月10日,第二届"'文革史'学术研讨会"在北京召开。这次会议由首都师范大学历史学院中国近现代社会文化史研究中心主办,来自中央党校、中国社会科学院、清华大学、北京大学、法国社会科学高等研究院、韩国中央大学等单位的20多位专家学者参加了会议。在一天的紧张议程中,与会代表就"文革"的起因、"文革"领导人物、"文革"时期的群众和社会文化等问题,展开了广泛而深入的研讨。

学界对"文革"的起因一直存在争论,这次会议上,这一争论仍在继续。陈东林(中国社会科学院)在《吉拉斯的〈新阶级〉和毛泽东的"文革"理论》一文中指出,1963年内部出版的南斯拉夫领袖吉拉斯的《新阶级》一书,可能对毛泽东发动"文革"产生了影响,因为两人都试图解决"新资产阶级"的问题。王海光(中央党校)的《血缘文化与"文化大革命"》一文认为,新中国成立后,"革命大家庭"虽然建立起来了,但传统社会的宗法关系却在潜滋暗长,最终成为"文革"爆发的推动力。印红标(北京大学)的《文化大革命期间的政治冲突和社会矛盾》一文指出,"文革"主要由三种矛盾引起,即中共党内矛盾、领导层与知识分子的矛盾、群众与领导干部的矛盾,其中中共党内矛盾是中心。

对"文革"领导人物的研究一直是学界关注的热点。唐少杰(清华大学)在《军官的集体觐见,"文革"的切实保证——毛泽东"文革"初期接见解放军十万余名团职以上干部刍议》一文中指出,1967—1968年,毛泽东对解放军干部的接见直接推动了"文革"的发展,使军队开始接管地方政权。潘鸣啸(法国社会科学高等研究院)的《发起及坚持上山下乡运动的动因究竟是什么?》一文认为,上山下乡运动是毛泽东发起的一场政治运动,而不是一项经济政策。吴迪(中国电影艺术研究中心)的《江青的审美——"自然本色"、"伪崇高"与实用主义》一文指出,江青的文艺思想具有两面性,样板戏体现的是其政治功利的一面。白承旭(韩国中央大学)的《陈伯达中央文革小组的悖论》一文认为,陈伯达政治思想的悖论体现了"文革"的复杂性。

相对上述传统研究领域,在这次会议上,青年学者们对"文革"时期的群众和社会文化问题表现出更大的兴趣。叶青(福建师范大学)的《"文革"时期群众组织研究论纲——以福建群众组织为个案》一文，概述了"文革"时期群众组织产生的原因、群众组织的特征、分化和演变的原因及研究的意义。黄延敏（首都师范大学）在《试论"破四旧"运动中暴力盛行的原因》一文中，从社会历史根源、社会心理因素和社会生态环境三个层面，详细分析了"破四旧"运动中暴力盛行的原因。黄巍（首都师范大学）的《"造反"有理："文革"时期女红卫兵形象解析》一文，对女红卫兵的形象进行了解析，认为其形象充满了政治色彩。

"文革"时期的社会文化是这次会议的一大热点。王家平（首都师范大学）的《"文革"文学史的复杂性、丰富性——以"文化大革命"时期诗歌为例》一文指出，"文革"时期诗歌的复杂性、丰富性表现在"地上诗坛"和"地下诗坛"的交织、诗歌形态的多样化等方面。李秉奎（北京大学）在《红卫兵的性恋观念及行为》一文中认为，红卫兵从"文革"初期的禁欲发展到后期的恋爱潮，折射出他们革命理想的幻灭。王宇英（中国传媒大学）的《"文革"前十七年的历史语境——家庭领域内的考察》一文指出，新中国成立后，家庭内部的集体主义、阶级性、斗争性不断增强，为"文革"时期家庭的政治化奠定了基础。郑丽霞（首都师范大学）的《"文革"时期北京地区的女性服饰》一文，考察了"文革"时期北京地区女性的服饰及其变化。王唯（首都师范大学）的《试论"文革"时期性伦理特征》一文，对"文革"时期性伦理的特征进行了概括。汤诗艺（首都师范大学）的《"文革"时期北京地区的婚恋文化》一文，考察了"文革"时期北京地区的婚恋文化。

此外，李城外（湖北省向阳湖文化研究会）的《向阳湖文化和五七干校研究是"文革"史的一个重要组成部分》一文，介绍了湖北咸宁干校的历史和研究状况。耿化敏（中国人民大学）的《简评30年来的"文革"史学》一文，对30年来的"文革史"研究做了述评，并指出应加强"文革史"研究队伍的培养。

会议最后，与会代表对首都师范大学历史学院中国近现代社会文化史研究中心表示了感谢。梁景和教授在答谢致辞中表示，今后将继续努力，为"文革史"研究的发展贡献力量，并期待和海内外专家学者再次相聚。至此，第二届"文革史"学术研讨会圆满落幕。

（杜涛　执笔）

第二届"中国二十世纪婚姻·家庭·性别·性伦文化学术研讨会"综述

2012年3月10日,第二届"中国二十世纪婚姻·家庭·性别·性伦文化学术研讨会"在京召开。这次会议由首都师范大学历史学院中国近现代社会文化史研究中心主办,首都师范大学社会科学处承办。共有来自日本大妻女子大学、复旦大学、陕西师范大学、河北省社会科学院、北京大学、中国人民大学、北京林业大学、中央司法警官学院以及首都师范大学的30余位专家学者及师生代表参会和列席,提交大会的文章共计20多篇。

较之于一年之前召开的首届会议,这次大会最显著的不同就是将关键词之一的"女性"改为"性别",虽然仅是一字之差,但却放宽了历史的视野,把原来有所忽视的"男性"问题也纳入了考察范畴之中,极大地丰富了相关议题的多样性。

复旦大学陈雁教授的文章《近代中国男人的"孝"与"男性特质":以蒋介石、蒋经国父子修母墓为中心的研究》就是旗帜鲜明地运用了"社会性别"范式中的男性特质方法进行研究的典型。作者通过重新审视在近代中国转型的大背景下,可以视为中国男性代表的蒋氏父子与各自母亲生前身后的孝行故事,从而得出结论,即便是两蒋这样的新式人物在构建自身作为现代国家领袖的过程中,"孝"这一传统儒家文化中的男性特质仍然发挥了关键作用。余华林、王雪峰的文章则是通过对民国男性知识青年离弃旧式妻子的事件和从事性学研究的男性知识分子之间展开的"科玄论战"的研究,对当时新旧杂陈的背景下,"知识男性"的生存状态和治学取向做出了别开生面的探讨。

这次会议的又一大亮点便是跨学科、多视角方法的采纳和应用。很多作者运用了社会学、人类学、文学、影视学等领域的理论工具和分析框架对大到中国社会百年来社会生活的变迁,小到发行时间仅仅一年的《京城画报》展开了条分缕析、细致入微的观察和分析。比如郭海文用不同时代的影视作品对近现代中国的婚礼习俗的嬗变进行佐证。李汪洋与王东用社会学中的问卷调查方法对非农化过程中的农村妇女和当代中国城市中的多伴侣现象展开论证。陈姝波则通过文学研究中的"再解读"的方法对重构20世纪60年代英国知识女性生存状态的当代小说进行剖析。此外,田苏苏、刘淑丽、石川照子、韩贺南、杨剑利、王迪、王红旗、廖熹晨、王卫媛、张弛从不同角度和侧面对边区女性婚姻、民国女性生活、宋庆龄与日本、古代中国的"巫"、法国新女性主义、女性文化教育、新中国成立后北京地区的贞操观嬗变、美国校园内师生性关系、新中国"两勤"运动等问题各抒己见，提出了很多扎实新颖的观点，引起了会场内外的热烈讨论。参会代表由于具有历史学、文学、医学、社会学、心理学等不同学科的背景，因此在交流中碰撞出了令人耳目一新的思想火花。

纵观整场研讨会，无论是论文选题的广度，还是论述切入的深度都较之首届会议有了极大延展和延伸，这充分证明了近年来学界对以婚姻、家庭、性别，性伦等命题为重要代表的社会文化史研究的重视，以及在这一片希望的田野上已然百花齐放的盛景。作为为这一片沃土辛勤浇灌的园丁的首师大历史学院中国近现代社会文化史研究中心、首都师范大学社会科学处会尽其所能继续为有志于从事相关问题研究的同道中人提供交流的机会和平台，可以想见，今天的耕耘在不远的将来必然会有累累硕果的回报！

（张弛　执笔）

第二届"中国近现代社会文化史国际学术研讨会"综述

2012年9月22日，首都师范大学中国近现代社会文化史研究中心和中国社会科学院近代史所联合主办，首都师范大学社会科学处承办的第二届"中国近现代社会文化史国际学术研讨会"在北京召开。会议来自首都师范大学、中国社会科学院、北京大学、韩国国立全南大学、中国政法大学、日本立命馆大学、华东师范大学、日本骏河大学、美国明尼苏达大学、韩国仁荷大学、日本新潟国际情报大学、河北省社会科学院的学者与列席代表50余人参加会议，会议提交论文22篇，涉及的论题除了一直被关注的婚姻、家庭、性别外，对社会文化史的理论以及神话、信仰、独身主义、个人主义等思想观念以及电影、建筑等研究领域进行了探索。

理论探索

中国社会科学院近代史研究所刘志琴的《当代史学功能和热点的转向》

一文，认为史学在中国一度是最辉煌的学问，但是在如今的中国，史学遭受严重破坏，信誉的丧失使史学失去公信力，娱乐化又冲淡了史学的严肃性，当代史学已从学术中心走向边缘化；史学从神谕性、资政性向教育性转型，弱化了对政治的关系，扩大了对人民的服务功能。但作者认为传统史学的解构，并非史学的终结，而是面临转向和勃兴的新机遇，生活是历史本体论的命题和百姓日用是儒学的经典之教两种理念为社会文化史的勃兴提供了理论基础。

中国社会科学院近代史所李长莉提交的论文是《"碎片化"：新兴史学与方法论困境》，阐述了社会史、社会文化史等新兴史学易于走向"碎片化"的原因、症结和矫正"碎片化"的方法。作者认为：史学研究的"碎片化"与新兴史学有伴生关系，尤其是在新兴的社会史和社会文化史领域。微观研究走向极端，社会与文化的资料浩如烟海，给研究者寻找小题目提供了空间，均造成"碎片化"；"碎片化"表现在论题小而微，缺乏大关怀与大问题；论题细碎零散，缺乏大联系与大序列；论题小而平面化，缺乏大理论与大阐释等症状。作者提出新兴史学须引入在实证研究基础上进行理论提升和逻辑概括的"建构"方法，以"实证"与"建构"相结合，基于实证的"建构"为主要方法来矫正"碎片化"弊病。

婚姻、家庭与性别研究

中国社会科学院近代史研究所研究员罗检秋的文章《论五四时期的"独身主义"》，从传统的贞女、节妇谈到19世纪主动与传统伦理相悖，得不到家族社会认同的自梳女，认为独身是一种由来已久的现象；五四前后出现的"独身主义"有多种原因：对个人不幸婚姻的抗争；因恐惧婚姻生活而主张独身；一些青年以独身生活为时髦；社会风俗影响下的独身现象。这种"独身主义"并非五四思想的原型，五四知识精英不以独身主义为理想和改造就家庭制度的途径，独身主义与传统道德背道而驰，与五四新文化具有同一性，却不是五四时期的主流文化，只是五四新潮中的"亚文化"。

中国政法大学黄东在其《张力的调适：社会文化史视野下的根据地婚姻立法与实践》一文中，作者认为抗日战争时期根据地婚姻法在表达和实践之间存在着张力，中国共产党在实际处理此种张力时，在立法上表现为极强的原则性与灵活性的统一，其手段和策略与时变化，以保障和推动抗日大局为归依，体现出强烈的实用主义特色，这种实用主义恰恰是应对困局的不二选择,事实上也在立法的理想主义和判案的现实主义间形成一个合适的调和。

女性在家庭和事业间如何选择,如何平衡两者的关系,一直是被关注的问题。首都师范大学历史学院余华林的《娜拉出走以后——论民国时期女性职业与家事问题》一文,以易卜生经典剧作《玩偶之家》的女主角"娜拉"走出家庭、步入社会以后,能否在社会上立足,最终是否还会因经济问题被迫回到家庭为切入点,探讨民国时期女性在职业与家庭中的两难抉择。作者发现"家事"这种"天职"对女性走向社会的"娜拉精神"具有极大的消解作用,"娜拉"们走向社会以后遇到的困境也消解着"娜拉精神",作者认为家庭作为男女两性合作的基本方式,在人生中不可偏废,家庭的缺失可能意味着人生的不完整,对于女性而言,为婚姻而牺牲事业和为事业而牺牲婚姻都不是理想的人生归宿。

首都师范大学历史学院秦方的《何处是归处?以晚清天津女学师生游移经验为中心的考察》一文,以天津为个案,阐述了清末民初女学游移三方面的经验:一是物理意义上的移动,即南方的知识女性如何跨地域、跨城市地迁移到北方,投身于女学事业之中;二是这些女性借助文本和图像等方式,在报纸、画报、小说、照片等媒介空间中的移动,这种方式使这些女性借助媒体网络的延展,与整个社会形成一种互动关系,强化了以群体取代个体的女界经验,塑造和宣扬自己的新女性形象;三是,游移经验还包括女学师生经历的从家庭身份到社会身份的转变。作者认为晚清这样一批参与到女学中的教习和学生是一个承上启下的社会群体,上承中国近代时期的闺秀、才女文化传统,下启在新文化运动、五四运动等开始崛起的新女性,成为中国现代化的推动者和受益者,但是由于国家民族话语并未给她们提供一个日常生活基础上的应对经验,她们只能紧紧抓住过去传承下来的性别道德规范来作为自己行动的指南针,在这样的夹缝中艰难前行。

华东师范大学历史系王燕的《忙碌的妇女:晚清城市富裕阶层妇女的劳动——以盛宣怀家族为个案的研究》一文,通过考察盛宣怀家族女性,尤其是其妻庄德华和其女盛秋颐的商业投资、掌管家族开支、人事往来、参与社会慈善等活动,作者发现晚清城市富裕阶层妇女的劳动主要是脑力劳动,但这些脑力劳动偏向于个人、家庭和家族的私利,不是为了公众和民族的福利,所以不可避免地被边缘化。作者指出中国的妇女在"公"和

"私"两个领域均扮演重要角色,其中作为家庭主妇的"私"的领域是从传统社会延伸下来的,是被默认为"女性的劳动",责任和义务得不到国家的认同和赞扬。对盛宣怀家族的个案研究为我们开启了重新审视劳动的内涵、劳动价值观以及"公""私"领域近代化的窗口。

日本骏河大学前山加奈子的文章《从〈女性改造〉杂志看日中两国的女性观》对《女性改造》中刊载的和中国女性有关的9篇文章进行梳理,介绍了当时的中产阶级以上家庭主妇接触新的思潮后,在家庭内尝试新的生活方式、女性参政等活动,还可以看到五四时期觉醒的青年男女开始主张女子教育、女性参政、高等教育男女平等、婚姻自由等。随后,作者对《女性改造》中被翻译到中国刊物上的15篇著述进行梳理,指出这些文章为中国留学生展现着新的社会性别观,并由他们翻译到中国的报纸杂志上,向女学生和具有革新精神的男性知识分子提供了女性主义和社会性别意识的新思潮。

韩国国立全南大学俞莲实的《民国时期避孕药物的广告》一文,将避孕药物和节育医疗服务广告分为中医和西医两大类,对各种广告的具体内容逐一考察,并对广告陈述中反映出来的生育观念变迁以及城市居民生活的特殊面貌进行了分析。作者指出广告与社会生活之间存在着一种互动的关系,民国时期的节育观念和行为虽没有成为社会普遍的现象,但了解节育意义和接受节育思想的人们已经不少,这不仅推动了社会意识形态的多元化,也催生了节育行为在实践层面的发展,避孕药的普及使妇女进入一个能够控制生育的新时代,但避孕药品的普及对妇女并没有带来更多的性自由,生育空间的男女性别角色并没有很大的改善,男人仍把生育和避孕的责任推到妇女的身上,"男主动女被动"的两性交往模式依然支配着妇女对避孕和生育的选择。

思想与文学艺术文化史的研究

日本新潟国际情报大学区建英的《严复思想中的个人自由与公共性》一文,作者认为鸦片战争后,中国的爱国志士在探索救国道路时,面临的一个深刻问题是国人缺乏爱国的公共精神,严复在探索这个问题的时候,提出增强国人"公共性"的方法是提高"民德、民智、民力",民德就是指关爱同胞、关爱国家社会的公共精神,严复所关注的主要不是作为"群"中枢的政府,而是把基点放在构成"群"的每个个人,把人民的素质看成决定社会状况的最重要的因素。公共性不产生于没有自由精神的奴隶，提高了才智、恢复了伦理性、具有内发公共精神的个人才会产生出对国家的积极责任感，保障个人权利和让人民参与自治是确立公共性的基础。

首都师范大学历史学院高永平在提交的《个人主义观念的百年中国历程》一文中叙述了个人主义观念从西方传入中国以来的百年历程，作者指出，19世纪末20世纪初，知识界最初张开怀抱欢迎个人主义的到来，那时的思想家对其内涵的认定是准确的：中国所面临的很多问题都与中国传统的家族主义观念有关，把个人主义看作是治疗家族主义的一剂良药。但是，由于民族所面临的生存危机，也由于当时政治家们的急功近利抑或是进退失据，社会观念走向了与个人主义相反的方向，个人主义被严重地污名化，个人主义与"资产阶级"绑在一起，成为自私自利的代名词，以至从19世纪末就面临的与个人主义有关的社会问题一个都没有解决。作者认为一百年后的今天，要解决民族的痼疾，我们仍然必须回到个人主义，但须修补它所固有的缺陷。

首都师范大学历史学院杜涛的《灾害与文明：中西洪水神话传播比较》一文中，通过对中国和西方洪水神话传播的环境、过程、结果的比较，作者认为中国的大禹治水神话带有明显的政治色彩，对国家而言，大禹治水宣传了国家治水的传统和"大一统"的政治观念；对社会而言，民众需要像大禹一样忧国忧民、鞠躬尽瘁的救灾官员，需要在灾害来临时得到国家的救助。因此，大禹治水的神话在中国代代相传，深入人心。随着它的流传，"大一统"的观念得到强化，国家及官员的权威得到增强，大禹治水神话也凝结为一种维护社会稳定的意识形态。而西方诺亚方舟神话是宗教传播，突出了人和上帝的关系，强化了对上帝的信仰，促进了西方基督教的发展。中西方的两种洪水神话都打上文明的烙印，并成为一种意识形态。

中国社会科学院近代史研究所李俊领在其《近代北京民间的四大门信仰与日常生活》一文中，梳理了北京四大门信仰习俗的起源、流变及其与泰山碧霞元君的关联，揭示了近代北京民众如何在因应四大门信仰的文化传统与社会环境中，塑造自身的生活方式与生命意识，同时说明了近代四大门信仰的政治遭遇及其背后的政治与文化的复杂关联。作者指出四大门信仰契合了地方民间生活的方式，在一定程度上满足了地方民众应对生活环境的需要，但其自身并不能构成一种制度化、组织化的宗教形态，而是从属于民间多神信仰的伦理教化习俗。四大门信仰未能突破儒家重视现世生活的思想藩篱，反过来又从"天道"的角度巩固了儒家主张的尊卑有别的"人道"秩序。从"礼治"的角度看，作为地方习俗的四大门信仰是一种不合乎礼制的"淫祀"，也是有待于被教化和提升的民间生活方式。在"礼治"之道下，官方与士大夫的生活方式以礼为准，民间的生活方式以俗为准，礼与俗都带有泛政治的意义。官方在文化上实行"以礼化俗"、"纳俗入礼"的政策，礼与俗的关系存在着高低贵贱之分。因此，官方与四民社会的生活方式自上而下，尊卑有别，并不平等。属于民间习俗的四大门信仰虽有"淫祀"之嫌，但从天道的角度论证了儒家伦理思想的正当性，在现实生活的层面上契合了乡土社会的"礼治"模式与"神道设教"的教化方略。作为一种信仰，仅靠暴力强行禁止并不能取得多少实际的成效，不同文化信仰之间的冲突问题更多地需要协商对话的方式进行解决。

首都师范大学历史学院宋卫忠的《20世纪20、30年代北京民族风格近代建筑思想的历史考察》一文，考察了20世纪二三十年代北京民族风格近代建筑的发展历程，发现中西融合成为当时建筑的特点，这与中国人民不断加强的反侵略斗争直接相关，与国民党政府的提倡是分不开的，是中国近代社会文化思潮推动的结果，是中国传统建筑的缺陷与人们的社会心理共同作用的产物，也是逐渐成长壮大的建筑师队伍努力探索将中国民族风格与西方现代建筑科技相结合的产物。

韩国仁荷大学李贤浩在其文章《20世纪30年代电影在上海——以上海与东京为比较中心》中，通过对上海电影与东京电影的比较，阐述了20世纪30年代上海电影的发展、左翼电影在殖民地半殖民地社会的活跃、政府对电影的管制等内容。作者发现：左翼电影之所以能够在殖民地半殖民地社会活跃，左翼电影人和政府有关人员的私人关系、共产党人的个人影响发挥了很大的作用，社会在一个关系网里运行，这个关系网不能简单地描述为强权和反抗，组成这个关系网的多种权力和集团之间相互关系的变化引导着社会的变革；政府对电影的审查制度也不能单纯地被理解为对本国电影的镇压，同时也是为了制裁好莱坞电影对中国的侮辱性描述。

美国明尼苏达大学方哲升的《走向中国私密的历史——杨绛及其作品》一文分析了杨绛的作品，作者认为中国作家杨绛的作品表现了对日常生活的高度关注，善于发现世俗社会中的世态人情，在平常的生活琐记和关于亲人的回忆性文章中，以客观超脱的白描手法记录人物的生活遭遇，洞察人物在政治运动、生活中的不同心态和表现，其作品很少从整体上宏观想象入手，关注的是个人的尊严，反映人生存与世间的苦与乐，作品始终贯穿着"私密"化的倾向。

其他论题

近年来，疫病研究逐步受到海内外学者的关注，成为史学研究的热点之一。河北省社会科学院王胜的《疫情也跃进：1958—1965年肠伤寒流行的历史考察——以河北农村为例》一文，选取当时肠伤寒疫情较为严重的河北省为个案，对这一疫情的发展及防治做一梳理和分析。作者认为引发伤寒疫情的各种因素，大致可以归结为社会因素和自然因素两类，"社会因素在伤寒、副伤寒流行中的作用远大于自然因素"，人祸大于天灾，因此，"疫病并非只是一种个人的生理现象，而更是与社会经济发展、生活习俗、自然环境变迁以及交通与国际交流密不可分的社会问题"。

山西大学中国社会史研究中心韩晓莉的《榜样的力量——抗战时期山西革命根据地劳动英雄的塑造》一文，以山西各抗日根据地为中心，通过报纸和地方史料，从社会动员和社会改造的角度对抗战时期的劳动英雄运动展开研究。作者发现根据地社会的普通农民在劳动中成为英雄，再到后来成为乡村领袖，其身份转化的整个过程表现出明显的官方塑造特点。在官方塑造下，农民的个人命运与根据地政治发生了紧密联系，劳动不再只是改善农民自身经济状况的私事，而成为决定根据地发展、影响革命成功与否的事业。劳动英雄群体从产生之初就具有明显的政治色彩，他们不仅仅是生产劳动中的积极分子，更是根据地政府实现社会治理和改造的中坚力量。通过劳动英雄的榜样和示范作用，更多的群众被动员和组织起来参与到生产劳动中；劳动英雄与乡村领袖身份的结合，克服了乡村政权原有的头重脚轻、上下不通的弊病，保证了政令的有效贯彻；劳动英雄的农民身份使他们能够较好地保持群众作风，从乡村实际出发找到切实可行的、被大多数群众接受的社会改造方式。劳动英雄的塑造是根据地政府在战争的特殊环境下进行社会动员和社会改造的成功实践。

日本立命馆大学杉本史子在《留日学生的反对山东出兵运动——以奈良女子大学收藏的校史资料为例》一文中，依据奈良女子大学收藏的十封信，对1927年日本陆军决定向山东省派兵时中国留学生的动态进行考察。作者发现留学生得知日本政府向山东省派兵的消息后，留日学生各派力量表现各异，有的对日懦弱，不敢采取反对出兵的措施，有的马上就开始了行动，发送宣言书，呼吁示威运动，但当时面临着国民党和共产党的合作关系破裂的危机，留日学生之间很难相互协助进行反对运动，最终他们的活动大半被日本警察发现，受到了镇压。

首都师范大学历史学院殷志强提交的《太平洋战争前后对日和平工作的变迁》一文，对太平洋战争爆发前后敌后根据地所进行的对日和平工作变迁的考察，探讨了八路军对日俘虏政策的变迁以及初期未能取得良好效果的四方面原因：军部的反复洗脑让日本军人形成了宁死不降的俘虏观；日语不通，交流不便；轻视对日本士兵的心理掌控；没能及时在部队推广以及得到普通民众的理解。后来随着抗日同盟支部的成立及分化组合，对敌和平工作做出思路上的调整，八路军主动放弃"左"倾思想的束缚，更加务实地探索宣传的新思路，注重调查研究，用事实说话，从而在道义上，在道理上提高自身宣传的说服力，为和平工作的顺利开展铺平了道路。对日本俘虏的优待、重用乃至放手让其自我管理的做法体现了八路军和反战同盟之间真正实现了携手合作，这也成为和平工作取得胜利的关键一点。

中国社会科学院近代史所毕苑的《中国政治学的诞生：杨廷栋〈政治学教科书〉论析》一文，以杨廷栋《政治学教科书》为研究对象，考析了政治学建立的源头，探察了中国现代政治学建立之初的知识渊源及学术特点。作者指出杨廷栋是中国"政治学"建立的第一人，杨廷栋《政治学教科书》在受"国家学"影响，但初步走出"国家学"架构，降低了"国家学"的统摄作用。这部教科书较为精练准确地呈现了现代政治结构和政治运行机制，初步显示出了政治学未来发展的走向。该教科书对晚清中国政治制度进行了准确分析以及走向的理性把握，基本涵盖了近代政治学的重要概念，是中国政治学第一书。

（董怀良　执笔）

第三届"中国二十世纪婚姻·家庭·性别·性伦文化学术研讨会"综述

2013年3月9日，第三届"中国二十世纪婚姻·家庭·性别·性伦文化学术研讨会"在北京召开。这次会议由首都师范大学历史学院近现代社会文化史研究中心主办，首都师范大学社会科学处承办。来自天津、上海、西安、石家庄、沈阳、武汉、北京的 20 余名学者参加了此次研讨会。会议分四个单元，分别由首都师范大学的梁景和教授、河北师范大学的张志永教授、天津师范大学的杜芳琴教授与陕西师范大学的李继凯教授主持。本届讨论会的主题是中国近现代社会文化史研究的重要内容，主要集中在五个方面。

1. 婚姻问题研究

此次会议关于婚姻问题的四篇论文，研究时段从清末民初一直延续到 2011 年，跨度比较大。袁熹和黄巍分别探讨了民国时期北京和东北地区民众的婚姻生活。辛亥革命后，随着反对封建专制制度、要求平等自由的启蒙运动的深入开展，特别是对封建婚姻的批判，北京市民的婚姻开始出现了新的变化，婚姻自由平等的风气开始形成。但是，落后的封建婚姻习俗并没有根除，因此这一时期的婚姻形态呈现出新旧并存的状态。而东北地区相对偏远，文明之风很难在短时间内影响到这些地区。所以，民初东北地区的婚姻问题多以传统为主，虽也融入了西方近代文明的元素，但从整体来看，女性在婚姻中仍处于被动地位，很难真正把握自己的幸福。

李慧波分析了新中国成立后 17 年间北京市不同群体初婚年龄的特点：结婚年龄逐渐增大，而男女的婚龄差距却在逐渐缩小；在不同阶层的人群，初婚年龄也存在差异；制约婚龄的主要因素是国家政策、文化程度、职业状况和经济状况等社会条件。

杜芳琴于 2011 年 8 月对河南登封市耿庄村婚居情况进行专题调研，探讨婚居变革对生育养老的影响。从该村坚持 27 年推动婚居变革的实践来看，尽管目前的婚居自由、公平对待的措施对计生、养老、家庭和谐、经济发展有积极意义，但与动摇父权制的根基还有相当大的距离，充其量是在刚性结构中增加一些弹性与空间，以解决实用性的家国之需。

2. 文学作品中的女性形象研究

当代女性小说的婚恋书写，以女性的爱情、婚姻、家庭与事业为切入点，通过婚姻家庭日常生活和家族伦理叙事，发现了男女两性在多重生存空间里因性别观念的差异所造成的尖锐矛盾。王红旗以张洁、徐小斌、谌容、张辛欣、王海鸰等女性作家的作品为例，分析了当代女性家庭与事业双重角色的沉重负担，改变之艰难，认为其根本原因在于社会文化对封建男权传统的爱情婚姻家庭观念的集体无意识。因此，应该以性别平等为核心，以关爱伦理为灵魂，以和谐幸福为宗旨，建构当代家庭文化。

男性作家笔下的女性命运也是一个非常重要的议题。李继凯以鲁迅和莫言的小说叙事为例，指出，虽然二者女性观不同，生活的时代存在差异，但其对中国女性的命运状况却有相似的体认，即女性的爱情婚姻家庭与社会生产生活命运仍然无法由自我主宰，她们的命运仍然是男性视角下被他者化的一种命运状况。无论占有生产资料、参与公共劳动或接受教育与否，在男权依然是中国社会同一性与中心性的文化背景下，女性命运很难有根本改观。

台湾女性小说通过书写当代台湾女性的独特经验，展现了女性借由身体进行主体建构的生命历程。李昂、朱天文、苏伟贞对"食、衣、色"的突破性书写，是其标志性文本。以这三位作者的作品为切入点，艾尤认为，从日常生活视角出发，通过对日常生活中女性身体经验的叙写和阐释，建立一个女性主义的日常生活性别叙事诗学体系，既有利于沟通、连接不同阶层女性的生存经验，又有利于女性文学创作超脱男性中心创作和批评观念的束缚，还能将性别解放真正落到实处，因为日常生活中的两性关系才是最普泛也是最大的性别政治。

郭海文分析了唐传奇《李娃传》中李娃的妓女身份在当代被塑造成良家妇女的原因。她认为当代戏曲小说中妓女李娃形象的嬗变过程，是一个纯洁化、忠贞化、愚蠢化、依附化的过程。这种不真实的女性形象正是男性中心文化用以压制女性的性政治策略之一。当代文学艺术作品中的妓女李娃形象发展成为贤妻良母式的妓女，反映了男权文化对人物塑造的干涉及影响。

3. 关于性伦的研究

性的商品化问题，是一个颇具争议的社会问题。高永平认为，人类不能容忍性的商品化的最深层次理由，是因为性行为是每一个人生命的滥觞，它应该是神圣的，也必须是神圣的。但是由于人类性行为具有生殖目的和快感目的相分离的特性，性在具有神圣性的同时也具有商品性。而神圣的东西和可以买卖的东西之间，却又存在着天然的对抗关系。人类置身于这样的纠结关系中间，我们对性的商品化的天然敌意，就是这一心理的外在体现。

视奸论是男权制对女性身体性消费形成的身奸论的扩展与延伸。佟玉洁通过分析艺术史中的女性形象和当代女艺术家对美术史视奸论中的男权话语强权的反讽和批判，指出：对于中国当代女艺术家来说，唯有认清和批判一切歧视与侮辱女性身体的话语形式,才能使自己成为具有独立意识与批判意识的政治工具。在建立了具有政治工具学意义的行为主体话语的语境下,对社会维度中女性身体视奸论的强权话语才能形成最有力的批判。

4. 清末民初与女性相关问题的研究

姜海龙以1902—1910年天津《大公报》对缠足之害的宣传为主线,透视了其背后道德话语、科学话语、民族主义话语等多种话语的交织。"缠足"在成为被讨论的"议题"的同时,也反过来造就了一种基于地方、指向国家、呈现于媒体之上的公共话语。但是,这种公共话语在相当程度上只是一种媒体话语,而不具有极大的社会效力。

艾晶以民初司法统计年报为基础,分析了当时女性所处的经济困境和犯罪的趋势。民初女性解放运动高涨,女性因经济问题参与社会活动的机会增加。但社会动荡、经济不景气、大家庭逐渐解体等因素,使其难免遭遇经济困境而毫无出路,有人便会选择通过犯罪来获得最基本的生活需要。

秦方从时间和空间两个维度梳理了20世纪初期"女界"一词形成之过程。"女界"一直通过不断的否定来界定自己的主体和内涵,"女界"之界也始终处于一种不断调整和强化的过程中。在生理性别、启蒙与被启蒙的权力关系以及社会等级等多种因素的共同作用下,"女界"或许是一个力图包含全体女性的新概念,但是它却无法成为一个容纳全体女性的新世界。

5. 关于其他问题的研究

20世纪20至40年代基督教女青年会本土化过程,实现了由"小姐会、太太会"到"民间去"的转型,从而使其社会形象呈现出矛盾与分离的图景。王丽认为,这种转型是近代中国社会背景使然。在民族国家迫切需要重建时,基督徒身份、性别身份和国际主义都让位于民族主义,女青年会成为中国历史上少有的能将各种阶层的女性组合在一起的组织。它催生了很多走向共产主义道路的女性,这与女青年会最初的设想是背离的。而这种背离,却在一定程度上与历史发展进程相契合,走向了当时中国发展之路的共同方向,有利于女青年会在复杂的历史时期延续下来。

张志永和王胜(河北省社会科学院)分别探讨了1950和1960年代河北省的计划生育工作。新中国成立后,于1954年开始了计划生育工作,大致经历了个别节育指导、公开宣传节育知识和节制生育宣传运动三个阶段,初步改变了群众的生育观念,传播了避孕知识,在一定程度上减缓了人口增长速度。可惜"大跃进"运动兴起后,党和政府片面强调人的生产力属性,轻率地放弃了节制生育政策,致使我国丧失了计划生育工作的最佳战略机遇期。1963年,计划生育工作重新启动,措施以四术(放节育环、人工流产、男结扎、女结扎)为主,然初见成效即遭遇"文革",计划生育工作再度中断。

蔡鑫以离婚率持续增长、家庭暴力频发和青少年问题突出三个方面的依据,提出我国已经进入家庭危机的集中爆发期。家庭是社会的细胞,今天家庭和婚姻的种种问题和危机很大程度上是社会的问题和危机的表现,对此,中国社会的各阶层都应该有所反思,尤其是具备相当话语权的精英社群。

姜进的《越剧的故事:从革命史到民族志》围绕1965年上海电影制片厂出品、谢晋导演的电影《舞台姐妹》(代表了共产党对越剧历史的叙事)和1998年上海越剧院出品的同名越剧舞台剧(揭示了越剧人对越剧及其历史的理解)展开叙述。这两种对越剧历史的不同叙述所关联的不只是越剧的历史,还给我们提供了一个思考中国近现代史的切入口。也许,中国近现代更为基本的历史过程并非是在我们历史书写中占了主导地位的革命斗争,而是普通百姓所经历的由工业化、都市化带来的日常生活的转型。

中国社会文化史的研究已经迈进了一个新阶段,在进一步发展的时期内,深入思考和探索有关社会文化史的理论方法问题显得十分重要,也是学术发展的内在要求。梁景和根据自己对社会文化史多年的研究心得,提出"常态与动态""生活与观念""碎片与整合""一元与多元""真实与建构"等五对概念,并对其进行了详细阐释,有助于社会文化史的深入研究和探索。

此次会议的最大亮点是对同一领域的跨学科对话。与会学者分别从史学、文学、法学、哲学、女性学以及艺术批评等角度对婚姻、家庭、性别、性伦等问题进行交流和探讨,会议气氛热烈、融洽,而又充满新鲜感。尤其是对性的商品化问题以及视奸论的探讨,使性伦领域的研究得到了进一步的深入和拓展。因此,不同学科之间多元视角、多元观点的并存与交锋,有助于拓展研究思路。

应注意的是,部分论文着重于梳理历史表象,在问题意识上不够明确,而且具有明显的社会科学化的倾向。这也是当前的中国近现代社会文化史研究存在的一个需要突破的瓶颈。因此,回归叙事史的写法,提升问题意识,注重建构"中层理论",不露痕迹地借用其他学科的理论与方法,是研究中国近现代社会文化史需要着力拓展的方面。

（王胜　执笔）

首届"全国青年学者社会文化史理论与方法学术研究会"综述

2013年9月22日，由中国社会文化研究会、首都师范大学历史学院中国近现代社会文化史研究中心联合主办的首届"全国青年学者社会文化史理论与方法学术研讨会"在北京举行。来自海峡两岸30余所高校、科研院所，以及数家史学刊物和新闻媒体约80余位代表参加了会议。此次会议旨在为青年学者搭建学术交流平台，展现当代青年学者在社会文化史领域的研究成果，鼓励更多的年轻学者投身于社会文化史研究当中，为今后社会文化史的发展注入新鲜血液，从而推动中国社会文化史朝着更为深入、更为广阔的前景不断迈进。

这次会议由首都师范大学梁景和教授主持，我国著名历史学家耿云志先生作为中国现代文化学会会长在开幕式上致辞，刘志琴先生和李长莉先生在开幕式上致辞。几位史学前辈梳理了社会文化史的兴起、发展、机遇与挑战，以及该领域与西方新文化史的关联与区别。他们寄语青年学者，希冀通过跨学科对话、多种学术平台交流等方式，持续推动社会文化史的研究。这次会议的发言主体为科研院校的青年教师、研究人员和硕博学生，共提交27篇论文，主要从四个方面展开深入探讨。

1. 社会文化史理论与方法的深入和反思

自1990年代"社会文化史"学科概念提出以来，学者就对社会文化史的理论与方法进行不断探索。20余年间，对于社会文化史概念问题的研究逐渐走向深入与创新。首都师范大学副教授余华林对以往学界有关"社会文化史"概念问题的讨论进行了梳理，提出社会文化史的研究价值更多的在于视角或方法论层面，这就既需要对社会问题开展"观念史"的研究，也应在对"观念史"中的核心概念进行"概念史"清理的基础上，关注观念史的社会化研究。首都师范大学教授梁景和则提出"社会文化史"研究的一个新概念——"生活质量"，他从社会文化史的视角对"生活质量"的研究价值、方法和可行性进行了初步探讨。

在研究方法上，对多种资料的广泛运用与独特解读，是社会文化史研究逐步深化的重要特色。中华女子学院助理研究员李慧波通过对档案、报纸杂志、文学作品、电影、戏剧、民谣、顺口溜、图片、音像资料、口述史资料等运用过程的具体展现，进而思考从史料本身来透视深刻的社会和政治内涵的方法与实践。首都师范大学博士生张弛认为"电影"之所以可以成为社会文化史的研究素材，在于"电影"可以为史学提供一种"社会 – 历史"的研究方法，而以"电影"为切入点来观察精英思想和底层回声的交流互动，则符合社会文化史的研究路径。进而，作者以民国儿童电影《小玩意》为例，采用"再解读"的文本分析方式，以细致入微的实证研究，来探讨电影在何种意义上成为社会文化史的研究素材。

"它山之石，可以攻玉"，社会文化史的理论与方法从来都是兼容并包的，借鉴其他研究的有益之处，可以挖掘和丰富社会文化史的研究深度与面向。潘宗亿和王宇英都关注到"记忆研究"对于社会文化史研究的实践意义。台湾东华大学专任助理教授潘宗亿以文化记忆的物质与空间基础的研究取向为指导，以"北京天安门广场"与"柏林浩劫纪念碑"为个案，还原了"记忆政治"对"物质与空间"的营造过程：前者是毛泽东关于中国革命论述语言的物质化结果，后者的建立则是两德统一后为重构国家认同基础而造成的政治结果。中国传媒大学副教授王宇英面对"文革"史料所带有的记忆特点，提议应在梳理记忆视野中的"文革"图景的基础上，尝试应用创伤记忆与社会记忆理论，通过对记忆与现场以及不同记忆进行考证与对比，从而获得对"文革"更为准确的历史认识。

蒋竹山和李二苓的研究都指向相关学术史的清理，以期为社会文化史的研究提供可资借鉴的研究视野与理论方法。台湾东华大学副教授蒋竹山通过对台湾重要史学刊物《新史学》自 1990 年创刊至 2000 年之前十年间所收录文章的研究，来探讨当代台湾史学文化转向的多态成果，以及受西方影响却又不同于西方的本土特色。中国人民大学博士生李二苓对中国近百年来"区域社会史"的研究成果进行追溯与反思，提出"区域社会史"本土化所应采取的立场与方法。

对历史书写与研究内容进行反思，将使"社会文化史"的研究更具深度与现实性。首都师范大学博士生董怀良提醒历史学家要摆脱"精英心态"，对社会文化史的研究不能仅停留在对抽象"民众"的表面关注，而是要"以人为本"，加深对"个人"的历史关怀，从而达到认同传统价值和改造思想倾向的深层意义。中国政法大学副教授黄东强调社会文化史研究必须注重"现代性问题",这样不仅可以使历史与现实对接,以纠正新文化史研究之失,还可以给后人以历史启迪,从而趋利避害,改变心态。

2. 文化史研究的再认识

近代知识分子的文化观念与社会实践是文化史研究的重要内容,以往学界对此研究易于陷入"传统"与"现代"二元对立的模式。刘春强、张立程、赵中亚、高波、郑国等人通过各自的研究,试图超越二元文化观,将知识分子的思想放回社会,以社会文化史的研究路径,来呈现知识分子文化观念与社会实践的多样化与复杂性。聊城大学讲师刘春强通过对陶希圣创办《食货》杂志过程的梳理,展现了陶希圣的传统经世思想和现代关怀,而这种"传统"与"现代"的并存,导致了他秉持中国历史特殊性之观念,与其译介具有普遍性的西方社会科学之行动二者间的冲突与矛盾。浙江大学副教授张立程的研究再现了黄炎培地缘网络的建构、维系、恢复的过程,以及黄炎培在由地缘网络所形成的"场域"中所展现出的社会能量,而这种地缘交往基本上仍是传统地缘关系的延续。山西大学中国社会史研究中心讲师赵中亚对晚清普通下层知识分子赵宏的西学认知与实践做出梳理,指出赵宏在"西学东渐"中所具有的意识自觉、主动参与及心态平和的独特品质。中国人民大学讲师高波就1919年初张东荪与傅斯年等人关于新旧文化是否可以和平竞争的辩论,从争论过程与前后语境进行了考索,作者认为尽管此次辩论实为新派内部之间的论战,但张东荪主张新旧文化和平竞争的想法也不可能为傅斯年等人所接受。青岛市社会科学院副研究员郑国分析了灵学人物伍廷芳的思想变动与精神世界,展现了近代知识分子知识结构古今中西并行的特点,从而呈现出当时知识界对科学认知的多元与模糊。

社会文化史研究关注社会生活和观念形态之间的互动,对社会现象进行"文化史"解读是社会文化史研究的重要内容和取径,这为文化史研究提供了更为广阔的学术视野。首都师范大学博士生王栋亮对学者潘光旦的"人文史观"进行梳理,并将之运用于近代婚姻变革研究之中,认为"人文史观"较之"唯物史观"能够更好地解释婚姻变革中新旧纷呈的现象及婚姻文化的走向。北京师范大学博士后湛晓白对西方星期制度在近代中国的引入、传播、流行、争议进行全方位的考察,展现了星期制度对中国民众休闲观念与模式的深刻影响。首都师范大学硕士生张菲考察了福建义序黄氏祠堂自古至今的功能变迁，展现了一个典型的被解构又被重构的祠堂形象，进而说明宗族在现代社会的角色变化。

3. 女性研究的新视野

女性研究是社会文化史研究的重要内容，在此次会议中吕文浩、秦方和徐晨光所提交的三篇论文从新颖的研究视野出发，对近代"妇女解放"、女性身体与女学等学术问题进行重新解读，为社会文化史研究提供了新思路。中国社会科学院副研究员吕文浩梳理了潘光旦在民国时期有关妇女的论述及其所引发的争议，展示出近代"妇女解放"话语背面的另一种叙述。对保守的男性学者言论逻辑的具体分析，可以为我们规避简单化的历史叙事，从而呈现历史事实的多元面貌。首都师范大学讲师秦方以1906年吕美荪电车事故为个案，将近代女性身体分别置于西方现代性的移植、近代女学之兴起与女性的自我叙述三种不同视角之中进行解读，进而呈现出中国现代性所具有的流动性和不稳定性意义。首都师范大学博士生徐晨光通过分析近代知识分子有关"兴女学"的具体论述，阐明了近代中国"女子宜习医"思潮兴起过程中的社会诉求与家庭诉求，以及与此相关的设计构想，理清了近代女性医学话语与实践的历史发展。

4. 国家的社会管理与文化保护

在社会文化史研究中，向来重视国家与社会的互动，尤其关注近代国家对社会的渗透、干预与管理；当代文化保护研究亦借用社会文化史的研究路径，着重分析国家在保护文化方面的角色与举措。河南大学教授段自成通过论述清代乡约类型的多样化和乡约政策的地域特点，来思考清代乡约教化的复杂性。黑龙江大学副教授魏影考察了清末民初黑龙江移民社会保障的具体内容、过程与效果。在各种移民政策有效实施的情况下，关内农民大量移至黑龙江，改变了黑龙江地区长期封闭落后的状况，有利于减少内乱和实边固防。天津社会科学院助理研究员丁芮考察了北洋政府时期北京警察对传染病的防控，研究表明近代公共卫生事务管理逐步走向正规化，国家权力得以对民众和社会生活进行深入控制。与此同时，作者认为警察机构兼管公共卫生职能实为过渡时期的特殊举措。太原科技大学副教授刘荣臻梳理了南京国民政府前期北京官方社会救助在救助机构、救助制度、救助举措等层面的变革，指明北京社会救助充分体现出注重实效、管理规范、举措创新等多元面向。河北省社会科学院助理研究员王胜以河北省为个案，考察了1958—1963年中国最大一次伤寒疫情时期的政府应对问题。当时中央政府对伤寒疫情的忽视，致使卫生政策和相关制度出现滞后问题，从而导致地方政府的防疫效果大打折扣，也给地方经济发展和民众生命健康造成损失。北京市委党校讲师蔡杨在梳理乡村文化保护现状与经验的基础上，提出当前乡村文化保护与发展面临的问题，以及进一步依靠国家发展的对策建议。

（徐晨光　执笔）

第四届"中国二十世纪婚姻、家庭、性别、性伦文化学术研讨会"综述

2014年3月8日，由中国社会文化研究会主办，首都师范大学历史学院中国近现代社会文化研究中心与首都师范大学社会科学处联合承办的第四届"中国二十世纪婚姻、家庭、性别、性伦文化学术研讨会"在北京召开。国内20多所高校、科研院所及相关机构的40多位研究人员代表参加了这次会议。与会代表分别从历史学、社会学、法学、伦理学、政治学、教育学、文学等学科对近代以来中国婚姻、家庭、性别、性伦文化进行了热烈的学术探讨。这次会议共收到论文23篇，主要四个方面进行探讨。

1. 婚姻、家庭研究

这次研讨会涉及的婚姻家庭问题主要包括婚恋、婚育习俗和婚姻家庭法律等方面。中山大学胡雪莲副教授选取了陈济棠主粤期间广州《越华报》《国华报》等商业报纸为研究对象，检视它们据以赢得最大读者量的社会新闻是如何报道女性追求自由婚姻事件的。认为负面报道比正面报道更具有吸引力，指出父母主婚基础之上女儿意愿的正当性，这种尊重父母与女儿的双重意愿的做法，是婚姻自由在中国社会生活实践中的一种诠释。

山西省社会科学院陕劲松研究员认为山西婚俗是历史上长期多民族文化互动下的产物，并且与当地的地理环境相关联，是农耕文明与游牧文明长期互相交流融合的产物。陕西师范大学郭海文副教授以"陕西省周至县老县城村育俗文化调查研究"为主题，采用口述史的研究方法，对陕西省周至县老县城村生育观念、生育习俗进行了深入的调查和研究，分析得出了该村不同年龄段妇女育俗观念差异，以及现代科学孕育方式影响下，出现孕妇缺乏运动、营养过剩，以及剖腹产增多等新生育问题。

上海大学刘长林教授以学术界较少使用的《新民报》《文汇报》等上海本地报刊资料对因婚自杀的报道为研究对象，探讨了民国时期因婚自杀问题中政府政策、民众干部的作用以及报刊的报道策略。三峡大学潘大礼老师以法律社会史为路径，对南京国民政府时期的湖北重婚问题进行了研究，并考察了重婚与家庭、社会的互动关系。

黑龙江大学王歌雅教授认为，离婚债务清偿，既关涉离婚当事人的权益保障和债权人的债权实现，也关乎社会诚信风尚的确立与社会伦理关怀的推进。中南民族大学尹旦萍教授从女性主义理论及《解释（三）》颁布实施两年多的实践两个方面，对《解释（三）》涉及的性别问题进行了探讨。

2. 女性史研究

郑州大学郑永福教授、吕美颐教授对中国近代妇女史研究进行了系统的梳理和分析，在研究理论、研究方法、研究范例、研究视野以及史料方面为女性史进一步研究提供了借鉴和思路。首都师范大学余华林副教授以2000—2013年以来大陆妇女史研究成果为对象，概括了其呈现的两大特点：内容趋于深入和广泛、"妇女史－社会性别史"研究渐入主流，同时分析了整体研究的三点不足：一是对于妇女史中的一些基本概念缺乏深入细致的分析；二是对性别视角中的男性群体缺乏关注；三是性别研究中使用的分析工具盒范畴略显简单。

不同历史时期、社会制度和文化对女性身体起着巨大的"规训"作用。中国人民大学杨剑利副教授对人们耳熟能详的性别规训与儒家政教体系之间的关联做了分析，认为儒家性别体系是儒家政教体系的一个子系统。谈论儒家性别体系的稳定性和延续性需要超越性别视域。

首都师范大学秦方老师以吕碧城为个案研究对象，从晚清女性公共形象的制造与传播的角度，探讨了"擅旧词华，具新理想"的吕碧城形象的制造与传播过程，展现了晚清时代背景下女性新形象塑造与传统才女文化认同之间的矛盾与妥协。

3. 性别研究

性别研究是这次会议的一个热点，相关发言主要包括女性教育、性别平等的法律保护、女性福利等几个方面。西南大学黄湘金副教授研究了癸卯学制与晚清女子教育的关系，指出这一时期女学教育制度研究应注意晚清学务部门行政力量的有限以及关涉女学具体人事两方面因素。

华东理工大学何玮副教授《近代日本女子教育思想的形成及实践——

兼论与中国之比较》一文认为，日本在近代化过程中，近代女子教育经历了盲目追随欧美和确立中西合璧式贤妻良母女子教育两个阶段，并对明治时期著名女子教育家一下田歌子的女子教育思想和实践进行了探讨。认为，"务实性""妥协性""国家至上主义的局限性"是近代日本女子教育推进历程中的重要特点。其论点为我们思考和理解后发型近代国家的"近代性"问题开启了新的思想空间。

华中师范大学娜仁图雅老师以宪法、教育法和妇女权益保护法为基础，从静态的角度探讨了中国学校教育中性别平等的法律保护问题。目前法律对性别平等的规定还处于一种理念或原则宣示阶段，在责任主体、保障实施、法律后果等方面尚缺乏明确规定。在探讨我国学校教育中的性别平等问题时，要考虑到学校教育现状及相关法律执行情况的分析。

郑州大学蒋美华教授以郑州市农村外出务工女性福利获得为调查研究对象，从"包容性增长"角度细化分析了当代农村外出务工女性福利获得的具体问题。其认为，包容性增长要求在经济增长过程中能够做到机会的平等，不仅需要政府发挥主导作用，而且需要外出务工女性发挥主体地位，需要从微观、中观、宏观多维层面入手。

4. 性伦文化研究

聊城大学历史文化学院罗衍军副教授以《拯救与抵制：1930 年代的杭州废娼运动与社会反应》为题，探讨了 1930 年代初期杭州废娼运动前后的各方反应。他肯定了 1930 年代初期杭州废娼运动对娼妓和贫困女性的救助，在改变娼妓困境、提高女权方面具有一定作用。同时指出杭州对娼妓救助的同时，又一定程度上限制了包括娼妓在内的更为广大女性的经济和人身自由，救助规模的有限与娼妓的庞大数量之间的矛盾，让娼妓回归家庭的措施以及对私娼的很少顾及等，使这次废娼运动走向失败。

北京林业大学硕士研究生董晓莹采用质的研究方法，对三个同性伴侣暴力的个案进行了分析，认为同性伴侣暴力的本质是权利和控制，建议社会各界应给予重视，希望尽快出台反家暴法律并将同性亲密伴侣纳入受保障范围，并希望建立和资助更多非政府组织为受暴者和施暴者提供心理辅导和相应的帮助。

华东师范大学社会科学部讲师侯艳兴从性与性别的角度对 1928 年余美颜自杀事件进行了探析。她指出余美颜的自杀是传统社会性别权力在其身上施予最高暴力。

总之，这次研讨会是不同学科和专业背景的学者思想的碰撞和交汇，这种多学科多领域的交流和探讨进一步深化了对婚姻、家庭、性别、性伦文化的研究。

（李志成　执笔）

第三届"中国近现代社会文化史国际学术研讨会"综述执笔

2014年9月20日，由中国社会文化研究会和首都师范大学历史学院中国近现代社会文化史研究中心联合主办，首都师范大学社会科学处承办的第三届"中国近现代社会文化史国际学术研讨会"在北京举行，来自中国社会科学院、中国人民大学、中国政法大学、北京师范大学、南开大学、湖北大学、日本铃鹿国际大学、日本立命馆大学、中华女子学院、首都师范大学、中国政协文史馆、《光明日报》理论部史学版、社会科学文献出版社等19个海内外高校和科研机构的学者和列席代表60余人参加会议。会议提交论文21篇，主要围绕"社会文化"这一主题，就社会文化史研究的新理念新方法、社会生活、民俗礼俗、婚姻家庭、性别性伦、医疗卫生与民国时期基层社会转型中的教育、司法等问题展开热烈讨论。

1. 社会文化史研究的新理念·新方法

首都师范大学历史学院梁景和教授近年来注重社会文化史研究的理论探索，并发表相关论文，例如：《社会生活：社会文化史研究中的一个重要概念》（《河北学刊》2009年第3期）、《关于社会文化史的几个问题》（《山西师范大学学报》2010年第1期）、《关于社会文化史的几对概念》（《晋阳学刊》2012年第3期），并主编出版了《中国社会文化史的理论与实践》（社会科学文献出版社，2010），该书是对过去二十年（1989—2009年）中国大陆社会文化史研究的回顾与总结，是史学界第一部有关社会文化史理论研究的著作。他为这次会议提交的《生活质量：社会文化史研究的新维度》，从历史学本体出发，提出了社会文化史理论研究的一个新理念，即把生活质量作为社会文化史研究的一个新维度，进一步探索为什么要从历史学角度来研究生活质量，关于生活质量主要研究哪些内容和问题，怎样进行研究。梁教授认为：所谓生活质量是指人们客观生活的实际状况以及对生活的满意程度，研究生活质量具有重要的意义和价值。在此基础上，梁教授追溯了生活质量研究的学术承续，探讨了生活质量的研究内容，详细介绍了宏观微观、综合分析、理论命题、史料提炼、相互比较和感受想象六种研究方法，并且指出：这六种研究方法是你中有我、我中有你的辩证关系，在运用上是多维交叉同步进行的，这种辩证关系不但是研究生活质量的一种思维方式，同样也是研究生活质量的一种研究方法，因为如何看待和评价生活质量的本身具有错综的复杂性，生活质量的优劣高低是会发展变化或是彼此相互生发的。本文对于拓展社会文化史研究的新领域和新视角具有重要的理论贡献，可以说是社会文化史理论探索的又一重大突破。

中华女子学院李慧波老师的《追求大历史与个体生命的融合——社会文化史研究方法探析》一文，聚焦于共和国成立初期乡村女教师的职业生涯，运用生命历程分析框架探究了共和国成立之初乡村女教师群体的职业进入，流动与变化的路径及其影响因素。作者认为，在乡村女教师的职业生涯中，个人、组织与环境纠结在一起发挥着错综复杂的作用。该文最重要的特征是作者创新性地提出将生命历程的概念引入社会文化史研究，进而将人的主观能动性、历史时空观、生活时机及相互关联的生活与个体的生命历程发展联系起来，这一方法在研究某些特定团体、人群、个体方面必将发挥重要的作用。

劳动作为人类社会生活最重要的一部分，近年来也引起了学者们的重视。缘起于欧洲的一种新的史学流派——劳动史，渐渐进入国内学者们的视野。湖北大学郭莹教授在这次会议上提交的《论劳动史研究的新视角》，就是以汉冶萍档案研究为例，从劳动史视角出发对汉冶萍公司的劳动者群体和劳动制度展开深入研究，这是以往政治斗争史和工运史所无法触及的，劳动史不同于传统的生产史或者技术史注重生产过程以及技术分析的路径，劳动史更强调对人的关注，注重对社会层面的分析，这种新的研究视角不仅具有填补以往汉冶萍研究空白的重要作用，最重要的是作为一种新的研究视角，必将进一步拓展社会文化史的研究领域。

2. 婚姻·恋爱·性别·性伦的视角

婚姻、恋爱、性别、性伦等问题作为社会文化史研究的重要领域，受到了研究者的广泛关注，是社会文化史中研究最深入、成果最丰富的一个领域，也是这次会议的一个主要议题。

南开大学历史学院江沛教授的《华北根据地"妻休夫"现象评析》一

文，以20世纪40年代在华北根据地出现的"由女性主动提出"为特征的"妻休夫"离婚现象为研究对象，力图跳出传统的"压迫－解放"框架，从传统、革命、性别三个视阈切入，将各根据地的乡村女性存在、婚姻与情感的多重考察与乡村传统、民族战争与革命的时代背景相结合，力求客观阐释华北根据地女性婚姻变革及妇女解放的实态与意义，并进一步探讨了这一婚姻现象的曲折过程及与民族战争、政治变革、性别解放等相互纠缠的复杂关系。

首都师范大学历史学院余华林副教授的《婚姻与贞操：五四前后知识界的贞操观》，梳理了五四前后知识分子对贞操观念、贞操与婚姻、贞操与恋爱的相互关系等问题展开论战的大致脉络，理清了"五四"前后知识界贞操观的演进理路，说明了在婚姻自由、恋爱自由的舆论氛围中，知识界在大力批判传统贞操观的基础上，先是将贞操与婚姻问题相联系，强调维护夫妻之间的贞操；进而将贞操问题扩展到婚姻以外，强调对于恋人保持贞操；最后将贞操的人身依附性完全去除，仅仅将贞操与爱情相联系，这种仅仅与爱情相联系的贞操观念，不仅对当时知识青年的实际生活产生了巨大的影响，其余波也一直延至后世。

首都师范大学历史学院博士生王栋亮的文章是《民国时期知识女性婚姻的"五宗罪"》，作者选择了在五四新文化运动中，相对于顺应潮流、勇于变革婚姻的少数知识女性之外的那些大部分的"其他女性"为研究对象，尝试以她们的婚恋状况为切入点，从五个方面剖析其在婚姻问题上的社会心理状态，进而提出：为什么她们的婚恋观念与思想界宣传倡导的理念相差甚远呢？由此判断思想启蒙对社会的影响力度及对婚姻变革产生的影响。文章论点鲜明，条理清晰，最终说明了五四新文化运动虽然给青年们送来了新理念，但并没有形成一套完整的文化价值体系来替代传统文化体系，国民性改造因缺乏操作性而难以完成，女性仍没有摆脱传统的精神依附乃至克服自身的弱点，如果仍以传统文化心理做基础，那么女性的婚姻解放绝不是仅仅靠独立意识觉醒、经济独立就能完成的。因为，女性自身的问题不仅仅是女性问题，更是社会问题。

首都师范大学历史学院博士生董怀良的《改革开放后中国同性恋现象变迁研究（1978—2001）》一文，详细梳理了1978年至2001年间同性恋现象的变迁过程，认为这一时期，政府、社会对同性恋的态度发生了缓慢而艰难的解冻过程，逐渐走向了人性化的方向，同性恋者对自身特征、性别权力的认识也更加深刻。尽管如此，政府并未在法律上承认同性恋与同性婚姻的合法性，大部分人也并未改变对同性恋"污名化"的观念，同性恋仍为社会伦理和道德规范所不容，二者直接加重了同性恋者的思想束缚，因此，社会充分尊重人性、尊重人权、尊重多元选择氛围的形成是改善同性恋生存状态的关键，一旦这种氛围形成，同性恋者会更加自信地认知自身，也能促进政府采取更加人性化的政策。

首都师范大学历史学院博士生廖熹晨在《人民共和国初期的性教育》一文中，具体论述了人民共和国初期（1949—1966）的性教育，梳理了1949—1966年十七年国内性教育的特点，对其间性教育的具体实践情况进行了整理和阐述，作者认为，在这十七年间，尽管家庭和学校对性教育的观照相对缺失，社会性教育的具体内容受到知识认知和观念的局限，但是性教育开始由民国时期的城市精英教育走向了一般民众的健康常识教育，对于农村群众的性教育关注有所增强，这样的趋势有进步的历史意义。

首都师范大学历史学院博士生张弛的论文是《气枪与娃娃：民国时期玩具文化中的性别议题》，文章选题新颖有趣，作者运用形象丰富的图像资料向读者再现了民国时期儿童与玩具的生动画面，并从性别视角出发对民国时期的儿童玩具进行了深入分析，通过检视有关性别议题的玩具话语、广告和真实生活，关注那些似乎和固有的玩具分配模式相悖的有趣现象，对男性和女性特质是如何通过玩具这一客体影响并建构儿童主体的生理和现实的问题进行了研究和判断。

3. 社会生活与民俗礼俗

日本立命馆大学杉本史子老师的《民国时期留日女学生的留学生活》一文，以奈良女子大学研究班对民国时期留日归国女生的职业形成和经历所做的相关社会调查为基础，将民国时期留日女学生的具体生活划分为三个主题：留学生的语言问题、留学生的宿舍生活、留学生的恋爱问题，分别从这三个方面对奈良女子高等师范学校中国留学生的生活进行了介绍，并加以分析。作者从学生个体入手，运用丰富的史料描绘了留日女学生在异国他乡的生活，展现了一幅丰富多彩的留学生的生活画面。

中国人民大学历史系何黎萍副教授的《试析抗战时期后方女工的流动问题》一文，作者就抗战时期后方（国统区）女工的流动问题进行了探讨。文章从女工的地域流动、工厂之间的流动、女工职位升迁导致的工作中上下流动、女工改行的流动、女工失业的流动这五个方面对女工流动的背景、原因、具体过程、影响和意义等做了详细的分析，不仅深化了对抗战时期女工生活、工作状况的认识，而且介绍了战时整个工人、社会、工业生产的情况，从而弥补了学术界在这方面研究的不足。

"问君祖籍在何方，胡广麻城孝感乡"，对于移民史专家研究的这个重点问题，湖北大学历史文化学院周积明教授提交的《"麻城孝感乡"历史记忆中的移民心态与策略》一文，试图转换视角，将关注点转到"麻城孝感乡"的历史记忆中，关注"人们以为发生过什么样的事"，其移民心态背后，又隐藏有什么样的历史内容，在此过程中，移民们如何运用文化策略，提升自己的社会地位，取得主流文化的标记，建立自己的身份认同。作者认为：只有进入这一层面，有关"麻城孝感乡"的移民史才能真正的丰满和真实起来。

庙会和"皇会"作为人类学和民俗学研究的热点问题之一，近年来也引起了社会史学者的诸多关注。首都师范大学历史学院韩晓莉副教授的《被延续与被改造的传统》一文，以1937—1949年华北根据地、解放区的乡村庙会为研究对象，考察了革命政权改造下，庙会对乡村社会的意义变化，进而以庙会为中介关注共产党领导的革命政权与乡村社会之间的互动关系。中国社会科学院近代史研究所助理研究员李俊领的《从妙峰山看晚清礼俗教化的变迁》，对妙峰山这一民俗学研究的领域进行了历史学的考察，从教化的角度，讨论了妙峰山信仰礼俗如何影响晚清朝野上下的日常生活，进而透视了晚清官民共营共享的神灵信仰教化与社会生活的互动机制及背后的文化观念。

4. 医疗卫生：社会文化史研究的新领域

社会文化史是研究社会生活与其内在观念形态之间相互关系的历史，医疗卫生作为人类社会生活最重要的一个内容，是医疗卫生史研究的对象。目前，从社会文化史角度对医疗卫生问题进行的研究有其独特的学术意义。参加会议的几位青年学者，创新性地从社会文化史角度，对晚清、民国等时期的医疗卫生问题进行了个案研究，不仅开拓了社会文化史研究的新领域，而且深化了医疗卫生史的研究。

近代以来，随着西医新法的输入，作为几千年传统中国生育中的主要助产者，旧式产婆及其代表的接生法，在近代受到了西洋医术的冲击和挑战。淮北师范大学历史与社会学院朱梅光副教授的《取缔抑或养成：近代国人关于旧式产婆出路之争》，以近代国人对旧式产婆的出路之争为切入点，对近代产婆的主体身份构成与职业习惯、对于产婆取缔和改良的论战等等相关问题进行了考察。鸦片战争后，由于自身的局限和非科学，产婆日益成为时人批判与取缔的对象。但牢固的社会信仰与新式产科人才培养的迟滞，使得她们注定的命运又发生了新的转变。由取缔到养成，由淘汰到改良，在分娩医疗化和国家化的趋势下，她们又被逐步纳入正规的助产职业教育的行列中，从而成为近代妇婴卫生得以推行的一支重要力量，并且在共和国成立后很长一段时间被继承和保留下来，对共和国妇婴卫生的改良，发挥了相当重要的作用。首都师范大学历史学院博士生徐晨光的《晚清美以美会北京医疗活动述论》一文，以北京同仁医院的建立、管理与活动为中心，梳理了晚清美以美会在北京所从事的福音传教、医疗救治与医学教育等工作，并指出这些都得益于晚清独特的社会背景、西医先进的医疗水平与完善的管理制度，从而透视出"西学东渐"对晚清北京所带来的历史影响。

河南师范大学政治与管理科学学院李洪河教授提交的《抗日根据地的医疗卫生展览会研究》，将目前史学界鲜有涉及的根据地医疗卫生展览会作为一个整体进行个案研究，以抗日根据地的医疗卫生生态为背景，理清了根据地医疗卫生展览会的发展脉络，分析了展览会举办中的社会动员及其所带来的较为深刻的社会影响。无独有偶，来自北京联合大学应用文理学院历史文博系李自典老师提交的《新中国成立初期的卫生宣传教育》一文，也提到了医疗卫生展览会的问题，可见抗战时期的这种宣传方式被保留到了共和国成立之后，所不同的是，共和国成立之后的卫生宣传教育形式更加丰富多彩。作者以北京市为例，介绍了共和国成立初期，北京市通过多种形式展开的卫生宣传教育工作，向民众介绍卫生工作的方针政策，普及卫生常识，民众卫生观念、生活习惯等随之改变，社会效果明显。

5. 民国社会转型中的教育与司法问题

陆军大学是民国时期中国培养军事人才方面的最高学府，但是，大陆学术界在这方面的研究屈指可数。日本铃鹿国际大学细井和彦教授的论文是《试论国民党政权下选拔陆大学院制度》，作者在介绍了陆大成立发展的背景和概况之后，从法规和制度方面分析了陆大学院的招聘方式，并通过真实的陆大学院回忆录进一步整理了陆大考试情形，填补了以往对陆大研究的不足。

北京师范大学历史学院朱汉国教授的《民国时期华北乡村教育的转型

与困境》，从乡村教育所包含的办学理念、办学机构、课程设置、师资问题、经费问题等方面系统地考察了民国年间华北乡村教育由旧式教育向新式教育转型的表象、内容及困境，指出华北乡村教育由旧式教育真正转向现代意义的新式教育是在民国时期，并对如何发展乡村教育这一重要问题，从思想观念、乡村经济、师资力量等方面做了思考，凸显了乡村教育的重要意义。

中国社会科学院近代史所唐仕春副研究员提交的论文《北洋时期基层司法经费的来源与分配》，以基层档案、地方志等为主要资料分析了北洋时期基层司法经费的来源、支取与分配，进而讨论了它与司法制度变迁的关系。作者认为：在北洋时期由于国家财政困难，采取由地方行政机关筹措司法经费，以司法收入补充司法经费，进而维持司法运作，这种选择实属无奈，也带来了许多不良后果。

这次会议取得了预期的效果。一些新理念的提出、新方法的运用和新领域的探索，将进一步推进中外学界对中国近现代社会文化史的关注和深入研究。

（武婵　执笔）

2009—2011年的中国近代社会与文化史研究

李长莉　毕　苑　李俊领

"社会文化史"学科从广义而言，包括社会史、文化史及社会文化史三个既有联系又各具特色的领域。"中国近代社会与文化史"指1840—1949年间的社会文化史。

社会史以社会结构、社会阶层、社会生活等为主要研究内容，文化史以文化制度、文化现象、文化观念等为主要内容，这两个历史分支学科在"文革"期间有所冷落，20世纪80年代开始复兴，至今仍然是兴旺发展的史学领域。稍后在80年代末又出现了跨社会史与文化史的"社会文化史"（又称"新文化史"）新兴交叉学科，其主要特色为：关注下层社会，打通文化史与社会史、思想史与制度史，注重思想观念与社会的互动、上层与下层的互动，透视社会现象背后的文化意涵与观念世界，尤其注重社会生活与民众观念的联系。

在这种发展形势下审视2009—2011年度中国近代社会文化史的最新成果，可以看到又取得了一些引人注目的新进展，反映了这些学科的一些最新动态和新趋向，下面做一梳理。

一　社会与文化史理论探索

社会文化史是一新兴学科，以文化视角透视社会现象为主要研究取径，与叙事为主的传统史学方法有所不同，更强调理论性观照与方法论创新，因而业内学者一直关注学科理论方法的反省，以求不断改进与完善。中国社会文化史学科自20世纪80年代末创生以来，已经走过了20余年历程。

2010年出版的梁景和主编《中国社会文化史的理论与实践》[①] 一书，汇集了20多年来十几位学者有关社会文化史理论方法及学科发展的文章，记录了这一新兴学科从创生、奠基到探索、发展的历程，是对中国社会文化史理论方法与学科发展的总结，可以作为中国近代社会文化史学科已走过初创阶段而进入成熟发展阶段的一个标志。李长莉《交叉视角与史学范式——中国"社会文化史"的反思与展望》[②] 一文，对中国社会文化史与西方新文化史做了比较，并指出近年来中国"社会文化史"研究出现微观史与深度描述、建构理论与概念分析工具、以记述叙事为主要表现形式等趋向，同时也存在着碎片化、平面化、理论与内容相脱节及"片面价值论"等缺陷。指出"社会文化交叉视角"可以作为一种新史学范式，对于以往通史、专史单一视角的史学范式提供了补充。

二 社会阶层、社会生活与社会转型

中国近代一直处于社会转型过程中，社会结构与社会生活发生了根本性变动，这是导致社会文化系列变动的基础，因而这也是本年度一个研究重心，主要集中在四个方面。

1. 社会阶层与社会群体

知识阶层作为连接官方与民间、上层与下层的中介，仍然受到研究者的重视。阳信生《湖南近代绅士阶层研究》[③] 一书，运用整体研究和个案研究相结合的方法对湖南近代绅士阶层进行了全面而系统的研究，深入探讨了湖南绅士阶层在近代演变的成因、过程、结果和影响。杨国强撰文从晚清绅士阶层的权利和国家权力角度分析二者的纠葛和关联，[④] 认为清初抑绅权，到太平天国起东南、募勇筹饷要务不得不由绅士承担，这个过程实际上成为国家权力扶持绅权的过程。而当西潮催化社会嬗变之时，绅权又掺入了民权、主权等原本没有的新意。

马建标撰文分析五四学生的集体认同和政治转向问题[⑤]。认为学生集体认

[①] 梁景和主编《中国社会文化史的理论与实践》，社会科学文献出版社，2010。
[②] 李长莉：《交叉视角与史学范式——中国"社会文化史"的反思与展望》，《学术月刊》2010年第4期。
[③] 阳信生：《湖南近代绅士阶层研究》，岳麓书社，2010。
[④] 杨国强：《论晚清中国的绅士、绅权和国家权力》，《华东师范大学学报》2011年第1期。
[⑤] 马建标：《学生与国家：五四学生的集体认同及政治转向》，《近代史研究》2010年第3期。

同的构建及其国民身份意识的产生,一方面是"从上到下"的政府培养和精英启蒙的过程;同时也是"自下而上"的自觉构建过程,国民身份意识成为主导五四学生的最高身份意识,是促使学生运动政治转向的内在诱因。

民初"文化遗民"是一个特殊的群体。过去人们对民初"文化遗民"多持单一性否定的看法。罗惠缙注意到"文化遗民"在政治上虽表现出明显的观念固执的特征,但也呈现出明显的延续道统的意味。他对这一群体的文化贡献给予了充分的肯定,并揭示说民初"文化遗民"在社会鼎革中并没有放弃自己的文化守望,反而冷静地坚守固有的遗民精神和文化价值,看护着一己或整个民族的精神家园,这种无私的精神境界恰恰构成了"文化遗民"存在的价值。[①]

知识群体和社团组织的研究也有新进展。范铁权《近代中国科学社团研究》一书全面考察了近代科学社团的发展变迁历程,阐述科学社团在科学传播、科学化运动、科学体制化、科学教育等方面的历史功绩,揭示近代科学社团在中国科技史、社团发展史上的地位与影响,考察科学社团的各种社会关系。[②] 王巨光考察了民国教育社团推进民主教育的进程及其成效。他认为,中国科学社、全国教育联合会、中华职业教育社、中华教育改进社及中华平民教育促进会总会等重要教育社团始终以人为本,并结合促进中国社会进步和发展的需要,对具有中国特色的民主教育进行了富有成效的探索,在中国民主教育建设上起了领导和推动作用。[③]

尚小明以教育部和大学原始档案为依据,描述了近代近百所大学或学院626名史学教授的群体状貌。[④] 文章认为,近代中国大学的史学教授可分为三代:科举时代的人、新式学堂教育时代的人以及大学教育发展时代的人。三代之间存在学术传承关系。很多留学生回国后改治中国史,除了因为国内研究条件缺乏外,更主要的是因为许多人在主观上更重视本国文化历史研究之故。

社会下层边缘群体也是社会史研究的重要内容。蔡少卿修订了其所著《中国近代会党史研究》,该书基于20余年的档案和文献资料搜集利用,兼采宏观研究与微观考察的方法,全面、系统地论述了中国近代会党的产生、

---

① 罗惠缙:《民初"文化遗民"研究》,武汉大学出版社,2011。
② 范铁权:《近代中国科学社团研究》,人民出版社,2011。
③ 王巨光:《民国教育社团与民主教育研究》,湖北人民出版社,2011。
④ 尚小明:《近代中国大学史学教授群像》,《近代史研究》2011年第1期。

发展、影响和作用，填补了许多长期无人问津的空白点，勾画出中国近代会党史的清晰脉络和轮廓。[1] 邵雍系统考察了天地会的起源、天地会在清嘉道年间的发展概况与特点、青帮的源流与发展、太平天国时期的会党运动等。[2] 此外，他还考察了近代秘密社会与中国革命的复杂关系。[3] 秦宝琦系统梳理了晚清秘密社会的两大系统——秘密教门与秘密会党。[4] 何文平考察了清末民初广东的盗匪问题与社会秩序的关联。[5]

冯剑辉对近代徽商的发展沿革史做了简明的介绍，对徽商的成功之道、创业精神、创业能力、深厚的文化根基做了深入阐述。[6] 王凤山、冀春贤等人探讨了宁波近代商帮活动的历史轨迹，总结其成功的多种因素，揭示其经营理念的转变与提升，结构调整与发展壮大等。[7]

近代文化世族的变迁是引人注目的社会现象。徐茅明等人在考察明清以来苏州文化世族的变迁时特别注意其在近代的大转型。他认为，近代西学东渐，苏州文化世族也站在了时代潮流的前列，顺利地完成了由科举教育向现代教育的转向，由科举世家蜕变为现代的科学世家。近代江南文化世族的转型紧随国家政策的转向，具有明显的实用特色。以科举制废除为界，此前此后文化世族的教育内容、教育途径与人才类型上出现了很大变化。在科举制废除之后，文化世族则转入实业、科学、技术等领域，借以获取更多的产业优势与生活条件。不过，近代文化世族从"家庭－家族－宗族"的三维结构转向了一夫一妻家庭的单细胞结构，大为减弱了文化世族成员数量增长与代际延续的能量。近代文化世族的转型不可阻挡地冲淡了世族的宗族观念与家族组织。[8]

2. 女性研究

女性身份及观念的变化是研究重心。王琴《女性职业与近代城市社会》一书，探究女性职业对近代城市社会的影响，从性别与权力等角度，透视了传统城市的性别格局在近代的演变，解读了新女性在近代城市转型

---

[1] 蔡少卿：《中国近代会党史研究（增订版）》，中国人民大学出版社，2009。
[2] 邵雍：《中国近代会党史》，合肥工业大学出版社，2009。
[3] 邵雍：《秘密社会与中国革命》，商务印书馆，2010。
[4] 秦宝琦：《晚清秘密社会》（中国地下社会第二卷），学苑出版社，2009。
[5] 何文平：《变乱中的地方权势：清末民初广东的盗匪问题与社会秩序》，广西师范大学出版社，2011。
[6] 冯剑辉：《近代徽商研究》，合肥工业大学出版社，2009。
[7] 王凤山、冀春贤：《宁波近代商帮的变迁》，宁波出版社，2010。
[8] 徐茅明等：《明清以来苏州文化世族与社会变迁》，中国社会科学出版社，2011。

中的角色与功能。① 乔以钢、刘堃关注晚清"女国民"话语及其女性想象，② 认为晚清对于"女国民"责任和权利、"女国民性"的界定及其实践路径等，不同性别的启蒙者所采取的价值立场和论述策略呈现出微妙差异。"女国民"想象呼应了思想界的讨论，而究其实际未脱离男性中心的叙述模式。

李长莉《五四的社会后果：妇女财产权的确立》考察了妇女财产权的确立，认为这是五四的一个社会后果。③ 文章认为，五四时期形成了高涨的妇女解放思潮，"男女平等"成为社会主导观念，最后在标举男女平权宗旨的国民党执政后，才最终修订颁行了实现男女平等财产权的法律。这一法律条文比民间实际情况有所"超前"，反映了观念、制度和习俗变革之间有一定的"超前"梯度。

3. 城市与乡村的社会生活

城市与乡村的社会生活是中国近代社会文化史研究的主要领域之一。张生考察 20 世纪 20—40 年代上海的房荒、房客运动及其与海派文化的关联。④ 荆蕙兰梳理了近代大连城市文化产生的历史环境，外来建筑文化为主的城市形态，殖民文化为主的思想文化与教育、人口特征与社会习俗等。⑤ 刘克敌、苏翔探讨了民国时期杭州文人的日常生活。⑥

关于城镇研究方面，李学功《南浔现象——晚清民国江南市镇变迁研究》一书，认为晚近时期的南浔以缩影的形式展现了江南市镇由传统向近现代曲水流觞式的转型演进历程。南浔在近代的历史命运，从长时段的空间范围和地方性知识角度提供了一种极具价值的解读范本和经济社会景观——南浔现象。⑦

刘俊凤《民国关中社会生活研究》一书，通过"卫生助理员的苦恼"、关中知识青年的生活经历、文化人移风易俗的种种努力、"上帝"与"神灵"的碰撞等专题，表明关中地区成为一块"永不板结的黄土地"。⑧ 春杨《晚清乡

---

① 王琴：《女性职业与近代城市社会》，中国社会出版社，2010。
② 乔以钢、刘堃：《晚清"女国民"话语及其女性想象》，《中山大学学报》2010 年第 1 期。
③ 李长莉：《五四的社会后果：妇女财产权的确立》，《史学月刊》2010 年第 1 期。
④ 张生：《上海居，大不易：近代上海房荒研究》，上海辞书出版社，2009。
⑤ 荆蕙兰：《近代大连城市文化研究》，吉林人民出版社，2011。
⑥ 刘克敌、苏翔：《民国杭州文人日常生活》，杭州出版社，2011。
⑦ 李学功：《南浔现象——晚清民国江南市镇变迁研究》，中国社会科学出版社，2010。
⑧ 刘俊凤：《民国关中社会生活研究》，人民出版社，2011。

土社会民事纠纷调解制度研究》一书,探讨了晚清乡土社会纠纷调解的社会条件和思想基础,民事纠纷调解的依据,乡土社会纠纷调解的特点。①

戏剧是近代民众文化生活的重要形式。罗检秋《京剧坤角如何走红——社会文化史视野中的民初京剧》②一文指出,晚清京剧长期由清一色男伶演出,清末京剧坤角迅速增多,并很快走红,其原因既受京剧商业化潮流推动,又受观众性别审美倾向、艺术欣赏水平的支配,而社会与梨园的礼俗变迁亦为其重要语境。

学界在近代上海社会生活史的研究上取得了更为丰富的成果。王敏等勾勒了近代上海城市的公共空间。他们认为,在近代上海,公园、戏园、游艺场、电影院和跑马场等具有社交和休闲娱乐功能的城市公共空间十分发达。这些公共空间集现代性、大众性、多元性和商业性于一体,生动、深刻地体现出这个城市社会的民族关系、阶级关系以及移民区域特点,反映了这座城市的世界性与地方性并存、摩登性与传统性并存、先进性与落后性并存、殖民性与爱国性并存的特性。③

宋钻友等人考察了1843—1949年上海工人的生活,认为近代上海工人生活具有三个特点:一是近代上海工人具有复杂的境况和较大的差异;二是工人的苦难是近代上海工潮发生的重要因素;三是近代上海的一些工人因为职业需要而受到了现代文明的有益影响。④叶中强考察了1843—1945年上海的文人生活,认为晚清民国时期上海曾连续不断地吸引了一批又一批先自周边终及全国的文人。文人迁徙的历史图绘,不仅呈示出近代中国文化要素的一种地域流向,复亦见证了传统士人,从"仕途经济"走向职业空间,从庙堂依附者蜕变为一个以近代知识生产体系为存身空间,拥有文化权力的社会阶层的历史过程。⑤

照相与广告深刻影响了近代上海的社会生活。葛涛、石冬旭考察了西方的照相技术融入上海社会的进程,认为照相使社会生活的某些内容与形式发生了意义深远的积极改变。⑥《新闻报》的广告无异于近代上海休闲生

---

① 春杨:《晚清乡土社会民事纠纷调解制度研究》,北京大学出版社,2009。
② 罗检秋:《京剧坤角如何走红——社会文化史视野中的民初京剧》,《河北学刊》2011年第2期。
③ 王敏等:《近代上海城市公共空间:1843—1949》,上海辞书出版社,2011。
④ 宋钻友等:《上海工人生活研究(1843—1949)》,上海辞书出版社,2011。
⑤ 叶中强:《上海社会与文人生活(1843—1945)》,上海辞书出版社,2010。
⑥ 葛涛、石冬旭:《具像的历史:照相与清末民初上海社会生活》,上海辞书出版社,2011。

活的一张名片。杨朕宇引入了"新文化史"的研究视角,梳理了《新闻报》广告中所建构的各种休闲理念与镜像,并分析了这种建构同当时上海社会文化之间的关联。他认为,这些广告反映了20世纪30年代上海休闲生活的整体文化特征以及由休闲生活的发展变迁所引发的近代上海市民价值观念、道德判断的变化,从而在建构和形塑30年代上海的休闲生活上"充当了历史的不自觉的工具"。① 刘善龄、刘文茵从《点石斋画报》和《图画日报》等百年前的报刊上细心截取了200余帧图画,从种种细节上展示了当时上海的城市生活。②

城市旅游是近代社会生活的新兴事物。项文惠、王伟从旅游交通工具、服务环境、资源开发与旅游活动等多个层面考察了"民国时期杭州旅游的盛衰变迁"的过程。讨论时借鉴了法国年鉴学派的做法,以问题导向的分析史学取代传统的历史叙事,并综合运用了历史学、旅游学和社会学的理论与方法。③

医疗卫生是社会生活的基本内容之一。龙伟考察了民国时期的医事纠纷,认为在近代卫生行政体制建立的时代背景之下,国家制度(卫生行政与民国法律)以及社会团体干预和影响着医患双方关系的互动,进而也对南京国民政府时期医事纠纷有着制约和影响。④ 还有人通过对民国《医界春秋》杂志的考察,从微观上分析了期刊出版与社会政治的关系,讲述了民国中医变局中的人和事,披露了民国中医鲜为人知的行业内幕。⑤

学界对近代中国慈善业的研究又有了新进展。黄鸿山以晚清江南地区为中心,沿着"传统慈善组织的近代发展"和"近代以来新型慈善组织的出现"这两条主线开展研究,揭示了中国近代慈善事业的运营实态和近代转型历程。在此基础上,他对近代慈善事业发展过程中体现的"教养兼施"、国家与社会的关系、传统与现代的关系等问题进行了再探讨,对以往流行的一些看法作了补充和修正。认为应当借鉴近代慈善事业采取的义仓、借钱局等救助办法,避免变相地加重民众负担的行为和"救助"的负面效应。⑥

---

① 杨朕宇:《〈新闻报〉广告与近代上海休闲生活:1927—1937》,复旦大学出版社,2011。
② 刘善龄、刘文茵:《画说上海生活细节(清末卷)》,学林出版社,2011。
③ 项文惠、王伟:《民国杭州旅游》,杭州出版社,2011。
④ 龙伟:《民国医事纠纷研究:1927~1949》,人民出版社,2011。
⑤ 沈伟东:《医界春秋:1926~1937——民国中医变局中的人和事》,广西师范大学出版社,2011。
⑥ 黄鸿山:《中国近代慈善事业研究:以晚清江南为中心》,天津古籍出版社,2011。

梁景和从婚姻、女性、性伦观念、家庭生活与个性主义等方面揭示了五四时期社会生活与文化观念互动式的变迁历程。① 他认为，五四时期社会生活与文化观念的变革是近代以来社会文化变革的惯性使然，其中蕴含着人的解放、中国文化精神进化等深刻主题，具有鲜明的进步意义。在此时期的社会文化变迁中，文化精英发挥了重要的开蒙作用。

4. 社会流动、社会控制与社会转型

社会转型是导致社会结构和社会生活变化的本源，一直是学者关注的一个重心。汪效驷《江南乡村社会的近代转型》一书，依据民国时期陈翰笙领导的无锡调查，考察了转型中的江南乡村社会的实态。认为经济与地权在近代工商业化的背景下发生了一系列的变化：市场化和现代机器的侵入，与一家一户的小农经营相交织，构成了转型时期乡村经济的特有形态；近代无锡乡村大多数农家以稻作为主、以蚕桑为辅的生产格局并未发生根本的改变；多种经营和"非农化"是农家经济的基本趋势。②

以前少有人关注的东北乡村社会的近代变迁，也引起了学界的注意。王广义《近代中国东北乡村社会研究：1840—1931》一书从村落入手，以乡村为视角来考察近代东北农村的政治控制、农民的社会生活、农业的经济发展，揭示了其近代化历程的演变，进一步展现了百年来近代东北地区乡村的社会变迁。③

近代中国铁路的修筑与交通对地方社会产生了重大影响。熊亚平尝试运用了历史学、统计学、城市学多学科方法，对1880—1937年间的铁路与近代华北地区的工矿业起步、城乡市场重构、产业结构变迁、社会结构变动、市镇发展等方面进行了比较全面的考察。他认为，铁路自身具有向后的连锁影响，在整个华北乡村社会变迁的动力系统中占有重要地位，有力推动了乡村经济由传统向近代的变迁。④ 郭海成考察了20世纪30年代铁路对关中经济社会的影响。认为民国时期的关中经济社会因为陇海铁路而出现了重要转型，铁路通车使近代文明传播加速，大量外货的输入及新风气的传入，也改变了关中民众日常生活的方方面面。⑤

---

① 梁景和：《五四时期社会文化嬗变研究》，人民出版社，2010。
② 汪效驷：《江南乡村社会的近代转型：基于陈翰笙无锡调查的研究》，安徽人民出版社，2009。
③ 王广义：《近代中国东北乡村社会研究：1840-1931》，光明日报出版社，2010。
④ 熊亚平：《铁路与华北乡村社会变迁（1880~1937）》，人民出版社，2011。
⑤ 郭海成：《陇海铁路与近代关中经济社会变迁》，西南交通大学出版社，2011。

社会流动与社会控制是近代城乡社会变迁的重要内容。欧阳恩良主编《近代中国社会流动与社会控制》论集，集中讨论了有关城乡人口流动、阶层流动、慈善救济，以及城乡控制和治理等论题。①

三 文化制度、文化传播与文化观念

文化制度和文化观念是一个社会里文化的主要表现形式，标志着这个社会的基本文化面貌和性质，因而也是学者一直关注的重点。这方面的成果主要集中在四个面向。

1. 教育制度与教育观念

近代中国教育的变革问题一直受到学界关注，这三年的研究成果首先是近代中国高等教育的种种问题受到更多关注。

关于西方大学理念对近代中国大学的影响。张雁《西方大学理念在近代中国的传入与影响》一书，通过对德国经典大学理念与美国现代大学理念在近代中国的导入、传播与影响，以及当时国内学界对这两类大学理念的选择、调适和融合过程的论述，揭示中西文化教育交流中的中国近代大学的变迁。②闻曙明《中国近代高等教育管理思想研究（1912—1937）》一书，探讨了中国近代高等教育发展的大格局、中西方高等教育管理思想在中国高等教育近代化过程中的交融、中国近代大学高等教育管理思想的表现特征及实证研究、中国近代高等教育管理思想分类研究及管理思想论架构等。③

关于大学校长与近代中国高等教育。吴立保《大学校长与中国近代大学本土化研究》一书，从大学校长的视角考察中国近代大学制度的本土化进程，论述中国近代大学精神的本土化，阐述大学校长与大学本土化之互动关系及其影响价值，总结了中国近代大学本土化的历史经验。④王昊《近代中国大学校长的文化选择》一书，选取了近代以来在中国大学史上较为著名的十五位大学校长，寻其足迹，撷其灵光。⑤罗志田考察了成立于北伐前的吴宓主持下的清华学校研究院国学部，认为吴宓想办一个突破边界、

---

① 欧阳恩良主编《近代中国社会流动与社会控制》，社会科学文献出版社，2010。
② 张雁：《西方大学理念在近代中国的传入与影响》，浙江大学出版社，2009。
③ 闻曙明：《中国近代高等教育管理思想研究（1912—1937）》，吉林人民出版社，2010。
④ 吴立保：《大学校长与中国近代大学本土化研究》，中国社会科学出版社，2010。
⑤ 王昊：《近代中国大学校长的文化选择》，天津教育出版社，2010。

融合中西的新式书院,通过培养"正直高明之士"来影响社会。① 左玉河探讨了傅斯年的大学理念,指出傅斯年的大学研究院设想,基本上是接受和效仿德国讲座制度和研究所制度而来的,与当时教育部仿效美国大学体制而设立研究生院的规定,存在着明显的差异。②

关于近代中国大学课程教育。李佳《近代中国大学通识教育课程研究》一书,考察了近代中国大学通识教育课程的形成与发展、北京大学的通识教育理念与通识课程实践、清华大学的通识教育理念与通识课程实践、国立西南联合大学的通识教育理念与通识课程实践等。③ 张美平《晚清外语教学研究》一书,按照教会学堂的外语教学、官办学堂的外语教学以及留学教育三条主线,回顾了近代中国外语教育走过的艰难历程,重点分析了近代中国历史上有代表性的若干学堂创办的原因及过程,外语教学特色、影响及其启示等。④ 此外,还有学者考察了1912—1937年间民国教育部与高校的关系。⑤

晚清至民国各时期的教育制度改革也是一个研究重心。汪婉撰文研究晚清直隶的查学和视学制度。⑥ 文章梳理了中国地方视学制度的来源、职权范围等,指出"省视学"的职权范围不仅超出了对教学内容、教学方法等教育内在事项的指导和监督,而且扩大到教育的外在事项。这一方面反映了此制度建立伊始对职能界定模糊,另一方面也符合清廷试图通过地方"视学"以加强中央对地方的控制之目的。陈胜、田正平通过乡绅日记考察乡村士人心中的清末教育变革,认为废科举、兴学校给乡村旧教育体制下的士人带来巨大冲击。⑦ 梁尔铭以全国教育会联合会的成立为中心,梳理了新式教育建立过程中,清末各省教育总会联合会与学部中央教育会的抗衡,以及民初各省教育总会联合会与教育部中央教育会议的抗衡,从而呈现清末民初教育主导权之争。⑧

---

① 罗志田:《一次宁静的革命:清华国学院的独特追求》,《清华大学学报》2011年第2期。
② 左玉河:《傅斯年的大学理念及大学研究所构想》,《安徽史学》2011年第2期。
③ 李佳:《近代中国大学通识教育课程研究》,浙江大学出版社,2010。
④ 张美平:《晚清外语教学研究》,中国社会科学出版社,2011。
⑤ 崔恒秀:《民国教育部与高校关系之研究:1912~1937》,福建教育出版社,2011。
⑥ 汪婉:《晚清直隶的查学和视学制度——兼与日本比较》,《近代史研究》2010年第4期。
⑦ 陈胜、田正平:《横看成岭侧成峰:乡村士人心中的清末教育变革图景——以〈退想斋日记〉和〈朱峙三日记〉为中心的考察》,《教育学报》2011年第4期。
⑧ 梁尔铭:《清末民初教育主导权之争——以全国教育会联合会的成立为中心》,《河南大学学报》2011年第5期。

毕苑《建造常识：教科书与近代中国文化转型》一书，致力于从知识建构史的视角探察近代中国文化的剧变，指出教科书构建起近代中国人的常识体系。该书梳理了新式教科书的诞生，汉译日本教科书对中国新式教育的影响，中国人自编教科书的诞生发展以及教科书编审制度的演变等制度脉络；还考察了教科书中从"修身"到"公民"的道德教育转型、教科书与近代中国人的政体认知，以及博物教科书中展现的近代自然教育的发端。①

基督教教育仍是近代史学界的研究热点。学界已有的相关成就十分丰富，也形成了"文化侵略"范式、现代化范式、普遍主义范式和全球地域化范式等比较成熟的范式，但这些范式之间存在着种种不能互容的内在冲突。周东华在细致考量了这些范式的基础上，独辟蹊径，以"身份建构"与"本色之路"为新视角，考察了基督教会与民国浙江教育现代化的个案，重点论述了浙江基督教教育如何从晚清体制外的"外国人"转变为中国"国民"，如何从教会机关变为为中国社会服务的教育机构；如何从教会控制转变为受政府节制；如何从帝国主义文化侵略中国的文化工具转变为中国教育现代化的有力促进者等问题。②张龙平分析了中国教育会与清末教育改革的关系，指出 1890 年基督教传教士成立的中国教育会对西方公共考试制度加以引介，提出了对中国教育体制改革的种种设想，并和清政府进行了基督教教育地位的交涉，透视了其对中国新式教育的影响。③杜敦科考察了南京国民政府时期的基督教大学立案问题，包括重组校董会、任命华人校长、调整学院设置和改革宗教教育、实行党化教育等方面，加速了基督教大学的中国化和世俗化。④

2. 文化传媒与文化传播

有学者对出版、报刊等文化传媒做了比较深入的研究。王建明、王晓霞《中国近代出版史稿》一书，全面梳理了中国近代出版业的进程。⑤李滨《中国近代报刊角色观念的发展和演变》一书，从传教士、早期维新思想

---

① 毕苑：《建造常识：教科书与近代中国文化转型》，福建教育出版社，2010。
② 周东华：《民国浙江基督教教育研究：以"身份建构"与"本色之路"为视角》，中国社会科学出版社，2011。
③ 张龙平：《中心与边缘的徘徊：中国教育会与清末教育改革》，《河南大学学报》2011 年第 3 期。
④ 杜敦科：《南京国民政府时期基督教大学立案探析》，《历史教学》2011 年第 16 期。
⑤ 王建明、王晓霞等：《中国近代出版史稿》，南开大学出版社，2011。

家、戊戌变法时期改良派等方面,考察了中国近代报刊角色观念的发展和演变。① 刘光磊《宁波近代新闻传播史》一书,对1854—1949年的宁波报刊(纸)、通讯社和广播电台做了全面而完整的梳理,展现了宁波近代新闻传播史的全貌。②

媒体与五四运动的关系引起学者关注。汪杨考察了《新青年》杂志为代表的新文化运动中的知名进步刊物在安徽的普及和传播情况,说明学术繁荣和文化更新对民众参与公共生活创造了前提条件。③ 王康考察了《京报》创办者邵飘萍和学生群体的交往,造成"巴黎和会外交失败"的舆论在更大范围内传播,引燃了青年学生的爱国热情,推动了五四运动的进一步发展。④ 邓金明认为以"青年"和"青春"为主题的《新青年》形成了五四时期独特的"青年论述"。现代"青年"角色的产生既是社会的期待和规范,也是青年的自我设计。作为社会角色的"青年"的形成、"青年"自我意识的萌发,与《新青年》有不可分割的关系。⑤

还有学者考察媒体舆论与权力、政治的关系。唐小兵以1930年代前期的《大公报》和《申报》为例,考察公共舆论与权力之间的关系,分析了这两份报纸、两个专栏和国共两党的亲属关系,这种亲属关系如何塑造了公共舆论的价值立场和话语方式,以及公共舆论与政治权力发生冲突时如何解决,体现了怎样的舆论与权力的关系等,进而讨论中国式公共舆论的独特性格和历史命运。⑥ 董淮平从辛亥革命时期上海政党报刊的视角,解读上海城市特定氛围与政党报刊集聚的相关性,呈现上海政党报刊舆情与辛亥革命进程互动所产生的能量,解释城市文化与政党报刊在构建中国现代性话语体系方面的独特贡献。⑦

文化传播以报刊为主要载体。章清研究了晚清的西学"汇编"与本土

---

① 李滨:《中国近代报刊角色观念的发展和演变》,岳麓书社,2011。
② 刘光磊:《宁波近代新闻传播史》,东北林业大学出版社,2011。
③ 汪杨:《新文化运动的地域展开——以安徽地区的书、报、刊等媒介为例》,《安徽大学学报》2010年第3期。
④ 王康:《舆论传播与五四学生运动——以五四时期〈京报〉为中心》,《安徽大学学报》2011年第2期。
⑤ 邓金明:《现代中国青年文化的诞生——以〈新青年〉杂志为中心的考察》,《上海大学学报》2011年第5期。
⑥ 唐小兵:《公共舆论与权利网络——以1930年代前期〈大公报〉、〈申报〉为例的考察》,《浙江学刊》2010年第1期。
⑦ 董淮平:《城市文化·政党报刊·现代性话语构建——辛亥革命在上海》,《江海学刊》2011年第3期。

回应，认为"汇编"意味着针对传入的西学知识进行二度创造，即"知识的再生产"，因此解析其中关乎本土文化的调试与回应，正是审视中西文化之调试与回应的主旨所在。① 程美宝研究了《国粹学报》中博物图画的资料来源及其采用的印刷技术。② 文章考察了这批博物绘图的来源，探讨了绘图者阅读相关外语资料的途径和能力，并初步讨论了当时上海印刷技术对复制图画所能达到的效果。吴义雄研究了晚清时期西方人体生理知识在中国的传播和本土化。③

3. 文化变迁、词语分析与知识传播

中西文化的关系是中国近代文化变迁的一个主题。左玉河《中国近代文明通论》④ 一书，以宏观的历史视野考察了中华传统文明在近代所面临的根本问题及其重新建构过程中遭遇的困惑。认为中华文明的现代复兴，不是儒家思想的复活，而是儒家思想的现代转化；不是全盘西化，而是中西文明的融合与沟通。文化具有丰富的内涵，包括上层文化与下层文化、知识文化与风俗文化等，近年的研究在研究论题上有更多拓展。唐仕春主编《近代中国社会与文化流变》论集，集中讨论了有关传统文化与近代化、媒体与文化生活、文化运动与论争、教育与知识、文化交流、风俗流变等论题。⑤

有学者运用语词分析方法，对文化传播与文化观念的演变做了探索。日本学者石川祯浩对晚清中国的"睡狮"形象进行探源。⑥ 认为清末"睡狮"形象的广泛传播是基于梁启超创造发明而出现的文化现象，先在中国人之间迅速流行，然后传到包括日本在内的外国舆论界。张帆研究了作为晚清教科书中的"科学"概念的生成和演化，⑦ 认为"科学"概念在教育领域泛化的结果，在学术和政治两方面都动摇了清政府的专制统治。黄兴涛对近代中国"黄色"词义的变异进行考察，⑧ 认为发生变异的原因主要

---

① 章清：《晚清西学"汇编"与本土回应》，《复旦学报》2009 年第 6 期。
② 程美宝：《复制知识——〈国粹学报〉博物图画的资料来源及其采用之印刷技术》，《中山大学学报》2009 年第 3 期。
③ 吴义雄：《晚清时期西方人体生理知识在华传播与本土化》，《中山大学学报》2009 年第 3 期。
④ 左玉河：《中国近代文明通论》，福建教育出版社，2010。
⑤ 唐仕春主编《近代中国社会与文化流变》，社会科学文献出版社，2010。
⑥ 石川祯浩：《晚清"睡狮"形象探源》，《中山大学学报》2009 年第 5 期。
⑦ 张帆：《晚清教科之"科学"概念的生成与演化（1901—1905）》，《近代史研究》2009 年第 6 期。
⑧ 黄兴涛：《近代中国"黄色"词义变异考析》，《历史研究》2010 年第 6 期。

是：抗战结束后市民生活的舒缓恢复、享乐文化盛行的文化环境；国共对峙中社会各界抨击国民党腐败堕落的舆论环境；中日黄种人内部的战争弱化了作为族类象征的黄色含义，以及五四后中国人民族自尊感和文化自信心的失落造成的民族心理因素。

赵晓阳以"天主""上帝"的汉语译名为视角，梳理这两个中国传统词逐渐受西方宗教理念影响被基督教化，失去原有的本土宗教内涵，演变为象征西方文化的新词语，从而考察译介再生中的本土文化和异域宗教关系。① 邱志红梳理了从"讼师"到"律师"的翻译状况，从中考察近代中国社会对律师的认知。②

4. 法制、法律观念与社会习俗

法制既是政治问题，也是社会文化问题，与社会生活密切相关。近代中国的法制在西方法律的影响下出现了艰难的转型。近两年，学界在这一领域的研究更为深入。夏邦《黄旗下的悲歌：晚清法制变革的历史考察》一书，提出了晚清法制近现代化变革是历史的必然，分析了这次变革最终失败的诸多因素，从传统法律文化的角度对晚清法制近现代化变革进行了反思。③ 乔素玲《法制转型的实然图景：近代广东法制研究》一书，以法学方法为主导，采用案例分析法，考察了近代前夜的广东法制、中西法律冲突与法制转型进程初启、晚清广东法制转型进程的全面启动与民国时期广东法制的发展。④ 刘惠君考察了中国近代早期工商业发展与社会法律观念变革之间的关联。⑤

法律的具体实践直接关联着社会生活。刘昕杰选取了四川省新繁县民国司法档案作为研究的基本材料，通过对几类案件的描述，发现不同的传统民事权利在民法典之后的基层司法实践中有着不同的表现形式。他认为近代中国基层民事司法的"实用型"，源于传统中国基层官僚型司法官的职责和处境，其以地方官员的全能型权力为基础，以最有效的纠纷解决为目

---

① 赵晓阳：《译介再生中的本土文化和异域宗教：以天主、上帝的汉语译名为视角》，《近代史研究》2010年第5期。
② 邱志红：《从"讼师"到"律师"——从翻译看近代中国社会对律师的认知》，《近代史研究》2011年第3期。
③ 夏邦：《黄旗下的悲歌：晚清法制变革的历史考察》，合肥工业大学出版社，2009。
④ 乔素玲：《法制转型的实然图景：近代广东法制研究》，法律出版社，2009。
⑤ 刘惠君：《中国近代早期工商业发展与社会法律观念的变革》，中央民族大学出版社，2009。

标，以不违背官僚追责与道德操守为限，在远离国家政治权力的基层政府有效地维持着地方社会关系的运行和恢复熟人社会的人际关系。①

近代法律的制度与社会习俗变革的关系密切。王歌雅梳理了近代中国的婚姻立法经历了由传统到现代、由家族本位向个人本位过渡与转化的历程，而且考察了婚俗改革经历了关注域外婚俗、审视国人婚俗、转变婚俗观念与改革婚姻行为的历程。②

近代中国社会习俗的变迁景象十分复杂。盛美真将近代云南社会风尚的小变迁置于近代中国社会经济大变迁的背景中，围绕"怎样变""为什么变"的内在逻辑，探讨了近代云南社会风尚变化趋势及其规律。③

四 宗教与民众信仰

宗教与信仰是社会文化史的重要内容。学界对近代中国基督教的研究已有丰富的研究成果，近两年有了新的进展。孙顺华《基督教传播与近代青岛社会文化研究》一书，通过考察基督教传播与近代青岛社会文化的关系，力图揭示异质文化间的传播规律。④ 章博《近代中国社会变迁与基督教大学的发展》一书，以华中大学为中心，将基督教大学置于近代中国社会变迁的大环境中进行了考察，分析了基督教大学与西方教会和中国政府的关系，研究了20世纪20年代至40年代在中国化、世俗化、国立化潮流中的华中大学的应对之策和自存之道。⑤

民国时期北京不同宗教的社团在当地社会生活中发挥了重要作用，迄今很少有人对其进行综合性的比较研究。左芙蓉探讨了民国时期在北京地区的佛教社团、道教社团、伊斯兰教社团与基督教社团，重点考察了这些社团的活动及其特征。⑥

民间信仰是中国近代社会文化史研究的薄弱环节。近来这一领域也有新的成果。王健《利害相关：明清以来江南苏松地区民间信仰研究》一书，

---

① 刘昕杰：《民法典如何实现：民国新繁县司法实践中的权利和习惯（1935~1949）》，中国政法大学出版社，2011。
② 王歌雅：《中国近代的婚姻立法与婚俗改革》，法律出版社，2011。
③ 盛美真：《近代云南社会风尚变迁研究》，中国社会科学出版社，2011。
④ 孙顺华：《基督教传播与近代青岛社会文化研究》，中国社会科学出版社，2010。
⑤ 章博：《近代中国社会变迁与基督教大学的发展》，华中师范大学出版社，2010。
⑥ 左芙蓉：《民国北京宗教社团：文献、历史与影响（1912—1949）》，宗教文化出版社，2011。

从民间信仰与日常生活，民间信仰与地方经济、社会空间的拓展，士绅、家族与民间信仰，官与民围绕民间信仰的博弈等角度考察了明清以来松江府及其附近地区的民间信仰与地方社会的关联及其互动。[①]

五　历史记忆与构建

历史记忆及其建构是近年新出现的一个研究热点论题。王先明通过分析清末民初"绅权"的变异过程探讨历史记忆与社会重构。[②] 指出士绅阶层是地方新政改革的历史起点、救亡图存的中坚，到大革命时期反而成为全民之公敌。从晚清的绅民冲突到民国时期新青年与传统士绅的矛盾，从国民党政权与"绅权"在乡村社会的对峙，到共产党组织的农民运动与"绅权"的较量，最终完成了"兴绅权"向"打倒士绅"的历史选择。

有较多研究集中于辛亥革命记忆。王楠、陈蕴茜探讨烈士祠所反映出的民国时期辛亥革命记忆。[③] 民国烈士祠保留着传统祠堂的形式，但其纪念仪式、陈设大有不同，是集祭司和展览功能于一体的空间，从传统祭祀空间转化为承载现代国家记忆的神圣空间，作为国家记忆的重要载体发挥着重要的民族主义象征功能。陈蕴茜关注地方展览与辛亥革命记忆塑造[④]，认为南京国民政府时期地方革命史展览多由公立博物馆、纪念馆、图书馆等官方机构举办，是国民党宣传辛亥革命历史的重要渠道，具有塑造人们革命记忆的功能。刘伟、潘大礼透过革命纪念分析南京国民政府时期国民党的辛亥记忆[⑤]，认为国民政府时期国民党通过一定的制度安排建构了一整套"革命纪念"制度，并在此名义下建构起以"本党"革命历史为主线的辛亥记忆，形成强劲的意识形态话语。

结　语

以上是对 2009 至 2011 年中国近代社会文化史学术研究成果的简略回

[①] 王健：《利害相关：明清以来江南苏松地区民间信仰研究》，上海人民出版社，2010。
[②] 王先明：《历史记忆与社会重构——以清末民初"绅权"变异为中心的考察》，《历史研究》2010 年第 3 期。
[③] 王楠、陈蕴茜：《烈士祠与民国时期辛亥革命记忆》，《民国档案》2011 年第 3 期。
[④] 陈蕴茜：《地方展览与辛亥革命记忆塑造（1927~1949）》，《江海学刊》2011 年第 4 期。
[⑤] 刘伟、潘大礼：《革命纪念：南京国民政府时期国民党的辛亥记忆》，《华中师范大学学报》2011 年第 3 期。

顾，可以看到研究重心既有传统领域，如社会阶层、教育、文化观念、宗教、女性史等，也有一些较新的论题如社会生活、文化传播、词语分析、历史记忆等，反映了这一学科最新学术发展既有延续，又有创新的趋向，其中既有研究视角的创新、新领域的开拓，也有理论方法的创新，反映了这一学科的蓬勃生机和光明前景。

与此同时，中国近代社会与文化史研究还存在着一些明显缺陷，如许多论题过于细碎而缺乏整体关怀，一些叙述平面化而缺少理论分析，有些论题出现扎堆重复现象，从学科总体而言，则缺乏深刻的解释理论及适用的中层理论，缺乏分析与阐释中国近代社会与文化变迁的本土理论。因此，以后应加强借鉴其他社会科学理论方法，加强适用于本学科的本土化理论创新，使社会文化史研究更加多元化、多样化，更加丰富与深入，有更多具有创新意义的研究成果问世，以期对解答一些近代社会变迁的重大问题有所突破。

2012 年中国近代社会与文化史研究

李长莉　唐仕春　李俊领

2012 年，中国近代社会与文化史研究领域仍然是吸引众多研究者的热门领域。近一年间，国内出版的有关中国近代社会与文化史研究著作 20 余部，发表的期刊论文约 200 篇。从这些论著内容来看，既有研究空间的拓展、研究内容的扩增，也有诠释理论与分析方法的探索，反映了中国近代社会文化史学科的一些最新进展和趋向。现将这些论著集中研究的主题及代表性成果分述如下。

一　社会与文化史研究的理论探索

随着本土社会文化史研究的深入，以及对国际史学发展大趋势认识的加强，对社会文化史的理论反思是本年度研究中的一个热点。《晋阳学刊》2012 年第 3 期发表了《突破瓶颈：中国社会文化史的理论与方法》笔谈。其中，刘志琴指出，当代史学的趋向是从笔录帝王行事到记述百姓生活，社会文化史就是要发掘另一个中国形形色色的民众生活，还原历史的本来面目，并以它的特色走向人文学科的前沿；梁景和讨论了社会文化史中常态与动态、碎片与整合、生活与观念、一元与多元、真实与建构等几对概念；左玉河认为，社会文化史研究的重点，是关注于生活现象背后所孕育的"文化"含义，既要研究社会生活，还要研究背后隐藏的社会观念，更应关注社会生活与观念之间的互动。

社会生活史是社会文化史研究的核心内容。常建华在《中国社会生活史上生活的意义》（《历史教学》2012 年第 2 期）一文中指出，社会生活史是以人的生活为核心连接社会各部分的历史，生活史研究的最大价值是建立以人为中心的历史学；生活史立足于民众的日常活动，镶嵌于社会组织、物质生活、岁时节日、生命周期、聚落形态中；生活史的研究带来视角与方法的变化，可以从习以为常中发现历史，从日常生活来看国家，挑战传统史料认识。

针对目前有关社会文化史的讨论中，论者偏重于汲取西方"新文化史"理论和方法，而对中国史学资源甚少提及的现象，罗检秋在《从"新史学"到社会文化史》（《史学史研究》2011年第4期）一文中认为，20世纪初年"新史学"的研究取向和方法仍可资借鉴；社会文化史内容丰富，论题亦不限于大众文化一隅，可从多方面拓展和深化。王东杰则进一步分析了清末民初中国社会史研究兴起的原因。清末民初的一种流行观点认为，中国自秦汉以下皆在退化或循环中，按照社会进化论，面临必然被淘汰的危险。这促使一批新史家在中国历史中寻找"进步"的迹象。然而，因为传统政治和学术主流皆被视为"专制的"，他们不得不另辟蹊径，结果把一些过去认为非"正统"的现象升格为历史叙述的主线。[①]

学者还注重对社会史研究方法进行反思。行龙近年一直提倡区域社会史研究。他认为，走向田野与社会是区域社会史研究的重要学术追求和实践。区域和整体是辩证统一、普遍联系的，从区域看整体是社会史研究行之有效的方法和手段。[②] 池子华、郭进萍指出，社会史在新时期的蓬勃发展得益于其开放性和跨学科的研究特色，而这又在一定程度上加剧了社会史的"碎片化"现象。打破学科界限仍是社会史发展的大势所趋，而社会史的碎片化倾向则要靠研究者的主观努力来克服。[③]

二 社会结构、社会生活与社会转型

1. 社会阶层、社会组织与群体

社会阶层、社会组织与群体一直是社会史研究的重要领域，近年其研

---

① 王东杰：《"价值"优先下的"事实"重建：清季民初新史家寻找中国历史"进化"的努力》，《近代史研究》2012年第3期。
② 行龙：《走向田野与社会：区域社会史研究的追求与实践》，《山西大学学报》（哲学社会科学版）2012年第3期。
③ 池子华、郭进萍：《反思社会史的双重面向——以社会史碎片化问题为中心》，《贵州师范大学学报》2012年第2期。

究趋势越来越"社会史"化,即不仅研究其内部结构和运作,而且还研究其在政治活动、市政管理、公共参与等方面的功能与行为。

在近代中国社会的转型进程中,社会阶层的嬗变、职业群体的变迁与新式社会团体的兴起尤为引人瞩目。汤克勤在《近代转型视阈下的晚清小说家》(中国社会科学出版社,2012)一书中将晚清小说家群体分成了三类,即士大夫出身的小说家、以报人身份为主的职业或半职业小说家和新学生(包括留学生)小说家,以此分别对应士的近代转型进程的三部分:传统士大夫向知识分子转型、普通士人向知识分子转型、近代新式学堂培养的学生(包括留学生)向知识分子转型。晚清小说家以其小说作品来改良政治,救治社会和"新民",从而启悟其他士人向知识分子转型。邱志红《现代律师的生成与境遇:以民国时期北京律师群体为中心的研究》(社会科学文献出版社,2012)一书将制度史与社会史、文化史相结合,地方史与整体史相结合的思路,展示出民国时期北京律师群体的整体特征、专业养成、职业意识、角色期待,以及执业境遇等内涵,揭示了律师群体的萌生、发展及其在近代中国的命运、地位和影响。王伟《中国近代留洋法学博士考:1905—1950》(上海人民出版社,2011)一书认为,中国近代留洋法学博士的成就与其留学经历的关系具有如下规律:社会成就大小与博士留学期限的长短没有相关性;社会成就大小与留洋法学博士的具体种类没有相关性;社会成就大小与留学国别没有明显的相关性;对于有博士论文的法学博士来说,博士毕业之后的研究方向与博士论文的研究领域有部分相关性,但也不尽一致;社会成就大小与其留学外语语种没有特殊的相关性。

社会群体与民间组织问题亦是论者关注的对象。如朱英、巴杰考察了国民革命时期的店员群体,认为,店员组织经历了公所—工会(公会)—同业公会的演变过程;店员运动的首要诉求在于提高工资待遇,改善工作环境,限制店主辞退店员等经济要求;店员属于工人还是商人等职业身份界定的争议,主要出自政党的"革命"需要,而不是店员的自身诉求。①

社会群体与政治的互动也受到关注。虞和平、陈君静考察了1920年前后废督裁兵运动中商会与孙中山的关系,指出商会的活动是民众废督裁兵运动的中坚力量,不仅乘军阀的表演顺势而进,而且与孙中山的号召彼此

---

① 朱英、巴杰:《试论国民革命时期的店员群体》,《学术研究》2012年第1期。

呼应，既敦促军阀政府有所举措，也声援孙中山持之以恒，从而为国民革命的兴起做了前期的社会动员。①

民间组织与社会管理是近年引起关注的论题。如彭南生、胡启扬以民国汉口保安公益会为例考察了近代城市社会管理中的市民参与，认为汉口保安公益会获得了市民的普遍认同和广泛参与，形成了一个典型的现代意义上的公共管理领域，在参与过程中，市民的公共需求和特殊利益得到了实现，参与者的"搭便车"行为则通过团体内部的制度建构得到了监督，从而有效地搭建起了近代城市社会管理中市民参与的动力机制与团体内部的监督机制。②

2. 社会流动、社会控制与社会转型

社会流动既包括地域之间、行业之间的流动，也包括阶层之间的流动。张文俊、张玮以1942年张闻天在兴县九村调查资料为基础考察了抗日根据地乡村社会阶层的流动，指出晋西北抗日根据地乡村社会阶层出现"非正常"流动，表明乡村社会严重分化，沿着革命政权构建的方向重新整合，实现着"强国家弱社会"的政治图景，揭示出中国共产党的革命与乡村社会阶层流动间的内在逻辑关系，同时反映出当时中国共产党已取得对根据地乡村社会阶级结构改造试验的成功。③

近年灾害、慈善救济、社会控制等领域引起了学术界的广泛关注，本年度更是成为一个热门领域。郝平《丁戊奇荒：光绪初年山西灾荒与救济研究》（北京大学出版社，2012）一书从"弱朝廷强地方"的视野出发，认为"丁戊奇荒"中的赈灾主体不在国家，而在地方，地方有一套不同于国家救灾的体制。地方士绅、商人、富户捐赈行为的背后，既有追求名利的思想，更有传统文化长期熏染下的慈善思想。朱浒《民胞物与：中国近代义赈（1876—1912）》（人民出版社，2012）一书采用了事件史与叙事史相结合的写作手法考察近代义赈的阶段、形态、特征、作用、影响和意义，指出大批义赈人涉足洋务企业或其他近代工业，逐渐转为近代绅商，从而具备了更大的活动能量，晚期民间义赈在国家层面得到了高度认同，更有

---

① 虞和平、陈君静：《1920年前后废督裁兵运动中的商会与孙中山》，《广东社会科学》2012年第3期。
② 彭南生、胡启扬：《近代城市社会管理中的市民参与——以民国汉口保安公益会为例》，《江苏社会科学》2012年第1期。
③ 张文俊、张玮：《抗日根据地乡村社会阶层之流动——以1942年张闻天在兴县9村调查资料为分析对象》，《抗日战争研究》2012年第3期。

力地介入国家场域。

关于灾荒救济与社会管理方面的论文也有多篇。李长莉通过对清中期至清末三个救灾案例的考察,认为体制性质而非官员素质是决定救灾效能的决定因素,体制组织化是社会公共管理的制度保障,官民力量的整合使救灾成为集中全社会力量共同进行的公共事业,因而效能显著。救灾体制转换所显示的效能示范,彰显了新式救灾体制的优势,促进了社会公共管理模式的近代转型。[1] 余新忠撰文讨论了晚清检疫机制引进中的社会反应,认为晚清多数官员及士绅精英将其视为有利于维护国家主权、促进国家现代化的爱国和进步之举,而民众往往由于自身利益受损而心怀不满,甚至进行反抗。卫生检疫带给中国社会的不只是主权、健康、文明和进步,同时也存在民众权利和自由在卫生与文明的名义下被侵蚀及剥夺的事实。[2]

关于民间力量与社会救济的关系,唐力行撰文讨论了1923—1949年间徽州旅沪同乡会的社会保障功能,认为各地同乡会、商会等自治组织形成一个个保障圈,覆盖了上海市民社会相当大的空间,它们与上海市政府实施的一系列社会保障形成纵横交错的网络。同乡会的社会保障功能,展现了独立、自治的市民公共空间。[3]

社会控制方面也有一些研究成果。郑振满通过《培田吴氏族谱》的研究指出闽西客家的乡族自治传统与晚清地方自治有历史渊源:培田吴氏的家训、家法与族规,体现了家族自治的理想模式;培田吴氏的各大支派和社团组织,对乡族公共事务和公益事业实行了有效的管理;清末"新政"期间成立的"培田公益社",取代了乡约的行政职能,实现了从家族自治向地方自治的历史转型。[4]

三 社会生活、女性与法律

1. 社会生活与大众文化

清末民初"价值"体系发生动摇,出现了信仰危机与人心失控等问题,

---

[1] 李长莉:《清代救灾体制转换与公共管理近代转型——效能分析与基层案例比较》,《江海学刊》2012年第1期。
[2] 余新忠:《复杂性与现代性:晚清检疫机制引建中的社会反应》,《近代史研究》2012年第2期。
[3] 唐力行:《徽州旅沪同乡会的社会保障功能(1923—1949)》,《上海师范大学学报》(哲学社会科学版)2012年第3期。
[4] 郑振满:《清代闽西客家的乡族自治传统——〈培田吴氏族谱〉研究》,《学术月刊》2012年第4期。

一些学者对此予以探讨。左玉河认为，辛亥革命后，儒家经典从政治、教育领域全面退出，带来了人们对新社会秩序的怀疑和迷茫，也导致了空前未有的信仰危机。守旧势力在"尊孔"旗帜下力图重建新的信仰和道德秩序。尊孔思潮引起中国先进分子的猛烈批判，孔子及儒学的独尊地位亦随之瓦解。① 李俊领认为，1906 年清廷借孔子收拾人心，京师文庙祀典从中祀升为大祀，但文庙祀典因官员们的离心而失序，孔子与儒学统摄人心的功能更为弱化，表明清廷在政治变革之际未能预先注意并妥善引导社会舆论方向，在控制人心上因循成规，缺乏制度创新的视野与活力。②

岁时节令中的政治与民俗研究也出现了一些新成果。朱文哲讨论了近代中国纪年中的"耶稣"与"公元"纪年的变迁，指出南京国民政府建立之后，消解"耶稣纪年"的宗教色彩和"西方"局限，重构其"普遍性"则成为时人的重要考虑。民族主义和世界主义，政府政治权威的建构与民众习俗的改造，时间计量方式的科学性和实用性等因素影响了纪年变革，最终促使"耶稣纪年"蜕变为"公元纪年"，并确立了主导地位。③ 樊宾分析了苏区的节庆文化及其特点，认为苏区节庆在传输革命理论、动员组织群众、显示群体力量、改造社会习俗、充实群众生活，建立以阶级关系为基础的情感模式，树立中国共产党在革命运动中的领导权威等方面，发挥着重要的推进作用。④

大众文化近年也受到学术界关注。在近代中国戏剧演出中，名角制发展成一种行业运作模式和机制。徐煜《近现代戏曲名角制文化研究》（上海书店出版社，2011）一书以跨学科、多领域交叉结合的方式对近代中国戏剧名角制文化的表层现象和外在形态进行深度开掘，认为戏曲领域的"名角制"模式是由民间戏班的行帮形态向近现代娱乐产业的演变，这一行业规则主要是以知名演员的特权为基准建立的，与社会政治、经济、文化等一系列问题构成紧密的互动关系。李涛《大众文化语境下的上海职业话剧：1937—1945》（上海书店出版社，2011）一书认为，上海剧人依托海派文化背景使话剧艺术贴近观众，贴近城市生活，跻身大众文化行列，造就了一

---

① 左玉河：《民国初年的信仰危机与尊孔思潮》，《郑州大学学报》（哲学社会科学版）2012 年第 1 期。
② 李俊领：《清末文庙祀典升格与人心失控》，《史学月刊》2012 年第 5 期。
③ 朱文哲：《从"耶稣"到"公元"：近代中国纪年公理之变迁》，《民俗研究》2012 年第 3 期。
④ 樊宾：《论苏区的节庆文化及其特点》，《江西社会科学》2012 年第 1 期。

大批优秀戏剧人才，使上海成为中国话剧的主产地，还带动了其他剧种的发展。但上海职业话剧在商业化道路上的失误在于其经济利益超越了艺术规律，由此产生了众多负面效应。林小美《清末民初中国武术文化发展研究》（浙江大学出版社，2012）一书采用历史法、文献法、比较法和系统法对清末民初时期的武术文化发展脉络做了梳理及深入研究，分析了清末维新思潮、军国民教育思潮、新文化运动与"土洋体育之争"对近代中国体育、武术文化传播等方面的影响。

2. 女性研究

婚姻是与女性有紧密关系的社会制度，近代婚姻文化的变化影响着女性生存状态。梁景和、廖熹晨指出，清末民初形成20世纪婚姻文化变革的第一次高潮。这一变革是在"习俗救国"口号的感召下进行的，既是西俗东渐后向西方学习的一个具体事项，也是对戊戌维新时期婚姻文化变革的一个继承，更是男女平权这一女性解放思潮引导下生活方式变革的重要体现。婚姻文化的变革蕴藏着女性身体和精神解放的意义，亦蕴含着男女平等、男女两性双重解放的意义，即人的解放的意义。① 雷家琼讨论了五四后十年间逃婚女性的生存困境，认为在20世纪二三十年代的城市社会，许多接受过婚姻自由理念的女性选择以逃婚的形式来争取婚姻自主权。由于家庭和社会的普遍不体谅，以及法律的实际支持不足，逃婚女性逃离家庭后往往陷入困厄境地，备尝艰辛。②

3. 法制与法律观念

基层诉讼既是法律问题，又直接关联着社会生活，而且还反映了社会生活与法律的互动。本年度，学术界从社会史的视角讨论基层诉讼取得了新进展。徐跃考察了清末四川地方捐施诉讼，讨论了基层学绅、劝学所视学及地方官在学事诉讼纠纷中的角色及作用，认为士绅通过参与地方学务与国家权力之间建立了更加密切的联系，对国家与地方关系、地方社会权力构造的变化产生了深远影响。③ 杜正贞通过梳理新发现的龙泉地方法院晚清至新中国成立前祭田轮值的诉讼档案，认为祭田轮值纠纷和诉讼的频繁

---

① 梁景和、廖熹晨：《女性与男性的双重解放——论清末民初婚姻文化的变革》，《史学月刊》2012年第4期。
② 雷家琼：《艰难的抗争：五四后十年间逃婚女性的生存困境》，《社会科学战线》2011年第12期。
③ 徐跃：《清末地方学务诉讼及其解决方式——以清末四川地方捐施诉讼为个案的探讨》，《近代史研究》2011年第5期。

发生，既与祭田轮值制度有关，也与民国时期法律和司法的困境有关。用民国法律代替传统礼制，使得人们拥有了一套新的制度和语言，重新整合宗族和族产，与民间社会中一直存在的对礼、法的自由阐释和实质上的突破相配合，加速了社会结构和观念层面上不可逆转的变化。①

4. 城市史

本年度城市史研究再起小高潮。钟建安《近代江西城市发展研究：1840—1949》（巴蜀书社，2011）一书考察了以南昌、景德镇、萍乡、九江为中心的江西城市在近代的发展，认为制约近代江西城市发展有两大因素：一是没有成熟、系统的现代化思想，强有力的现代化领导集团的引导和社会力量的参与；二是缺乏现代化发展必需的稳定社会环境和经济推动力。吴聪萍《南京1912：城市现代性的解读》（东南大学出版社，2011）一书分析了1912年南京历史的横截面，认为在南京城市现代性因素逐渐增长的过程中，国家占据了主导和决定性因素，由此也为南京的现代性发展带来了一些弊端，比如在国家行政干预下，城市自治的机能较差，反过来也制约着城市的现代自主发展。

四 教育与宗教信仰

1. 教育制度与教育观念

教育改革是近代中国文化史中关注度较高的领域，本年度也有较多成果。桑兵撰文对清末教育变革做了探讨，指出清季教育变革中中学渐被西学取代，一方面推动中国进入欧洲中心笼罩的世界；另一方面造成中国文化形似而实不同的断裂，被肢解的中学失去道德伦理的作用，用西式的观念看待中国的社会历史文化，难免误读错解，使得中国文化之于人类前途的重要选项价值无从显现。②邓洪波撰文对书院改制做了解析，认为书院改制更多的是晚清社会这一特殊背景下的一种无奈的政治选择，未必定然符合教育发展的规律。改书院很快变成废书院，使得中国近现代学校制度从此就沿着不断与传统决裂及西化的方向奔跑，强烈的反传统意识与几乎连

---

① 杜正贞：《晚清民国时期的祭田轮值纠纷——从浙江龙泉司法档案看亲属继承制度的演变》，《近代史研究》2012年第1期。
② 桑兵：《科举、学校到学堂与中西学之争》，《学术研究》2012年第3期。

续不断的否定和革命也就成了中国近现代教育最鲜明的印记。①

中国教育的近代化问题仍然备受重视。严加红《文化理解视野中的教育近代化研究——以清末出洋游学游历为实证个案》（西安交通大学出版社，2012）一书认为，教育近代化中以学习"西学"为中心，"中国主体意识"的发展与变化对教育近代化发挥了重要影响与作用。叶志坚《中国近代教育学原理的知识演进：以文本为线索》（浙江大学出版社，2012）一书从搜集、整理、分析、解读历史上的教育学文本入手，将近代教育学原理的演进分为蓬勃期、回旋期、转向期与深化期。认为中国近代教育学原理的演进具有如下特征："互动之中求发展"，"学习之间有创造"，"与时俱进中国化"。

教科书是近代中国教育转型的重要载体和表现形式，近年来颇受关注。吴小鸥《中国近代教科书的启蒙价值》（福建教育出版社，2011）一书通过揭示教育变革因素、编纂者因素、语言环境因素的影响，对近代知识群体编纂出版的中小学教科书在科学理性、民主政治、现代伦理精神、现代商品经济、现代文明生活方式等方面开启儿童智识及塑造国民新的世界观与价值取向做了探讨。近代教科书具有功利启蒙主义的特性，以崇尚"科学"改造社会的理性启蒙，以"审美"改造人生的感性启蒙，以培养现代人为宗旨，以建构市民社会为指向。同时，还保持着中国优秀文化传统的本土特性。刘超探讨了清末中国历史教科书编写中的政学分合与知识生产，指出历史教科书与政府教育目标在振发国民志气方面有相同之处，但对"忠君"与维护清朝统治有不同看法，蕴含着社会意识演变的多种可能性。② 张国荣以民国小学历史教科书为例讨论了"专制政治"观念在中国历史认知中的生成与传播，指出民国教科书编纂者利用中国古代"专制政治"的概念述说古代历史，其政治推销作用远远胜于对中国古代政治事实的描述。③

社会教育也是近代教育研究的一个重要方面。陈勇、李学如考察了近代苏南义庄的家族教育，认为苏南义庄普遍重视家族教育，至清末废科举、兴学堂，义庄顺应时代变化，扩大助读、施教范围，接受新学制，更新教育内容，开始由传统向近代转型。④ 周慧梅《近代民众教育馆研究》（北京

---

① 邓洪波：《晚清书院改制的新观察》，《湖南大学学报》（社会科学版）2011年第6期。
② 刘超：《政学分合与知识生产：清末中国历史教科书编写研究》，《安徽史学》2011年第5期。
③ 张国荣：《"专制政治"观念在中国历史认知中的生成与传播——以民国小学历史教科书为例》，《人文杂志》2012年第3期。
④ 陈勇、李学如：《近代苏南义庄的家族教育》，《历史研究》2011年第5期。

师范大学出版社，2012）一书分析了近代民众教育馆的发展历程、内部管理、社会功能与文化性格等问题，认为民众教育馆是社会精英们"以教育改造达社会改造"的一个缩影，一个典范。

从性别视角研究近代教育也是近年来的一个新角度。游鉴明《超越性别的身体：近代华东地区的女子体育：1895—1937》（北京大学出版社，2012）一书从性别视角，审视女子体育与国家、社会文化的关系，跳出国家观的体育史窠臼，呈现西方体育传入后女子的新观念和新行为，如何在公众舆论、学校教育、学生生活、运动竞赛、观众反映、大众传媒和视觉文化等层面产生意义。何玮以《妇女杂志》发起的"我之理想的配偶"征文活动为中心讨论了中国近代家庭观的建构与女子教育，指出在选择配偶时，青年们十分注重女性的学校教育经历，认为女子教育是鉴别"新女性"与"旧女性"的唯一标准，是衡量能否建立"美满"的近代家庭的重要标尺。[①]

2. 宗教与民众信仰及中国医学早期现代化

西方宗教对近代中国社会与文化产生了重要影响，学术界对此一直比较关注。王立新考察了美国传教士对中国文化态度的演变，指出19世纪绝大多数传教士抱着对中国进行文化征服的态度，从20世纪初期开始，在理性主义、民族主义的冲击和第一次世界大战的影响下，主流传教团体开始倡导文化合作，提出基督教与其他宗教携手"共同追求真理"，以及借鉴中国文化遗产以补充和丰富基督教传统的重要思想，对中国文化表现出尊重与欣赏。[②] 杜志章分析了近代教会医药事业对中国医学早期现代化的影响，认为中国统治者、士大夫及医药从业人员对来自西方医学的挑战予以了积极回应：从开始了解西医知识，接受西医治疗，允许传教士开办医药事业，到中国人自己开办西医药机构，改革医药卫生制度，从而拉开了中国医学现代化的序幕。[③]

五 文化传播与文化观念

1. 文化传媒与文化传播

报刊是近代社会舆论形成与大众传播的工具，学术界对近代中国报刊

---

① 何玮：《中国近代家庭观的建构与女子教育——以〈妇女杂志〉征文活动为中心》，《华东师范大学学报》（哲学社会科学版）2012年第3期。
② 王立新：《美国传教士对中国文化态度的演变》，《历史研究》2012年第2期。
③ 杜志章：《论近代教会医药事业对中国医学早期现代化的影响》，《江汉论坛》2011年第12期。

的研究更为深入。胡全章《清末民初白话报刊研究》（中国社会科学出版社，2011）一书认为，清末民初白话类报刊总数约 600 种，订正了过去"170 余种"的说法，同时否定了"新文学是白话文学"的所谓"定论"，指出清末白话文运动不仅是一场由维新派和革命派知识分子共同担任主角的以"开启民智""新民救国"为主旋律的伟大的思想启蒙运动，还是一场以"普及教育""言文一致"为目标的语文改革运动，并带动起一场声势浩大、轰轰烈烈、气势不凡的白话文学潮流。王有亮《〈教育杂志〉与近代教育考论》（中央民族大学出版社，2012）一书运用历史分析与综合方法、借鉴新闻学和传播学理论方法以及文本分析法，讨论了《教育杂志》的发展历程及其在中国教育近代化进程中所发挥的作用。邵志择考察了近代中国报刊思想的流变进程。认为自清末立宪起，报刊逐渐成为政治权力之外的新权力体系中的结构性因素，近代中国报刊思想也就此完成了最为重要的转折，为此后的报刊思想发展奠定了方向性的基础。

2. 文化观念、文化认同与心态

近年学术界关注近代中国"国家"观念的形成，本年度也有相关研究成果。洪振强讨论了国际博览会与晚清中国"国家"形塑的关系，指出晚清时人在博览会言论中谈及大量"国"之词汇，又与在会场上羞辱中国的诸多行径进行坚决抗争。这些言行中所蕴含的"国家"观念是对近代西方国家的一种条件反射式移植，富有较浓情感色彩，与中国由清政府主导而展示出来的王朝、文化和农业三位一体的传统国家形象之间有着较大落差，虽缺乏近代国家之真义，但具有建设一个富强的近代国家的价值追求。因此，"国"之塑造进程愈快，社会上"国"之观念就愈强，谋求推翻清政府，建立、建设"新国家"的步伐亦加快。[1]

社会文化史强调精英观念与民间社会的互动。赵立彬撰文讨论了东南、华南城镇在辛亥革命后精英观念的民间承接。革命精英的"民主""共和"等新观念有一个被普通商人、民间团体和基层人士快速接纳和响应的过程。从具体过程和情形看，新观念、新话语的民间接纳和利用，与其在社会生活中争取经济、政治利益的现实功能相联系。民间社会对革命精英观念的承接，更多地受到"势"的支配，而非"理"的指引。[2] 郭双林撰文讨论

---

[1] 洪振强：《国际博览会与晚清中国"国家"之形塑》，《历史研究》2011 年第 6 期。
[2] 赵立彬：《辛亥后革命精英观念的民间承接——以东南、华南城镇为例》，《近代史研究》2012 年第 3 期。

了辛亥革命时期知识界的平民意识。当时知识界人士,特别是革命党人,不仅尊崇、同情平民,而且贬抑绅士与贵族,公然声称他们所进行的革命是"平民革命",革命的目标是要建立"平民政治"。但是,革命非但没有使中国实现平民化,反而造就了一批新贵。然而,知识界平民意识的广泛传播,为五四时期平民主义思潮的澎湃做了思想上的准备,并构成近代中国社会平民化进程中不可或缺的一环。①

3. 历史记忆与文化建构

历史记忆与文化建构是近年引起中国学者关注的新兴领域。朱英讨论了近代中国民间社会对辛亥革命的认知与纪念,指出在近代不同历史时期纪念辛亥革命的"双十节"仪式与"辛亥"记忆不断再建构的过程中,民间社会对辛亥革命的认知、纪念、诠释以及相关方面的思想与活动,与政府、政党、政派相比较既有某些相似之处,也有明显的不同,更多的是紧密结合自身的利益需求,表达其各方面的感受与认知。② 方平考察了地方自治与清末知识界的民族国家想象。清末知识界原以为地方自治或可造就"完全之国家",但他们很快就发现,以"独立"释"自治",却又助长了以"省界"说为表征的地方主义的兴起和泛滥,不仅造成了严重的心理隔阂,甚或冲突与分裂,也阻碍了民族国家的建立。但针对"省界"说所提出的若干"非省界"主张,并不能从根本上化解地方自治与"民族建国主义"之间的内在难局,从一个侧面提示了民族主义与地方主义之间复杂的纠缠关系。③

结　语

综观本年度中国近代社会与文化史研究成果,仍然延续一些近年的热门论题,如社会群体、社会组织、社会控制、救济保障、教育改革、媒体传播、大众文化、记忆建构、城市史等,不仅研究更加精深,且还出现一些新特点、新趋向:

其一,跨学科的交叉研究日益明显。近来,学者们日益注重在历史研究中借鉴其他学科的理论与方法。多学科理论的运用虽有助于学术界从更

---

① 郭双林:《论辛亥革命时期知识界的平民意识》,《近代史研究》2012年第3期。
② 朱英:《近代中国民间社会对辛亥革命的认知与纪念》,《天津社会科学》2012年第1期。
③ 方平:《地方自治与清末知识界的民族国家想象》,《史林》2012年第2期。

多角度或层面增进对历史的认识与理解,但也产生了一个明显问题,即社会科学理论的运用在一定程度上增强了历史学研究的社会科学化倾向,而使其人文科学的味道变得淡薄,有的研究存在着"只见事不见人"的缺憾。

其二,社会史研究时段的后移也是一个新趋向。不仅抗战时期的社会史研究较为活跃,有的还延伸到新中国成立后。甚至可以说,中国近代社会史研究的深化直接促动了中国当代社会史研究的大幅推进。比如,本年度多位在中国近代社会史研究领域卓有造诣的知名学者均撰文对如何拓展与深化中国当代社会史研究做了探讨。其中,李文海专文探讨了发展与推进中国当代社会史研究的五个着力点,即毫不动摇的坚持唯物史观的指导;紧紧把握新中国历史发展的主题和主线、主流和本质,从中展开纷繁复杂的社会现象的深入发掘与分析;发扬实事求是的优良学风;旗帜鲜明地同历史虚无主义划清界限;加强学术队伍建设等。[1] 田居俭从理论指导的视角专文探讨了中国当代社会史研究的切入与深化。[2] 行龙从"资料革命"的角度出发专文论述了资料在中国当代社会史研究中所应占据的重要地位。[3] 李金铮更是从借鉴与发展的视角全面建构了中国当代社会史研究的概念、学科属性及研究对象,中国当代社会史研究的理论与方法,以及中国当代社会史研究的资料发掘等体系。[4]

---

[1] 李文海:《发展与推进中国当代社会史研究》,《河北学刊》2012年第2期。
[2] 田居俭:《中国当代社会史研究要重视理论指导》,《河北学刊》2012年第2期。
[3] 行龙:《"资料革命":中国当代社会史研究的基础工作》,《河北学刊》2012年第2期。
[4] 李金铮:《借鉴与发展:中国当代社会史研究的总体运思》,《河北学刊》2012年第4期。

社会文化史：一个有活力的研究领域

吕文浩

9月20日，首都师范大学中国近现代社会文化史研究中心举办的第三届社会文化史国际学术研讨会在北京举行，来自北京、天津、湖北、河南、安徽、河北、江苏以及日本的40余名学者参加。在短短的一天会期里，共宣读论文21篇。以各种社会文化史议题为主题的会议在首都师范大学已经举办了很多次了，以"社会文化史国际学术研讨会"序列举办的双年会到今年也已经进行到第三次了，参加会议的半是旧友，半是新知，所以，这次会议采取了单刀直入的方式，没有安排一般学术会议通行的开幕式和闭幕式，全部时间用于论文的报告和讨论，学术气氛更为浓厚，安排也更显紧凑。

社会文化史作为一种结合社会史和文化史的新研究视角或领域，在国内发轫于1988年刘志琴先生的呼吁。从20世纪90年代初起，在中国社会科学院近代史研究所文化史研究室（现改名为社会史研究室）的研究团队和首都师范大学历史学院以梁景和教授为带头人的研究团队努力下，社会文化史已经在史学界成为公认的具有良好发展前景的学术前沿领域。不可讳言的是，社会文化史具有典范意义的作品还不够多，所以在历次以社会文化史为主题的学术会议上，往往比较成熟的、具有倡导者所期望看到的社会文化史特色的论文只占较小部分，绝大部分论文基本上处理的是社会文化交叉地带的议题，如教育史、新闻传播史、社会思想史等，但在研究视角和方法上却新意不多，毋宁说那主要是传统史学的延续。另外，近年来关注度较高的妇女史、法制史、社会史、医疗史方面的论文也频频出现在社会文化史的会议上。这次会议也不例外，作为研究领域的社会文化史在论文中占绝大多数，另外妇女史、法制史、社会史、医疗史等社会文化史的相邻领域也都有不同程度的反映。这些论文在各自的具体问题探讨上当然都各有其学术价值和亮点，这里不必多说。值得一提的是，这次会议上关于社会文化史理论方法探讨的气氛较为浓厚，在一些实证研究成果中也展现了值得注意的趋向。这在社会文化史实证研究成果各说各话，理论探讨相对滞后的现状下，不能不说是带来了一股清新的空气了。

首都师范大学梁景和教授是国内社会文化史研究的重要代表人物之一，近年来在社会文化史的理论探讨上用力尤多，发表了多篇引起注意的论文。他的理论方法探讨既是对个人20多年来研究经验的总结和提升，也与他的研究团队目前进行的新中国时期的社会文化史研究密切相关。由于把相当一部分精力放在距离今天比较近的时段，所以梁教授特别注意借鉴、吸收其他人文社会科学领域的概念和方法。在《生活质量：社会文化史研究的新维度》一文里，他将在社会学、心理学、经济学和医学等领域已经广泛使用的概念"生活质量"引入历史学领域，强调如果从史学角度来研究生活质量，将会开辟出社会文化史研究的新维度。生活质量具有客观的物质生活条件的内容，也有涵括生活满意度和主观幸福感等主观层面的内容。梁文对于史学中"生活质量"研究设想了三个梯度的内容，又提出了六个方面的研究方法，尽管都是宏观的粗线条勾勒和举例式的说明，但其探索之大胆仍给人留下了深刻的印象。笔者个人认为，社会史、文化史的资料和成果已经相当丰硕，将它们整合在"生活质量"这一主题之下，对于物质生活、生活方式、价值观念以及主观感受等多个层面的内容加以综合性的呈现和分析，将为社会文化史从局部的专题研究走向整合思考提供一条途径，同时也会促使人们在接受新鲜的、易于感受的知识之余，思考更为深刻的哲理问题。在史学研究领域中，似乎不必刻意追求其他社会科学领域中研究生活质量时所习见的量化的指标体系，因为遗留史料恐怕难以支撑面面俱到的量化数据。

湖北大学周积明教授尽管早已白发苍苍，但从其口中却不时蹦出"文化资本""文化策略"和"身份认同"等新潮名词，令在座者莫不称道。他这次提交的论文《"麻城孝感乡"历史记忆中的心态与策略》是对四川广泛流传的歌谣"问君祖籍在何方，湖广麻城孝感乡"的解读。四川的"麻城孝感乡"和华北的"洪洞大槐树"一样，是流传广泛的移民传说，在史实层面经过许多学者的实地考察和文献考证，已经形成了多种有代表性的观点。周教授并不试图再去论证，历史上的某个时期是否有大批移民从"麻城孝感乡"或经由"麻城孝感乡"迁移到四川、陕南；也不去考察是否有许多自称来自"麻城孝感乡"的移民，其实并不是真正来自"麻城孝感乡"，而是通过"冒籍""假托""粘连"等方式，加入"麻城孝感乡"的来自其他地方的移民。他真正关注的是，在关于"麻城孝感乡"的历史记忆里，"人们以为发生过什么样的事"，其移民心态的背后，隐藏有什么样的历史内容，这同样是一种历史的真实，而且是更为隐秘的、深入到人的内在精神世界的一种历史真实。他着重考察了"奉旨入川""土著无遗存"以及"背手与脚趾甲复形"等三种有代表性的说法，其背后具有什么样的文化策略建构。这种研究取向已颇有西方新文化史的味道，在国内的社会文化史研究中可以大力加强。

湖北大学郭莹教授介绍了目前正在进行的汉冶萍公司档案整理与研究。以往的研究积累已经很丰厚了，这次他们的研究将视角转换为欧洲史学中流行的"劳动史"，它既包括体力劳动，也包括脑力劳动，既有劳方，也有资方，只要是创造了社会价值的劳动，均可涵括在内。从她所介绍的研究设想和初步心得来看，其内容具有一定的整合性，企业管理史和相关人群的社会生活史都纳入其中。我们期待着这一新的研究课题早日结出丰硕的果实。

中华女子学院的李慧波博士试图将个人生命历程与社会结构的关系纳入社会文化史的研究范围。她以中华女子学院女性图书馆收藏的大量新中国初期乡村女教师口述资料为例，展示了职业生涯与社会环境的复杂关系。笔者认为，以个人生命历程为切入点探讨社会文化问题，在中国人类学的过去和现在，都有一些成功的尝试，但在史学界还没有作为一种方法被广泛地应用，传统的人物的研究必须加以改造、提高才可能具有社会文化史的意义；李文提出了一个很好的问题，尽管其论述还不够成熟，但其启发价值仍是不容忽视的。

社会伦理观念的演进是社会文化史较早注意并结出丰硕成果的领域。首都师范大学余华林副教授对于五四时期知识人关于贞操的观念做了有新意的梳理。以往的研究侧重揭示五四时期知识人批判传统社会片面要求女性遵守贞操，但对其具体内涵的层次性和阶段性发展则不甚了解。余文看到五四时期贞操观念经历了三个阶段，第一阶段是强调在婚姻范围内互守贞操，第二阶段将贞操扩展到婚姻以外，强调对于恋人保持贞操，第三阶段则是将贞操的人身依附性完全去除，仅仅将贞操与爱情相联系。"贞操"

无疑是五四以来社会伦理领域的关键词,如果能够以其为中心,更为广泛地搜集材料,对其思想内涵做出细致分析并结合社会实际加以论述,也不失为推动社会文化史研究的一条较好的路径。

首都师范大学博士生张弛研究的是民国时期玩具文化中的性别议题,在他看来,幼教话语中广泛流行着玩具塑造男女不同气质的说法,与消费行为中性别界限的模糊化和家庭贫富分化所造成的玩具分配不均和性别意识淡漠形成了某种张力。这篇文章的历史感也许还不够强烈,但作者熟练运用人类学和社会性别理论仍给人留下了深刻的印象,这也是社会文化史走向成熟需要特别加强的方面。

南开大学江沛教授和博士生王微合作的论文《传统、革命与性别:华北根据地"妻休夫"现象评析(1941—1943)》,与首都师范大学韩晓莉副教授的论文《被延续与被改造的传统——1937—1949年华北根据地、解放区的庙会活动》是两篇比较成熟的实证研究成果,但更值得注意的是它们在研究方法上的特点。这两篇论文都打破了单一的革命史叙事,将革命党的路线、方针、政策及其实施与深厚的地方社会习俗以及不同社会群体的利益诉求结合起来,呈现了更为复杂的、也更为逼近历史真实的画面。这种将社会文化史与占据主流地位的政治史结合起来的成果,将会形成史学界内部更为直接的学术对话,从而直接推动学术的前进。

已经走过四分之一世纪的社会文化史在会议上的形象往往是"面目不专一",研究成果水平参差不齐,其中一部分还是具有探索性质、试验性质的,但其活力也就在这种不断探索新领域新方法的尝试过程中。这次会议也是这样的。史学前辈曾说过:"草鞋没样,边打边像。"这里记录的就是"边打边像"的一个瞬间。"两岸猿声啼不住,轻舟已过万重山。"社会文化史从提出之际起就面临着这样那样的疑虑乃至批评、质疑,但它20多年来一直吸引着有志于此的人加入其中,不断努力,不断提高,不断发展。

构建"本土化"的社会文化史

——第五届"中国近代社会史国际学术研讨会"综述

雷 平

2013年8月24日至26日,"中国社会科学论坛"——第五届"中国近代社会史国际学术研讨会"在湖北襄阳召开。这次研讨会以"社会文化与近代中国社会转型"为主题,由中国社会科学院近代史研究所与湖北大学中国思想文化史研究所联合主办,首都师范大学协办。会议共收到76篇论文,来自中、日、意等国的近百位学者从宏观与微观的角度共同探讨社会文化与近代中国社会转型的多个方面,对20多年来新兴的社会文化史进行总结、反省与展望。会议论文选题丰富,涉及面广,涵盖了社会文化史理论与方法、新概念与学科建设以及中国近代社会文化史多个专门研究领域,中外学者就社会文化史的本土化理论建设、学科定位以及新的学术增长点等热点问题展开了热烈讨论与交锋。

一 建构社会文化史本土化理论与寻求学科定位

自20世纪80年代以来,国内学界兴起了对社会文化史的理论探讨和现实性研究,形成一股史学新思潮。但在社会文化史基础理论研究等方面,至今仍存在重大分歧,本次会议对社会文化史的本土化理论建设和学科定位进行了新的探讨。

中国社会科学院近代史研究所研究员刘志琴先生多年来一直致力于社会文化史的理论建设与实践研究,是国内社会文化史研究最早的倡导者之一。她在《从本土资源建树社会文化史理论》中指出,西方新社会史、大文化史等理论和方法的引进,对正在发展的中国社会文化史研究起了积极作用。但基于西方文化背景形成的学术话语,未必完全适合中国国情。社会文化史既以生活为本，理应责无旁贷地从社会生活建构中国文化观念的系统，建立自己的学科理论，而这一研究成果必将推动社会文化史走向人文社科前沿。中国社会文化史学者应该注重从日常生活中提升中国理念，从"礼俗"观、"道器"观等形成于中国社会土壤的概念入手构筑中国特色的社会文化史理论体系。

学界关于社会文化史的学科定位问题一直未能达成共识。湖北大学郭莹教授在《社会文化史的学科定位》中提出可以从三种不同的角度去破解这一理论瓶颈，即从历史的途径、经验的途径和分析的途径去加以理论分析。所谓"历史的途径"，即从史学发展的角度看，社会文化史倡导"自下而上看历史"，是对主张"眼光向下"的"新史学"的修正与发展，同时也建立在对"泛科学主义"的反思基础上；所谓"经验的途径"，是从社会文化史本土化的角度审视，国内的社会文化史学者一直致力于沟通社会史研究与文化史研究，并在实践性探索研究上做出了很好的成绩，这也提出了"中国需要怎样的社会文化史"这一现实问题；所谓"分析的途径"，是指将社会文化史纳入到与相邻学科，如社会史、文化史、历史人类学、后现代史学的比较中审视，以此来寻找社会文化史自身的学科定位。郭莹教授认为社会文化史的学科定位是：20世纪西方"新史学"——社会史发展的新阶段；是以大众文化为内涵的新文化史；是与历史人类学紧密结合的后现代史学。她还指出，中国的社会文化史应该走自己的路，这实际上也呼应了刘志琴先生所提出的"撰写具有本土特色的社会文化史"的主张。

新概念的提出是社会文化史发展的重要表征，也是学科发展的重要动力。首都师范大学梁景和教授的《生活质量：社会文化史研究的新概念》提出，"生活质量"研究是社会文化史研究的新方法、新视域和新亮点，并阐释了生活质量研究的理论意义、学术意义和现实意义，探讨了生活质量研究的方法和现实可行性。梁景和教授认为，研究生活质量是当今史学研究的一项重要任务，特别是社会文化史研究的一个重要视域。因为探索生活质量在不同历史阶段的基本概念或界定，对于了解不同时代、不同人群对生活质量理解和判断的合理性、差异性与谬误性，以及提出造成这些现象的历史、文化和社会的原理具有重要意义。

从社会文化史概念提出到研究实践的展开，迄今已有20多年的发展史，反省和回顾这一学术发展历程，把握学科发展脉络，诊断症结与瓶颈，对于社会文化史学科的深入推进具有十分重要的意义。中国社会科学院近代史所李长莉研究员和左玉河研究员分别对20多年来相关研究进行了回顾与展望。李长莉的《中国社会文化史：25年回顾与展望》将社会文化史分为三个阶段，即"兴起奠基期"（20世纪80年代末至90年代），在这一时期正式出现了"社会文化史"的概念，并形成了基本理论与方法，出现了一批具有学科色彩的基础性研究论著；"发展兴起期"（21世纪最初十年），这一时期自觉运用社会文化史交叉视角进行研究的专题论著增多，并出现了学科特色的热点领域和新概念群，同时积极开展同西方社会文化史的交流；"深化扩散期"（2009年以来），主要表现是热点研究领域成果出现系列化、规模化与国际化发展态势，具有学科特点的热点研究论题推动一些新研究路向的发展，学科影响呈弥散性扩展。同时，李长莉也指出社会文化史面临一些问题与瓶颈，如"非学科""碎片化""描述性"与"无意义"的质疑。但她认为不必偏执于学科名目之有无，更应该注重视角与方法的有效性，同时也要警惕"碎片化"。左玉河的《突出成绩与发展瓶颈：20年来的中国近代社会文化史研究》则认为20年来的中国近代社会文化史研究一方面是成绩突出，如在市民社会与公共空间、文化心态史、民众社会观念史以及新词语研究方面出现了较为丰硕的研究成果；另一方面也存在着瓶颈，主要是资料分散、学科理论与方法不够成熟以及缺乏深入专精的高水平著作。他呼吁应该尽快摸索出中国社会文化史研究独特的理论与方法，也期待尽早出现中国社会文化史的典范之作。

社会文化史的理论建设是关系学科发展的重大问题，理论的不成熟造成众说纷纭和理解上的歧异。例如，山西大学张俊峰副教授《社会史与新文化史关系刍议》认为大陆学者在称谓上有"社会文化史""新文化史""新史学"的区别，这导致了新文化史的两种不同路向：一是中国社会科学院刘志琴、李长莉等为代表的社会文化史研究；二是杨念群、孙江、黄兴涛等人倡导的"新史学""新社会史"研究。复旦大学刘平教授则对此观点予以反对，认为这一划分法是对发端于西方的"新文化史"概念的误读。这一学术交锋实际上是由于认识角度与学术背景差异造成的。究竟是"社会文化史"，还是"新文化史"？其相互关系如何？"名"与"实"如何契合？这些问题都有待研究者思考和回应，也表明了探索社会文化史理论建设和学科定位问题的必要性。

二　解析近代社会转型中的观念变迁、城乡变迁

"近代中国社会转型"是这次会议的重要主题。所谓近代转型，是从农业的、乡村的、封闭半封闭的传统型社会向工业的、城镇的、开放的现代型社会转型。这一转型促使思想界、社会大众的观念也随之发生变迁。这次研讨会有多篇论文从不同角度解析了近代社会转型中的观念变迁、城乡变迁。

关于中国社会近代转型的起始时间，海内外学界有不同的观点：一种观点认为开始于晚清时期；另一种观点则认为晚明社会发生的转变已经开启了中国社会近代转型的进程。意大利那不勒斯东方大学中国历史学教授史华罗提交的论文《文人新解——晚期中华帝国的社会变化》显然主张第二种观点。他重点探讨文人士大夫对明末清初社会变革的反应和态度。文章指出，城市化，白银流入，交流以及人员流动的加速，向新儒家的规则和正统观点提出了新的挑战。在哲学（阳明学派），文学（公安派和自传体著作的繁荣），世界观和人生观（"情教"即对情的崇拜，新自我观）以及政治学（顾炎武、黄宗羲和王夫之）诸领域都出现了新的动向。史华罗教授重点分析了两组例证，其一是冯梦龙（1574—1646）编辑的通俗民歌戏曲集如《山歌》中所采用的"新情感语言"，歌曲主要涉及百姓生活，如女性（娼妓居多）、船夫、农民、猎人、渔民和划手等，其语言往往是庸俗的，充满粗俗用语或隐讳的双重含义，并包含较多性欲以及色情的影射，其精神是远离正统道德的。它不仅表达了一种新的爱情话语和概念，也表明"日常生活可能远离正统"。其二是明清文学作品中对"愚蠢"和"疯狂"行为的褒扬（如《红楼梦》对宝玉的描写），体现一种总体趋势即从使用固定的贬义表达到以新自我评价为标志的新感性：疯狂与愚蠢成为一种审美区别的符号，显示出士林对正统道德体系的不满，以及他们试图超越既定的惯例和新儒家的正统观念去寻找新的个性元素，通过将疯狂愚蠢与智慧相提并论，去寻找新价值、新美学。史华罗教授的研究具体而微，从观念层面深刻揭示了"晚期中华帝国的社会变化"。

北京师范大学朱汉国教授《离婚诉讼法与民国婚姻观念的演进》通过解读民国年间的离婚诉讼案，指出自主婚姻已从观念、文本走进了人们日常婚姻生活。各地离婚诉讼案的纷起，反映了民众婚姻自由观念的滥觞。

其间，女性诉讼案频出、离婚诉讼、反虐待诉讼深刻反映了男女平等、一夫一妻观念在民众生活中的影响。但诉讼案件的判决结果则无奈地告诉人们：新的婚姻观念与现实生活仍有落差。河北大学肖红松教授和陈娜娜《20世纪二三十年代北平交际舞的散播与社会风尚嬗变》探讨了20世纪二三十年代北平交际舞的散播与社会风尚嬗变，通过解读"交际舞"这一来自西方的外来事物在文化底蕴深厚的北平遭遇的阻力以及引发的社会舆论和风尚转变，探讨了"西方文化习俗"遭遇"中国地方社会"时引发的观念冲突与变迁。

近代中国社会转型中城市与乡村的嬗变，学者们也给予较多的关注。

南京邮电大学李沛霖和暨南大学李淑蘋分别以南京和广州为对象考察了民国时期政府当局在城市管理与制度建设方面的作为。李沛霖的《1927—1937年"首都"城市公共交通的管理辨析》对当时作为"首都"的南京城市公共交通的管理进行了辨析，指出当局对城市公共交通的法规建设、登记检验、价目制定、运营车辆等系统化管理，实现了公共交通管理的"有法可依、违法必究"，由此形成了较为先进的交通管理模式。李淑蘋的《民国时期城市住宅改良的尝试——以20世纪二三十年代广州模范住宅区为例》则考察了广州市政府的模范住宅区计划，认为这一举措改善了广州城市居住条件，改变了广州城市布局与市容市貌。日本早稻田大学熊远报教授的《八大胡同与北京城的空间结构——以清代民国时期的北京妓院为中心》探究了清代民国时期八大胡同与北京城的空间结构。湖北大学卢文芸副教授的《太虚的佛教革新与武汉社会》从城市史与文化史结合的角度探讨了太虚的佛教改革与武汉社会的关系及其在武汉获得支持的社会文化原因。福建师范大学杨齐福教授则以沪宁杭城市人力车夫为切入点考察了民国时期城市的苦力问题。

南开大学王先明教授的《革命与建设的变奏——乡建思想的历史转折与时代诉求》探讨了乡村建设的历史转折与时代诉求，指出乡村建设思想的主导方向在于整体的社会建设，是建立在对近代尤其是民国以来现代建设路径选择教训总结基础上的。湖北大学雷平副教授的《焦虑与彷徨：乡村士子朱峙三在晚清民初的求职心路》以《朱峙三日记》为线索，考察了乡村士子朱峙三在晚清民初的求职心路，关注的是近代转型中乡村下层士子的社会角色调整与身份适应问题。郭莹、周积明教授所撰《鄂东南农村宗族复兴与乡土秩序调研报告》，采用田野考察与文献研究相结合的方法，对当代鄂东南农村宗族复兴与乡土秩序的关系进行了深入探讨，这一研究在方法论上的示范意义也非常显著。

城乡社会关系是城市与乡村研究的重要方面。天津社会科学院任吉东在《近代城市与"环城圈"村镇——以天津为例》中分析了近代城市与"环城圈"村镇的关系，通过考察天津城市发展对周边村镇的农业商品化以及村镇工商副业发展的影响，揭示了大城市与周边地区之间特有的互动促进以及某种程度上的"虹吸效应"，并与江南城乡关系做了初步对比。

三 重视事件"路径"与制度过程研究

事件史是传统史学研究中比较成熟、积累丰富的领域，近年来在社会文化史研究理论与方法的影响下，事件史研究把事件作为透视社会结构的研究路径和视角，有研究者称之为从事件史到"事件路径"的转向。[①] 这一转向使事件史研究呈现出新的面貌。

湖北大学周积明教授在《光绪三十四年汉口摊贩骚乱事件述评》中探讨了光绪三十四年（1908）的汉口摊贩骚乱事件，在对事件原委进行详细考辨的基础上，尤其关注社会舆论对于该事件的评述。文章指出：报刊关于这一事件的报道，既有其客观真实的一面，也必然会有"虚构的真实"。只有深入到"虚构的真实"层次，关于事件的解读才可能真正地进入社会文化史的层面。作者对史料本身的叙述立场有自觉警醒，认为"无法听到下层摊民的声音"是一大缺憾，这其实也是所有下层民众研究中面临的共同问题。

首都师范大学秦方的《受伤的身体、复杂的现代性——以1906年吕美荪电车事故为个案的分析》探讨了1906年天津公立女学堂教习吕美荪电车事故，以这一事件为切入点，深入探讨了晚清现代性在中国/西方、传统/现代两大历史脉络缠绕盘旋中所展示出来的复杂面向。在这一事件中，现代性首先表现为天津当地士人对以电车为象征的西方殖民形象的隐晦抗拒与挑战；其次，现代性展示出近代女性以女学为契机进行身份建构所遭遇的矛盾和机遇。但是，在当事人后来的回忆录中，却既没有对电车的控诉，也没有宣扬女性文学，本应该是"最新的人"却将之归结为个人的历劫命

---

① 李里峰：《从"事件史"到"事件路径"的历史》，《历史研究》2003年第4期。

运,表现出传统性的特征。秦方的研究揭示了晚清中国现代性与传统性的张力。

中山大学胡雪莲的《从反对纳妾到反对虐妾——民国广州王文舒杀妾分尸案的新闻表达》对民国广州王文舒杀妾分尸案的新闻表达进行了探讨,充分揭示了法律既未禁止纳妾而又消除妻妾身份差序导致的严重后果,通过分析事件报道者矛盾的情感倾向论证了一般民众在不受政治权威干预的条件下,并无废除妻妾制、实现男女平等的愿望。这一结论提醒研究者对于话语背后的文化信息应给予充分的重视。华中师范大学付海晏教授的《晚清贻谷垦务案研究》旨在通过梳理晚清贻谷垦务案案件的复杂历史,探讨背后的社会反应,由此重建辛亥革命前后晚清社会的复杂面相。苏州大学朱从兵在《晚清铁路产权争议中的社会、企业与政府——以株昭铁路的筹建和建设为例》中,以晚清株昭铁路的筹建和建设为例,探讨了作为社会力量的乡绅、作为企业代表的盛宣怀与作为政府主管机关的邮传部三者之间的互动,展示了近代社会力量成长并参与社会事务的一面。北京师范大学李崴《1950年代北京地区单位的劳动竞赛》关注1950年代北京地区单位开展的劳动竞赛,提出了"劳动竞赛—典型推广—道德规范"的认识模型,将事件史研究置于广阔的政治文化背景中予以考察。湖北大学刘彦波副教授的《晚清州县官对教案的处理及其矛盾心理——以两湖地区为例》对晚清湖北州县处理教案的策略及矛盾心态进行了类型分析,从具体行为的研究转向心态的考察,显示了事件史研究向事件路径研究转向的广阔空间。

新的制度史也非常注重制度的形成过程与各方力量的互动。社会文化史的研究视野使制度史研究"活"起来,极大地开阔了研究视野、拓展了研究内涵。

华中师范大学魏文享教授在《国家税政的民间参与——1936年所得税开征前后的民意表达》中考察了1936年所得税开征前后的民意表达。在政府颁发所得税暂行条例草案及修正条例之后,商人、自由职业者等在职业团体的统筹下,对所得税的条款进行研习,同时还通过报刊舆论、上书请愿、团体呼吁等方式表达意愿,希望对修订税法施加影响。各职业团体的税政表达体现了民间税收意识的增强,但并未被纳入决策程序之中。政府与民间就所得税展开的种种交涉与互动,展示了制度的社会机制与决策过程。天津社会科学院张利民的《近代中国城市税收的初立:兼论国家权力的下移》试图通过城市税收的初立探讨近代国家权力下移这一重要主题。中国社会科学院近代史所唐仕春在《司法独立与设官分职：北洋时期基层司法与行政的分离》中探讨了北洋时期基层司法与行政的分离问题，从社会史的角度探讨了法律文化、司法制度在北洋时期的变迁。日本大学小浜正子教授一直关注中国的计划生育制度。她在前期的研究中曾指出，中国的计划生育最早的普及时间是在 1950 年代后半期到 1960 年代的上海。在这次会议提交的论文《中国农村计划生育的普及——围绕生殖的技术与权力》中，小浜正子教授以辽宁大连地区的 Q 村为例，通过对 Q 村妇女采访的分析，探讨 1970 年代中国农村是如何普及计划生育的。她认为，农村妇女和其家庭既是政策实施的对象，也是生育行为的主体，她们是在什么样的条件下选择生还是不生，应该予以关注，出生率的减少也可以说是农村妇女主体性决断的结果。

四 聚焦婚姻、家庭与女性史书写

近代中国社会的制度转型与观念变迁对国人的婚姻、家庭所造成巨大的冲击，传统的婚姻观念、家庭结构所发生的历史性变迁，仍然为不少学者关注。

河南大学付燕鸿的《20 世纪二三十年代天津贫民婚嫁状况初探》探讨了 20 世纪二三十年代天津贫民婚嫁状况，指出随着近代天津城市社会的变迁，人们的婚嫁行为也在悄然发生变化：婚嫁年龄增大；传统的"父母之命、媒妁之言""从一而终"的观念受到挑战；离婚案不断上升，在离婚主动权上由传统的男子"单意离婚"向男女平等的"离婚自由"过渡；"共妻""姘靠""租妻为娼""逼妻为娼"等失范性现象严重。造成这种现象的原因主要是城市化进程中的动荡、女性地位的提升、人们观念的影响以及法制的不完善等因素。湖北大学何晓明教授与姚珺的《二十世纪二十年代上海女性的婚恋观——以 1920—1929 年〈申报〉为中心》探讨了 1920 年代上海女性的婚恋观，指出妇女在择偶观念、婚姻形式上均发生了较大的变化。中央党校高中华与刘雪的《妇女解放视野下的军人婚姻稳定问题——以中国共产党军人离婚法为中心的探讨》认为，在新民主主义革命时期，中国共产党为了推动妇女解放运动并有效解决军人婚姻纠纷，颁布了一系列婚姻条例，这是边区社会建设的一大特色。南开大学李金铮教授

《从冀中定县看近代华北平原乡村的家庭规模及其成因》认为：近代仍然有少数"大家庭"在延续，但是五口左右的小家庭居于绝对的优势，且处于减少的状态。北方农村的家庭人口规模比南方略大；家庭类型也呈简化之势，多是三代以下的核心家庭和直系家庭，并以核心家庭为最多。这一现象是传统与近代因素合力造成的，近代农村经济困境和城镇工商业的发展吸引农民离村入城，也促使了大家庭的解体与小家庭的增加。

女性问题也是这次会议中受到关注较多的话题。聊城大学罗衍军和复旦大学刘平教授的《拯救与抵制——1930年代的杭州废娼与社会反应》聚焦1930年代的杭州废娼与社会反应，指出妇女协会、商人团体、妓院业主、警察等相关各方，反应不一，社会舆论在相当程度上对娼妓多有歧视，而娼妓自身的意识却往往隐而不彰。通过这一分析，文章揭示了娼妓治理的困境所在。苏州大学小田教授《论江南乡村女巫的近代境遇》指出，江南乡村女巫在近代时常引起知识阶层的评骘而多被否定，不断遭遇政权的取缔又总是屡禁不止；但与此同时，普通民众尤其江南村妇狂热地崇奉女巫，女巫又由此获得了不同于在权力—知识阶层那里的境遇。这种差别源于传统小世界与文明大世界的逻辑各异，只有厘清两个世界之间的逻辑差异，近代女巫的凌乱境遇才会显示出清晰的轨迹，进而，女巫—村妇的"怪异性"才能得到合理的解释。上海师范大学邵雍教授与上海大学刘长林教授则探讨了女性死亡这一沉重的话题，邵雍的《20世纪二三十年代女性自杀问题初探》着重探讨民国女性自杀问题，刘长林的《中国近代女子殉夫现象探析》注目于近代女子殉夫现象。

学者们还讨论了女性史书写的有关问题。首都师范大学余华林在《声音与文本：民国北平妇女的离婚理由与自我形象的塑造（1930—1940）》中分析民国北平妇女的离婚自述，指出这些主动提出离婚要求的妇女在陈述中，一面将自己塑造为在家庭中受到虐待、受供养的弱者形象和恪守传统道德的守旧者形象；另一面又打着"女权""人权"的旗号，以现代法律武器寻求摆脱旧有婚姻，从而实现自我形象的双重构造。中国社会科学院近代史所吕文浩探讨了潘光旦的妇女论及其争议，中国社会科学院研究生院李巧敏分析了清末天津《大公报》的"兴女学"话语。安徽大学王天根教授《社会文化史框架下近世女性研究及其书写之省思》则对近世女性研究与书写提出反省：近世文化转型语境中的女性研究涉及女性才貌及其社会资本的文化分析；还涉及诗文互证、性别话语分析及其社会文化意义的解读。女性史学研究的书写有相当的难度，既关联着书写者的思想，也涉及论证的材料，唯有处理好研究者主体性与研究对象客观性的关系，女性史书写才能在前人基础上有所前进。

五　关注日常生活的多层面

　　民间日常生活的研究，一直受到社会史学界的重视，这次研讨会依然是关注点之一。

　　西安曲江艺术博物馆馆长周天游教授在《中国古代壁画中的社会生活》中指出，过去的研究过于注重文本研究，不重视壁画资料的解读，在历代壁画中蕴含着丰富的社会史料，比如秦汉之际出现于壁画中的飞马形象、鱼人形象属于外来西方文化的体现，反映出古人的迁徙远远超出现代人的想象。古代壁画中有不少生活器物的图案，是历史发展特定阶段物质生活的反映。他的研究从图像解读古代社会生活，启示研究者在史料的发掘上应重视各种图像资料的运用。

　　日常生活中的消费与娱乐是学者们关注的重点之一。东北大学秦皇岛分校卢忠民《身份与花费：从一本〈薪金账〉看近代旅京冀州五金商人的日常生活花费》从《薪金账》探讨近代旅京冀州五金商人的日常生活花费，对他们的交际、穿戴、养家进行了细致探讨，丰富了对这一社会群体的历史认知。复旦大学姜进教授的《为中华塑造爱：女子越剧与〈红楼梦〉之再造》指出，女子越剧在《红楼梦》成为大众读物、红楼故事进入通俗演艺领域的过程中起到了至关重要的作用。湖北大学郑维维《"灯前幻影认成真，热了当场看戏人"——民国时期汉口汉剧观众研究》对近代汉口汉剧观众的构成、平民化的观戏消费、观戏生活样态进行了细致描绘，为研究近代汉口城市社会大众娱乐提供了新颖的视角。南昌大学谢薇的《清末上海日系娱乐业研究——以报纸中日本娱乐业广告为中心》探讨了清末上海日系娱乐业在甲午战争前后的变化：甲午战前，由于上海民众的娱乐交往模式比较单一，日系娱乐业也主要以戏班、茶馆等传统娱乐项目为主；战后则呈多样化发展趋势，出现文明戏、马戏、电影院、酒吧、歌舞厅等现代娱乐项目。日系娱乐传入上海后经历了从不被认同到逐渐成为时尚的过程。中国社会科学院近代史所张忠在《戏院还是戏园——民国北京传统公共娱乐空间的更新》以设问的方式切入民国时期北京公共娱乐空间的更新问题，指出民国时期北京以戏园、戏院为代表的传统娱乐空间在更新过程中表现出与时代、社会发展的节奏不符合的特点。

革命根据地的社会生活与习俗研究是近年的热点之一。山西大学韩晓莉的《革命与节日——抗战时期山西革命根据地的节日文化生活》揭示了节日娱乐与社会动员的关系；河北省社会科学院把增强的《厉行节约：抗战时期中共对浪费习俗之改造——以1940年代初期的华北抗日根据地为考察中心》为认识早期中共地方政权对民众社会生活的参与和引导提供了有益的参照。

日常生活中的习俗研究方面，中国社会科学院近代史所李俊领所著《近代北京四大门信仰三题》认为四大门信仰在近代北京当地居民的生活中扮演了区域化神灵的角色，具有极鲜明的伦理教化特性，但在近代中国变动的政治境遇中也产生了"四大门信仰"的合法性问题。

疾病与医疗是民众日常生活中的重要内容。这次研讨会中有三篇论文讨论这一主题。天津社会科学院丁芮的《京师内、外城官医院——从医疗慈善角度的探讨》从以往被忽视的官方医疗慈善的角度出发，探讨了官医院设立对民众产生的影响。河北大学范铁权教授的《近代医疗卫生社团与中国公共卫生观念变迁》探讨了近代医疗卫生社团与中国近代卫生观念变迁。贵州师范大学欧阳恩良教授的《民国时期的贵州民俗医疗》将民俗研究与医疗社会史相结合，对近代贵州社会的民俗医疗观念、医疗方式、民俗医生、民间药市进行了探讨，认为近代偏远的乡村社会依然远离近代医疗，民众治病也依然主要依赖较为熟悉和易得的民俗医疗。

六 探讨近代社会群体与社会组织

社会群体研究是社会史研究的重要领域之一，这次研讨会也有不少研究成果涉及这一主题。

日本爱知大学武井义和教授所撰《1930年代到1940年代初期在上海朝鲜人团体的考察》探讨1930年代到1940年代初期在上海的朝鲜人团体，对这一团体的组织、活动、职业分布进行了较为细致的梳理。上海社会科学院历史所王健研究员对近代上海犹太人社会的居住、婚姻与丧亡进行了探讨。上海师范大学高红霞探讨了近代上海移民团体与城市多元文化传播问题。

在地方绅士群体的研究上，湖北大学刘元和李晓溪分别以碑刻资料为基础，对乡绅群体参与庙产纠纷、宗教事务的行为进行考察，展示了清代士绅参与基层社会事务的积极面；而河北省委党校刘建军则分析了直隶新士绅在民初改元后遭遇强势行政权力时出现的裂变，揭示了绅士群体在社会转型中的消极面。湖北大学李灵玢《羊楼洞雷氏家族与羊楼洞茶叶社会》从地方社会的文化脉络中解析了羊楼洞茶商雷氏家族的地位与影响。

在知识分子的研究方面，浙江大学张立程考察了黄炎培的学人交往网络，中国社会科学院李君分析了郑孝胥在上海的遗老生活及其社会交往，两人的研究以小见大，旨在通过个体人际关系网络的考察来更好地认识知识分子在近代社会文化生活中的角色和作用。河北社会科学院张瑞静在社会转型的视野下考察知识分子群体初步形成的历程。

此外，中国社会科学院近代史所尹媛萍借助北京士人的眼睛透视义和团的群体现象，贵州师范大学彭法对20世纪初年国人联日敌俄的群体心态进行了原因考论，河南大学翁有为教授通过对社会舆论关于军阀成因、特性的分析，探讨了五四前后社会舆论对军阀群体的认识。内蒙古大学田宓从1936年的"百灵庙事件"引出"蒙古青年"这一特定的群体概念，在蒙古近代社会转型的大背景下追溯了这一群体出现的社会文化背景。

在社会组织研究方面，日本爱知大学马场毅教授的《辛亥革命与东亚同文会》探讨了东亚同文会与辛亥革命的关系。日本中央大学土田哲夫教授所撰《抗战时期中国的民间团体和国际关系——"世界和平联合"中国分会的事例研究》考察了世界"和平联合"中国分会的成立过程及活动情况，以此为例来说明抗战时期中国的民间团体与国家的动态性关系。河北大学杨学新教授与史佳《论保定商会的职能与性质》论述了1907年成立的保定商会的职能与性质，认为保定商会起到了稳定金融市场、繁荣地方经济、维护市场秩序以及资助贫困人群等作用，有力地促进了清末保定社会的发展。

除上述之外，日本关西大学松浦章教授关于清代上海土布庄与沙船运输的研究、岑玲关于清代漂流到中国的琉球民间船航运活动的研究，王竹敏关于20世纪前叶泰国华文报所见华文教育的研究，湖北大学张宁关于海关报告社会史料的内容、特点与价值的探析，山东师范大学杨蕾对记录20世纪40年代日本对华北农村调查活动的文献《中国农村惯行调查》的解读，也都富于新意，有所启示。

七 结语

值得提出的是，本届研讨会力作甚多，不少与会学者表示本届会议的论文整体水平有较大幅度提升。但是会议中也反映出一些值得大家共同关注的问题。一是致力于学科理论探讨与体系建设的文章较少，特别是青年一代学者中从事理论研究者凤毛麟角，这种状况如不能得到改进，必将会制约社会文化史未来的可持续发展和研究梯队的形成。二是在对社会文化史的核心概念理解上仍然存在分歧，学者之间在如何定位社会文化史的属性、如何区分社会文化史、新文化史学、新史学上意见纷呈，有待进一步深化研究。三是学界近年反复提出的社会史研究中的"碎片化"问题，在这次研讨会上也引起讨论。有学者提出要警惕"碎片化"现象，而中国社会科学院近代史研究所所长王建朗研究员则认为，"碎片化"现象并不可怕，从一定意义上也可以说是社会史研究走向深化与繁荣的反映。四是如何处理好继承与创新的关系，在研究领域与方法上推陈出新，仍然是一个需要认真思考的问题。例如，"国家－社会"理论在20年前是非常前沿的解释模型，但是发展到了现在如何寻找突破？又该如何建构新的理论模型？需要研究者深入思考。有学者指出，未来的近代社会史研究既要在不违背政治底线的前提下突破僵化的意识形态框架，营造良好的学术生态，又要打破简单的"洋为中用"思维，学会在继承和比较中发出中国学者自己的声音。我们相信，顺着这一思路，坚持批判、反省的学风和活跃的思辨，注重不同方法、视野之间的相互交叉与吸收，社会文化史在未来必将能持续健康的发展，不断向前推进。

新时期社会生活史研究述略

——以中国近代社会生活史为中心

杨卫民

改革开放以来，社会生活史研究逐渐进入历史学家的视野，并且随着当今社会的转型，尤其是随着信息时代的到来，不断发展壮大。本文将对社会生活史内涵的新扩展和研究状况的新进展给予梳理，并对社会生活史的新面向、新视角进行考察，而且在此基础上试图对社会生活研究面临的新问题加以探索。

一 社会生活史的概念

社会生活五花八门，令人眼花缭乱。对于社会生活史概念，学界尚无统一之论。乔志强先生认为"社会生活研究具体社会结构中人们的社会性行为和社会互动过程变迁的历史"，即"从人们在不同历史时期的社会物质生活方式、精神生活方式的表现和演变中了解人们的社会行为的历史演变"。[1] 冯尔康先生在《清人社会生活》中，曾以清人为例，谈到社会生活史要研究社会生活自身发展演变及其规律，说明社会与政治、经济、文化生活的关系及其在总体生活中的地位与作用，即要搞清社会生活与历史发展的关系;[2]《社会史研究的探索精神与开放的研究领域》提出用"日常社会生活"来限定"社会生活"概念，认为"用'日常'这个形容词来限制它，使其成为狭义的，即人群在生产、政治活动之外的物质与文化生活，

---

[1] 周积明、宋德全：《中国社会史论》，湖北教育出版社，2000，第43~44页。
[2] 冯尔康、常建华：《清人社会生活》，沈阳出版社，2002，第2页。

这样使社会结构与日常社会生活两大部分都突出了"。① 林永匡先生认为中国社会生活史是"历代各族人民在长期的社会生活生产、生活实践活动中所形成的具有民族性、时代性、传承性、风俗性、地域性、交融性等诸多特色的社会政治、经济、文化、科技生活事象体系"②。常建华先生认为社会生活史"主要是指民众日常生活的历史，诸如衣食住行、嫁娶丧祭、家庭宗族、娱乐、信仰、风俗习惯等。既包含物质资料的消费，也包含精神文化的状态，特别是同社会生态环境和生产活动有着密切的关系"③。钱杭先生将"社会生活"直接理解为"社会日常生活"，认为应该从物质生活、精神生活和人际关系三方面互相融合与渗透的角度来观察和展现民众和社会中丰富多彩的日常生活。④ 雏有仓先生富有创造性地认为："相对于生产活动来说，社会生活是指消费活动；相对于精神活动来说，社会生活是指物质生活活动；相对于艺术活动来说，社会生活又是文化娱乐活动。""中国社会生活史是研究中国社会不同历史时期各种生活现象演变及其发展规律的一门学科，其研究对象为不同社会群体的各种消费行为以及生活方式与价值观念等。具体地说，社会生活史属于通史性质的专门史，它将着重说明各种生活现象的演变及不同时期社会生活的状况。"⑤ 严昌洪先生明确认为："社会生活史是研究人们生活方式、生活习尚及生活状态演变的一门专门史。"⑥ 梁景和先生的《社会生活探索》一书剖析了"社会生活"这一概念："所谓社会生活是指人们在以生产为前提而形成的各种人际关系的基础上，为了维系生命和不断改善生存质量而进行的一切活动的总和。"⑦ 他更偏重的是社会文化史，认为"社会文化史是研究社会生活与其内在观念形态之间相互关系的历史"⑧。赵澜更从唯物史观的视角出发，认为"作为社会历史研究出发点的社会生活是一个广义的概念，既包括生产力和生产劳动的方面的社会活动，也包括家庭婚姻、日常生活等社会生活的其它方面。当然，由于史学研究分工的不同，历史学科知识体系中的社会生活史

---

① 周积明、宋德全：《中国社会史论》，湖北教育出版社，2000，第28页。
② 林永匡：《社会生活是历史演进的多棱镜》，《安徽师范大学学报》2003年第6期。
③ 常建华：《漫谈中国社会生活史的几个问题》，《历史教学》1991年第8期。
④ 钱杭：《"上海城市社会生活史"的三个关键词》，《史林》2002年第4期。
⑤ 雏有仓：《关于中国社会生活史的体系问题》，《淮北煤炭师范学院学报》2006年第3期。
⑥ 严昌洪：《20世纪中国社会生活史》，人民出版社，2007，第2页。
⑦ 梁景和：《社会生活探索》（第一辑），首都师范大学出版社，2009，第3页。
⑧ 梁景和：《社会生活探索》（第一辑），首都师范大学出版社，2009，第9页。

作为社会史的组成部分，主要以历史上人们的家庭、婚姻以及衣食住行等日常生活的各个方面作为自己的研究对象，而物质资料的生产以及建立于其上的生产力和生产方式的发展等内容则由经济史等其他分支学科来研究"[1]。诸多意见，不一而足。[2]

尽管是众说纷纭，不过，大多学者认为社会生活史在很大意义上属于社会史范畴，不仅是社会史研究的主要组成部分，还是其中最具特色、内容最为丰富多彩的领域之一。[3] 而且，我们从诸多研究中，大致可以归纳出"体系说"和"关系说"两种主要意见。"体系说"从一个物质生活、精神生活和社会交往诸方面给予建构，具有一定的静态结构、横断面剖析特征；"关系说"关注人们的社会生活与社会历史的互动，反映社会生活动态生成演变过程的一面。同时，社会生活史概念的广义性和狭义性特征明显，如梁景和先生就认为广义的社会生活是指"人类整体的生活状态，它包括政治生活状态、经济（物质）生活状态、文化（精神）生活状态、社会生活状态"，狭义的社会生活专指"社会生活状态"。[4] 广义的理解实际上就是一个宏观系统，或许可理解为人类生活的整体状态，颇有结构功能主义特色。系统各部分有具体的含义和内容，各分支系统互相联系制约。狭义的生活状态也是一个系统，反映的是人类社会最具共性的、普遍的、基本的活动内容。按梁景和的理解，"社会生活状态主要指人们日常生活的基本生活，诸如衣食住行、婚丧嫁娶、闲暇生活等生活。这种生活是人们生活状态最直接的体现，最实在的反映"[5]。

根据社会生活史既有研究成果及其框架的展示，生活与经济、政治、社会、思想、心态、外交、民族等诸多层面的密切联系，[6] 以及历史研究由国家到社会再到生活，最终落脚于生态的现代发展趋势，我们可以认为，社会生活史的研究范围包含社会生活环境、社会生活方式、社会生活观念、社会生活组织以及社会生活变迁与比较、区域社会生活等事项。[7] 从这个角

---

[1] 赵澜：《唯物史观与社会生活史研究的理论基石》，《福建省社会主义学院学报》2009年第2期。
[2] 钱杭：《"上海城市社会生活史"的三个关键词》，《史林》2002年第4期。
[3] 冯尔康：《开展社会史研究》，《历史研究》1987年第1期。
[4] 梁景和：《中国社会生活史的理论与实践》，社会科学文献出版社，2010，第95页。
[5] 梁景和：《中国社会生活史的理论与实践》，社会科学文献出版社，2010，第96页。
[6] 陈宝良：《明代社会生活史》，中国社会科学出版社，2004，第1页。
[7] 吴宏岐的《区域社会生活史的若干理论问题》、雏有仓的《关于中国社会生活史的体系问题》两篇文具有深入探讨性，给人启发，值得关注。

度来看，社会生活史研究是一次对历史事件和现象、历史运动等客观社会存在内部机制关注度的重新分配，反映着一种顺应时代发展更加系统化、科学化的社会结构重建过程。而主观上来讲，社会生活史又反映了历史研究者一种观察（社会）和体验（生活）相结合的过程，其间体现出一种强烈的关系。

由此，我们不难看出社会生活史研究中蕴含着一种深切的社会关怀，表现为在环境、生活和观念影响下形成的综合人文社会系统中，对生态、生存、生活和生命等事项进行探索。这里，生命和生态分别对应个体和整体，它们构筑了社会生活的结构；而生存和生活分别对应本能和追求，它们形成了社会生活的变迁。

二 社会生活史研究的社会动力机制

"社会生活史作为社会史研究的一部分，无疑已经成了今天学界的主潮。"[1] 社会生活史的兴起，与当今社会转型、西方史学界的影响及信息时代的到来紧密相连，由此对本学科的发展形成了一定的动力机制。

（一）改革：中国社会转型的推动

政府的现代化推进、知识分子对自身的关注、百姓的呼声，迅速形成了一种上、中、下都有的社会变革的呼声，社会生活五彩斑斓。于是，对大众社会生活史的关注成为最基本的落脚点。

1. 自上而下的现代化推进

历史学家霍布斯鲍姆曾说：重大历史事件因素的组合，有利于发掘下层社会的历史。[2] 社会生活史新时期的兴起，与中国社会、经济和文化的发展密切相关。从中国自身的发展环境来看，经过20世纪六七十年代的政治狂热、80年代的文化热潮、90年代的市场经济发展，人们的社会生活领域更新变换，可谓天翻地覆、日新月异。

有学者写有《〈政府工作报告〉30年词汇变迁看中国社会发展》，我们从中可以发现，20世纪90年代以来，与大众社会生活密切相关的"发展""建设""加强""社会""经济""推进""提高"等字眼，越来越多地映

---

[1] 陈宝良：《明代社会生活史》，中国社会科学出版社，2004，第668页。
[2] 刘北成、陈新：《史学理论读本》，北京大学出版社，2006，第260页。

入人们的眼帘（见表1）①。这些词无论在官员的言谈中、在学界的研究中，还是在老百姓的言谈中都有反映。

表1 《政府工作报告》（1978—2008）30年出现次数最多的10个词

程序	1978年	1983年	1988年	1993年	1998年	2003年	2008年
1	要	我们	发展	发展	发展	发展	发展
2	我们	建设	要	要	要	建设	建设
3	发展	经济	经济	建设	经济	加强	加强
4	社会主义	发展	建设	经济	加强	经济	社会
5	四人帮	要	改革	改革	企业	坚持	经济
6	革命	国家	我们	国家	改革	改革	要
7	毛主席	年	国家	社会	建设	企业	制度
8	人民	必须	加强	加强	社会	社会	改革
9	我国	改革	工作	我国	继续	工作	推进
10	斗争	提高	必须	我们	增加	增加	提高

2. 知识分子的内省和社会建构

改革开放以来，中国进入了新的历史发展期，尤其是随着信息时代的到来，中国融入世界的广度和深度日益加强，而同时，中国内部的日益分化和整合也越来越明显。这种看似包罗万象的情景，由于与民众社会生活的发展同步，所以成为历史学家感官中不可缺少的部分。社会转型的加强，势必对历史学研究，尤其是对中国历史学研究产生重大影响。无论在宏观史学领域，还是在微观史学领域，历史学的主题性转向被提上日程。和当代大众生活的剧变息息相关的社会生活史，日益受到不同程度、不同角度和不同侧面的关注，也愈发吸引更多的研究者参与其间。

3. 百姓生活信息的呈现

改革开放以来，伴随着剧烈的社会转型，尤其是20世纪90年代信息社会的推动，新的社会生活史研究逐渐展开并日益活跃。进入21世纪，中国社会问题越来越引人注目。信息社会的快速传输、转化，加速了历史学的研究进程，在社会流动和社会生活、户籍和社会生活、灾害和社会生活、食品质量和社会生活等方面，历史学研究与现实的联系度加强。

---

① 刘小彪：《〈政府工作报告〉30年词汇变迁看中国社会发展》，《新京报》2008年12月27日B05版。

（二）开放：国际史学的影响

从国际史学界的发展来看，自 20 世纪 70 年代以来，西方史学出现了大综合的倾向，对普通人生活的历史渐渐重视，人们开始对世界和社会结构的关系有了新的理解，"历史成为一个多层面研究领域"①。经过颇多争议及复杂化（即历史和语言学、经济史、心态史结合等），史学家又将一只悬空的脚落到了社会生活园地中。

日常生活史研究成为 20 世纪 80 年代后开辟的一个比较新的领域。② 发达国家日常生活史对社会史的批评，反映了中层社会处境的尴尬及失语，这种思潮必然导致对下层社会和不发达国家的民众生活的更加关注。而社会生活史在横向研究和比较研究上的突破，还有和社会学、人类学等学科的结合，又强化了历史学家的这一转向。从政治史到经济史和文化史，再到社会史，这几乎是中外史学研究顺理成章的共同走向。③ 不过，就中国大陆史学而言，社会史研究在一段时期却出现了严重的扭曲。④ 直到改革开放以后，西方史学发展中的社会生活史潮流才有序传入中国，并与中国社会发展的实际逐渐接轨。

（三）全球化：信息社会的刺激

从历史学意义上来讲，信息时代是一个与农业时代、工业时代相对应的概念。20 世纪 50 年代末以来，电子计算机的出现和逐渐普及，将信息对整个社会的影响推向全球，并且在信息数量的储存、信息速度的传播、信息处理的能力等方面，带来了革命性的变化，由此导致了人类经济、政治、社会生活、思想文化等方面的大变革。人类由此进入信息时代，从一定意义上来讲，信息时代就是以计算机处理技术大飞跃为核心的时代。一般来讲，西方发达国家 20 世纪六七十年代开始进入信息化社会，而中国及部分发展中国家则大约从 20 世纪 80 年代才开启信息化时代的大门。

就社会发展和人类经济活动角度而言，"信息社会同农业、工业社会一样，是一种经济存在。但信息社会是以信息的创造、分配和利用为主导的

---

① 汉斯·维尔纳·格茨：《欧洲中世纪生活》，东方出版社，2002，第 1 页。
② 王亚平：《德国日常生活史研究——格茨教授访谈》，三联书店，2010，第 164~170 页。
③ 李华兴：《方兴未艾任重道远》，《历史研究》1993 年第 2 期。
④ 王学典：《近 20 年间大陆史学的几种趋势介绍》，《山东社会科学》2002 年第 1 期。

经济社会。因此，又与农业、工业社会有着本质上的区别，形成信息时代的基本特征"①。信息时代是一个历史发展的必然阶段，内涵不断丰富变化，其主要特征表现在社会活动信息化、网络化，经济发展全球化、一体化，政治力量多极化、国际化，军事实践信息化、高技术化，知识、信息资源化等诸多方面。②就目前情形而言，人类的社会结构整体化、全球化特征更为明显，社会活动中主体意识却日益增强，而社会交往的互动和交融也更为密切。信息时代不是一个单纯的技术概念，由此引发的人类思想文化变迁不但不可避免，而且影响深刻。随着信息时代的到来，信息时代的历史学研究，全球性、人格化、融合性特性增强。信息时代对历史研究主题的影响显然居于核心意义。随着新的历史时期世界科学技术、国际学术思想潮流和中国自身内部的巨大变革，社会生活史研究的动力机制由是产生。这将对社会生活史研究的对象、范围、程度产生重大的影响。

三 中国社会生活史研究模块及其学术特色

改革开放以来，国内社会生活史研究成果层出不穷。③而且随着相关研究机构的整体性的组织和参与、相关丛书与刊物的连续出版以及单位指导研究生论文的集合性拓展，社会生活史研究出现了诸多研究模块，即产生了可以为整个研究系统服务的诸多单元和程序。由此，我们可以看出社会生活史研究的分布范围之广、研究风格各有特色及研究兴趣和课题的不断深入。

（一）从总体史到社会文化生活史：一种整体理论和方法的探索

在关注社会生活史的总体特色方面，北京师范大学历史系起步较早，龚书铎先生主编的《中国社会通史》（1996），广泛吸收了国内社会学的理论、概念、范畴和方法，并将其与史学理论作细致的并轨研究和科学整合，偏重于社会生活史的宏观把握和整体架构。④

在中国社会生活史整体探索方面，中国社会科学院成绩显著。"中国古

---

① 夏立容：《信息时代的标志及基本特征》，《自然辩证法研究》1996年第8期。
② 巨乃岐、张志国：《信息时代国家安全战略论要》，《东方论坛》2005年第1期。
③ 郭松义：《中国社会史研究五十年》，《中国史研究》1999年第4期。
④ 《〈中国社会通史〉总序》，《中华读书报》1997年3月12日。

代社会生活史书系"是中国社会科学院历史研究所承担的 1987 年度国家社会科学基金资助项目。丛书共有夏商、西周、春秋战国、秦汉、魏晋南北朝、隋唐、宋辽金、元、明、清十卷，可谓规模宏大，成果显著，现已出版宋镇豪《夏商社会生活史》（1994）、史卫民《元代社会生活史》（1996）、朱大渭《魏晋南北朝社会生活史》（1998）、朱瑞熙《辽宋夏金社会生活史》（1998）、李斌城《隋唐五代社会生活史》（1998）、陈宝良《明代社会生活史》（2004）等。

丛书的总的特色是对中国特定历史时期的社会生活风貌做总体的、系统的考究。以《隋唐五代社会生活史》为例，其间既论述了隋唐五代时代特点、人口分布、阶级结构、民族政策和对外开放政策对社会生活的影响，基层政权和宗族乡里与社会生活的关系，也剖析了隋唐五代的衣食住行、婚姻丧葬、社会风俗和精神生活。再看《明代社会生活史》，"全书内容包罗万象，囊括了明人生活的各个方面，但从总体上看，可以概括为四个方面：一为导论；二为从社会阶层（纵向）方面看明人生活；三为从横向的各个门类看明人生活；四为余论。既对明代社会生活做了时空相结合的研究，又对明代社会生活做了社会阶层性的探讨，使研究不单单限于从一个视角出发的历史叙事，而是从多种角度对明代社会生活进行历史分析"[①]。由此，我们不难看出这种总体研究的结构功能特色。

以上研究方法的静态化特征非常明显，文化理论可以对其进行修正。其中比较突出的是中国社会科学院近代史所。该所代表作有刘志琴《中国饮食文化》（明代卷）（1999）、《中国服饰通史》（民国编）（2002），李长莉《晚清上海社会的变迁——生活与伦理的近代化》（2002）等，现在正陆续出版《近代中国社会文化变迁录》系列。他们在近代风俗与社会思潮、生活方式与社会伦理、下层文化与上层文化的互动、经济生活与社会、思想学术与社会、学术文化、社会学史、民间社会等研究方向上均有拓展。在此基础上，刘志琴先生主张的一种社会文化史的理论悄然形成。[②]

（二）地方与社会：老阵地上的新开发

自社会生活史研究初兴，关注地方与社会就成为社会生活史研究者的重要立足点，从而成为学者们破解社会生活的一个重要门径。

---

① 郭沂纹：《明代社会生活的生动画卷》，《中华读书报》2004 年 7 月 21 日。
② 张国刚、余新忠：《新近海外中国社会史论文选译》，天津古籍出版社，2010，第 2 页。

南开大学中国社会史研究中心是教育部人文社科重点研究基地，主要代表作品有：冯尔康、常建华《中国宗族社会》（1994）、《清人社会生活》（1990），常建华《社会生活的历史学：中国社会史研究新探》（2004），王先明《中国近代社会文化史论》（2000），余新忠《清代江南的瘟疫与社会——一项医疗社会史的研究》（2003）等。中心还承担"中国家庭史研究——传统基层社会与国家权力关系的历史考察"（张国刚主持，2000 年立项）、"明清以来华北区域经济发展与地方社会秩序研究"（许檀主持，2001 年立项）、"20 世纪中国社会史研究的回顾与展望"（常建华主持，2001 年立项）等国家社科项目。另外，中心还办有《中国社会历史评论》。该中心具有进行科学研究的群体优势和研究特色，在社会思想与大众心态史、传统基层社会与国家权力、社会生活与风俗史、区域社会史诸方面给予密切关注和深入探索。总体而言，南开大学中国社会史研究中心体现了以社会研究单位或结构为中心的特色。

北京大学教授赵世瑜著有《狂欢与日常——明清时期的庙会与民间文化》（2002）、《小历史与大历史：区域社会史的理念、方法与实践》（2006）等。作者较注重大量的民间文献发掘和利用，从区域社会的传说、记忆等角度研究历史，他结合了"民俗证史""层累地制造历史"的史学传统，并力图从社会科学的区域研究和人类学民族志的"深描"中获得启发[①]——这又突出了以社会研究动向为中心的特色。

值得一提的是，在老阵地新开发过程中，关于医疗社会史、环境史等新领域的拓展正在日益升温。[②]

（三）走向"田野"：区域社会生活史研究的突破

20 世纪 90 年代以来，区域社会生活史研究渐成风潮，出现了王笛《跨出封闭的世界——长江上游区域社会研究（1644—1911）》（1993）、王振忠《明清徽商与淮扬社会变迁》（1996）、魏宏运主编《二十世纪三四十年代太行山地区社会调查与研究》（2003）及中山大学组织的"历史·田野丛书"[③]（2006）等。研究主要旨趣集中于探索国家意识形态在地域社会的各

[①] 户华为、赵世瑜等：《走向多元开放的社会史——中国社会史研究 30 年的回顾与前瞻超越名实之辩的社会史》，《光明日报》2009 年 3 月 27 日。

[②] 如余新忠、王利华等人的研究。

[③] 赵世瑜：《大历史与小历史：区域社会史的理念、方法与实践》，三联书店，2006。

具特色的表达和区域性社会经济发展对国家历史的"全息"展现,[①] 突出的方法显然是田野调查法的不断引入。

山西大学中国社会史研究中心是山西省人文社科重点研究基地,集中于区域社会史研究,成员包括行龙、张俊峰、胡英泽、郝平、韩晓莉、常利兵、马维强、苏泽龙等。主要成果有乔志强主编《中国近代社会史》(1992,1998),行龙《人口问题与近代社会》(1992,1998),乔志强、行龙主编《近代华北农村社会变迁》(1998),行龙主编《近代山西社会研究——走向田野与社会》(2002),行龙主编《多学科视野中的山西区域社会史研究》(2005),行龙、杨念群主编《区域社会史比较研究》(2006),行龙《从社会史到区域社会史》(2008),等等。

行龙研究团队关注点集中于人口、资源、环境与社会变迁,集体化时代中国农村社会研究,革命根据地社会史研究,三晋文化与地方社会研究等四大块。他们在跨学科研究基础上,注重近代社会的长时段研究,显出历史研究的区域性特征;在追求总体史目标的同时,还积极进行区域间的比较研究,进而增进对整个中国历史的理解和把握。山西大学社会史研究中心正着力于建构具有地域性特质的研究范式和阐释架构。总之,他们将社会史和社会发展紧密结合起来,并在探索"向下看"方面积累了宝贵的经验;他们重视理论与实践、宏观与微观、纵向与横向、文献与田野相统一,具有鲜明的地方特色的研究体系。

(四)"华南学派":一种研究特色的鲜明展示

一个名为"华南学派"的学术幽灵正徘徊在社会生活史园地,这就是陈春声、郑振满和刘志伟等学者与海外同行合作而进行的华南区域社会生活史研究。

中山大学陈春声、刘志伟等对华南地区的历史人类学研究有声有色,并成立了中山大学历史人类学研究中心,系教育部人文社会科学重点研究基地,引人注目。其代表作有:陈春声《市场机制与社会变迁:18世纪广东米价分析》(1992)、刘志伟《在国家与社会之间——明清广东里甲赋役制度研究》(1997)等。该中心是历史学、人类学和其他人文社会科学的跨学科基地,在族群与区域文化、民间信仰与宗教文化、传统乡村社会研究

---

① 陈春声:《走向历史现场——"历史·田野丛书"总序》,三联书店,2006。

等学术领域颇有建树。作为新史学发展的重要趋势，历史人类学非常看重田野调查、"参与体验"的方法与历史学的文献训诂、考据、文本解读等方法的结合，重视普通人日常生活的历史。

厦门大学陈支平、郑振满等在探索闽南家庭组织和乡村社会方面成效显著，主要成果有：郑振满《明清福建家族组织与社会变迁》（1992）、《乡族与国家：多元视野中的闽台传统社会》（2009），陈支平《近500年来福建的家族社会与文化》（1991）等。他们坚持历史学本位的经济史研究，注重民间文献与区域研究，提倡经济史与社会史、断代史研究相结合，在学界有"中国社会经济史"学派代表之美誉。他们的未来突破点是在原有断代与区域研究的基础上，深入开展中国经济史的综合研究与中外经济史比较研究，力争在中国历代经济增长与制度变迁、区域社会经济发展模式、中国海洋社会经济史、中外经济发展与城市化比较研究等方面有新的突破。

"华南学派"与其说是一种社会生活史研究的南方研究模式，不如说是一种研究特色的鲜明展示。

（五）中层社会生活史：中西理论与方法相结合的建构

在社会生活史理论和方法的探索上，中国人民大学杨念群教授可谓不遗余力，著有《中层理论——东西方思想会通下的中国史研究》（2001）、《再造"病人"——中西医冲突下的空间政治（1832—1985）》（2006）等。作者在中国社会史探索上颇具个人特色，他在跨学科研究的基础上，分析和吸收西方社会史研究成果的同时，也非常关注中国社会史研究语境的重要性，提出"人的再发现"[①]和深入观察中国人"感觉世界"[②]等史学研究主张，并不断将研究转向深入化，这构成了其"新史学"探索的基础。

中层理论是杨念群教授切入社会生活研究的一个重要视角。这种理论发源于美国著名社会学家罗伯特·K. 默顿，在社会学原则上被应用于指导经验性调查，同时也是描述社会行为组织与变化和非总体性细节描述之间的中介物。按默顿的说法，对"中层理论"的提倡是因为急需建立与阐释"统一性理论"不同的框架。杨念群教授认为中层理论的建构对于中国社会

---

① 杨念群：《从"资治"到"反思"：中国社会史研究的新转向》，《天津社会科学》2001年第4期。
② 杨念群：《"在地化"研究的得失与中国社会史发展的前景》，《天津社会科学》2007年第1期。

史研究有两点重要意义：一是尽量摆脱宏大叙事的纠缠，二是改变工匠式研究方式。在此基础上，他提出"新社会史"不是一个范式转换的概念，但也不是一个简单的类分范围的概念，而应是与本土语境相契合的中层理论的建构范畴，就是要在由传统经济史出发而建构的整体论式的架构笼罩之外，寻求以更微观的单位深描诠释基层社会文化的可能性。①

（六）穿越上海：城市社会生活史研究的综合拓展

不能不说，相对于传统乡土历史，中国城市社会生活研究还相对薄弱。但在上海，已经明显形成诸多比较鲜明的研究模块。新时期，上海学界对以上海乃至江南区域为中心的研究旗帜鲜明、如火如荼。代表作有：上海社会科学院历史研究所熊月之《西学东渐与晚清社会》（1994）、主编"上海城市社会生活丛书"，钱杭、承载《十七世纪江南社会生活》（1996），罗苏文《女性与近代中国社会》（1996）、《近代上海：都市社会与生活》（2006），上海师范大学唐力行《商人与中国近世社会》（1993）、主编"中国近代社会研究丛书"，周育民、邵雍《中国帮会史》（1993），邵雍《中国近代社会史》，苏智良、陈丽菲《近代上海黑社会》（2004），上海大学忻平《从上海发现历史——现代化进程中的上海人及其社会生活（1927—1937）》（1996，2009）、《全息史观与近代城市社会生活》、主编《近代化与城市社会生活》和《历史记忆与近代社会生活》（即出）等。这些作品从不同视角强烈关注民生，主要展示了近现代上海乃至近现代中国社会生活的复杂性、特殊性、多元性及其间的冲突和矛盾、协调与整合。

这里，"海派"社会生活史研究的特色明显，并且研究对象以群体研究居多，反映了近代以来城市社会的职业分化、人格变迁等；另在文化与生活、物质环境与生活、政商关系、生活空间、时尚研究等方面也都有关注。由于工业化和城市化的发展取向，城市社会史研究带有很大的穿越性，意即带有一定的想象和重构特征，主要是上海的。

在城市社会生活研究方面，一个比较明显的特点是与现代化研究的紧密结合，而在取向上则是从现代化到都市文化生活的深入。其中，忻平先生的研究具有较强的开创性和突破性，显示了对社会生活研究的高度的文化自觉和文化自信。其研究成果不仅注重宏观和微观的高度观照，还鲜明

---

① 杨念群：《空间·记忆·社会转型"新社会史"研究论文精选集》，上海人民出版社，2001。

地提出历史研究的对象主要是人，重心在于人的社会生活。① 忻平先生在研究中提出的"全息史观"理论，即具有本土社会生活史研究特征，也具有鲜明的现代化指向。一定意义上，其研究思想可以涵括整体研究、区域研究、理论和方法研究诸多方面。

另外，其他相对突出的研究学者及代表作有：中国社会科学院宋德金《金代社会生活史》（1990）、黄正建《唐代衣食住行研究》（1998），首都师范大学梁景和《近代中国陋俗文化嬗变研究》（1998），安徽工业大学的庄华峰主编《中国社会生活史》（2003），江西师范大学梁洪生《江西公藏谱牒目录提要》（2002），暨南大学吴宏岐主编《黄河文化丛书·住行卷》（2001）等，他们在资料整理、视角更新、方法突破、理论创新诸方面的探讨颇有成效。

总之，社会生活史的出现，使历史学研究呈现出与过去不同的风貌和特色。一方面，社会生活史搭建了历史学研究的新平台，扩大了历史学的研究范围，创造了历史学研究新的话语空间。它使历史学成为一种媒介，将执政者、管理者和大众生活紧密联系起来。历史是文化，也是生活，成为历史研究转向和新建构中的重心所在；另一方面，社会生活史也发掘了历史学研究的深度，构造了历史学研究新的进阶。中国历史学研究从关注中国与世界、传统与现代等宏观课题层次逐渐延伸到区域探索或社会结构变迁等中观层次，然后再扩展至精神生活、文化品位等微观领域，这种现象非常明显。在社会生活史内容上，研究成果还"从日常生活深入到社会心态，从婚姻家庭扩展到生活方式，从上层社会深入到基层社区，从社会控制延伸到社会流动，在研究层次上不断攀升，为人们展现出一幅动态的、充满活力的社会场景"②。这其中，既有学者的自觉努力，即有意弥补过去所忽略者，也受到海外学术发展的影响。③ 这对历史研究来说既是机遇，同时又是挑战。

四 社会生活史研究的视角转换

社会生活史开拓了新的内涵和研究空间，也开辟了诸多新的研究视角。

---

① 忻平：《全息史观与近代城市社会生活》，复旦大学出版社，2009，第6页。
② 王晓华：《近三十年大陆史学主潮研究》，山东大学出版社，2007，第105页。
③ 罗志田：《见之于行事：中国近代史研究的可能走向——兼及史料、理论与表述》，《历史研究》2002年第1期。

一般认为，社会生活的总体面向，更多的是普通人的生活世界；[①] 在主体关注上，重点放在平民百姓、芸芸众生上，"因为他们是社会的主体，过去又被忽视了的群体"[②]。

（一）从国家到社会

社会生活史甫一出笼，其研究对象的下层性、民间性呼声就很高。王学典认为，社会史本质上是"民间史"，这种"民间"意义上的社会史繁荣，实质上是国家与社会正在剥离这一历史大趋势在学术选题上的集中体现。各种民间力量的存在，是社会史研究的最强大的社会依托，也是社会学长期繁盛的最主要的原因。[③] 由此，社会生活史中的物质、精神和社会交往等具体事项，就成为学界关注的主要内容。

这种情况在城市社会生活史研究中颇为典型。随着当今社会变革的深化及中国现代化研究的推进，上海大学忻平先生也将学术目光自觉转移到社会变迁和现代化研究的最根本层面——社会生活。在《从上海发现历史——现代化进程中的上海人及其社会生活（1927—1937）》一书中，忻平先生就以上海人及其社会生活为解剖对象，探索了上海这座中国最大、最现代化的城市在近代社会转型过程中的特点和规律。这是一个从宏观到微观的转换和宏微关系深入结合的过程，它使人更加清晰地看到历史研究的对象主要是人，重心在于人的社会生活。上海社会科学院熊月之先生紧紧抓住了这一发展趋势，其所主编的"上海城市社会生活史丛书"也是想将历史发展和社会转型等宏大叙事和日常生活结合起来，"在关注宏大叙事时兼及日常生活，在关注日常生活背后有宏大叙事意义"[④]，使其更好地展示上海城市生活的极端复杂性、文化多元性等特征。可以说，社会转型研究揭示了社会结构的新动向，从关注现代化大树的成长，到走进社会生活之林，在社会转型中去体验和发掘整个社会生态系统，社会生活史研究者得到了思想升华和情感皈依。[⑤]

---

① 李长莉：《晚清上海社会的变迁——生活与伦理的近代化》，天津人民出版社，2002，第1页。
② 尚园子、陈维礼：《宋元生活掠影》，沈阳出版社，2002，第3页。
③ 王学典：《近20年间大陆史学的几种趋势介绍》，《山东社会科学》2002年第1期。
④ 《上海城市社会生活史丛书·总序》，上海辞书出版社，2008。
⑤ 忻平：《全息史观与近代城市社会生活》，复旦大学出版社，2009。

（二）从社会到区域

20世纪90年代以降，随着改革开放的深入、信息社会的到来、全球化的扩展，宗族史、家族史、区域社会史研究勃兴，一种追寻"地方性知识"、寻找"地方的觉醒"的潮流不断涌现。社会生活史的研究范围从宏大的民间社会生活转向区域之势头不可避免，尤其是对于乡村和民族区域的研究更是常见。可谓从大社会到小社会的转向。

这一转向首先应与中国因素有关。吴宏岐教授认为，从学术理论和方法上来讲，在同一历史阶段的场景中，同域或异域间不同层面的社会生活个性或不平衡性的存在是鲜明的，如人口差异、邑聚差异、等级差异、经济类型差异、消费心理差异、生活方式差异、生活规约差异、精神取向差异、社会心态差异、宗教信仰差异、习俗尚好差异等等。在有可能的条件下，应重视其历史横向比较的力度。这样才能求得在深度、广度、容量、层次、意境、视野上对社会生活史有个较全面系统的认识。而从社会实践来看，如今的区域经济发展、区域规划、城市建设、旅游资源开发等，都离不开对区域社会生活史的探索。[1]

葛佳渊、罗厚立（罗志田）认为这一转向离不开国际史学发展动因："以往治史，多以人物或事件为轴心来把握历史演进的经络，而对人物事件后的社会文化自身嬗变，关注不够。今日海外汉学中的社会史取向，则恰好反之，是力图将对历史过程的探究，根植于对地方文化社会变迁的了解之上，以期对来龙去脉（context）有一更深刻的把握。"[2]

20世纪90年代，历史学界开始注意历史研究"空间"的转换问题，选择新的空间研究单位，从而使社会生活史实现了"区域转向"，区域社会生活史逐渐成为中国社会史研究的潮流。其间，一种学术趋向是在区域社会生活史研究中力图勾画区域社会的整体状貌，以及其由传统向现代的演化转变，即全局的、系统的整体区域社会生活史，出现了"华北模式""关中模式""江南模式""岭南模式"等；另一个通过"小地方"的研究深化对"大历史"的认识。[3] 其间，以上提到的山西大学、中山大学、厦门大学、

---

[1] 吴宏岐：《"中国北方地区城乡居民生活史研究"报告》，陕西师范大学历史地理研究所，2003。

[2] 葛佳渊、罗厚立：《社会与国家的文化诠释》，《读书》1992年第3期。

[3] 胡英泽：《"跨区域研究"的区域社会史——"区域社会史比较研究"中青年学者学术讨论会综述》，《中华读书报》2004年10月27日。

上海师范大学等高校学者的研究成果非常突出。在具体研究中，利用口述史、地方档案、田野调查等方法特别显著。诚如黄国信等人所言："对于近代区域社会史学界，既强调时间与过程，也重视空间与结构，既讲究史料的分析考辨与校释，也注重'参与体验'，从田野中直接获得研究材料，以及历史现场感，并强调分析各阶层、团体的不同历史表达的历史人类学，或许具有特别的意义。"①

区域其实是一个多层次的空间，在对历史与当地的结合产生现场感的同时，还应把握好区域发展的民间脉络，探索区域发展的动态性。王笛教授从长江区域研究到成都街头再到成都茶馆的研究更好地显示了这一特色。②

（三）从生存到生命

研究深度将生命存在、生活质量与社会转型紧密集合起来。社会生活史研究的意义，就是应该让更多的平民百姓了解生存的方法、生活的意义、生命的价值。③梁景和认为从生产力到生产关系再到生产者本身，这些都构成了社会生活史最基本的元素，它们以生命的存在和想过得美好为中心。④他更是强调社会生活的目标"是要不断地提高人们的生活质量"⑤，并在理解生活质量高低的相对性和绝对性、考察影响生活质量的背后原因、设定生活质量指标等方面投入关注⑥。有学者对1987—2000年的社会生活相关研究成果研究发现：中国近代人口、毒品和禁毒、自然灾害等问题，均与现实有关，成为学者乐于选择的研究课题。学术期刊上发表的中国近代人口史论文大约150篇（不含华侨和外国在华侨民），禁毒史论文95篇，近代灾荒史论文85篇，居于中国近代社会史各个研究专题的前列。⑦

社会生活史研究的魅力来自于以人为本的学术关怀，"关注生命，把人的

---

① 黄国信、温春来、吴滔：《历史人类学与近代区域社会史研究》，《近代史研究》2006年第6期。
② 王笛：《跨出封闭的世界：长江上游区域社会研究（1644—1911）》，中华书局，1993。
③ 这一点在出版界也得到一定的关注，如郭沂纹在评述《明代社会生活史》一书时说道："当然，本书缺少对明朝人生活质量的研究。作为一种社会生活史，通过对当时社会各阶层人们收入与消费的比例考察，以期对当时的生活质量进行分析，显然是必要的。本书缺少这方面的探讨，无疑是一大缺憾。"见郭沂纹《明代社会生活的生动画卷》，《中华读书报》2004年7月21日。
④ 梁景和：《社会生活探索》（第一辑），首都师范大学出版社，2009，第3页。
⑤ 梁景和：《社会生活探索》（第一辑），首都师范大学出版社，2009，第8页。
⑥ 梁景和：《社会生活探索》（第一辑），首都师范大学出版社，2009，第8页。
⑦ 闵杰：《20世纪80年代以来的中国近代社会史研究》，《近代史研究》2004年第2期。

活动放在历史舞台的中央，才能有更多的读者"①。近几年来，随着社会转型越来越剧烈，人们也越来越关注自己的生活家园，历史学研究也越来越直接瞄准人的生命存在和生活质量，且把历史和现实的实践紧密起来，如灾难与社会生活、流行病与社会生活、食品安全与社会生活等课题的地位提升，成了其间比较显著的变化之一。在这方面，杨念群教授的《再造"病人"——中西医冲突下的空间政治（1832—1985）》（2006）、余新忠教授的《清代江南的瘟疫与社会———一项医疗社会史的研究》等做了颇有成效的探索。

在社会变迁或转型中探索历史学，是中国近代以来的历史学研究的主要理路。当今中国，正处于现代化建设时期，社会转型的剧烈不仅触及民众的生活和心理，也给历史学研究提供了非常广阔的空间。因此，社会生活史研究中社会转型特征不可避免。在信息时代，人们生活的时空观正在悄然发生改变，社会生活史研究的现代关注得以加强，从而体现了社会转型的特征。王学典认为，20世纪90年代以来的学科发展，实现了两大转移：一为垂直转移，即中国现代化研究；二是平行转移，即社会生活史。②社会生活史的研究和中国重大社会转型及转型研究是同步的，现代化研究为社会史研究打下了坚实的理论基础。

在西方学术发展史上，社会转型史和社会生活史经历一个先后的过程③，由此也引发了诸多争议④。而在中国历史学研究中，由于转型的急剧，

---

① 常建华：《跨世纪的中国社会史研究》，《中国社会历史评论》2007年第2期。
② 王学典：《近20年间大陆史学的几种趋势介绍》，《山东社会科学》2002年第1期。
③ 〔美〕伊格尔斯：《二十世纪的历史学——从科学的客观性到后现代的挑战》，辽宁教育出版社，2003，第116~135页。
④ 20世纪80年代，德国史学家发生了一场争论——批判社会史学派与日常史学派的交锋。前者重视结构与进程，对现代化价值的重视不容置疑，可视为现代化史的研究者；后者在挖掘"来自内部与底层"历史的时候，对现代化进程持批判态度，可视为社会生活史的研究者。在这方面，现代化研究者代表人物J. 科卡认为，在经济史与结构史的结合上，社会史学派更胜一筹。在美国历史领域，伊格尔斯虽然认为，"没有任何理由说，一部研究广阔的社会转型的史学著作何以不把注意力集中在个体生存上的史学著作就不能共存并且互相补充。历史学家的任务应该是探索历史经验在这两个层次之间的联系"。但是，"孤立于更广阔的语境之外而把注意力只集中在历史的'琐碎'方面，就会变得历史知识成为了不可能而且导致历史学的'琐碎化'。因此，就有一种危险，即日常生活史可能退化成为逸闻趣事和发思古之幽情"。不可调和的情绪，或抱有成见的态度，这些争论势必反映到中国历史学研究的争论中来。但作者也认为，微观史学向马克思主义的、马克斯·韦伯或罗斯托的有关近代世界转化的概念进行挑战，都未能摆脱现代化，"微观历史学研究的主题，事实上始终都是国家、经济和教会在现代化初始时对乡村的冲击。"〔美〕伊格尔斯：《二十世纪的历史学——从科学的客观性到后现代的挑战》，何兆武译，辽宁教育出版社，2003，第160页。

二者的发展几乎是同步的。因此,两者的关系就很密切了。由此,"把史学史、历史哲学和社会文化思潮、社会变迁结合起来"①便成为一项任务。而"历史学者最有能力做的是,使人们建立起与过去的各种联系,借此而解析现在的疑难,启发未来的潜能"②。如此,我们才真正能发现历史研究层面是如何下移的。

总的来说,目前的社会生活史研究既带有对宏大叙事的反思,也在试图建立一种与宏观叙事的结合。区域社会生活史的视角,反映了文化和社会结构的横向多元性;而社会转型的视角,则反映了社会生活的纵向变迁。前者是丰富多彩的,后者是曲折复杂的。③

目前的中国历史学界,由中国近代史研究的"范式"问题引发的讨论如火如荼,④这既反映了历史学研究者的自觉探索精神,也反映了对社会生活史的研究还未提到应该有的高度。"范式"之争的背后,是对社会生活史的忽视。社会生活史关注被忽视的人群和被忽视的人生部分,与现代化视角和革命化视角相比,更关注微观,多触及人生的细节,所以在一定意义上对历史更有洞察力,洞悉度较高。因此有必要超越"范式"之争,给历史研究以更多新的突破。

实际上,有的学者正在超越这种宏大框架下的争论,注重在理论上挖掘与总结"中国经验"。"近年来,近代史学界不断地开展区域社会史研究,并且有越来越多的学者号召关注下层的历史,从而使整个中国近代史更为丰满与深入,并由此超越'革命史'与'现代化'范式。"⑤

在社会生活史研究区域化过程中,杨念群教授受西方社会科学的影响,试图建立一种带有中层研究特色的新社会史模式,⑥忻平教授受中国全息理论的研究成果启发创立了一种全息史观,⑦都是社会生活史研究富有创造性和较为深入的本土化探索。尤其是忻平教授的全息史观,在其代表性作品

---

① 〔美〕乔伊斯·阿普尔比等:《历史的真相》,中央编译出版社,1999,第1页。
② 〔美〕乔伊斯·阿普尔比等:《历史的真相》,中央编译出版社,1999,第9~10页。
③ 梁景和:《中国社会生活史的理论与实践》,社会科学文献出版社,2010,第20页。
④ 吴剑杰:《关于近代史研究"新范式"的若干思考》,《近代史研究》2001年第2期。
⑤ 黄国信、温春来、吴滔:《历史人类学与近代区域社会史研究》,《近代史研究》2006年第5期。
⑥ 杨念群:《空间·记忆·社会转型"新社会史"研究论文精选集》,上海人民出版社,2001,第1~75页。
⑦ 忻平:《从上海发现历史——现代化进程中的上海人及其社会生活(1927—1937)》,上海大学出版社,2009,第37页。

《从上海发现历史——现代化进程中的上海人及其社会生活（1927—1937）》一书中得到充分体现，受到学界关注："在中国近代史领域，史学理论和方法研究思想活跃，由此产生了'革命范式'和'现代化范式'之争。忻平教授依据时代变迁和历史学研究的新进展，积极探索中国近代史研究的理论和方法，并提出了全新的全息史观，不仅阐明了他主张的一定条件下方法论即体现了史观的观点，还在一定程度上超越了所谓的研究范式之争，提供了一种全新的视野，同时也反映了史学研究者的自觉意识和开拓精神。"[①]

五　社会生活史研究中的几个问题

社会生活史属于一门富态万千的专门史，内容范畴包罗芸芸、错综复杂、丰满流华，如何研究，不仅形式多样，而且共识、分歧并存，伴随着这样或那样的问题。或许正如罗志田先生所言："惟一个研究领域的发展受学术积累的影响虽无形而实深远，因资料、专门知识、学者习惯等多方面的限制，社会史和思想史这类专门史的真正成熟还需假以时日。"[②]

（一）理论和方法上的继续突破

目前，社会生活史无论概念上还是方法上都充满着歧义，[③] 比如对日常生活史的理解，在中国、德国、法国等国就有不同差别，却缺乏辨析，并且理论讨论不足，缺乏层层深入，[④] 或在理论指导下就具体课题作某种示范性研究，[⑤] 或课题较为分散，缺乏对话的平台等。这些成为社会生活史研究发展的障碍。

针对思想和方法问题，结合前面的分析，可以看出，继续学习西方史学界，反对坐井观天、故步自封，必不可少；而加强本土化探索，反对"全盘西化"、食"洋"不化，同样重要。而对于课题研究还比较分散的情

[①] 忻平：《全息史观与近代城市社会生活》，复旦大学出版社，2009，第3页。
[②] 罗志田：《见之于行事：中国近代史研究的可能走向——兼及史料、理论与表述》，《历史研究》2002年第1期。
[③] 刘北成、陈新：《史学理论读本》，北京大学出版社，2006，第276页。
[④] 〔英〕迈克·费瑟斯通：《消解文化——全球化、后现代主义与认同》，北京大学出版社，2009，第77~79页。
[⑤] 郭松义：《中国社会史研究五十年》，《中国史研究》1999年第4期。

况，如果能从古、近、中、外四个纬度展开，有计划地进行课题研究，或许能取得较大的突破。

不可忽视中国社会生活史与唯物史观的关系问题。"唯物史观是社会生活史研究重要的理论基础，在唯物史观的指导下，能够透过社会生活的表层，深入探讨社会生活领域的内在联系，发现社会生活的本质。而唯物史观在社会生活领域的展开，对于唯物史观的丰富和发展也有重要的意义。"①

而在对待社会生活史方法的运用上，还应强调这只是一种视角。社会生活史是"希望透过新领域的建构来挑战过去的研究典范，突破原有方法论的限制……尝试对主流叙述有所补充或修正"，"如果我们不只将日常生活的内容当作佐证论点的材料，而是一种帮助我们提问的分析工具，则日常生活史料便可能成为一种新的研究典范，不但有助于提出新问题，更能使我们重新反省既有的研究架构"。②

（二）研究资料：丰富与不足

关于社会生活史资料的问题，大致有两种看法：庄华峰等学者认为，"中国史籍素称浩繁，有关社会生活史的文献也是为数众多"③；仲伟民等学者则认为资料不丰富。④ 就整体和客观描绘而言，资料丰富说有道理；而就局部和主体刻画来说，资料不足说可以想见。由于较多地面对中下层，材料不足或资料搜集困难几乎成了中外学者所关注的重要问题。这些问题在中国学界更是突出。

但也不能过分地保守。霍布斯鲍姆说："绝大多数情况下，草根社会史学家只能发现他们想发现的东西，没有什么早已准备好的东西在等着他们去发现。绝大多数的材料之所以被认为是材料，完全是因为有人先提出了问题，然后想尽办法寻求解答。我们不是实证主义者，不相信答案是材料研究的必然结果，只有提出问题，才会有史料可言。"⑤

---

① 赵澜：《唯物史观与社会生活史研究的理论基石》，《福建省社会主义学院学报》2009 年第 2 期。
② 连玲玲：《典范抑或危机？"日常生活"在中国近代史研究的应用及其问题》，《新史学》2006 年第 4 期。
③ 梁景和：《中国社会生活史的理论与实践》，社会科学文献出版社，2010，第 22 页。
④ 仲伟民：《社会史取向：新时期历史学研究的一把金钥匙——〈历史研究〉与社会史研究的勃兴》，《中华读书报》2004 年 4 月 21 日。
⑤ 刘北成、陈新：《史学理论读本》，北京大学出版社，2006，第 261 页。

由此看来，社会生活史的活跃，从另一方面来看，也彰显了研究者解决资料问题的能力。有的学者，不是一味地去网罗关于普通人的史料，而是通过"解读"当时上层文化的档案，来研究普通人，从而使历史的真相突显了出来，这种能力可以称为"破译史料"[①]；也有的学者利用社会生活史作为边缘学科的优势，向相关学科"借史料""要史料"[②]，或可称为"史料的转换"[③]；有的直接向田野要史料，有的通过访谈获取"活史料"。可以看出，从深度和广度挖掘史料，是社会生活史发展情急之下的聪明反应。

（三）"琐碎化"倾向的辩证

社会生活史研究"琐碎化"的说法，有三种来源：西方史学界的担忧[④]、新中国成立后一段时期政治的不良影响[⑤]、当代学者自己的看法[⑥]。

西方史学界的琐碎论，既有其学术注重叙述事件的传统背景，也是对其当下后现代、后工业社会生活的真实反映，总体来说是与其社会发展实际相贴近的；但与中国社会发展实际及史学界之紧张并不吻合；中国政治

---

① 朱孝远：《史学的意蕴》，中国人民大学出版社，2002，第173页。
② 朱孝远：《史学的意蕴》，中国人民大学出版社，2002，第205~206页。
③ 白华山：《对当前中国社会史研究若干问题的反思》，《史林》2009年第3期。
④ 小田：《江南场景：社会史的跨学科对话》，上海人民出版社，2007，第5~6页。
⑤ 田居俭：《中国社会史研究的反思与展望》，《社会科学战线》1989年第3期。
⑥ 早在1993年，冯尔康先生就提出过社会史研究中的一些不足，首先谈到的就是"研究内容显得琐碎、重复，孤立地叙述某些社会现象，对与它相关联的社会事项缺乏了解和说明，也就是说，没有对社会历史作整体的研究，这样不仅很难深入说清研究的单项内容，更不能说明全部历史的变化，因此理论性较差"（见冯尔康《深化与拓宽》，《历史研究》1993年第2期）。2008年，由山西大学中国社会史研究中心和中国社会科学院近代史所联合举办的"中国社会史研究的理论与方法暨纪念乔志强先生诞辰80周年"学术研讨会在太原召开，与会学者对30年来中国社会史研究的理论与方法进行了深刻反思与展望，其中对目前中国社会史研究中存在的过度"碎化"现象进行了关注。李长莉认为，"中国社会史研究已经发展成为史学发展的重要领域，然而当今中国社会史研究的大多数研究成果，还只是停留在本学科内部甚至更小范围内的'专业性'知识交流，还没有出现足以跨越学科、上升为普遍性知识、参与时代知识创新的一般性理论，存在着研究题目过于琐碎分散而缺乏整体联系性的'细碎化'及偏于具体描述而缺乏理论阐释的'描述性'两大缺陷，成为制约社会史学科深入发展的瓶颈"（见李长莉《新整体史：突破社会史研究的瓶颈》，《光明日报》2009年3月21日）。郝平、韩晓莉对此给予确认：细碎化和描述性是社会史研究的两大缺陷，已成为制约社会史发展的瓶颈。应当继续在"综合""理论"和"跨学科"三个有效方式上掘进（见郝平、韩晓莉《中国社会史研究：下一步怎么走，如何突破？》，《中国社会科学院报》2009年2月10日）。这大抵可以代表中国社会生活史研究领域中的看法。

的影响曾使史学发生了严重扭曲,这是一种极端;而当今诸多人的看法,更多地源于历史学研究要有大视野、整体性这样的根本观念做指导这一原则。①

而结合中国发展实际来说,"今天的社会史学者理直气壮地将社群世界中普通民众的日常生活作为研究对象,相应地,无数琐碎的往事陆续进入社会史学者的视野,理所当然地成为历史事实"。笔者以为,社会生活史研究的加强,实际上并不会增加历史的"琐碎感",而是增强了考证的力量,扩大了历史学家研究的视野。尤其是在目前的中国,社会分化还在剧烈进行,与西方社会状况还不一样,因此这种"琐碎观"的提出,不仅带有对社会生活史研究的不自信,还带有人云亦云的特征,并且也反映了研究者的畏难情绪、简约态度。

(四) 与政治史等内容的结合

社会生活忽略政治史等状况,存在于目前的学术界中。② 朱孝远先生认为,"边缘历史学常常具有忽略政治研究的倾向"③。社会生活史本身脱胎于对政治史等的"反动",相互之间有所区分在所难免。不过严格地说,社会生活史只是历史研究的一个重要视角,而不是和政治史、经济史等并列的一个领域。尤其是对于中国近现代社会生活史而言,现代化、革命化和社会生活研究的密切关系问题经常蕴含在其中,现代化和革命的目标、手段、方式、成果均有不同,社会生活变化的内容、速度、广度、程度等也各有特色,这些成为我们研究中所要注意的关键细节。"日常生活的研究应当展示人类社会的演变,这是社会史与国家史最大的不同。社会史可以使历史丰满起来,具有整体性。"④

实际上,在目前历史学研究者文化自觉意识的作用下,真正与政治史等的割裂也是很难的。李杰先生认为:"生活固然是由细节构成的,但哪个人的一生没有几次重大的转折呢?"⑤ 罗志田先生认为:"上层史与下层史的

---

① 小田:《江南场景:社会史的跨学科对话》,上海人民出版社,2007,第 40~42 页。
② 王晓华认为:"1990 年代史学研究领域主要从研究政治向研究整个社会转型,其中回避政治色彩是最主要目的。"见王晓华《近三十年中国大陆史学主潮研究》,山东大学历史系 2007 年博士学位论文。
③ 朱孝远:《史学的意蕴》,中国人民大学出版社,2002,第 206 页。
④ 常建华:《跨世纪的中国社会史研究》,《中国社会历史评论》2007 年第 2 期。
⑤ 李杰:《史学方法论问题域探析》,《历史研究》2009 年第 6 期。

研究不仅不相冲突，而且是互补的，若能两相结合，则所获更丰"①。杨念群先生的《再造"病人"——中西医冲突下的政治空间（1832—1985）》一书，就试图从医疗史看政治②，他甚至还将社会史研究和政治史复兴结合起来。③

（五）对新文化史等新思潮的吸收

历史学的研究发展的基础，还是得以研究的新视角、新观念的进展为中心，没有这富有生命力、开拓性的东西做基础，历史材料很难生发出活力，作品平庸且材料易被滥用或重要材料仍然会受到冷落。当今，新文化史在历史学界非常火热，而有些学者却还漠然置之。罗志田先生认为："现在有些在西方已如日中天的新领域如阅读史、意象史、躯体史等，在中国内地便甚少见学人触及；类似生活史、家庭史、疾病史、性别史这些仍在发展的领域，我们也只有为数不多的学者摸索进行。这些现象说明我们与西方史学的对话和交流仍非常不充分。"④

的确，在西方世界新文化史兴起对社会生活史加以反思和批判时，我们的社会生活史研究还处在发展阶段，如何与国际史学界接轨，确实值得进一步探讨。《新史学》等刊物已经做了有益的探索。不过，若一味地相信《后社会史初探》等论著所言，为新文化史大肆鼓吹，很有可能会让我们陷入混乱的理论泥沼中。实际上，理论的普适性野心与现实的需求、理论的多样化经常会产生冲突。在中国，社会生活史并不是过时了，研究者一直在坚守传统的同时，也不断修正着自己。或者说，在中国的历史学实践中，中国社会生活史的兴起，正是在修复不断的对立中成长的。

---

① 罗志田：《见之于行事：中国近代史研究的可能走向——兼及史料、理论与表述》，《历史研究》2002年第1期。
② 杨念群：《从医疗看政治》，《中国医疗前沿》2006年第3期。
③ 杨念群先生认为："近代以来的复杂情况使得'政治史'要想真正得到复兴，就必须在与其他研究取向、特别是与'社会史'研究的不断对话中寻求灵感，同时也要不断超越'地方性'的感觉重新建立起整体解释的意识。因为有一个现象值得注意，自近代以来，'政治'对于千千万万的中国人而言，不是一种抽象的概念，而是和许多血泪横飞的苦痛记忆密不可分，它既是'地方的'，也是'整体的'，既是上层的实践，也是下层的感受。尤其是在进入20世纪以后，'政治'由于现代国家建设的不断介入，具有了远较古代更加复杂的涵义，也非分析古代社会的研究手段所能胜任。"见杨念群《为什么要重提"政治史"研究》，《历史研究》2004年第4期。
④ 罗志田：《见之于行事：中国近代史研究的可能走向——兼及史料、理论与表述》，《历史研究》2002年第1期。

六 余论

随着新时期的到来，历史学发展大的趋势是从政治经济史向社会生活、生态环境、生命史的转移，这不仅是史学研究本身的转移，还是当代文明和社会已经从欲望、本能、名利等转向生活、生命等本质的再认识上。角度的转换，意味着历史观的更新和研究方法的转变，一种新社会生活史观逐渐形成。

转型时期的社会生活史研究不仅直接面对发展和生计等课题，具有强烈的问题意识，还使研究带有时代意义的社会和人文关怀，而且经过跨学科研究，越来越具有方法论和模式化特征。社会生活史的区域化视角、社会转型视角，打通了政治史—文化史—经济史—社会史—生态史发展路线图的关节，强化了人类生存史—生活史—生命史之间的联系。很显然，社会生活史新的拓展，既突出了历史研究发展的主线传承，也昭示了历史学研究的发展方向。在此情境之下，社会生活史研究者对社会生活史认识的变迁过程，伴随着社会生活的日益丰富和复杂，不断克服着研究中带来的问题，正在戮力前行。

后　　记

　　2010年5月社会科学文献出版社出版了《中国社会文化史的理论与实践》一书，那本书是对中国1988年至2009年社会文化史理论方法的探索、重要著作的序言和书评以及重要学术会议和成果的评述等内容的编辑和整理，对读者了解这20余年中国社会文化史的发展历程有重要的参考价值。

　　时间又过去了5年，这期间中国大陆的社会文化史又有了新的起色和变化，这就需要我们来进一步地总结和梳理，以便推动社会文化史的发展。本书就是在这样的情境下编辑出版的。本书的结构、体例与《中国社会文化史的理论与实践》基本相同，故为《中国社会文化史的理论与实践续编》。两书作为一个整体，将成为人们了解中国社会文化史发展历程的一个窗口。

　　由于本人学识与视野的局限，本书编辑过程中的舛错、不足以及遗漏之处在所难免，恳请学界同仁批评指正。谢谢！

梁景和

2014年10月11日于幽乔书屋

图书在版编目(CIP)数据

中国社会文化史的理论与实践续编/梁景和主编. —北京：社会科学文献出版社，2015.7
 ISBN 978-7-5097-7626-1

Ⅰ.①中… Ⅱ.①梁… Ⅲ.①文化史-中国-研究 Ⅳ.①K203

中国版本图书馆 CIP 数据核字（2015）第 130859 号

中国社会文化史的理论与实践续编

主　　编／梁景和

出 版 人／谢寿光
项目统筹／宋月华　吴　超
责任编辑／周志宽

出　　版／社会科学文献出版社·人文分社(010)59367215
　　　　　　地址：北京市北三环中路甲29号院华龙大厦　邮编：100029
　　　　　　网址：www.ssap.com.cn
发　　行／市场营销中心（010）59367081　59367090
　　　　　　读者服务中心（010）59367028
印　　装／三河市东方印刷有限公司
规　　格／开　本：787mm×1092mm　1/16
　　　　　　印　张：26.5　字　数：438千字
版　　次／2015年7月第1版　2015年7月第1次印刷
书　　号／ISBN 978-7-5097-7626-1
定　　价／99.00元

本书如有破损、缺页、装订错误，请与本社读者服务中心联系更换
▲ 版权所有 翻印必究